全国会计领军人才丛书

Accounting Scholar Leader

会计系列

Accounting

税法

（第3版）

◎ 曹 越 谭光荣 曹燕萍 编著

中国人民大学出版社
·北京·

前　言

2004年全国会计专业硕士首次招生、2011年全国税务专业硕士首次招生，湖南大学都是首批获得招生资格的高校。“税法”一直被很多学校列为财税类本科专业（会计学和财政学）的必修课程；“税务专业基础”是全国税务专业硕士入学考试初试的必考课程，该课程要求考核哪些知识、使用何种教材我们一直很困惑；“税法与纳税筹划”也是全国会计专业型硕士和学术型硕士的选修课程。近30年的税法本科教学、研究生教学和税收业务培训经验，使我们感到写一本理论与实际相结合的“税法”教材很有必要。内有营业税改征增值税全面推开，深化增值税改革，国地税合并，《烟叶税法》《船舶吨税法》《环境保护税法》及其实施条例颁布，外有美国特朗普税改等，使得编写一本与时俱进的教材变得尤为迫切。

自前两版出版以来，本书得到了很多同行和学生的高度评价，同时收到了很多中肯的建议。这些宝贵意见体现在这一版中。本书共18章，按照征税对象的性质分为5篇：第Ⅰ篇为基础理论，包括第一章税法基本原理；第Ⅱ篇为商品与劳务税，包括第二章增值税、第三章消费税和第四章关税；第Ⅲ篇为所得税，包括第五章企业所得税和第六章个人所得税；第Ⅳ篇为财产税，包括第七章土地增值税、第八章房产税、第九章车船税、第十章资源税、第十一章契税和第十二章城镇土地使用税；第Ⅴ篇为行为税，包括第十三章印花税、第十四章耕地占用税、第十五章车辆购置税、第十六章船舶吨税、第十七章环境保护税和第十八章城市维护建设税与教育费附加。

本书具有以下特点：

（1）重点和难点突出。每一个重要知识点都与注册会计师考试、注册税务师考试的真题相关联，揭示了税收业务知识的重点和难点，从而增强本书对本科生、研究生、税务人员和财会人员的实用性。

（2）强调实操性和时效性。现行税收类教材实操性欠佳，经过对财税人员的调研我们发现，现实中需要税收政策的文件、文号，这样才能规范地进行财税处理，避免税企双方的争议。本书每一个知识点都与税收法规相关联，将知识点的出处用税收文件号标记出来，方便读者查找（推荐百度下载“中国税法查询系统”（税法送万家专版）→注册→在线升级→法规查询；或者登录国家税务总局网站首页法规库查询）。这对于树立读者的实操意识非常重要，有助于指引财税人员处理工作实务，从而增强本书对实务的指导、操作价值。鉴于正值财税体制改革加速期，本书全部采用最新有效的税收文件

（截至2018年8月6日），确保教材与时俱进。

（3）强化归纳与总结。一改现有教材大多简单罗列的弊端，本书多用图表、提示等方式归纳、总结和简化，帮助读者迅速掌握知识点。

（4）具有应试指导价值。编写过程中我们吸纳了注册会计师考试“税法”、注册税务师考试“税法一”和“税法二”的历年真题，并详细解答。这对读者未来参加考试大有裨益。

本书是集体智慧的结晶，具体分工如下：谭光荣负责第一章和第六章；曹燕萍负责第五章；曹越负责第二至四章、第七至十八章。曹越和谭光荣负责全书的总体设计，曹越负责全书的总纂、最终修改与定稿。此版在编写过程中汲取了许多专家学者的研究成果，税务干部雷海波、廖先军同志提出了很多建设性意见，硕士研究生刘佳欢、谭巧霞、汪雪娥、王晓静和黄雨恬参与了更新、整理工作，并承担了繁杂的校对工作，在此表示衷心的感谢。

感谢财政部全国会计领军（后备）人才（学术类）项目对本教材出版的大力支持，感谢中国人民大学出版社编辑的认真编校。当然，囿于作者学识水平，书中难免出现疏漏和不足，恳请广大读者批评指正。我们期待全国兄弟院校主讲教师和莘莘学子的反馈意见（Email：fengyun8415@126.com）。同时，我们得到最新消息，《个人所得税法》的修订很可能于2018年10月进行，届时我们将第一时间归纳总结做成PPT，欢迎选用本教材的老师及时来邮件索取，确保教学内容与时俱进！

本书可用作本科及研究生教学的教材以及税务干部、财会人员培训的参考读物。本书献给所有对中国税收业务感兴趣的读者朋友，献给致力于教给学生经久耐用知识的高校教师。

曹　越　谭光荣　曹燕萍

于湖南大学岳麓山下

目　录

第Ⅰ篇　基础理论

第Ⅱ篇　商品与劳务税

第Ⅳ篇　财产税

第Ⅴ篇 行为税

第Ⅰ篇

基础理论

第一章 Chapter 1 税法基本原理

第一节 概 述

一、税法的概念与特点

（一）税法的概念

一般认为，税收是国家为满足社会公共需要，凭借其政治权力，按照法律规定，强制、无偿地参与剩余产品分配所形成的分配关系，是国家取得财政收入的基本形式。

税收的内涵包括：第一，课税的主体是国家或政府；第二，纳税的主体是社会成员；第三，课税的目的是满足社会公共需要；第四，课税凭借的是国家政权；第五，税收的课征是强制无偿的；第六，税收借助法律形式进行征收；第七，税收是政府收入形式、征税活动和税收制度的统一。总之，税收对纳税人而言，实质是纳税人换取公共物品或服务的消费权而必须支付的代价；对政府而言，实质是政府部门履行提供公共物品或服务的义务而必须筹措的财源。

税收是经济学概念，税法则是法学概念。税法是有权的国家机关制定的、用以调整税收分配过程中形成的权利义务关系的法律规范总和。

税法定义要点如下：

（1）立法机关——有权的机关。在我国即是全国人民代表大会及其常务委员会、地方立法机关、获得授权的行政机关。

（2）调整对象——税收分配中形成的权利义务关系。

（3）范围——广义与狭义之分。广义的税法包括各级有权的机关制定的税收法律、法规、规章，是由税收实体法、税收程序法、税收争讼法等构成的法律体系。狭义的税法仅指全国人民代表大会及其常务委员会制定的税收法律。

税收的本质特征体现为税收制度，税收制度的具体表现形式是税法。税收之所以必须采用法的形式，是由税收的本质与特性决定的。

第一，税收的本质是一种分配关系。国家通过征税，一部分社会剩余产品或一部分既得利益从纳税人所有转变为国家所有，又以公共产品和公共服务的形式提供给纳税人，因此征税过程实际上就是国家参与社会产品的分配过程。税收所反映的分配关系必须通过法的形式才得以实现。

第二，税收的特征是强制性、无偿性、固定性。其中，无偿性是其核心，强制性是其基本保障。原因在于：公共产品和公共服务大多具有非排他性，社会成员从中得到的利益也无法直接计量，这就决定了国家对社会成员提供的公共服务只能是无偿的；相应地，国家也只能通过强制、无偿地取得财政收入来满足公共需要。因而税收要求有很高的强制权力作为征税保障，这种权力只能是国家政治权力，法使这种政治权力得以体现和落实。

第三，从税收职能来看，调节经济是其重要方面。这种调节不是盲目的：一方面调节目标必须明确；另一方面需要纳税人对税收调节有切实的感受，适当调整自身的经济行为，这样才能使税收调节达到预期目的。

第四，国家课征税款的目的是满足社会公共需要。国家在履行其公共职能的过程中必然要有一定的公共支出。

（二）税法的特点

（1）从立法过程看，税法属于制定法。现代国家的税法都是经过一定的立法程序制定的，即税法是由国家制定而不是认可的，这表明税法属于制定法而不是习惯法。

（2）从法律性质看，税法属于义务性法规。义务性法规是相对授权性法规而言的，是指直接要求人们从事或不从事某种行为的法规，即直接规定人们某种义务的法规。义务性法规的一个显著特点是具有强制性，它所规定的行为方式明确而肯定，不允许任何个人或机关随意改变或违反。税法属于义务性法规的道理在于以下几点：1）从定义推理，税收是纳税人的经济利益向国家的无偿让渡。2）权利义务对等是一个基本的法律原则。但从税法的角度看，纳税人则以尽义务为主，所以我们称税法为义务性法规。3）税法属于义务性法规，并不是指税法没有规定纳税人的权利，而是说纳税人的权利建立在其纳税义务的基础之上，是从属性的，并且这些权利从总体上看不是纳税人的实体性权利，而是纳税人的程序性权利。

（3）从内容看，税法具有综合性。税法不是单一的法律，而是由实体法、程序法、争讼法等构成的综合法律体系，其内容涉及课税的基本原则、征纳双方的权利义务、税收管理规则、法律责任、解决税务争议的法律规范等，包括立法、行政执法、司法各个方面。

【例1-1·单选题】（2016年注会）下列权力中作为国家征税依据的是（　　）。

A. 管理权力

B. 政治权力

C. 社会权力

D. 财产权力

【答案】B

二、税法原则

税法的原则反映税收活动的根本属性，是税收法律制度建立的基础，可以分为税法基本原则和税法适用原则（见表 1-1）。

表 1-1

两类原则	具体原则
税法基本原则（4 项）	税收法定原则
	税收公平原则
	税收效率原则
	实质课税原则
税法适用原则（6 项）	法律优位原则
	法律不溯及既往原则
	新法优于旧法原则
	特别法优于普通法原则
	实体从旧、程序从新原则
	程序优于实体原则

（一）税法基本原则

从法理学的角度分析，税法基本原则可以概括成税收法定原则、税收公平原则、税收效率原则与实质课税原则。

（1）税收法定原则。是指税法主体的权利义务必须由法律加以规定，税法的各类构成要素都必须且只能由法律予以明确规定，超越法律规定的课税是违法和无效的。税收法定原则贯穿税收立法和执法的全部领域，是税法基本原则中的核心。

（2）税收公平原则。一般认为税收公平原则包括税收横向公平和纵向公平，即税收负担必须根据纳税人的负担能力分配：负担能力相等，税负相同；负担能力不等，税负不同。

（3）税收效率原则。税收效率原则包括两个方面：一是经济效率；二是行政效率。前者要求有利于资源的有效配置和经济体制的有效运行，后者要求提高税收行政效率。

（4）实质课税原则。是指应根据客观事实确定是否符合课税要件，并根据纳税人的真实负担能力决定其税负，不能仅考核其表面是否符合课税要件。

（二）税法适用原则

税法适用原则是指税务行政机关和司法机关运用税收法律规范解决具体问题所必须遵循的准则。其作用在于在使法律规定具体化的过程中，提供方向性的指导，判定税法之间的相互关系，合理解决法律纠纷，保障法律顺利实施，以达成税法认可的各项税收政策目标，维护税收征纳双方的合法权益。税法适用原则并不违背税法基本原则，而且在一定程度上体现着税法基本原则。但是与其相比，税法适用原则含有更多的法律技术性准则，更为具体化。

（1）法律优位原则。含义：法律＞法规＞规章。税收法律的效力高于税收法规的效力，税收法规的效力高于税务行政规章的效力，效力高的税法高于效力低的税法。在处理不同等级税法的关系时，效力低的税法与效力高的税法发生冲突，效力低的税法即是无效的。

（2）法律不溯及既往原则。含义：新法实施后，之前人们的行为不适用新法，而只沿用旧法。

（3）新法优于旧法原则。含义：新法、旧法对同一事项有不同规定时，新法的效力高于旧法。

（4）特别法优于普通法原则。含义：对同一事项两部法律分别订有一般规定和特别规定时，特别规定的效力高于一般规定的效力。居于特别法地位的级别较低的税法，其效力可以高于作为普通法的级别较高的税法。

（5）实体从旧、程序从新原则。含义：实体法不具备溯及力，而程序法在特定条件下具备一定溯及力。实体性权利义务以其发生的时间为准；而对程序性问题（如税款征收方法、税务行政处罚等）新税法具有约束力。

（6）程序优于实体原则。含义：在税收争讼发生时，程序法优于实体法，以保证国家课税权的实现。

【例1-2·多选题】（2017年注会）下列关于税收原则的表述中，正确的有（　　）。

A. 税收法定原则是税法基本原则中的核心

B. 税收行政法规的效力优于税收行政规章的效力体现了法律优位原则

C. 税收效率原则要求税法的制定要有利于节约税收征管成本

D. 制定税法时禁止在没有正当理由的情况下给予特定纳税人特别优惠这一做法体现了税收公平原则

【答案】ABCD

【解析】税收法定原则是税法基本原则的核心；法律优位原则在税法中的作用主要体现在处理不同等级税法的关系上。税收效率原则包含两方面：一是经济效率；二是行政效率。前者要求税法的制定要有利于资源的有效配置和经济体制的有效运行，后者要求提高税收行政效率，节约税收征管成本。税收公平原则源于法律上的平等性原则，所以许多国家的税法在贯彻税收公平原则时，都特别强调"禁止不平等对待"的法理，禁止对特定纳税人给予歧视性对待，也禁止在没有正当理由的情况下对特定纳税人给予特别优惠。

三、税法的效力与解释

（一）税法的效力

税法的效力是指税法在什么地方、什么时间、对什么人具有法律约束力。税法的效力范围表现为空间效力、时间效力和对人的效力。

1. 税法的空间效力

税法的空间效力是指税法在特定地域内发生的效力。由一个主权国家制定的税法，原则上必须适用于其主权管辖的全部领域，但是具体情况有所不同。我国税法的空间效力主要包括两种情况：

（1）在全国范围内有效。由全国人民代表大会及其常务委员会制定的税收法律，国务院颁布的税收行政法规，财政部、国家税务总局制定的税收行政规章以及具有普遍约束力的税务行政命令在除个别特殊地区外的全国范围内有效。这里所谓个别特殊地区，主要指香港、澳门、台湾和保税区等。

（2）在地方范围内有效。这里包括两种情况：一是由地方立法机关或政府依法制定的地方性税收法规、税收规章、具有普遍约束力的税收行政命令在其管辖区域内有效；二是由全国人民代表大会及其常务委员会、国务院、财政部、国家税务总局制定的具有特别法性质的税收法律、税收法规、税收规章和具有普遍约束力的税收行政命令在特定地区（如经济特区、老少边穷地区等）有效。

2. 税法的时间效力

税法的时间效力是指税法何时开始生效、何时终止效力和有无溯及力的问题，具体如表 1-2 所示。

表 1-2

分类	具体情况或类型
税法的生效（三种情况）	税法通过一段时间后开始生效
	税法自通过发布之日起生效（个别条款或小税种）
	税法公布后授权地方政府自行确定实施日期，这种税法生效方式实质上是将税收管理权限下放给地方政府
税法的失效（三种类型）	以新税法代替旧税法（最常见）
	直接宣布废止
	税法本身规定废止日期

3. 税法对人的效力

税法对人的效力即指税法对什么人适用、能管辖哪些人。由于税法的空间效力、时间效力最终都要归结为对人的效力，因此在处理税法对人的效力时，国际上通行的原则有三个：一是属人主义原则，凡是本国的公民或居民，不管其身居国内还是国外，都要受本国税法的管辖；二是属地主义原则，凡是本国领域内的法人和个人，不管其身份如何，都适用本国税法；三是属人、属地相结合的原则，我国税法即采用这一原则。凡我国公民，在我国居住的外籍人员，以及在我国注册登记的法人，或虽未在我国设立机构、场所，但有来自我国收入的外国企业、公司、经济组织等，均适用我国税法。

（二）税法的解释

税法的解释指其法定解释，即有法定解释权的国家机关在法律赋予的权限内，对有关税法或其条文进行的解释，具体如图 1-1 所示。

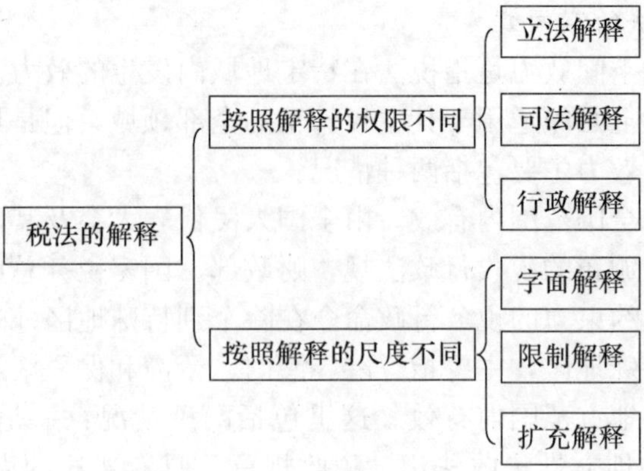

图 1-1　税法的解释

(1) 按照解释的权限不同，税法的解释可以分为立法解释、司法解释和行政解释（见表1-3)。

表 1-3

种类	解释主体	法律效力	其他
立法解释	三部门：全国人民代表大会及其常务委员会、最高行政机关、地方立法机关做出的税务解释	可作判案依据	属于事后解释
司法解释	两高：最高人民法院、最高人民检察院，两高联合解释、做出的税务刑事案件或税务行政诉讼案件解释或规定	有法的效力（可作判案依据）	司法解释在我国仅限于税收犯罪范围
行政解释	国家税务行政主管机关（包括财政部、国家税务总局、海关总署）	不具备与被解释的税法同等的法律效力（原则上不作为判案依据）	执行中有普遍约束力

(2) 按照解释的尺度不同，税法的解释可以分为字面解释、限制解释与扩充解释。

1）字面解释：必须严格依税法条文的字面含义进行解释，既不扩大也不缩小。

2）限制解释：为了符合立法精神与目的，对税法条文所进行的窄于其字面含义的解释。

3）扩充解释：为了更好地体现立法精神，对税法条文所进行的大于其字面含义的解释。

税法的解释对于税收执法、税收法律纠纷的解决是必不可少的。

【例1-3·单选题】（2008年注税）下列有关税法解释的表述中，正确的是（　　）。

A. 税法解释不具有针对性

B. 税法解释不具有专属性

C. 检察解释不可作为办案的依据

D. 税法的立法解释通常为事后解释

【答案】D

四、税法的作用

税法的作用是指税法实施所产生的社会影响，可以从规范作用和经济作用两方面进行分析。

（一）税法的规范作用

税法的规范作用是指税法调整、规范人们行为的作用，其实质是法律的基本作用在税法中的体现与引申。

（二）税法的经济作用

税法是调整经济分配关系的法律。因此，必然会产生种种经济职能，从而使税收的经济功能在法律形式的保障下得以充分发挥。

（1）税法是税收根本职能得以实现的法律保障。

（2）税法是正确处理税收分配关系的法律依据。

（3）税法是国家宏观调控经济的重要手段。

（4）税法是监督管理经济活动的有力武器。

（5）税法是维护国家权益的重要手段。

五、税法与其他部门法的关系

税收活动涉及社会经济生活的各个层面，作为调整税收关系的税法与国家其他部门法具有密切的关系。

（一）税法与宪法的关系

宪法是一个国家的根本大法。税法属于部门法，其位阶低于宪法，依据宪法制定，这种依从包括直接依据宪法的条款制定和依据宪法的原则精神制定两个层面。

（二）税法与民法的关系

民法是用来调整平等主体的公民之间、法人之间、公民和法人之间的财产关系和人身关系的法律规范的总和。税法作为新兴部门法与民法的密切联系主要表现在大量借用了民法的概念、规则和原则。但是税法与民法分别属于公法和私法体系，其调整对象不同，法律关系建立及调整适用的原则不同，调整的程序和手段不同。

（三）税法与行政法的关系

税法与行政法有着十分密切的联系。这种联系主要表现在税法具有行政法的一般特征：（1）调整国家机关之间、国家机关与法人或自然人之间的法律关系；（2）法律关系中居于领导地位的一方总是国家；（3）体现国家单方面的意志，不需要双方意思表示一致；（4）解决法律关系中的争议，一般都按照行政复议程序和行政诉讼程序进行。

税法与行政法的区别为：(1) 税法具有经济分配的性质，并且是经济利益由纳税人向国家的无偿单向转移，这是一般行政法所不具备的；(2) 税法与社会再生产，特别是与物质资料再生产的全过程密切相连，不论是生产、交换、分配还是消费，都有税法参与调节，其联系的深度和广度是一般行政法所无法比拟的；(3) 税法是一种义务性法规，并且以货币收益转移的数额作为纳税人所尽义务的基本度量，而行政法大多为授权性法规，少数义务性法规也不涉及货币收益的转移。因此，简单地将税法体系归并到行政法部门是不够严谨的。

（四）税法与经济法的关系

税法与经济法有着十分密切的关系，表现在：(1) 税法具有较强的经济属性，即在税法运行过程中，始终伴随着经济分配的进行；(2) 经济法中的许多法律、法规是制定税法的重要依据；(3) 经济法中的一些概念、规则、原则在税法中大量应用。

税法与经济法之间也有差别，表现在：(1) 从调整对象来看，经济法调整的是经济管理关系，税法的调整则含有较多的税务行政管理的性质；(2) 税法属于义务性法规，而经济法基本上属于授权性法规；(3) 税法解决争议的程序适用行政复议、行政诉讼等行政法程序，而不适用经济法中普遍采用的协商、调解、仲裁、民事诉讼程序。

（五）税法与刑法的关系

税法与刑法从不同角度规范人们的社会行为。刑法是实现税法强制性最有力的保证。二者调整对象不同，性质不同，法律追究形式不同。2009年我国《刑法修正案（七）》将原来的“偷税罪”修改为“逃避缴纳税款罪”。

（六）税法与国际法的关系

被一个国家承认的国际税法也应该是这个国家税法的组成部分。各国立法时会吸取国际法中合理的理论、原则及有关法律规范；国际法高于国内法的原则，使国际法对国内法的立法产生了较大的影响和制约作用。税法与国际法的关系为：两者相互影响、相互补充、相互配合。

【例1-4·多选题】（2012年注税）下列不属于我国税法结构类型的有（　）。

A. 宪法加税收法典

B. 宪法加税收基本法加税收单行法律法规

C. 宪法加税收单行法律法规

D. 税收法典

E. 税收法典加税收法规

【答案】 ABDE

第二节 税法的分类

一、按税法内容分类

按照税法内容的不同，可以将税法分为税收实体法和税收程序法。

（一）税收实体法

税收实体法是规定税收法律关系主体的实体权利义务的法律规范的总称。其主要内容包括纳税主体、征税客体、计税依据、税目、税率、减税、免税等，是国家向纳税人行使征税权和纳税人负担纳税义务的要件，只有具备这些要件时，纳税人才负有纳税义务，国家才能向纳税人征税。税收实体法直接影响到国家与纳税人之间权利义务的分配，是税法的核心部分，没有税收实体法，税法体系就不能成立。

税收实体法的要素主要有六个：纳税义务人，课税对象，税率，减税、免税，纳税环节和纳税期限。

1. 纳税义务人

纳税义务人简称纳税人，也称纳税主体，是税法规定的直接负有纳税义务的单位和个人，包括法人和自然人。

自然人和法人是两个相对称的法律概念。自然人是基于自然规律而出生的、有民事权利和义务的主体，包括本国公民，也包括外国人和无国籍人。法人是自然人的对称，根据《民法通则》第三十六条的规定，法人是基于法律规定享有权利能力和行为能力，具有独立的财产和经费，依法独立承担民事责任的社会组织。我国的法人主要有四种：机关法人、事业法人、企业法人和社团法人。

相关概念辨析：

（1）负税人：指实际负担税款的单位和个人。现实中，纳税人与负税人有时一致，有时不一致。

（2）代扣代缴义务人：指有义务从持有的纳税人收入中扣除其应纳税款并代为缴纳的企业、单位或个人。

（3）代收代缴义务人：指有义务借助与纳税人的经济交往而向纳税人收取应纳税款并代为缴纳的单位。

（4）代征代缴义务人：指受税务机关委托而代征税款的单位和个人。

（5）纳税单位：申报缴纳税款的单位，是纳税人的有效集合。

2. 课税对象

课税对象又称征税对象，是税法中规定的征税目的物，是国家据以征税的依据。课税对象体现不同税种征税的基本界限，决定着不同税种名称的由来以及各个税种在性质上的差别。它是税法诸要素中的基础性要素，是一种税区别于另一种税的最主要标志。

相关概念辨析：

（1）计税依据。计税依据又称税基，是指税法中规定的据以计算各种应征税款的依据或标准。

课税对象与计税依据的关系：课税对象是指征税的目的物，计税依据则是在目的物已经确定的前提下，对目的物据以计算税款的依据或标准；课税对象是从质的方面对征税所作的规定，计税依据则是从量的方面对征税所作的规定，是课税对象量的表现。

计税依据和课税对象有时是一致的，有时是不一致的，如表1-4所示。

表1-4

税种举例	课税对象	计税依据	计税依据和课税对象的关系
所得税	所得额	所得额	一致
车船税	车辆、船舶	车船吨位（辆、整备质量、净吨位等）	不一致

（2）税源。税源是指税款的最终来源，是税收负担的最终归宿。税源的大小体现着纳税人的负担能力。税源和征税对象有时是一致的，有时是不一致的。

（3）税目。税目是课税对象的具体化，反映具体的征税范围，代表征税的广度。税目一般可分为列举税目和概括税目两类。

划分税目的主要作用为：第一，明确征税范围；第二，解决课税对象归类问题。

3. 税率

税率是计算税额的尺度，代表课税的深度，关系着国家的收入多少和纳税人的负担程度。我国现行税率主要有比例税率、累进税率和定额税率三种形式，如表1-5所示。

表1-5

税率形式	含义	形式及应用举例
比例税率	对同一征税对象，不分数额大小，规定相同的征收比例	单一比例税率
		差别比例税率
		幅度比例税率
累进税率	征税对象按数额（或相对率）大小分成若干等级，每一等级规定一个税率，税率依次提高	全额累进税率
		超额累进税率
		超率累进税率
定额税率	按征税对象确定的计算单位，直接规定一个固定的税额	如城镇土地使用税、车船税、耕地占用税等

（1）比例税率。比例税率是指对同一课税对象，不论数额大小，规定相同的征收比例。它不因课税对象数额的多少而变化，是一种应用最广、最常见的税率。我国的增值税、企业所得税等采用的都是比例税率。比例税率在具体运用上，又可以采取三种不同的形式：

1）单一比例税率。即一种税只采用一个税率。如现行企业所得税基本税率统一按应税所得的25%计税，车辆购置税统一按纳税人购买应税车辆所支付的全部价款和价外费用的10%征收。

2）差别比例税率。即一种税分别采用不同比率的比例税率。差别比例税率按其适用范围又分为三种类型：一是产品差别比例税率，即同一产品适用同一税率，不同产品分别适用不同税率，如消费税等；二是行业差别比例税率，即同一行业适用同一税率，不同行业适用不同税率，如增值税中的交通运输业、电信业等；三是地区差别比例税率，即同一地区适用同一税率，不同地区适用不同税率，如城市维护建设税。

3）幅度比例税率。即指对同一课税对象，税法只规定税率的最高比率和最低比率，各地方政府在中央统一规定的幅度内自行确定具体的适用税率。如我国现行契税即为幅度比例税率，全国统一规定的幅度是3%～5%。

比例税率的优点主要在于：计算简便，税负透明度高，不论课税对象数额的大小，同一课税对象只规定一个比率的税率，不妨碍商品流转额或非商品流转额的扩大，符合税收效率原则。但是，比例税率也存在不足，主要表现在不能针对不同收入的纳税人实施不同的税率。对高收入者和低收入者均按同一比例征税，难以体现税收公平原则。

（2）累进税率。累进税率是随着课税对象数额的增大而提高的税率。即将课税对象按其数额的大小，划分若干不同的征税级距，规定若干高低不同的税率，不同等级的课税对象数额分别适用不同的税率，课税对象数额越大，税率越高。累进税率体现了量能负担的原则，能适应纳税人负担能力的变化，更灵活地调节收入，体现税收公平原则。因此，所得税一般采用累进税率，特别是个人所得税。其缺点是在计算和征收上比较复杂。

累进税率根据累进方式的不同，在实际运用中又可分为全额累进税率、超额累进税率、超率累进税率三种。

1）全额累进税率。全额累进税率是指按课税对象的绝对数额划分征税级距，就纳税人课税对象的全部数额按与之相适应的级距税率计征税款的一种累进税率，即一定课税对象的数额只适用一个等级的税率。

全额累进税率计算简单，但存在不合理现象——在级距临界点附近，容易出现税额增加超过课税对象数额增加的现象。

2）超额累进税率。超额累进税率是指按课税对象的绝对数额划分征税级距，就纳税人课税对象全部数额中符合不同级距部分的数额分别按与之相适应的各级距税率计征税款的一种累进税率，即一定课税对象的数额会同时适用几个等级的税率。

我国现行个人所得税中对于工资、薪金所得的税率规定实际上是适用超额累进税率。

3）超率累进税率。超率累进税率是指以课税对象数额的相对率为累进依据，按超额累进方式计算应纳税额的一种税率。现行税制中的土地增值税即采用超率累进税率计税。

（3）定额税率。定额税率又称固定税额，是根据课税对象的一定计量单位（如数量、重量、面积、体积等），直接规定固定的征税数额。

目前使用定额税率的税种包括资源税（原油、天然气除外）、城镇土地使用税、耕地占用税、车船税、消费税中部分应税消费品、印花税中部分项目。

定额税率的优点有：一是计算简便；二是税额不受课税对象价格或价值的影响，有利于稳定国家财政收入和促进企业提高产品质量。定额税率的缺点是税额难以反映课税对象的差别和负税能力，税收收入难以随国民收入的增长同步增长。

4. 减税、免税

减税、免税是对某些纳税人或课税对象的鼓励或照顾措施。减税是从应征税款中减征部分税款；免税是免征全部税款。

(1) 减税、免税的基本形式如表 1-6 所示。

表 1-6

基本形式	特点	具体表现
税基式减免	通过直接缩小计税依据的方式实现减税、免税，适用范围最广	起征点、免征额、项目扣除、跨期结转
税率式减免	通过直接降低税率的方式实现减税、免税，适用于对行业、产品等“线”上的减免，在流转税中运用最多	重新确定税率、选用其他税率、零税率
税额式减免	通过直接减少应纳税额的方式实现减税、免税，限于解决“点”上的个别问题，在特殊情况下适用	全部免征、减半征收、核定减免率、抵免税额、另定减征税额

在上述三种形式的减税、免税中，税基式减免适用范围最广，从原则上说它适用于所有生产经营情况；税率式减免比较适合对某个行业或某种产品这种“线”上的减免，所以流转税中运用最多；税额式减免适用范围最窄，一般仅限于解决“点”上的个别问题，往往仅在特殊情况下适用。

(2) 减税、免税的分类如表 1-7 所示。

表 1-7

分类	特点
法定减免	由各税种基本法规规定，具有长期适用性
临时减免	又称困难减免，主要是照顾纳税人的特殊困难，具有临时性
特定减免	是法定减免的补充，分为无期限和有期限两种，大多有期限

5. 纳税环节

纳税环节是指税法规定的课税对象从生产到消费的流转过程中应当缴纳税款的环节。广义的纳税环节指全部课税对象在再生产中的分布情况，如资源税在生产环节，所得税在分配环节。狭义的纳税环节是商品课税中的特殊概念。按照纳税环节的多少，可将税收征收制度分为一次课征制和多次课征制。

6. 纳税期限

纳税期限是纳税人向国家缴纳税款的法定期限。纳税期限长短的决定因素在于：(1) 税种的性质。(2) 应纳税额的大小。(3) 交通条件。税法关于纳税时限的规定，有三个概念：一是纳税义务发生的时间；二是纳税期限，纳税人每次发生纳税义务后，不可能马上去缴纳税款；三是缴库期限，即税法规定的纳税期满后，纳税人将应纳税税款缴入国库的期限。

纳税期限有三种形式：(1) 按期纳税，如一般情况下的消费税。(2) 按次纳税，如耕地占用税。(3) 按年计征，分期预缴或缴纳，如企业所得税按年计征，分期预缴；房产税、城镇土地使用税按年计算，分期缴纳。

【特别提示】

(1) 辨析纳税期限与缴库期限的联系与区别。

(2) 商品课税一般采用“按期纳税”，所得课税一般采用“按年计征，分期预缴”。

(3) 纳税期限顺延的两种情况：1) 最后一天是法定节假日；2) 期限内有三日以上的法定节假日。

【例1-5·单选题】（2016年注会）下列税法要素中，能区别一种税与另一种税的重要标志是（ ）。

A. 纳税地点

B. 纳税环节

C. 纳税义务人

D. 征税对象

【答案】 D

【例1-6·多选题】（2012年注税）我国现行税收制度中，没有采用的税率形式有（ ）。

A. 超率累进税率

B. 定额税率

C. 负税率

D. 超倍累进税率

E. 超额累进税率

【答案】 CD

【解析】 我国现行税收制度中，采用的税率形式包括比例税率、定额税率、超额累进税率和超率累进税率。

（二）税收程序法

税收程序法是税收实体法的对称，指以国家税收活动中所发生的程序关系为调整对象的税法，是规定国家征税权行使程序和纳税人纳税义务履行程序的法律规范的总称。其内容主要包括税收确定程序、税收征收程序、税收检查程序和税务争议解决程序。税收程序法是如何具体实施税法的规定，是税法体系的基本组成部分。《税收征收管理法》即属于税收程序法，现将该法所涉及的主要内容作一介绍。

1. 税务登记

税务登记是整个征收管理的首要环节，是税务机关对纳税人的开业、变更、歇业以及生产经营范围实行法定登记的一项管理制度，其内容包括开业登记、变更登记、注销登记、报验登记、停复业处理、税务登记证验审和更换、非正常户处理等。办理税务登记是纳税人的法定义务。

2. 账簿

账簿是指纳税人、扣缴义务人以会计凭证为依据，全面、连续、系统地记录各种经济业务的账册或簿籍，包括总账、明细账、日记账及其他各种辅助账簿。

3. 纳税申报

纳税申报是指纳税人依照法律、行政法规的规定或者税务机关依法确定的申报期限、申报内容，如实向税务机关报送纳税申报表、财务会计报表以及税务机关根据实际需要要求纳税人报送的其他纳税资料的活动；扣缴义务人依照法律、行政法规或者税务机关依法确定的申报期限、申报内容如实向税务机关报送代扣代缴、代收代缴税款报告表以及税务机关根据实际需要要求扣缴义务人报送的其他有关资料的活动。

【例1-7·多选题】（2017年注会）根据《税收征收管理法》的规定，下列属于纳税申报对象的有（　　）。

A. 代收代缴义务人

B. 享受减税的纳税人

C. 享受免税的纳税人

D. 纳税期内没有应纳税款的纳税人

【答案】ABCD

【解析】纳税申报的对象为纳税人和扣缴义务人。扣缴义务人包括代扣代缴义务人和代收代缴义务人。

4. 税款征收

税款征收是指税务机关依据法律、行政法规规定的标准和范围将纳税人依法应该向国家缴纳的税款，及时足额地征收入库的一系列活动的总和。税款征收的内容包括确定征收方式、核定应纳税额、税款入库、减免税管理、欠税追缴等。税款征收是税收征管的目的，在整个税收征管中处于核心环节和关键地位，是税收征管的出发点和归宿。

5. 税收保全措施和强制执行措施

（1）税收保全措施的条件。

1）行为条件——纳税人有逃避纳税义务的行为。逃避纳税义务行为主要包括转移、隐匿商品、货物或者其他财产等。

2）时间条件——纳税人在规定的纳税期限届满之前和责令缴纳税款的期限之内。

3）担保条件——在上述两个条件具备的情况下，税务机关可以责成纳税人提供纳税担保，纳税人不提供纳税担保的，税务机关可以依照法定权限和程序，采取税收保全措施。

（2）税收保全措施的内容。

1）书面通知纳税人的开户银行或者其他金融机构冻结纳税人相当于应纳税款的存款。

2）扣押、查封纳税人价值相当于应纳税款的商品、货物或者其他财产。

（3）强制执行措施的条件。

1）超过纳税期限。未按照规定的期限纳税或者解缴税款。

2）告诫在先。税务机关必须责令限期缴纳税款。

3）超过告诫期。经税务机关责令限期缴纳，逾期仍未缴纳。

（4）强制执行措施的内容。

1）书面通知纳税人的开户银行或者其他金融机构从其存款中扣缴税款。

2）扣押、查封、依法拍卖或者变卖其相当于应纳税款的商品、货物或者其他财产。

【特别提示】

税务机关采取强制执行措施时，对纳税人、扣缴义务人、纳税担保人未缴纳的滞纳金同时强制执行。

6. 税款征收中的相关制度

税款征收中的相关制度主要包括应纳税额核定制度、纳税调整制度、代扣代缴税款制度、欠税管理制度、滞纳金征收制度、延期纳税制度、报验征收制度、税款退还和追征制度、减免税管理制度、税收凭证管理制度。下面择其要而述之。

（1）应纳税额核定制度。核定税额是针对由于纳税人的原因导致税务机关难以查账征收税款而采取的一种措施。但是核定税额不能简单地随意确定，而应有合法合理的依据。

（2）欠税管理制度。欠税是指纳税人未按照规定期限缴纳税款，扣缴义务人未按照规定的期限解缴税款的行为。欠税时间从规定的纳税期限届满的次日至纳税人、扣缴义务人缴纳或者解缴税款的当日。欠税金额是指纳税人、扣缴义务人应缴纳或者应解缴税款与纳税人、扣缴义务人实际缴纳或者解缴税款的差额。自2001年5月1日起，对欠税的纳税人、扣缴义务人按日征收欠缴税款万分之五的滞纳金。

（3）税款退还和追征制度（见表1-8）。

表1-8

制度	适用情况	具体制度规定
税款的退还	退还多缴的税款主要包括两种情况： （1）因为技术上的原因或计算上的错误，造成纳税人多缴或税务机关多征的税款 （2）正常税收征管的情况下造成的多缴税款	税务机关发现应立即退还
		纳税人发现自纳税之日起3年内书面申请退税，并加算银行同期存款利息
税款的追征	因税务机关的责任造成的未缴或者少缴税款	税务机关可在3年内要求纳税人、扣缴义务人补缴税款，但是不得加收滞纳金
	因纳税人、扣缴义务人的责任造成的未缴或者少缴税款	一般计算失误情况，税务机关发现在3年内追征，并按日加收万分之五滞纳金
		特殊情况（累计金额大），追征期延长至5年，并按日加收万分之五滞纳金
		偷、抗、骗税的，可无限期地追征，并按日加收万分之五滞纳金

二、按税法效力分类

按照税法效力的不同，可以将税法分为税收法律、税收法规、税务规章和税务行政规范等。

(一) 税收法律——全国人民代表大会及其常务委员会制定

(1) 创制程序（四项）：提出—审议—表决通过—公布。

(2) 有哪些（四法）：属于全国人民代表大会通过的税收法律有《企业所得税法》《个人所得税法》等。属于全国人民代表大会常务委员会通过的税收法律有《车船税法》（自2012年1月1日起施行）和《税收征收管理法》等。

(二) 税收法规——目前我国税收立法的主要形式

(1) 创制程序（四项）：立项—起草—审查—决定和公布。

(2) 有哪些：《个人所得税法实施细则》《增值税暂行条例》等都属于税收法规。

(3) 效力：税收法规的效力低于宪法、税收法律，而高于税务规章。

【特别提示】

具体内容如表1-9所示。

表1-9

类型	提议阶段	审议阶段	通过和公布阶段
税收法律	一般由国务院授权其税务主管部门（财政部或国家税务总局）负责立法的调查研究等准备工作，并提出立法方案或税法草案，上报国务院	由全国人民代表大会或其常务委员会审议通过	以国家主席名义发布实施
税收法规		由国务院负责审议	以国务院总理名义发布实施

(三) 税务规章

税务规章是税务部门规章的简称。部门规章，根据国务院发布的《法规规章备案规定》，是指国务院各部门根据法律和国务院的行政法规、决定、命令在本部门的权限内按照规定程序所制定的规定、办法、实施细则、规则等规范性文件的总称。此处所称的部门，不仅指国务院组成部门，也包括国务院直属机构。税务规章是指根据法律或者国务院的行政法规、决定、命令，在国家税务总局职权范围内制定的，在全国范围内对税务机关、纳税人、扣缴义务人及其他税务当事人具有普遍约束力的税收规范性文件。国家税务总局发布的第一部税务规章是2002年3月1日实施的《税务部门规章制定实施办法》。

1. 税务规章的权限范围

(1) 属于法律、法规决定的事项，包括三个要点：

1) 只有在法律或国务院行政法规等对税收事项已有规定的情况下才可以制定税务规章；否则，不得以税务规章的形式予以规定，除非得到国务院的明确授权。

2）制定税务规章的目的是执行法律和国务院的行政法规、决定、命令，而不能另行创设法律和国务院的行政法规、决定、命令所没有规定的内容。

3）税务规章原则上不得重复法律和国务院的行政法规、决定、命令已经明确规定的内容。

（2）对于涉及国务院两个以上部门职权范围的事项，一般应当提请国务院制定行政法规。条件尚不成熟，可出台联合规章，单独制定无效。

2. 税务规章的制定程序

按照《规章制定程序条例》和《税务部门规章制定实施办法》，税务规章的制定程序主要有以下几个方面：

（1）立项。

（2）起草。

（3）审查。税务规章起草单位将规章送审稿报送法制部门审查。审查的内容主要包括：一是合法性，即是否与法律、行政法规等相矛盾或抵触，是否根据上位法来制定；二是与其他税务规章的规定是否协调、衔接；三是是否就重大问题征求并正确处理有关部门、组织或个人的意见；四是是否符合立法技术要求。在审查中发现税务规章送审稿有重大缺陷，如有关单位对草案有重大分歧意见，又难以协调一致的，可将税务规章送审稿退起草单位修改。

（4）决定和公布。法制部门审查通过后，形成税务规章草案和审查意见，报局务会议审议。

【特别提示】

特别注意第（4）项：审议通过的税务规章，报局长签署后予以公布，在国家税务总局公报上刊登的税务规章文本为标准文本。

3. 税务规章的适用与监督

（1）税务规章的施行时间：税务规章一般应当自公布之日起 30 日后施行。特殊情况下也可自公布之日起施行。

（2）税务规章的解释。税务规章由国家税务总局负责解释。税务规章解释与税务规章具有同等效力。

（3）税务规章的适用。

1）税务规章的效力低于法律、行政法规。

2）税务规章之间对同一事项都做出过规定，特别规定与一般规定不一致的，适用特别规定；新规定与旧规定不一致的，适用新规定。

3）税务规章一般不应溯及既往，但为了更好地保护税务行政相对人的权利和利益而作的特别规定除外。

（4）税务规章的冲突裁决机制。

1）税务规章与地方性法规对同一事项的规定不一致，不能确定如何适用时，由国务院提出意见。国务院认为应当适用地方性法规的，税务规章就不再适用；认为应当适用税务规章的，应当提请全国人民代表大会常务委员会裁决。

2）税务规章与其他部门规章、地方政府规章对同一事项的规定不一致的，由国务院裁决。

（四）税务行政规范

在税收征管实践中，还存在大量的税务行政规范，作为指导税收征管实践活动的依据，纳税人也必须严格遵守。

税务行政规范，即通常所称的税收规范性文件，是指县以上税务机关依照法定职权和规定程序制定公布的，规定纳税人、扣缴义务人、其他税务行政相对人权利义务，在本辖区内具有普遍约束力并可反复适用的文件。

归纳

具体内容如表1-10所示。

表1-10

分类	立法机关	形式	举例	效力
税收法律	全国人民代表大会及其常务委员会正式立法	6部法律	《企业所得税法》《个人所得税法》《税收征收管理法》《车船税法》《烟叶税法》《船舶吨位税法》	除《宪法》，在税收法律体系中，税收法律具有最高的法律效力
	全国人民代表大会及其常务委员会授权国务院立法	5个暂行条例	《增值税暂行条例》《消费税暂行条例》《资源税暂行条例》《土地增值税暂行条例》等	授权立法的法律效力高于行政法规
税收法规	国务院——税收行政法规	条例、暂行条例、实施细则	《企业所得税法实施条例》《税收征收管理法实施细则》等	行政法规的效力低于宪法、法律，高于地方法规、部门规章、地方规章
	地方人民代表大会及其常务委员会制定的税收地方性法规（目前只有海南省、少数民族自治区按全国人民代表大会授权立法）			
税务规章	财政部、国家税务总局、海关总署——税务部门规章	办法、规则、规定	《增值税暂行条例实施细则》《税收代理试行办法》等	不得与税收法律、行政法规相抵触
	省级地方政府——税收地方规章		《房产税暂行条例实施细则》等	

【例1-8·单选题】（2016年税务师）2016年3月财政部、国家税务总局颁发的《营业税改征增值税试点实施办法》的法律层次是（　　）。

A. 税收法律

B. 税收法规

C. 税务规章

D. 税务行政规范

【答案】C

【解析】税务规章的表现形式有办法、规则、规定。

【例1-9·多选题】（2016年注会）税收立法程序是税收立法活动中必须遵循的法定程序，目前我国税收立法程序经过的主要阶段有（　　）。

A. 提议阶段

B. 通过阶段

C. 审议阶段

D. 公布阶段

【答案】ABCD

第三节 税收法律关系

一、税收法律关系的概念与特点

（一）税收法律关系的概念

税收法律关系是税法所确认和调整的，国家与纳税人之间、国家与国家之间以及各级政府之间在税收分配过程中形成的权利义务关系。

（二）税收法律关系的特点

1. 主体的一方是国家

在税收法律关系中，国家不仅以立法者与执法者的姿态参与税收法律关系的运行与调整，而且直接以税收法律关系主体的身份出现。这样构成税收法律关系主体的一方可以是任何负有纳税义务的法人和自然人，但是另一方只能是国家，因为税收本身就是国家参与社会剩余产品分配而形成的特殊社会关系。因此，固定有一方主体为国家成为税收法律关系的特点之一。

2. 体现国家单方面的意志

税收法律关系只体现国家单方面的意志，不体现纳税人一方主体的意志。税收法律关系的成立、变更、消灭不以主体双方意思表示一致为要件。只要当事人发生了税法规定的应纳税的行为或事件，就产生了税收法律关系。

3. 权利义务关系具有不对等性

税法作为一种义务性法规，其规定的权利义务是不对等的。即在税收法律关系中，国家享有较多的权利，承担较少的义务；而纳税人承担较多的义务，享有较少的权利。

4. 具有财产所有权或支配权单向转移的性质

在税收法律关系中，纳税人履行纳税义务、缴纳税款，就意味着将自己拥有或支配的一部分财物无偿地交给国家，国家不再直接返还给纳税人。所以，税收法律关系中的财产转移具有无偿、单向、连续等特点。

【例1－10·单选题】（2009年注税）关于税收法律关系的特点，下列表述正确的是（　　）。

A. 作为纳税主体的一方只能是征税机关

B. 税收法律关系的成立、变更等以主体双方意思表示一致为要件

C. 权利义务关系具有对等性

D. 具有财产所有权单向转移的性质

【答案】D

二、税收法律关系的主体

征纳主体，即税收法律关系的主体，是指税收法律关系中依法享有权利和承担义务的双方当事人，一方为税务机关，另一方为纳税人。

（一）征税主体

严格意义上讲，唯一享有税收所有权的国家才是真正的征税主体。但是，国家总是通过法律授权的方式赋予具体的国家职能机关来代其行使征税权力，因此，税务机关通过获得授权成为法律意义上的征税主体。税务机关行使的征税权极具程序性，不能自由放弃或转让。

根据现行的《税收征收管理法》，可以将税务机关的职权与职责归纳如下。

1. 税务机关的职权

（1）税务管理权。包括有权办理税务登记、审核纳税申报、管理有关发票事宜等。

（2）税收征收权。这是税务机关最基本的权力，包括有权依法征收税款和在法定权限范围内依法自行确定税收征管方式或时间、地点等。

（3）税收检查权。包括有权对纳税人的财务会计核算、发票使用和其他纳税情况，以及纳税人的应税商品、货物或其他财产进行查验登记等。

（4）税务稽查权。这是税务机关依法对纳税人、扣缴义务人履行纳税义务、扣缴义务情况所进行的税务检查和处理工作的总称。

（5）税务违法处理权。包括有权对违反税法的纳税人采取行政强制措施，对情节严重、触犯刑律的，移送有权机关依法追究其刑事责任。

（6）税收行政立法权。被授权的税务机关有权在授权范围内依照一定程序制定税收行政规章及其他规范性文件，做出行政解释等。

（7）税务行政复议裁决权。税务行政复议裁决权是指征收机关的上级机关根据纳税人的申请，依照税收法律、行政法规和行政复议法的规定，防止和纠正下级机关违法或者不当的具体行政行为的权力。

（8）代位权和撤销权。为了保证税务机关及时足额追回由于债务关系造成的、过去难以征收的税款，《税收征收管理法》赋予税务机关可以在特定情况下依法行使代位权和撤销权的权力。

2. 税务机关的职责

（1）税务机关不得违反法律、行政法规的规定开征、停征、多征或少征税款，或擅自决定税收优惠。

（2）税务机关应当将征收的税款和罚款、滞纳金按时足额并依照预算级次入库，不得截留和挪用。

（3）税务机关应当依照法定程序征税，依法确定有关税收征收管理的事项。

（4）税务机关应当依法办理减税、免税等税收优惠，对纳税人的咨询、请求和申诉做出答复处理或报请上级机关处理。

（5）税务机关对纳税人的经营状况负有保密义务。

（6）税务机关应当按照规定付给扣缴义务人代扣、代收税款的手续费，且不得强行要求非扣缴义务人代扣、代收税款。

（7）税务机关应当严格按照法定程序实施和解除税收保全措施，如果因税务机关的原因致使纳税人的合法权益遭受损失，税务机关应当依法承担赔偿责任。

【例 1-11 · 单选题】（2005 年注税）下列关于税收法律关系的表述中，正确的是（　　）。

A. 税收法律关系的主体只能是国家

B. 税收法律关系中权利与义务具有对等性

C. 税收法律关系的成立不以征纳双方意思表示一致为要件

D. 征税权虽是国家法律授予的，但是可以放弃或转让

【答案】 C

（二）纳税主体

纳税主体，就是通常所称的纳税人，即按法律、行政法规规定负有纳税义务的单位和个人。

对于纳税主体，有许多不同的划分方法。按照纳税主体在民法中身份的不同，可以分为自然人、法人、非法人单位；根据征税权行使范围的不同，可以分为居民纳税人和非居民纳税人（见表 1-11）。

表 1-11

划分方法	划分类别	说明
按在民法中身份的不同划分	自然人、法人、非法人单位	不同种类的纳税主体，在税收法律关系中享有的权利和承担的义务也不尽相同
按征税权行使范围的不同划分	居民纳税人、非居民纳税人	

根据《税收征收管理法》，纳税人的权利与义务可以归纳如下。

1. 纳税人的权利

（1）知情权。有权向税务机关了解国家税收法律、行政法规的规定以及与纳税程序有关的情况。

（2）保密权。有权要求税务机关为纳税人的商业秘密和个人隐私保密。

（3）申请回避权。税务人员征收税款和查处税收违法案件，与纳税人或税收违法案件有利害关系的，有权申请该税务人员回避。

（4）申请减、免、退税权。有依法申请减税、免税、退税的权利。

（5）申请延期申报权。因不可抗力或其他特殊困难影响按期申报时，有权申请延期申报。

（6）申请延期纳税权。因不可抗力或当期货币资金短缺影响按期缴纳税款时，有权申请延期缴纳税款。

（7）多缴税款退还权。发现自己有超过应纳税额多缴的税款时，有权要求退还多缴税款并加算银行同期利息。

（8）取得完税凭证权。依法缴纳税款后，有权从税务机关取得完税凭证，或者要求扣缴义务人开具代扣、代收税款凭证。

（9）拒绝非法检查权。税务人员检查时没有出具税务检查证和税务检查通知书的，有权拒绝检查。

（10）维护基本生存权。税务机关采取税收保全措施时，不得查封、扣押个人及其所扶养家属维持生活必需的住房和生活用品。

（11）陈述申辩权。对税务机关所做出的决定享有陈述权、申辩权。

（12）法律救济权。依法享有申请行政复议、提起行政诉讼、请求国家赔偿的权利。

（13）控告检举权。有权控告和检举税务机关、税务人员的违法违纪行为。

（14）委托办理税务事项权。有权委托税务代理人代为办理税务事宜。

2. 纳税人的义务

（1）依法办理税务登记。

（2）如实报告开立的所有银行账户账号。

（3）依法使用税务登记证件，亮证经营。

（4）依法设置、保管账簿。

（5）按期报送财务会计制度或财务会计处理办法、财务会计核算软件及说明。

（7）依法领购、开具、使用、保管发票。

（8）按期如实申报。

（9）如实报送纳税申报表、财务会计报表和其他纳税资料。

（10）按期如实缴纳税款。

（11）合并或分立时应依法报告，并缴清税款或者承担连带纳税义务。

（12）欠税5万元以上在处分不动产或大额资产前应向税务机关报告。

（13）接受依法进行的税务检查，如实反映情况，提供有关资料。

（14）依法履行税务处理决定和税务行政处罚决定。

三、税收法律关系的客体

客体即税收法律关系主体的权利、义务所共同指向的对象，也就是征税对象。

四、税收法律关系的内容

税收法律关系的内容就是主体所享有的权利和所应承担的义务，这是税收法律关系中最实质的东西，也是税法的灵魂。

五、税收法律关系的产生、变更、消灭

与其他社会关系一样，税收法律关系也是处于不断发展变化之中的，这一发展变化过程可以概括为税收法律关系的产生、变更、消灭。

（一）产生

税收法律关系的产生是指在税收法律关系主体之间形成权利义务关系。由于税法属于义务性法规，税收法律关系的产生应以引起纳税义务成立的法律事实为基础和标志。

（二）变更

税收法律关系的变更是指由于某一法律事实的发生，税收法律关系的主体、内容和客体发生变化。

（三）消灭

税收法律关系的消灭是指这一法律关系的终止即其主体间权利义务关系的终止。税收法律关系消灭的原因主要有以下几个方面：

（1）纳税人履行纳税义务。

（2）纳税义务因超过期限而消灭。

（3）纳税义务免除。

（4）某些税法废止。

（5）纳税主体消失。

【例 1－12·单选题】（2010 年注会）下列关于税收法律关系的表述中，正确的是（　　）。

A. 税法是引起法律关系的前提条件，税法可以产生具体的税收法律关系

B. 税收法律关系中权利主体双方法律地位并不平等，双方的权利义务也不对等

C. 代表国家行使征税职责的各级国家税务机关是税收法律关系中的权利主体之一

D. 税收法律关系总体上与其他法律关系一样，都由权利主体、权利客体两方面构成

【答案】C

【解析】税法是引起税收法律关系的前提条件，但税法本身并不能产生具体的税收法律关系。税收法律关系的产生、变更与消灭必须由税收法律事实来决定。税收法律关系中权利主体双方法律地位平等，但双方的权利义务不对等。代表国家行使征税职责的各级国家税务机关是税收法律关系中的权利主体之一，还有财政、海关。税收法律关系总体由权利主体、权利客体和内容构成。

第四节 税收执法

一、税收执法中适用的原则

（1）层次高的法律优于层次低的法律。

（2）同一层次的法律中，特别法优于普通法。

（3）国际法优于国内法。

（4）实体法从旧，程序法从新。

二、税务机构设置

具体内容如表 1－12 所示。

表 1－12

国家税务局系统	垂直管理
地方税务局系统	省级以下地方税务局实行上级税务机关和同级政府双重领导，以上级税务机关垂直领导为主的管理体制
	省级地方税务局实行地方政府和国家税务总局双重领导，以地方政府领导为主的管理体制

三、税款征收管理权限划分

（1）首先根据国务院关于实行分税制财政管理体制的决定，按税种划分中央和地方的收入。将维护国家权益、实施宏观调控所必需的税种划为中央税；将同国民经济发展直接相关的主要税种划为中央与地方共享税；将适合地方征管的税种划为地方税，并充实地方税税种，增加地方税收收入。

（2）地方自行立法的地区性税种，其管理权由省级人民政府及其税务主管部门掌握。

（3）属于地方税收管理权限，在省级及其以下的地区如何划分，由省级人民代表大会或省级人民政府决定。

（4）除少数民族自治区和经济特区，各地均不得擅自停征全国性的地方税种。

（5）经全国人民代表大会及其常务委员会和国务院批准，少数民族自治区和经济特区可以拥有某些特殊的税收管理权，如全国性地方税种某些税目税率的调整权以及一般地方税收管理权以外的其他一些管理权等，但必须以不影响国家宏观调控和中央财政收入为前提。

（6）经全国人民代表大会及其常委会和国务院批准，经济特区也可以在享有一般地方税收管理权之外，拥有一些特殊的税收管理权。

（7）上述地方（包括少数民族自治区和经济特区）税收管理权的行使必须以不影响国家宏观调控和中央财政收入为前提。

（8）涉外税收必须执行国家统一的税法，涉外税收政策的调整权集中在全国人民代表大会及其常务委员会和国务院，各地一律不得自行制定涉外税收的优惠措施。

（9）在税法规定之外，一律不得减免税，也不得采取先征后返的形式变相减免税。

四、税收征管范围划分

2018 年 3 月 13 日，十三届全国人大一次会议第四次全体会议作了关于国务院机构改革方案的说明，指出："改革国税地税征管体制。将省级和省级以下国税地税机构合并，具体承担所辖区域内的各项税收、非税收入征管等职责。国税地税机构合并后，实行以国家税务总局为主与省（区、市）人民政府双重领导管理体制。"《深化党和国家机构改革方案》提出了地方机构改革时间表，要求所有地方机构改革任务在 2019 年 3 月底前基本完成。

【特别提示】

国税和地税合并前税收征管范围划分具体内容如表 1－13 所示。

表 1－13

征收机关	征收税种
地方财政部门	（大部分地区）地方教育费附加、契税、耕地占用税
海关系统	关税、行李和邮递物品进口税、代征进出口环节的增值税和消费税
国家税务局系统	增值税，消费税，车辆购置税，铁路、银行总行、保险总公司集中缴纳的企业所得税、城市维护建设税，海洋石油企业所得税、资源税，证券交易税，个人所得税中对储蓄存款利息所得征收的部分
地方税务局系统	城市维护建设税（国家税务局征收的除外）、个人所得税（国家税务局征收的除外）、资源税、城镇土地使用税、土地增值税、房产税、车船税、印花税等

五、税收收入划分

国税和地税合并前税收收入划分具体内容如表 1－14 所示。

表1-14

中央政府固定收入	消费税（含进口环节海关代征部分）、车辆购置税、关税、海关代征的进口环节增值税等
中央政府与地方政府共享收入	增值税（50%∶50%）、企业所得税、个人所得税、资源税、城市维护建设税、印花税
地方政府固定收入	城镇土地使用税、耕地占用税、土地增值税、房产税、车船税、契税、环境税等

【特别提示】

自2016年5月1日后，暂定在2～3年的过渡期内，中央地方各分享增值税的50%（国发〔2016〕26号）。

自2016年1月1日起，将证券交易印花税由现行按中央97%、地方3%比例分享全部调整为中央收入（国发明电〔2015〕3号）。

【例1-13·单选题】（2015年注会）下列税种中，属于中央政府与地方政府共享收入的是（　　）。

A. 关税

B. 消费税

C. 个人所得税

D. 土地增值税

【答案】C

第Ⅱ篇

商品与劳务税

第二章 Chapter 2 增值税

第一节 概　述

一、增值税的概念

增值税是以单位和个人生产经营过程中取得的增值额为课税对象征收的一种税。

(一) 关于增值额的理解

不同角度对增值额的理解如表 2-1 所示。

表 2-1

角度	对增值额的理解
从理论上讲	增值额是企业在生产经营过程中新创造的那部分价值，即货物或劳务价值中的 V+M 部分，在我国相当于净产值或国民收入部分
从一个生产经营单位来看	增值额是指该单位销售货物或提供劳务的收入额扣除为生产经营这种货物（包括劳务，下同）而外购的那部分货物价款后的余额
从某一货物来看	增值额是该货物经历的生产和流通各环节所创造的增值额之和，也就是该项货物的最终销售价值

(二) 增值税一般不直接以增值额作为计税依据

各国计算增值税时都不是先求出各生产经营环节的增值额，然后再据此计算增值税，而是采取从销售总额的应纳税款中扣除外购项目已纳税款的税款抵扣法。

二、增值税的类型

增值税按对外购固定资产处理方式的不同可划分为生产型增值税、收入型增值税和消费型增值税（见表2－2）。

表2－2

增值税类型	特点	优点	缺点
生产型	课税基数大体相当于国民生产总值的统计口径，不允许扣除任何外购固定资产的价款 法定增值额>理论增值额	保证财政收入	对固定资产存在重复征税，不利于鼓励投资
收入型	课税基数相当于国民收入部分，外购固定资产价款只允许扣除当期计入产品价值的折旧费部分 法定增值额＝理论增值额	一种标准的增值税	给凭发票扣税的计算方法带来困难
消费型（我国2009年全面实施）	课税基数仅限于消费资料价值的部分，允许将当期购入的固定资产价款一次全部扣除 法定增值额<理论增值额	凭发票扣税，便于操作管理，最能体现增值税的优越性	购进固定资产的当期因扣除额大大增加而减少财政收入

三、增值税的性质及其计税原理

（一）增值税的性质

增值税属于流转税性质的税种。

（1）以全部流转额为计税销售额，同时实行税款抵扣制度，是一种只就未税流转额征税的新型流转税。

（2）税负具有转嫁性。增值税属于间接税。

（3）按产品或行业实行比例税率，作用在于广泛征集财政收入，而不是调节收入差距。

（二）增值税的计税原理

采用整体税负扣除以前环节已纳税款的原理。具体体现为：

（1）按全部销售额计算税款，但只对货物或劳务价值中新增价值部分征税。

（2）实行税款抵扣制度，对以前环节已纳税款予以扣除。

（3）税款随着货物的销售逐环节转移，最终消费者是全部税款的承担者，纳税人与负税人相分离。

四、增值税的计税方法

（一）直接计算法

直接计算法是指首先计算出应税货物或劳务的增值额，然后用增值额乘以适用税率求出应纳税额。

（二）间接计算法

间接计算法是指不直接根据增值额计算增值税，而是首先计算出应税货物的整体税负，然后从整体税负中扣除法定的外购项目已纳税款。这种方法是实行增值税的国家广泛采用的计税方法。

五、增值税的特点和优点

（一）增值税的特点

（1）不重复征税，具有中性税收的特征。

（2）逐环节征税，逐环节扣税，最终消费者是全部税款的承担者。

（3）税基广阔，具有征收的普遍性和连续性。

（二）增值税的优点

（1）能够平衡税负，促进公平竞争。

（2）既便于对出口商品退税，又可避免对进口商品征税不足。

（3）在组织财政收入上具有稳定性和及时性。

（4）在税收征管上可以互相制约，交叉审计。

第二节　纳税人和扣缴义务人

一、增值税纳税人和扣缴义务人的基本规定

（一）纳税人

在中华人民共和国境内销售货物或者加工、修理修配劳务，销售服务、无形资产、不动产，以及进口货物的单位和个人为增值税的纳税人（国务院令第 691 号）。

单位租赁或者承包给其他单位或者个人经营的，以承租人或者承包人为纳税人（财政部、国家税务总局令第 50 号）。

单位以承包、承租、挂靠方式经营的，承包人、承租人、挂靠人（统称承包人）以发包人、出租人、被挂靠人（统称发包人）名义对外经营并由发包人承担相关法律责任的，以发包人为纳税人。否则，以承包人为纳税人。

报关进口货物的纳税人是进口货物收货人或办理报关手续的单位和个人。代理进口的，以海关完税凭证（专用缴款书）上的纳税人为增值税的纳税人（国税函发〔1995〕288 号）。

资管产品运营过程中发生的增值税应税行为，以资管产品管理人为增值税纳税人。

（二）扣缴义务人

中华人民共和国境外的单位或者个人在境内提供应税劳务，在境内未设有经营机构的，以其境内代理人为扣缴义务人；在境内没有代理人的，以购买方为扣缴义务人（国务院令第 538 号）。具体如表 2-3 所示。

表 2-3

境外单位或个人在境内提供应税劳务	扣缴义务人
境内未设有经营机构	境内代理人
境内没有代理人	购买方

二、增值税纳税人的分类

现行增值税制度是以纳税人年应税销售额的大小、会计核算水平和能否提供准确税务资料等标准为依据，划分一般纳税人和小规模纳税人的。

三、小规模纳税人的认定及管理

（一）小规模纳税人的认定

自 2018 年 5 月 1 日起，增值税小规模纳税人统一标准为年应征增值税销售额 500 万元及以下。

【特别提示】

应征增值税销售额是指纳税人在连续不超过 12 个月的经营期内累计应征增值税销售额，包括纳税申报销售额、稽查查补销售额、纳税评估调整销售额、税务机关代开发票销售额和免税销售额。其中稽查查补销售额和纳税评估调整销售额计入查补税款申报当月的销售额，不计入税款所属期的销售额（国税函〔2010〕139 号、税总函〔2015〕311 号）。

（二）小规模纳税人的管理

小规模纳税人适用简易计税方法征收增值税，一般不得使用增值税专用发票。

四、一般纳税人的认定及管理（国家税务总局公告 2015 年第 18 号、国家税务总局令第 43 号、国家税务总局公告 2018 年第 6 号）

（一）一般纳税人的认定（国家税务总局令第 43 号、国家税务总局公告 2018 年第 6 号）

（1）增值税纳税人，年应税销售额超过财政部、国家税务总局规定的小规模纳税人标准的，除另有规定，应当向主管税务机关办理一般纳税人登记。

年应税销售额是指纳税人在连续不超过 12 个月或 4 个季度的经营期内累计应征增值税销售额（国家税务总局公告 2018 年第 6 号）。

经营期是指在纳税人存续期内的连续经营期间，含未取得销售收入的月份或季度（国家税务总局公告 2018 年第 6 号）。

纳税申报销售额是指纳税人自行申报的全部应征增值税销售额，其中包括免税销售额和税务机关代开发票销售额。

销售服务、无形资产或者不动产有扣除项目的纳税人，其应税行为年应税销售额按未扣除之前的销售额计算。纳税人偶然发生的销售无形资产、转让不动产的销售额，不计入应税行为年应税销售额。

（2）年应税销售额未超过规定标准的纳税人，会计核算健全，能够提供准确税务资料的，可以向主管税务机关办理一般纳税人登记。

会计核算健全是指能够按照国家统一的会计制度规定设置账簿，根据合法、有效凭证进行核算。

（3）纳税人兼有销售货物、提供加工修理修配劳务和销售服务、无形资产、不动产的，应税货物及劳务销售额与应税行为销售额分别计算，分别适用增值税一般纳税人登记标准，其中有一项销售额超过规定标准，就应当按照规定办理增值税一般纳税人登记相关手续。

（4）下列纳税人不办理一般纳税人资格认定：

1）按照政策规定，选择按照小规模纳税人纳税的。

2）年应税销售额超过规定标准的其他个人。其他个人指自然人。

除国家税务总局另有规定，纳税人一经认定为一般纳税人后，不得转为小规模纳税人。

（5）自 2015 年 4 月 1 日起，增值税一般纳税人资格实行登记制，登记事项由增值税纳税人向其主管税务机关办理（国家税务总局公告 2015 年第 18 号）。

（6）航空公司总机构及其分支机构，一律由机构所在地主管税务机关认定为增值税一般纳税人（国家税务总局公告 2013 年第 68 号）。

（7）纳税人在年应税销售额超过规定标准的月份（或季度）的所属申报期结束后 15 日内按照规定办理相关手续；未按规定时限办理的，主管税务机关应当在规定时限结束后 5 日内制作《税务事项通知书》，告知纳税人应当在 5 日内向主管税务机关办理相关手续；逾期仍不办理的，次月起按销售额依照增值税税率计算应纳税额，不得抵扣进项税额，直至纳税人办理相关手续为止。

（8）纳税人自一般纳税人生效之日起，按照增值税一般计税方法计算应纳税额，并可以按照规定领用增值税专用发票，财政部、国家税务总局另有规定的除外。

生效之日是指纳税人办理登记的当月 1 日或者次月 1 日，由纳税人在办理登记手续时自行选择。

（9）经税务机关核对后退还纳税人留存的《增值税一般纳税人登记表》，可以作为证明纳税人成为增值税一般纳税人的凭据。

（二）一般纳税人纳税辅导期管理（国税发〔2010〕40 号）

（1）纳税辅导期管理的范围。主管税务机关可以在一定期限内对下列一般纳税人实行纳税辅导期管理（国家税务总局令第 22 号）：

1）按照认定办法规定新认定为一般纳税人的小型商贸批发企业。

2）国家税务总局规定的其他一般纳税人。

（2）纳税辅导期管理的期限。新认定为一般纳税人的小型商贸批发企业实行纳税辅导期管理的期限为3个月；其他一般纳税人实行纳税辅导期管理的期限为6个月（见表2-4）。

表2-4

类型	具体范围	期限
按规定新认定为一般纳税人的小型商贸批发企业	注册资金≤80万元、职工人数≤10人的批发企业	3个月
国家税务总局规定的其他一般纳税人	具有下列情形之一的一般纳税人： （1）增值税偷税数额占应纳税额的10%以上并且偷税数额在10万元以上 （2）骗取出口退税 （3）虚开增值税扣税凭证 （4）国家税务总局规定的其他情形	6个月

（3）纳税辅导期进项税额的抵扣。辅导期纳税人取得的增值税专用发票（简称专用发票）抵扣联、海关进口增值税专用缴款书以及运输费用结算单据应当在交叉稽核比对无误后，方可抵扣进项税额。

（4）主管税务机关对辅导期纳税人实行限量限额发售专用发票。实行纳税辅导期管理的小型商贸批发企业，领购专用发票的最高开票限额不得超过10万元；其他一般纳税人专用发票最高开票限额应根据企业实际经营情况重新核定。

辅导期纳税人专用发票的领购实行按次限量控制，主管税务机关可根据纳税人的经营情况核定每次专用发票的供应数量，但每次发售专用发票数量不得超过25份。

辅导期纳税人领购的专用发票未使用完而再次领购的，主管税务机关发售专用发票的份数不得超过核定的每次领购专用发票份数与未使用完的专用发票份数的差额。

（5）辅导期纳税人一个月内多次领购专用发票的，应从当月第二次领购专用发票起，按照上一次已领购并开具的专用发票销售额的3%预缴增值税，未预缴增值税的，主管税务机关不得向其发售专用发票。

预缴增值税时，纳税人应提供已领购并开具的专用发票记账联，主管税务机关根据其提供的专用发票记账联计算应预缴的增值税。

辅导期纳税人按规定预缴的增值税可在本期增值税应纳税额中抵减，抵减后预缴增值税仍有余额的，可抵减下期再次领购专用发票时应当预缴的增值税。

纳税辅导期结束后，纳税人因增购专用发票发生的预缴增值税有余额的，主管税务机关应在纳税辅导期结束后的第一个月内，一次性退还纳税人。

（6）辅导期纳税人的“应交税费”科目。辅导期纳税人应当在“应交税费”科目下增设“待抵扣进项税额”明细科目，核算尚未交叉稽核比对的专用发票抵扣联、海关进口增值税专用缴款书以及运输费用结算单据（统称增值税抵扣凭证）注明或者计算的进项税额。

辅导期纳税人取得增值税抵扣凭证后，借记“应交税费——待抵扣进项税额”明细科目，贷记相关科目。交叉稽核比对无误后，借记“应交税费——应交增值税（进项税额）”科目，贷记“应交税费——待抵扣进项税额”科目。经核实不得抵扣的进项税额，红字借记“应交税费——待抵扣进项税额”科目，红字贷记相关科目。

（7）纳税辅导期的结束与重新开始。纳税辅导期内，主管税务机关未发现纳税人存在偷税、逃避追缴欠税、骗取出口退税、抗税或其他需要立案查处的税收违法行为的，从期满的次月起不再实行纳税辅导期管理，主管税务机关应制作、送达税务事项通知书，告知纳税人；主管税务机关发现辅导期纳税人存在偷税、逃避追缴欠税、骗取出口退税、抗税或其他需要立案查处的税收违法行为的，从期满的次月起按照规定重新实行纳税辅导期管理，主管税务机关应制作、送达税务事项通知书，告知纳税人。

（三）一般纳税人转登记为小规模纳税人（国家税务总局公告 2018 年第 18 号）

已登记为增值税一般纳税人的单位和个人，转登记日前连续 12 个月（以 1 个月为 1 个纳税期，下同）或者连续 4 个季度（以 1 个季度为 1 个纳税期，下同）累计应征增值税销售额未超过 500 万元的，或转登记日前经营期不满 12 个月或者 4 个季度，按照月（季度）平均应税销售额估算累计应税销售额未超过 500 万元的，在 2018 年 12 月 31 日前，可转登记为小规模纳税人，其未抵扣的进项税额作转出处理（财税〔2018〕33 号）。

转登记纳税人尚未申报抵扣的进项税额以及转登记日当期的期末留抵税额，记入“应交税费——待抵扣进项税额”科目核算。

转登记纳税人在一般纳税人期间销售或者购进的货物、劳务、服务、无形资产、不动产，自转登记日的下期起发生销售折让、中止或者退回的，调整转登记日当期的销项税额、进项税额和应纳税额。

第三节　征税范围

一、我国现行增值税征税范围的一般规定

（一）销售货物

销售货物是指有偿转让货物的所有权。货物是指有形动产，包括电力、热力、气体在内。

（二）提供加工、修理修配劳务

（1）加工是指受托加工货物，即委托方提供原料及主要材料，受托方按照委托方的要求，制造货物并收取加工费的业务。

（2）修理修配是指受托对损伤和丧失功能的货物进行修复，使其恢复原状和功能的业务（财政部令第65号）。

（3）提供加工、修理修配劳务（统称应税劳务）是指有偿提供加工、修理修配劳务。单位或者个体工商户聘用的员工为本单位或者雇主提供加工、修理修配劳务，不包括在内。此处所称有偿，是指从购买方取得货币、货物或者其他经济利益（财政部令第65号）。

（三）销售服务（7项）

1. 交通运输服务

交通运输服务是指利用运输工具将货物或者旅客送达目的地，使其空间位置得到转移的业务活动。包括陆路运输服务、水路运输服务、航空运输服务和管道运输服务。

【特别提示1】

出租车公司向使用本公司自有出租车的出租车司机收取的管理费用，按照陆路运输服务项目缴纳增值税。

【特别提示2】

光租、干租属于租赁服务。

【特别提示3】

自2018年1月1日起，纳税人已售票但客户逾期未消费相关政策归纳如表2-5所示（财税〔2017〕90号）。

表2-5 纳税人已售票但客户逾期未消费相关政策

纳税人已售票但客户逾期未消费取得的运输逾期票证收入	按照交通运输服务项目缴纳增值税
纳税人为客户办理退票而向客户收取的退票费、手续费等收入	按照其他现代服务项目缴纳增值税

航空运输企业已售票但未提供航空运输服务取得的逾期票证收入，不征收增值税。

2. 电信服务

电信服务是指利用有线、无线的电磁系统或者光电系统等各种通信网络资源，提供语音通话服务，传送、发射、接收或者应用图像、短信等电子数据和信息的业务活动。包括基础电信服务和增值电信服务。

（1）基础电信服务是指利用固网、移动网、卫星、互联网提供语音通话服务，以及出租或者出售带宽、波长等网络元素的业务活动。

【特别提示】

基础电信服务记忆规则：三网一卫（语音通话＋出租、出售带宽、波长等网络元素）。

（2）增值电信服务是指利用固网、移动网、卫星、互联网、有线电视网络，提供短信和彩信服务、电子数据和信息的传输及应用服务、互联网接入服务等业务活动。

【特别提示1】

卫星电视信号落地转接服务，按照增值电信服务项目缴纳增值税。

【特别提示2】

增值电信服务记忆规则：短信彩信＋电子数据、信息传输＋互联网接入＋卫星电视信号落地转接。

3. 邮政服务

邮政服务是指中国邮政集团公司及其所属邮政企业提供邮件寄递、邮政汇兑和机要通信等邮政基本服务的业务活动。包括邮政普遍服务、邮政特殊服务和其他邮政服务。

4. 建筑服务

建筑服务是指各类建筑物、构筑物及其附属设施的建造、修缮、装饰，线路、管道、设备、设施等的安装以及其他工程作业的业务活动。包括工程服务、安装服务、修缮服务、装饰服务和其他建筑服务。

【特别提示1】

归纳如表2-6所示。

表2-6

情形		适用税目
苗木	园林绿化	建筑服务（10%）
	苗木销售	销售货物（10%，农业生产者自产自销苗木免税）
疏浚	航道疏浚	物流辅助服务中的港口码头服务（6%）
	其他疏浚	建筑服务（10%）

【特别提示2】

归纳如表2-7所示。

表2-7

情形		适用税目
出租建筑设备	配备操作人员	建筑服务（10%）
	不配备操作人员	有形动产租赁（16%）
工程勘察勘探服务		现代服务（6%）

5. 金融服务

金融服务是指经营金融保险的业务活动。包括贷款服务、直接收费金融服务、保险服务和金融商品转让。

【特别提示】

（1）融资性售后回租取得的利息及利息性质的收入，按照贷款服务缴纳增值税。融资性售后回租是指承租方以融资为目的，将资产出售给从事融资性售后回租业务的企业后，从事融资性售后回租业务的企业将该资产出租给承租方的业务活动。

（2）以货币资金投资收取的固定利润或者保底利润，按照贷款服务项目缴纳增值税。

6. 现代服务

现代服务是指围绕制造业、文化产业、现代物流产业等提供技术性、知识性服务的业务活动。包括研发和技术服务、信息技术服务、文化创意服务、物流辅助服务、租赁服务、鉴证咨询服务、广播影视服务、商务辅助服务和其他。

【特别提示1】

翻译服务和市场调查服务按照鉴证咨询服务项目缴纳增值税。

【特别提示2】

归纳如表2-8所示。

表2-8

情形	税务处理
宾馆、旅馆、旅社、度假村和其他经营性住宿场所提供会议场地及配套服务的活动	会议展览服务（6%）
港口设施经营人收取的港口设施保安费	港口码头服务（6%）
装卸搬运服务、货运代理服务	6%
将建筑物、构筑物等不动产或飞机、车辆等有形动产的广告位出租给其他单位或个人用于发布广告	租赁服务（10%，16%）
车辆停放服务、道路通行服务（包括过路费、过桥费、过闸费等）	不动产经营租赁（10%）
武装守护押运服务	安全保护服务
安全保护服务	比照劳务派遣政策执行

【特别提示3】

纳税人对安装运行后的电梯提供的维护保养服务，按照“其他现代服务”缴纳增值税。

7. 生活服务

包括文化体育服务、教育医疗服务、旅游娱乐服务、餐饮住宿服务、居民日常服务和其他。以上内容归纳于表2-9。

表2-9

行业	应税服务	具体内容
1. 交通运输服务	陆路运输服务	包括铁路、公路、缆车、索道、地铁、城市轨道、出租车运输等
	水路运输服务	远洋运输的程租、期租业务，属于水路运输服务
	航空运输服务	航空运输的湿租业务、航天运输，属于航空运输服务
	管道运输服务	通过管道输送气体、液体、固体物质
2. 电信服务	基础电信服务	利用固网、移动网、卫星、互联网提供语音通话服务，以及出租或者出售宽带、波长等网络元素
	增值电信服务	提供短信和彩信服务、电子数据和信息的传输及应用服务、互联网接入服务等

续前表

行业	应税服务	具体内容
3. 邮政服务	邮政普遍服务	函件、包裹等邮件寄递，以及邮票发行、报刊发行和邮政汇总等
	邮政特殊服务	义务兵平常信函、机要通信、盲人读物和革命烈士遗物的寄递等
	其他邮政服务	邮册等邮品销售、邮政代理等
4. 建筑服务	工程服务	新建、改建各种建筑物、构筑物的工程作业
	安装服务	包括固话、有线电视、宽带、水、电、燃气、暖气等经营者向用户收取的安装费、初装费、开户费、扩容费以及类似收费
	修缮服务	对建筑物进行修补、加固、养护、改善
	装饰服务	修饰装修使之美观或特定用途的工程
	其他建筑服务	如钻井（打井）、拆除建筑物、平整土地、园林绿化等
5. 金融服务	贷款服务	各种占用、拆借资金（取得收入），以及融资性售后回租、罚息、票据贴现、转贷等业务（取得利息）
	直接收费金融服务	包括提供信用卡、基金管理、金融交易所管理、资金结算、资金清算等
	保险服务	包括人身保险服务和财产保险服务
	金融商品转让	包括转让外汇、有价证券、非货物期货和其他金融商品所有权的业务活动
6. 现代服务	研发和技术服务	包括研发服务、合同能源管理服务、工程勘察勘探服务、专业技术服务（如气象服务、地震服务、海洋服务、测绘服务、城市规划服务、环境与生态监测服务等）
	信息技术服务	包括软件服务、电路设计及测试服务、信息系统服务、业务流程管理服务
	文化创意服务	包括设计服务、知识产权服务、广告服务和会议展览服务
	物流辅助服务	包括航空服务、港口码头服务、货运客运场站服务、打捞救助服务、装卸搬运服务、仓储服务、收派服务
	租赁服务	形式包括融资租赁和经营性租赁，范围包括动产和不动产经营性租赁中： （1）远洋运输的光租业务、航空运输的干租业务 （2）将不动产或飞机、车辆等动产的广告位出租给其他单位或个人用于发布广告 （3）车辆停放服务、道路通行服务（包括过路费、过桥费、过闸费等）
	鉴证咨询服务	包括认证服务、鉴证服务和咨询服务（如会计税务法律鉴证、工程监理、资产评估、环境评估、房地产土地评估、建筑图纸审核、医疗事故鉴定等）
	广播影视服务	包括广播影视节目（作品）的制作服务、发行服务、播映（含放映）服务
	商务辅助服务	包括企业管理服务、经纪代理服务、人力资源服务、安全保护服务（如金融代理、知识产权代理、货物运输代理、代理报关、法律代理、房地产中介、婚姻中介、代理记账、拍卖等）
	其他	

续前表

行业	应税服务	具体内容
7. 生活服务	文化体育服务	包括文艺表演、比赛、档案馆的档案管理、文物及非物质文化遗产保护、提供游览场所等
	教育医疗服务	提供学历教育服务、非学历教育服务、教育辅助服务的业务活动
	旅游娱乐服务	
	餐饮住宿服务	
	居民日常服务	包括市容市政管理、家政、婚庆、养老、殡葬、护理、美容美发、按摩、桑拿、沐浴、洗染、摄影扩印等
	其他	

（四）销售无形资产

销售无形资产是指转让无形资产所有权或者使用权的业务活动。无形资产是指不具实物形态，但能带来经济利益的资产，包括技术、商标、著作权、商誉、自然资源使用权和其他权益性无形资产。

（1）技术包括专利技术和非专利技术。

（2）自然资源使用权包括土地使用权、海域使用权、探矿权、采矿权、取水权和其他自然资源使用权。

（3）其他权益性无形资产包括基础设施资产经营权、公共事业特许权、配额、经营权（包括特许经营权、连锁经营权、其他经营权）、经销权、分销权、代理权、会员权、席位权、网络游戏虚拟道具、域名、名称权、肖像权、冠名权、转会费等。

（五）销售不动产

销售不动产是指转让不动产所有权的业务活动。不动产是指不能移动或者移动后会引起性质、形状改变的财产，包括建筑物、构筑物等。

【特别提示】

转让建筑物有限产权或者永久使用权的，转让在建的建筑物或者构筑物所有权的，以及在转让建筑物或者构筑物时一并转让其所占土地的使用权的，按照销售不动产项目缴纳增值税。

（六）进口货物

进口货物是指申报进入我国海关境内的货物。

（七）相关政策

1. 非营业活动的界定（财税〔2016〕36号）

下列非营业活动不缴纳增值税：

（1）非企业性单位按照法律和行政法规的规定，为履行国家行政管理和公共服务职能收取政府性基金或者行政事业性收费的活动。

(2) 单位或者个体工商户聘用的员工为本单位或者雇主提供应税服务。

(3) 单位或个体工商户为员工提供应税服务。

(4) 其他。

2. 境内销售服务或无形资产的界定

服务（租赁不动产除外）或者无形资产（自然资源使用权除外）的销售方或者购买方在境内；销售或者租赁的不动产在境内；销售自然资源使用权的自然资源在境内。

【特别提示】

记忆规则：销售方或购买方在境内，但是不动产、自然资源必须在境内。引申含义：且在境内使用。以上内容归纳如表2-10所示。

表2-10

销售货物	销售货物的起运地或者所在地在境内
加工、修理修配劳务	提供的应税劳务发生在境内
销售服务、无形资产或不动产	服务（租赁不动产除外）或者无形资产（自然资源使用权除外）的销售方或者购买方在境内
	所销售或者租赁的不动产在境内
	所销售自然资源使用权的自然资源在境内

下列情形不属于在境内提供销售服务或无形资产：

(1) 境外单位或者个人向境内单位或者个人销售完全在境外发生的服务。

(2) 境外单位或者个人向境内单位或者个人销售完全在境外使用的无形资产。

(3) 境外单位或者个人向境内单位或者个人出租完全在境外使用的有形动产。

【特别提示】

记忆规则：境外单位（销售方）-境内单位（购买方）-境外使用。

【例2-1·单选题】 纳税人提供景区游览场所并收取门票收入按照（　　）项目缴纳增值税。

A. 不征收增值税

B. 文化体育服务

C. 娱乐业

D. 其他生活服务

【答案】 B

【解析】 提供游览场所属于生活服务的文化体育服务。

【例2-2·单选题】 下列说法错误的是（　　）。

A. 程租业务属于水路运输服务

B. 期租业务属于水路运输服务

C. 干租业务属于水路运输服务

D. 湿租业务属于航空运输服务

【答案】C

【解析】干租业务属于现代服务中的租赁服务。

二、对视同销售货物行为的征税规定

单位或者个体工商户的下列行为，视同销售货物（财政部、国家税务总局令第50号）：

（1）将货物交付其他单位或者个人代销。

（2）销售代销货物。

（3）设有两个以上机构并实行统一核算的纳税人，将货物从一个机构移送其他机构用于销售，但相关机构设在同一县（市）的除外。

（4）将自产或者委托加工的货物用于集体福利或者个人消费。

（5）将自产、委托加工或者购进的货物作为投资，提供给其他单位或者个体工商户。

（6）将自产、委托加工或者购进的货物分配给股东或者投资者。

（7）将自产、委托加工或者购进的货物无偿赠送其他单位或者个人。

（8）《营业税改征增值税试点实施办法》（财税〔2016〕36号）规定的视同销售服务、无形资产或者不动产。根据《营业税改征增值税试点实施办法》，具体包括：

1）单位或者个体工商户向其他单位或者个人无偿提供服务，但用于公益事业或者以社会公众为对象的除外。

2）单位或者个人向其他单位或者个人无偿转让无形资产或者不动产，但用于公益事业或者以社会公众为对象的除外。

以上内容归纳如表2-11所示。

表2-11

货物类型	用途	税务处理
自产、委托加工的货物	用于集体福利或个人消费；投资；分配；无偿赠送	视同销售，所涉及的进项税额，符合规定可以抵扣
购买的货物	用于非应税项目；集体福利或个人消费（含交际应酬消费）	不视同销售，所涉及的进项税额不得抵扣；已抵扣的，作进项税转出处理
	投资；分配；无偿赠送	视同销售，所涉及的购进货物的进项税额，符合规定可以抵扣

【例2-3·计算题】（2010年注税改）某企业为一般纳税人，从某供销单位购进劳保用品，取得增值税专用发票，注明价款20万元、增值税3.2万元，赠送

给关系单位。请计算本月进项税额和销项税额。

【答案及解析】本月进项税额＝3.2（万元），本月视同销售业务的销项税额＝20×16%＝3.2（万元）。

【特别提示】

自2015年1月1日起，药品生产企业销售自产创新药的销售额，为向购买方收取的全部价款和价外费用，其提供给患者后续免费使用的相同创新药，不属于增值税视同销售范围（财税〔2015〕4号）。

三、对混合销售行为和兼营行为的征税规定（财税〔2016〕36号）

（一）混合销售

一项销售行为如果既涉及货物又涉及服务，为混合销售。从事货物的生产、批发或者零售的单位和个体工商户的混合销售行为，按照销售货物项目缴纳增值税；其他单位和个体工商户的混合销售行为，按照销售服务项目缴纳增值税。

上述从事货物的生产、批发或者零售的单位和个体工商户，包括以从事货物的生产、批发或者零售为主，并兼营销售服务的单位和个体工商户在内。

（二）兼营

兼营是指纳税人的经营范围包括适用不同税率或征收率的应税项目，或者涉及增值税的不同应税项目。但是，不同的应税项目不同时发生在同一项销售行为中。例如，某药店除销售药品，还提供医疗服务，医疗服务即属于药店兼营的不同税率或征收率的应税项目。

纳税人兼营适用不同税率或征收率的增值税应税项目的，应分别核算货物或者应税劳务的销售额和非增值税应税项目的营业额；未分别核算的，从高适用税率或征收率。

（三）混合销售与兼营非应税项目的异同点及其税务处理的规定

混合销售与兼营的相同点是：两种行为的经营范围都包括适用不同税率或征收率的增值税应税项目。区别是混合销售强调的是在同一项销售行为中存在两类经营项目的混合，销售货款及劳务价款是同时从一个购买方取得的；兼营强调的是在同一纳税人的经营活动中存在两类经营项目，但这两类经营项目不在同一项销售行为中发生。

混合销售与兼营在税务处理上的规定不同。混合销售只按一个增值税税率或征收率征税。兼营的纳税原则是分别核算、分别征税，即对适用不同税率或征收率的增值税应税项目按其对应税目征税。对兼营行为不分别核算的，从高适用税率或征收率。

以上内容归纳如表2-12所示。

表 2－12

界定		税务处理
混合销售行为	一项销售行为既涉及货物又涉及服务	以从事货物生产、批零为主的纳税人：销售货物 否则：销售服务
兼营行为	多项行为涉及不同税率或征收率的应税行为	分别核算适用不同税率或者征收率的销售额，未分别核算销售额的，从高适用税率或者征收率
关键：行为之间是否具有关联性和从属性		

【特别提示】

纳税人销售活动板房、机器设备、钢结构件等自产货物的同时提供建筑、安装服务，不属于《营业税改征增值税试点实施办法》（财税〔2016〕36号）第四十条规定的混合销售，应分别核算货物和建筑服务的销售额，适用不同的税率或者征收率（国家税务总局公告2017年第11号）。

四、征税范围的特别规定

（一）其他按规定属于增值税征税范围的规定

具体征税范围如下：

（1）货物期货（包括商品期货和贵金属期货），应当征收增值税。

（2）银行销售金银的业务，应当征收增值税。

（3）典当业的死当物品销售业务和寄售业代委托人销售寄售物品的业务，均应征收增值税。

（4）邮政部门销售集邮邮票、首日封，应当征收增值税。

（5）基本建设单位和从事建筑安装业务的企业附设的工厂、车间生产的水泥预制构件、其他构件或建筑材料，用于本单位或本企业的建筑工程的，应在移送使用时征收增值税。

（6）缝纫，应当征收增值税（（1）～（6）来自国税发〔1993〕154号）。

（7）印刷企业接受出版单位委托，自行购买纸张，印刷有统一刊号（CN）以及采用国际标准书号编序的图书、报纸和杂志，按照销售货物项目征收增值税（财税〔2005〕165号）。

（8）电力公司利用自身电网为发电企业输送电力过程中，需要利用输变电设备进行调压，属于提供加工劳务。电力公司向发电企业收取的过网费，应当征收增值税（国税函〔2004〕607号）。

（9）供电企业利用自身输变电设备对并入电网的企业自备电厂生产的电力产品进行电压调节，属于提供加工劳务。对于上述供电企业进行电力调压并按电量向电厂收取的并网服务费，应当征收增值税（国税函〔2009〕641号）。

（10）纳税人转让土地使用权或者销售不动产的同时一并销售的附着于土地或者不动产上的固定资产，应分别核算增值税应税货物和不动产的销售额，未分别核算或核算不清的，从高适用税率（征收率），计算缴纳增值税（财税〔2016〕36号）。

（二）不征收增值税的货物和收入

（1）供应或开采未经加工的天然水（如水库供应农业灌溉用水，工厂自采地下水用于生产），不征收增值税（国税发〔1993〕154号）。

（2）因转让著作所有权而发生的销售电影母片、录像带母带、录音磁带母带的业务，以及因转让专利技术和非专利权技术的所有权而发生的销售计算机软件的业务，不征收增值税（国税发〔1993〕154号）。

（3）基本建设单位和从事建筑安装业务的企业附设的工厂、车间在建筑现场制造的预制构件，凡直接用于本单位或本企业建筑工程的，不征收增值税（国税发〔1993〕154号）。

（4）对国家管理部门行使其管理职能，发放的执照、牌照和有关证书等取得的工本费收入，不征收增值税（国税函发〔1995〕288号）。

（5）对体育彩票的发行收入不征收增值税（财税字〔1996〕77号）。

（6）代购货物行为，凡同时具备以下条件的，不征收增值税；不同时具备以下条件的，无论会计制度规定如何核算，均征收增值税。

1）受托方不垫付资金。

2）销货方将发票开具给委托方，并由受托方将该项发票转交给委托方。

3）受托方按销售方实际收取的销售额和增值税税额（如系代理进口货物则为海关代征的增值税税额）与委托方结算货款，并另外收取手续费（财税字〔1994〕26号）。

（7）纳税人销售软件产品并随同销售一并收取的软件安装费、维护费、培训费等收入，应按照增值税混合销售的有关规定征收增值税，并可享受软件产品增值税即征即退政策。

对软件产品交付使用后，按期或按次收取的维护费、技术服务费、培训费等不征收增值税（财税〔2005〕165号）。

（8）纳税人在资产重组过程中，通过合并、分立、出售、置换等方式，将全部或者部分实物资产以及与其相关联的债权、债务和劳动力一并转让给其他单位和个人，不属于增值税的征税范围，转让的货物不征收增值税（国家税务总局公告2013年第66号）。

自2016年5月1日起，在资产重组过程中，涉及的不动产、土地使用权转让行为不征收增值税（财税〔2016〕36号）。

（9）航空运输企业提供的旅客利用里程积分兑换的航空运输服务，不征收增值税。

（10）纳税人取得的中央财政补贴，不属于增值税应税收入，不征收增值税（国家税务总局公告2013年第3号）。

（11）纳税人受托开发软件产品，著作权属于受托方的征收增值税，著作权属于委托方或属于双方共同拥有的不征收增值税；对经过国家版权局注册登记，纳税人在销售时一并转让著作权、所有权的，不征收增值税（财税〔2011〕100号）。

（12）存款利息（财税〔2016〕36号）。

（13）被保险人获得的保险赔偿（财税〔2016〕36号）。

（14）房地产主管部门或者其指定机构、公积金管理中心、开发企业以及物业管理单位代收的住宅专项维修资金（财税〔2016〕36号）。

（15）执罚部门和单位按规定程序取得的罚没物品的拍卖收入、变卖收入以及按收兑或收购价所取得的收入作为罚没收入如数上缴财政，不征收增值税。对经营单位购入拍卖物品再销售的，或国家指定销售单位将罚没物品纳入正常销售渠道销售的、专管机关或专营企业经营属于应征增值税的货物的，照章征收增值税。

（16）2017年12月1日起，原对城镇公共供水用水户在基本水价（自来水价格）外征收水资源费的试点省份，在水资源费改税试点期间，按照不增加城镇公共供水企业负担的原则，城镇公共供水企业缴纳的水资源税所对应的水费收入，不计征增值税，按照不征税自来水项目开具增值税普通发票（国家税务总局公告2017年第47号）。

【例2-4·单选题】（2017年注会）下列需要缴纳增值税的是（　　）。

A. 获得保险赔偿

B. 取得存款利息

C. 收取包装物租金

D. 取得中央财政补贴

【答案】 C

【解析】 选项A，B，D不征收增值税。

第四节　税　率

一、我国增值税税率

根据确定增值税税率的基本原则，我国增值税设置了一档基本税率和两档低税率，此外还有对出口货物实施的零税率（营业税改征增值税试点行业除外）。

（一）基本税率

纳税人销售货物、劳务、有形动产租赁服务或者进口货物（国务院令第691号），适用税率16%。这一税率就是通常所说的基本税率。

（二）低税率

自2017年7月1日起，简并增值税税率结构，取消13%的增值税税率（财税〔2017〕37号）。纳税人销售交通运输、邮政、基础电信、建筑、不动产租赁服务，销售不动产，转让土地使用权，销售或者进口税法列举的货物（国务院令第691号），适用10%的低税率；销售服务、无形资产（转让土地使用权除外），适用6%的低税率。

(三)零税率

纳税人出口货物或者境内单位和个人销售国务院规定范围内的服务、无形资产，税率为零。但是国务院另有规定的除外。

(四)其他规定

(1)纳税人兼营不同税率的货物或者应税劳务的，应当分别核算不同税率货物或者应税劳务的销售额。未分别核算销售额的，从高适用税率。

(2)试点纳税人销售电信服务时，附带赠送用户识别卡、电信终端等货物或者电信服务，应将其取得的全部价款和价外费用进行分别核算，按各自适用的税率计算缴纳增值税。

自2018年5月1日起的增值税税率归纳如表2-13所示。

表2-13

税率类型	税率	适用范围
基本税率	16%	销售货物、劳务、有形动产租赁服务或者进口货物
低税率	10%	纳税人销售交通运输、邮政、基础电信、建筑、不动产租赁服务，销售不动产，转让土地使用权，销售或者进口税法列举的货物
	6%	销售服务、无形资产(转让土地使用权除外，含纳税人通过省级土地行政主管部门设立的交易平台转让补充耕地指标)
零税率	0	出口货物或者境内单位和个人销售国务院规定范围内的服务、无形资产

【特别提示】

营业税改征增值税涉及业务对应税率(一般纳税人)记忆口诀：

(1)16%：有形动产租赁。

(2)10%：建安基电房地产+邮政运输。

(3)6%：其他。

二、适用10%低税率货物的具体范围(财税〔2017〕37号)

(一)农业产品

农业产品是指种植业、养殖业、林业、牧业、水产业生产的各种植物、动物的初级产品。农业产品的征税范围如下。

1. 植物类(财税字〔1995〕52号)

植物类包括人工种植和天然生长的各种植物的初级产品。具体征税范围为：

(1)粮食。本货物的征税范围包括小麦、稻谷、玉米、高粱、谷子和其他杂粮(如大麦、燕麦等)，以及经碾磨、脱壳等工艺加工后的粮食(如面粉、米、玉米面、玉米渣等）。

切面、饺子皮、馄饨皮、面皮、米粉等粮食复制品，也属于本货物的征税范围。

现行增值税政策规定，玉米胚芽属于《农业产品征税范围注释》中初级农产品的范围，适用10%的增值税税率；玉米浆、玉米皮、玉米纤维（又称喷浆玉米皮）和玉米蛋白粉，不属于初级农产品，也不属于《财政部、国家税务总局关于饲料产品免征增值税问题的通知》（财税〔2001〕121号）中免税饲料的范围，适用16%的增值税税率（国家税务总局公告2012年第11号）。

以粮食为原料加工的速冻食品、方便面、副食品和各种熟食品，不属于本货物的征税范围。

（2）蔬菜。本货物的征税范围包括各种蔬菜、菌类植物和少数可作副食的木本植物。

经晾晒、冷藏、冷冻、包装、脱水等工序加工的蔬菜、腌菜、咸菜、酱菜和盐渍蔬菜等，也属于本货物的征税范围。

各种蔬菜罐头（罐头是指以金属罐、玻璃瓶和其他材料包装，经排气密封的各种食品。下同）不属于本货物的征税范围。

（3）烟叶。本货物的征税范围包括晒烟叶、晾烟叶和初烤烟叶。

（4）茶叶。本货物的征税范围包括各种毛茶（如红毛茶、绿毛茶、乌龙毛茶、白毛茶、黑毛茶等）。

精制茶、边销茶及掺兑各种药物的茶和茶饮料，不属于本货物的征税范围。

（5）园艺植物。园艺植物包括水果、果干（如荔枝干、桂圆干、葡萄干等）、干果、果仁、果用瓜（如甜瓜、西瓜、哈密瓜等），以及胡椒、花椒、大料、咖啡豆等。

经冷冻、冷藏、包装等工序加工的园艺植物，也属于本货物的征税范围。

各种水果罐头，果脯，蜜饯，炒制的果仁、坚果，碾磨后的园艺植物（如胡椒粉、花椒粉等），不属于本货物的征税范围。

（6）药用植物。药用植物是指用作中药原药的各种植物的根、茎、皮、叶、花、果实等。

利用上述药用植物加工制成的片、丝、块、段等中药饮片，也属于本货物的征税范围。

中成药不属于本货物的征税范围。

（7）油料植物。油料植物是指主要用作榨取油脂的各种植物的根、茎、叶、果实、花或者胚芽组织等初级产品，如菜子（包括芥菜子）、花生、大豆、葵花子、蓖麻子、芝麻子、胡麻子、茶子、桐子、橄榄仁、棕榈仁、棉籽等。

提取芳香油的芳香油料植物，也属于本货物的征税范围。

（8）纤维植物。如棉（包括籽棉、皮棉、絮棉）、大麻、黄麻、槿麻、苎麻、苘麻、亚麻、罗布麻、蕉麻、剑麻等。

棉短绒和麻纤维经脱胶后的精干（洗）麻，也属于本货物的征税范围。

（9）糖料植物。糖料植物是指主要用作制糖的各种植物，如甘蔗、甜菜等。

（10）林业产品。征税范围包括原木、原竹、天然树脂、其他林业产品。

盐水竹笋也属于本货物的征税范围。锯材、竹笋罐头不属于本货物的征税范围。

(11) 其他植物。如树苗、花卉、植物种子、植物叶子、草、麦秸、豆类、薯类、藻类植物等。

干花、干草、薯干、干制的藻类植物，农业产品的下脚料等，也属于本货物的征税范围。

2. 动物类

具体征税范围为：

(1) 水产品。本货物的征税范围包括鱼、虾、蟹、鳖、贝类、棘皮类、软体类、腔肠类、海兽类、鱼苗（卵）、虾苗、蟹苗、贝苗（秧），以及经冷冻、冷藏、盐渍等防腐处理和包装的水产品。

干制的鱼、虾、蟹、贝类、棘皮类、软体类、腔肠类，如干鱼、干虾、干虾仁、干贝等，以及未加工成工艺品的贝壳、珍珠，也属于本货物的征税范围。

熟制的水产品和各类水产品的罐头，不属于本货物的征税范围。

(2) 畜牧产品。本货物的征税范围包括：

1) 兽类、禽类和爬行类动物，如牛、马、猪、羊、鸡、鸭等。

2) 兽类、禽类和爬行类动物的肉产品，包括整块或者分割的鲜肉、冷藏或者冷冻肉、盐渍肉，兽类、禽类和爬行类动物的内脏、头、尾、蹄等组织。

各种兽类、禽类和爬行类动物的肉类生制品，如腊肉、腌肉、熏肉等，也属于本货物的征税范围。

各种肉类罐头、肉类熟制品，不属于本货物的征税范围。

3) 蛋类产品。包括鲜蛋、冷藏蛋。

经加工的咸蛋、松花蛋、腌制的蛋等，也属于本货物的征税范围。

各种蛋类的罐头不属于本货物的征税范围。

4) 鲜奶。注意，用鲜奶加工的各种奶制品，如酸奶、奶酪、奶油等，不属于本货物的征税范围。

(3) 动物皮张。动物皮张是指从各种动物（兽类、禽类和爬行类动物）身上直接剥取的，未经鞣制的生皮、生皮张。

将生皮、生皮张用清水、盐水或者防腐药水浸泡、刮里、脱毛、晒干或者熏干，未经鞣制的，也属于本货物的征税范围。

(4) 动物毛绒。动物毛绒是指未经洗净的各种动物的毛发、绒发和羽毛。

洗净毛、洗净绒等，不属于本货物的征税范围。

(5) 其他动物组织。其他动物组织是指上述列举以外的兽类、禽类、爬行类动物的其他组织，以及昆虫类动物。

1) 蚕茧包括鲜茧和干茧，以及蚕蛹。

2) 天然蜂蜜是指采集的未经加工的天然蜂蜜、鲜蜂王浆等。

3) 动物树脂如虫胶等。

4) 其他动物组织如动物骨、壳、兽角、动物血液、动物分泌物、蚕种等。

(二) 食用植物油

食用植物油仅指芝麻油、花生油、豆油、菜籽油、米糠油、葵花籽油、棉籽油、玉米胚油、茶油、胡麻油，以及以上述油为原料生产的混合油（国税发〔1993〕151号）。棕榈油、核桃油、橄榄油、花椒油、牡丹籽油，也属于本货物的征税范围（国税函〔2009〕455号、国税函〔2010〕144号、国家税务总局公告2011年第33号、国家税务总局公告2014年第75号）。

皂脚不属于食用植物油，应按照16%的税率征收增值税（国家税务总局公告2011年第20号）。

肉桂油、桉油、香茅油，不属于农业产品的征税范围，其增值税适用税率为16%（国家税务总局公告2010年第5号）。

环氧大豆油、氢化植物油，不属于食用植物油的征税范围，应适用16%的增值税税率（国家税务总局公告2011年第43号）。

（三）自来水

农业灌溉用水、引水工程输送的水等，不属于本货物的征税范围。

（四）暖气、热水

利用工业余热生产、回收的暖气、热气和热水，也属于本货物的征税范围。

（五）冷气

（六）煤气

煤气的范围包括焦炉煤气、发生炉煤气、液化煤气。

（七）石油液化气

（八）天然气

包括气田天然气、油田天然气、煤矿天然气和其他天然气。

（九）沼气

包括天然沼气和人工生产的沼气。

（十）居民用煤炭制品

居民用煤炭制品是指煤球、煤饼、蜂窝煤和引火炭。

（十一）图书、报纸、杂志

还包括国内印刷企业承印的经新闻出版主管部门批准印刷且采用国际标准书号编序的境外图书。

（十二）饲料

本货物的范围包括免征增值税饲料产品和直接用于动物饲养的粮食、饲料添加剂以外的其他饲料。

免税饲料产品的范围包括单一大宗饲料、混合饲料、配合饲料、复合预混料、浓缩饲料（财税〔2001〕121号）。

直接用于动物饲养的粮食、饲料添加剂适用16%的增值税税率。

（十三）化肥

化肥的范围包括化学氮肥、磷肥、钾肥、复合肥料、微量元素肥及其他肥。

（十四）农药

农药包括农药原药和农药制剂，如杀虫剂、杀菌剂、除草剂、植物生长调节剂、植物性农药、微生物农药、卫生用药、其他农药原药、制剂等。

用于人类日常生活的各种类型包装的日用卫生用药（如卫生杀虫剂、驱虫剂、驱蚊剂、蚊香、消毒剂等），不属于本货物的征税范围，应按16%的税率征收增值税（国税发〔1995〕192号）。

（十五）农膜

（十六）农机

农机的范围包括拖拉机、土壤耕整机械、农田基本建设机械、种植机械、植物保护和管理机械、收获机械、场上作业机械、排灌机械、农副产品加工机械、农业运输机械、畜牧业机械、渔业机械、林业机械、小农具。

以农副产品为原料加工工业产品的机械，不属于本货物的征税范围。

密集型烤房设备、频振式杀虫灯、自动虫情测报灯、粘虫板适用10%的增值税税率（财税〔2017〕37号）。

卷帘机属于农机范围，适用10%的增值税税率（财税〔2017〕37号）。

农用汽车、机动渔船，不属于本货物的征税范围。

森林砍伐机械、集材机械，不属于本货物的征税范围。

农机零部件不属于本货物的征税范围。

不带动力的手扶拖拉机和三轮农用运输车属于农机范围，按10%的税率征收增值税（财税〔2017〕37号）。

农用水泵、农用柴油机（以柴油为燃料，油缸数在3缸以下（含3缸）的往复式内燃动力机械）属于农机范围，按10%的税率征收增值税。4缸以上（含4缸）的柴油机不属于本货物的征税范围（财税〔2017〕37号）。

（十七）食用盐

食用盐适用10%的增值税税率，具体范围是指符合《食用盐》（GB 5461—2000）和《食用盐卫生标准》（GB 2721—2003）两项国家标准的食用盐（财税〔2017〕37号）。

（十八）音像制品

（十九）电子出版物

（二十）二甲醚

归纳

适用10%低税率货物的项目共有20项。表2-14为易考知识点对比辨析。

表2-14

货物	10%低税率范围	不属于10%低税率范围
农业初级产品——植物类	含高粱、谷子、面粉、米、玉米面、玉米渣等；也含切面、饺子皮、馄饨皮、面皮、米粉等粮食复制品	以粮食为原料加工的速冻食品、方便面、副食品和各种熟食品；玉米浆、玉米皮、玉米纤维（又称喷浆玉米皮）和玉米蛋白粉
	含各种蔬菜、菌类植物和少数可作副食的木科植物；也含经晾晒、冷藏、冷冻、包装、脱水等工序加工的蔬菜、腌菜、咸菜、酱菜和盐渍蔬菜等	各种蔬菜罐头
	含各种毛茶	精制茶、边销茶及掺兑各种药物的茶和茶饮料
	含可供食用的果实，如水果、果干（如荔枝干、桂圆干、葡萄干等）、干果、果仁、果用瓜（如甜瓜、西瓜、哈密瓜等），以及胡椒、花椒、大料、咖啡豆等；也含经冷冻、冷藏、包装等工序加工的园艺植物	各种水果罐头，果脯，蜜饯，炒制的果仁、坚果，碾磨后的园艺植物（如胡椒粉、花椒粉等）
	含用作中药原药的各种植物的根、茎、皮、叶、花、果实等，以及利用上述药用植物加工制成的片、丝、块、段等中药饮片	中成药
	原木、原竹、天然树脂和其他林业产品，以及盐水竹笋	锯材、竹笋罐头
农业初级产品——动物类	含人工放养和人工捕捞的鱼、虾、蟹、鳖、贝类、棘皮类、软体类、腔肠类、海兽类动物；也含干制的鱼、虾、蟹、贝类、棘皮类、软体类、腔肠类，如干鱼、干虾、干虾仁、干贝等，以及未加工成工艺品的贝壳、珍珠	熟制的水产品和各类水产品的罐头

续前表

货物	10%低税率范围	不属于10%低税率范围
农业初级产品——动物类	含各种兽类、禽类和爬行类动物及其肉产品；也含各种兽类、禽类和爬行类动物的肉类生制品，如腊肉、腌肉、熏肉等	各种肉类罐头、肉类熟制品
	含各种禽类动物和爬行类动物的卵，包括鲜蛋、冷藏蛋，以及经加工的咸蛋、松花蛋、腌制的蛋等	各种蛋类的罐头
	鲜奶（含按照食品安全国家标准生产的巴氏杀菌乳和灭菌乳）	用鲜奶加工的各种奶制品，如酸奶、奶酪、奶油等；按照食品安全国家标准生产的调制乳
食用植物油	芝麻油、花生油、豆油、菜籽油、米糠油、葵花籽油、棉籽油、玉米胚油、茶油、胡麻油，以及以上述油为原料生产的混合油；棕榈油、核桃油、橄榄油、花椒油、牡丹籽油	皂脚；肉桂油、桉油、香茅油；环氧大豆油、氢化植物油
自来水	自来水公司及工矿企业经抽取、过滤、沉淀、消毒等工序加工后，通过供水系统向用户供应的水	农业灌溉用水、引水工程输送的水 【提示】上述项目不缴纳增值税
居民用煤炭制品	煤球、煤饼、蜂窝煤和引火炭	工业煤炭
饲料	含免征增值税饲料产品和直接用于动物饲养的粮食、饲料添加剂以外的其他饲料	单一大宗饲料、混合饲料、配合饲料、复合预混料、浓缩饲料免税；直接用于动物饲养的粮食、饲料添加剂税率为16%
农药	含农药原药和农药制剂，如杀虫剂、杀菌剂、除草剂、植物生长调节剂、植物性农药、微生物农药、卫生用药、其他农药原药、制剂等	用于人类日常生活的各种类型包装的日用卫生用药（如卫生杀虫剂、驱虫剂、驱蚊剂、蚊香、消毒剂等）
农机	拖拉机，土壤耕整机械，农田基本建设机械，种植机械，植物保护和管理机械，收获机械，场上作业机械，排灌机械，对农副产品进行初加工但加工后的产品仍属农副产品的机械，人力车（不包括三轮运货车）、畜力车和拖拉机挂车，畜牧业机械，渔业机械，林业机械，小农具 密集型烤房设备、频振式杀虫灯、自动虫情测报灯，粘虫板，农用水泵、农用柴油机，卷帘机	以农副产品为原料加工工业产品的机械，农用汽车，机动渔船，森林砍伐机械、集材机械，农机零部件
食用盐	食用盐产品的范围必须符合国家颁布的相关产品标准	食用盐以外的其他盐（2009年起）

【例2-5·单选题】（2016年税务师改）某超市为增值税一般纳税人，20×8年6月销售蔬菜取得销售收入24 000元，销售粮食、食用油取得销售收入13 200元，销售其他商品取得销售收入98 000元，20×8年6月该超市的销项税额为（　　）。

A. 18 518.97元

B. 14 717.24元

C. 16 157.27元

D. 18 918.33元

【答案】B

【解析】根据规定，免征蔬菜流通环节增值税。销项税额＝13 200÷（1＋10%）×10%＋98 000÷（1＋16%）×16%＝14 717.24（元）。

【例2-6·单选题】（2015年税务师改）某生产喷雾器的农机厂为增值税一般纳税人，20×8年3月生产销售喷雾器，取得不含税销售收入50万元，为农民修理喷雾器取得修理费收入10万元。当月购入零配件增值税专用发票上注明的税款为3.2万元，零配件已入库。发票已经通过认定并在当月申报抵扣，则该厂3月应缴纳增值税（　　）。

A. 4.25万元

B. 4.4万元

C. 3.18万元

D. 6.8万元

【答案】C

【解析】本题考点是农机产品适用10%的低税率和不含税价款的换算。修理农机收入不属于10%低税率的范围，应纳税额＝50×10%＋10÷（1＋16%）×16%－3.2＝3.18（万元）。

三、零税率（此处仅介绍跨境服务）

（一）零税率的适用范围

（1）境内单位和个人提供的国际运输服务。国际运输服务是指在境内载运旅客或者货物出境、在境外载运旅客或者货物入境、在境外载运旅客或者货物。

（2）航天运输服务。

（3）向境外单位提供的完全在境外消费的下列服务：

1）研发服务。

2）合同能源管理服务。

3）设计服务。

4）广播影视节目（作品）的制作和发行服务。

5）软件服务。

6）电路设计及测试服务。

7）信息系统服务。

8）业务流程管理服务。

9）离岸服务外包业务。

10）向境外单位转让完全在境外消费的技术。完全在境外消费是指：

第一，服务的实际接受方在境外，且与境内的货物与不动产无关。

第二，无形资产完全在境外使用，且与境内的货物与不动产无关。

第三，财政部和国家税务总局规定的其他情形（（1）～（3）来自国家税务总局公告 2016 年第 29 号）。

（4）财政部和国家税务总局规定的其他情形。

（5）程租业务零税率的适用。境内的单位或个人提供程租服务，如果租赁的交通工具用于国际运输服务和港澳台运输服务，由出租方按规定申请适用增值税零税率。

（6）期租和湿租业务零税率的适用。境内的单位和个人向境内单位或个人提供期租、湿租服务，如果承租方利用租赁的交通工具向其他单位或个人提供国际运输服务和港澳台运输服务，由承租方适用增值税零税率。境内的单位或个人向境外的单位或个人提供期租、湿租服务，由出租方适用增值税零税率。

（7）境内的单位和个人发生的与香港、澳门、台湾有关的应税行为，除另有规定，参照上述零税率（财税〔2016〕36 号）。

【特别提示】

按规定应取得相关资质的国际运输服务项目适用的税收政策如表 2-15 所示。

表 2-15

纳税人取得相关资质的	零税率
纳税人未取得相关资质的	适用增值税免税政策

（二）放弃零税率的规定

境内的单位或个人销售适用增值税零税率的服务或无形资产，可以放弃适用增值税零税率，选择免税或按规定缴纳增值税。放弃适用增值税零税率后，36 个月内不得再申请适用增值税零税率（财税〔2016〕36 号）。

（三）销售适用零税率的服务或者无形资产的征收管理

境内的单位和个人提供适用增值税零税率的服务或者无形资产，属于适用简易计税方法的，实行免征增值税办法；属于适用增值税一般计税方法的，生产企业实行免抵退税办法，外贸企业外购服务或者无形资产出口实行免退税办法，外贸企业直接将服务或自行研发的无形资产出口，视同生产企业连同其出口货物统一实行免抵退税办法。

服务和无形资产的退税率为其适用的增值税税率。实行退（免）税办法的服务和无形资产，主管税务机关认定出口价格偏高的，有权按照核定的出口价格计算退（免）税，核定的出口价格低于外贸企业购进价格的，低于部分对应的进项税额不予退税，转入成本。

境内的单位和个人销售适用增值税零税率的服务或无形资产的，按月向主管退税的税务机关申报办理增值税退（免）税手续（财税〔2016〕36号）。

四、征收率

由于小规模纳税人会计核算不健全，无法准确核算进项税额和销项税额，在增值税征收管理中，采用简便方式，按照其销售额与规定的征收率计算缴纳增值税，不准许抵扣进项税额，也不允许自行开具增值税专用发票。按照现行增值税有关规定，对于一般纳税人生产销售的特定货物，确定征收率，适用简易计税方法征收增值税，并视不同情况采取不同的征收管理办法。

（一）小规模纳税人征收率的规定

（1）小规模纳税人增值税征收率为3%，征收率的调整由国务院决定。

（2）小规模纳税人（除其他个人，下同）销售自己使用过的固定资产，减按2%的征收率征收增值税。

（3）小规模纳税人销售自己使用过的固定资产以外的物品，应按3%的征收率征收增值税（财税〔2009〕9号）。

【特别提示】

小规模纳税人征收率适用的几种情况如下。

1. 法定征收率3%

小规模纳税人销售货物和提供应税劳务一般适用3%的征收率。计算公式为：

销售额＝含税销售额÷(1＋3%)

应纳税额＝销售额×3%

（1）小规模纳税人销售自己使用过的固定资产以外的物品，应按3%的征收率征收增值税。

（2）应开具普通发票，可由税务机关代开增值税专用发票。

2. 减按2%的征收率

适用于：

（1）小规模纳税人销售自己使用过的固定资产。

（2）小规模纳税人销售旧货。

所称旧货，是指进入二次流通的具有部分使用价值的货物（含旧汽车、旧摩托车和旧游艇），但不包括自己使用过的物品。

计算公式为：

销售额＝含税销售额÷(1＋3%)

应纳税额＝销售额×2%

3. 个人销售自己使用过的物品免征增值税

归纳

具体内容如表 2-16 所示。

表 2-16

<table>
<tr><th colspan="2">小规模纳税人销售的标的物</th><th>适用的征收率</th></tr>
<tr><td rowspan="2">自己使用过的</td><td>固定资产（动产）</td><td>减按 2%</td></tr>
<tr><td>物品</td><td rowspan="2">3%</td></tr>
<tr><td rowspan="2">自己未使用过的</td><td>固定资产（动产）</td></tr>
<tr><td>旧货</td><td>减按 2%</td></tr>
</table>

（二）一般纳税人适用简易计税方法征收增值税征收率的规定（财税〔2014〕57 号）

（1）一般纳税人适用简易计税方法，增值税征收率为 3%（详见本章第七节）。

（2）一般纳税人销售自己使用过的按规定不得抵扣且未抵扣进项税额的固定资产和自己未使用过的旧货，适用简易计税方法按 3%的征收率减按 2%征收增值税。

【特别提示 1】

应开具普通发票，不得开具增值税专用发票。

纳税人销售自己使用过的固定资产，适用简易计税方法按 3%的征收率减按 2%征收增值税政策的，可以放弃减税，适用简易计税方法按 3%的征收率缴纳增值税，并可由主管税务机关代开增值税专用发票（国家税务总局公告 2015 年第 90 号）。

【特别提示 2】

具体内容如表 2-17 所示。

表 2-17

<table>
<tr><th colspan="3">一般纳税人销售的标的物</th><th>税率或征收率</th></tr>
<tr><td rowspan="3">自己使用过的</td><td rowspan="2">固定资产（动产）</td><td>不允许抵扣进项税额的</td><td>减按 2%</td></tr>
<tr><td>允许抵扣进项税额的</td><td rowspan="3">法定税率</td></tr>
<tr><td colspan="2">物品</td></tr>
<tr><td rowspan="2">自己未使用过的</td><td colspan="2">有形动产</td></tr>
<tr><td colspan="2">旧货</td><td>减按 2%</td></tr>
</table>

（3）营业税改征增值税中涉及一般纳税人适用简易计税方法征收增值税的规定（财税〔2016〕36 号）。自 2016 年 5 月 1 日起，纳税人销售、出租

其2016年4月30日前取得的不动产，房地产开发企业销售的老项目，可以选择适用简易计税方法，按5%的征收率计算应纳税额。其他具体规定详见本章第七节。

以上内容归纳如表2-18所示。

表2-18

<table>
<tr><th>适用范围</th><th>征收率</th></tr>
<tr><td>小规模纳税人缴纳增值税</td><td rowspan="2">3%</td></tr>
<tr><td>一般纳税人适用简易计税方法缴纳增值税（列举货物、应税服务）</td></tr>
<tr><td>自2016年5月1日起，销售、出租其2016年4月30日前取得的不动产、土地使用权，房企销售的老项目，选择适用简易计税方法的不动产经营租赁</td><td rowspan="2">5%</td></tr>
<tr><td>小规模纳税人销售、出租其2016年5月1日后取得的不动产</td></tr>
</table>

【例2-7·单选题】 某一般纳税人2016年3月投资购入住房两套，共花费500万元，2016年8月卖出取得价款600万元，选择适用简易计税方法计算的应纳税额为（　　）。

A. 28.57万元

B. 30万元

C. 5万元

D. 4.76万元

【答案】 D

【解析】 自2016年5月1日起，销售其在2016年4月30日之前取得的不动产，可以选择适用简易计税方法，按5%的征收率计算应纳税额。应纳税额＝(600－500)÷(1＋5%)×5%＝4.76(万元)。

第五节　增值税的减税、免税

一、法定免税项目

（1）农业生产者销售自产农产品免征增值税。

1）农业是指种植业、养殖业、林业、牧业、水产业。

2）农产品是指农业初级产品。具体范围由财政部、国家税务总局确定。

3）自2013年4月1日起，纳税人采取“公司＋农户”经营模式从事畜禽饲养，纳税人回收再销售畜禽，属于农业生产者销售自产农产品，免征增值税（国家税务总局公告2013年第8号）。

（2）避孕药品和用具免征增值税。

（3）古旧图书免征增值税。

（4）直接用于科学研究、科学试验和教学的进口仪器、设备免征增值税。

（5）外国政府、国际组织无偿援助的进口物资和设备免征增值税。

（6）由残疾人组织直接进口供残疾人专用的物品免征增值税。

（7）销售自己使用过的物品免征增值税。

（8）自 2018 年 1 月 1 日起，金融机构开展贴现、转贴现业务，以其实际持有票据期间取得的利息收入作为贷款服务销售额计算缴纳增值税。此前贴现机构已就贴现利息收入全额缴纳增值税的票据，转贴现机构转贴现利息收入继续免征增值税（财税〔2017〕58 号）。

（9）动漫软件出口免征增值税（财税〔2018〕38 号）。

除上述规定，增值税的免税、减税项目由国务院规定。任何地区、部门均不得规定免税、减税项目（(1)～(7) 来自国务院令第 538 号）。

二、粮食和食用植物油

（1）对承担粮食收储任务的国有粮食购销企业销售的粮食免征增值税。

对销售食用植物油业务，除了政府储备食用植物油的销售继续免征增值税，一律照章征收增值税（财税字〔1999〕198 号）。

（2）享受免税优惠的国有粮食购销企业可继续使用增值税专用发票（国税明电〔1999〕10 号）。

（3）凡享受免征增值税的国有粮食购销企业，均按增值税一般纳税人认定，并进行纳税申报、日常检查及有关增值税专用发票的各项管理（国税函〔1999〕560 号）。

三、农业生产资料

（一）饲料

免征增值税饲料产品的范围包括单一大宗饲料、混合饲料、配合饲料、复合预混料、浓缩饲料（不含宠物饲料）（财税〔2001〕121 号）。

（二）其他农业生产资料

下列货物免征增值税：

（1）自 2008 年 6 月 1 日起，纳税人生产、销售、批发、零售有机肥（含有机肥料、有机-无机复混肥料、生物有机肥）免征增值税（财税〔2008〕56 号）。

（2）自 2007 年 7 月 1 日起，纳税人生产、销售、批发、零售滴灌带和滴灌管产品免征增值税（财税〔2007〕83 号）。

（3）制种企业在下列生产经营模式下生产销售种子，属于农业生产者销售自产农产品，免征增值税（国家税务总局公告 2010 年第 17 号）。

1）制种企业利用自有土地或承租土地，雇佣农户或雇工进行种子繁育，再经烘干、脱粒、风筛等深加工后销售种子。

2）制种企业提供亲本种子委托农户繁育并从农户手中收回，再经烘干、脱粒、风筛等深加工后销售种子。

四、军队军工系统与公安司法部门

军队军工系统与公安司法部门的具体规定如表 2-19 所示。

表 2-19

项目	具体规定
军队系统	对系统内生产供军内使用的器材、装备以及调拨给国家安全系统、公安系统的警服免税；对外供应应税货物照章征税
军工系统	列入生产计划并按军品作价给军队、武警、军工厂的货物免税
	军工、军队系统企业以外的一般工业企业生产的军品，对枪、炮、雷、弹、军用舰艇、飞机、坦克、雷达、电台、舰艇用柴油机、各种炮用瞄准具和瞄准镜，一律在总装企业就总装成品免征增值税
公安部门	公安部所属研究所、公安侦察保卫器材厂研制生产的列明代号的侦察保卫器材产品凡销售给公安、司法以及国家安全系统的，免征增值税；销售给其他单位的，照章征税
司法部门	劳改场生产警服销售给公安、司法及国家安全系统的，免征增值税；销售给其他单位的，照章征税

五、资源综合利用产品和劳务增值税政策（财税〔2015〕78号）

自 2015 年 7 月 1 日起，对资源综合利用产品和劳务执行以下政策：纳税人销售自产的资源综合利用产品和提供资源综合利用劳务（统称销售综合利用产品和劳务），可享受增值税即征即退政策。具体综合利用的资源名称、综合利用产品和劳务名称、技术标准和相关条件、退税比例等按照《资源综合利用产品和劳务增值税优惠目录》（参见财税〔2015〕78号附件）的相关规定执行。

六、医疗卫生

（一）医疗卫生机构（财税〔2000〕42号）

（1）关于非营利性医疗机构的税收政策。

1）对非营利性医疗机构按照国家规定的价格取得的医疗服务收入，免征各项税收。

2）对非营利性医疗机构自产自用的制剂，免征增值税。

3）对非营利性医疗机构的药房分离为独立的药品零售企业，应按法规征收各项税收。

（2）关于营利性医疗机构的税收政策。

1）对营利性医疗机构取得的收入，按法规征收各项税收，但为了支持营利性医疗机构的发展，对营利性医疗机构取得的收入，直接用于改善医疗卫生条件的，自其取得执业登记之日起，3 年内对其自产自用的制剂免征增值税。

2）对营利性医疗机构的药房分离为独立的药品零售企业，应按法规征收各项税收。

（3）对疾病控制机构和妇幼保健机构等卫生机构按照国家规定的价格取得的卫生服务收入（含疫苗接种和调拨、销售收入），免征各项税收。不按照国家规定的价格取得的卫生服务收入不得享受这项政策。

（二）血站

自1999年11月1日起，对血站供应给医疗机构的临床用血免征增值税（财税字〔1999〕264号）。

（三）供应非临床用血

属于增值税一般纳税人的单采血浆站销售非临床用人体血液，可以适用简易计税方法按3%的征收率计算应纳税额（国家税务总局公告2014年第36号），但不得对外开具增值税专用发票；也可以按照销项税额抵扣进项税额的办法依照增值税适用税率计算应纳税额（国税函〔2009〕456号）。

七、修理修配

（一）飞机修理

自2000年1月1日起，对飞机维修劳务增值税实际税负超过6%的部分实行即征即退的政策（财税〔2000〕102号）。

（二）铁路货车修理

自2001年1月1日起，对铁路系统内部为本系统修理货车的业务免征增值税（财税〔2001〕54号）。

八、煤层气、页岩气抽采

自2013年7月1日起，油气田企业从事煤层气、页岩气生产，以及为生产煤层气、页岩气提供生产性劳务，按照《油气田企业增值税管理办法》（财税〔2009〕8号）缴纳增值税（国家税务总局公告2013年第27号）。

九、软件产品

（1）增值税政策。增值税一般纳税人销售其自行开发生产的软件产品，按照16%的税率征收增值税后，对其增值税实际税负超过3%的部分实行即征即退政策。

增值税一般纳税人将进口软件产品进行本地化改造后对外销售，其销售的软件产品可享受上述增值税即征即退政策。

本地化改造是指对进口软件产品进行重新设计、改进、转换等，单纯对进口软件产品进行汉字化处理不包括在内。

（2）自2018年5月1日至2020年12月31日，对动漫企业增值税一般纳税人销售其自主开发生产的动漫软件，按照16%的税率征收增值税后，对其增值税实际税负超过3%的部分实行即征即退政策（财税〔2018〕38号）。

（3）软件产品增值税即征即退税额的计算。软件产品增值税即征即退税额的计算方法如下：

即征即退税额＝当期软件产品增值税应纳税额－当期软件产品销售额×3%

当期软件产品增值税应纳税额＝当期软件产品销项税额－当期软件产品可抵扣进项税额

当期软件产品销项税额＝当期软件产品销售额×16%

嵌入式软件产品增值税即征即退税额的计算方法：

即征即退税额＝当期嵌入式软件产品增值税应纳税额－当期嵌入式软件产品销售额×3%

当期嵌入式软件产品增值税应纳税额＝当期嵌入式软件产品销项税额－当期嵌入式软件产品可抵扣进项税额

当期嵌入式软件产品销项税额＝当期嵌入式软件产品销售额×16%

当期嵌入式软件产品销售额＝当期嵌入式软件产品与计算机硬件、机器设备销售额合计－当期计算机硬件、机器设备销售额

十、供热企业

自2016年1月1日至2018年供暖期结束，对（三北地区）供热企业向居民个人（统称居民）供热而取得的采暖费收入免征增值税。

向居民供热而取得的采暖费收入，包括供热企业直接向居民收取的、通过其他单位向居民收取的和由单位代居民缴纳的采暖费。

免征增值税的采暖费收入，应当按照《增值税暂行条例》第十六条的规定单独核算。通过热力产品经营企业向居民供热的热力产品生产企业，应当根据热力产品经营企业实际从居民取得的采暖费收入占该经营企业采暖费总收入的比例确定免税收入比例。

此处所称三北地区，是指北京市、天津市、河北省、山西省、内蒙古自治区、辽宁省、大连市、吉林省、黑龙江省、山东省、青岛市、河南省、陕西省、甘肃省、青海省、宁夏回族自治区和新疆维吾尔自治区（财税〔2016〕94号）。

【例2-8·单选题】（2016年税务师改）某供热企业为增值税一般纳税人，2018年5月取得供热收入860万元，其中向居民收取120万元（上述收入均含税），当月外购原料取得增值税专用发票注明税额70万元。该企业2018年5月应缴纳增值税（　　）。

A. 15.13万元

B. 7.04 万元

C. 42.79 万元

D. 20.94 万元

【答案】B

【解析】对供热企业向居民供热而取得的采暖费收入继续免征增值税。供热就是提供暖气，增值税税率为 10%。不得抵扣的进项税额＝70×120÷860＝9.77（万元），应缴纳的增值税＝(860－120)÷(1＋10%)×10%－(70－9.77)＝7.04（万元）。

十一、蔬菜鲜活肉蛋产品、流通环节增值税优惠政策

自 2012 年 1 月 1 日起，对从事蔬菜批发、零售的纳税人销售的蔬菜免征增值税。各种蔬菜罐头不属于免税范围（财税〔2011〕137 号）。

纳税人既销售蔬菜又销售其他增值税应税货物的，应分别核算蔬菜和其他增值税应税货物的销售额；未分别核算的，不得享受蔬菜增值税免税政策（财税〔2011〕137 号）。

自 2012 年 10 月 1 日起，对从事农产品批发、零售的纳税人销售的部分鲜活肉蛋产品免征增值税。鲜活肉蛋产品不包括《野生动物保护法》所规定的国家珍贵、濒危野生动物及其鲜活肉类、蛋类产品（财税〔2012〕75 号）。

从事农产品批发、零售的纳税人既销售上面规定的部分鲜活肉蛋产品又销售其他增值税应税货物的，应分别核算上述鲜活肉蛋产品和其他增值税应税货物的销售额；未分别核算的，不得享受部分鲜活肉蛋产品增值税免税政策（财税〔2012〕75 号）。

【特别提示】

纳税人从批发、零售环节购进适用免征增值税政策的蔬菜、部分鲜活肉蛋而取得的普通发票，不得作为计算抵扣进项税额的凭证（财税〔2017〕37 号）。

十二、增值税纳税人放弃免税权的处理

纳税人销售货物、劳务、服务、无形资产、不动产（国务院令第 691 号）适用免税规定的，可以放弃免税，依照《增值税暂行条例》的规定缴纳增值税。纳税人应以书面形式提出放弃免税声明，报主管税务机关备案。纳税人一旦放弃免税权，其全部增值税应税货物或劳务均应按照规定征税，不能有选择地针对某些项目、对象进行放弃，纳税人自税务机关受理其放弃免税权声明的次月起 36 个月内不得再申请免税。纳税人在免税期内购进用于免税项目的货物所取得的增值税扣税凭证一律不得抵扣（财税〔2007〕127 号、财政部令第 65 号）。

十三、促进节能服务产业发展的增值税政策

节能服务公司实施符合条件的合同能源管理项目，将项目中的增值税应税货

物转让给用能企业，暂免征收增值税（财税〔2010〕110号）。

十四、促进残疾人就业税收优惠政策

对安置残疾人的单位和个体工商户（统称纳税人），实行由税务机关按纳税人实际安置残疾人的人数，限额即征即退增值税的办法。

对残疾人员本人提供的加工、修理修配劳务，免征增值税（财税〔2016〕52号）。

安置的每位残疾人每月可退还的增值税具体限额，由县级以上税务机关根据纳税人所在区县（含县级市、旗，下同）适用的经省（含自治区、直辖市、计划单列市，下同）人民政府批准的月最低工资标准的4倍确定。具体享受税收优惠政策的条件、退税结转和可退税业务收入的限定参见财税〔2016〕52号。

十五、有线电视收视费增值税政策（财税〔2017〕35号）

2017年1月1日至2019年12月31日，对广播电视运营服务企业收取的有线数字电视基本收视维护费和农村有线电视基本收视费，免征增值税。已征的按照规定应予免征的增值税，可抵减纳税人以后月份应缴纳的增值税或予以退还。

十六、营业税改征增值税试点过渡政策的规定（财税〔2016〕36号）

（一）免征增值税项目

（1）托儿所、幼儿园提供的保育和教育服务。

（2）养老机构提供的养老服务。

（3）残疾人福利机构提供的育养服务。

（4）婚姻介绍服务。

（5）殡葬服务。

（6）残疾人员本人为社会提供的服务。

（7）医疗机构提供的医疗服务。

（8）从事学历教育的学校提供的教育服务。

上述学校包括符合规定的从事学历教育的民办学校，但不包括职业培训机构等国家不承认学历的教育机构。

（9）学生勤工俭学提供的服务。

（10）农业机耕、排灌、病虫害防治、植物保护、农牧保险以及相关技术培训业务，家禽、牲畜、水生动物的配种和疾病防治。

（11）纪念馆、博物馆、文化馆、文物保护单位管理机构、美术馆、展览馆、书画院、图书馆在自己的场所提供文化体育服务取得的第一道门票收入。

（12）寺院、宫观、清真寺和教堂举办文化、宗教活动的门票收入。

（13）个人转让著作权。

（14）个人销售自建自用住房。

(15) 以下利息收入。

1) 自2017年12月1日至2019年12月31日，对金融机构向农户、小型企业、微型企业及个体工商户发放小额贷款取得的利息收入，免征增值税。金融机构应将相关免税证明材料留存备查，单独核算符合免税条件的小额贷款利息收入，按现行规定向主管税务机构办理纳税申报；未单独核算的，不得免征增值税（财税〔2017〕77号）。

小额贷款是指单笔且该农户贷款余额总额在10万元（含本数）以下的贷款。

2) 国家助学贷款。

3) 国债、地方政府债。

4) 中国人民银行对金融机构的贷款。

5) 住房公积金管理中心用住房公积金在指定的委托银行发放的个人住房贷款。

6) 外汇管理部门在从事国家外汇储备经营过程中，委托金融机构发放的外汇贷款。

7) 统借统还业务中，企业集团或企业集团中的核心企业以及集团所属财务公司按不高于支付给金融机构的借款利率水平或者支付的债券票面利率水平，向企业集团或者集团内下属单位收取的利息。

统借方向资金使用单位收取的利息，高于支付给金融机构借款利率水平或者支付的债券票面利率水平的，应全额缴纳增值税。

(16) 保险公司开办的一年期以上人身保险产品取得的保费收入。

(17) 下列金融商品转让收入。

1) 合格境外机构投资者委托境内公司在我国从事证券买卖业务。

2) 香港市场投资者（包括单位和个人）通过沪港通买卖上海证券交易所上市A股股票。

3) 香港市场投资者（包括单位和个人）通过基金互认买卖内地基金份额。

4) 证券投资基金（封闭式证券投资基金、开放式证券投资基金）管理人运用基金买卖股票、债券。

5) 个人从事金融商品转让业务。

6) 对香港市场投资者（包括单位和个人）通过深港通买卖深圳证券交易所上市A股股票取得的差价收入，在营业税改征增值税试点期间免征增值税；对内地个人投资者通过深港通买卖香港联交所上市股票取得的差价收入，在营业税改征增值税试点期间免征增值税；对内地单位投资者通过深港通买卖香港联交所上市股票取得的差价收入，在营业税改征增值税试点期间按现行政策规定征免增值税（财税〔2016〕127号）。

(18) 金融同业往来利息收入。

(19) 国家商品储备管理单位及其直属企业承担商品储备任务，从中央或者地方财政取得的利息补贴收入和价差补贴收入。

(20) 纳税人提供技术转让、技术开发和与之相关的技术咨询、技术服务。

(21) 同时符合下列条件的合同能源管理服务：

1) 节能服务公司实施合同能源管理项目相关技术，应当符合国家质量监督检验检疫总局和国家标准化管理委员会发布的《合同能源管理技术通则》(GB/T 24915—2010) 规定的技术要求。

2) 节能服务公司与用能企业签订节能效益分享型合同，其合同格式和内容符合《合同法》和《合同能源管理技术通则》等规定。

(22) 家政服务企业由员工制家政服务员提供家政服务取得的收入。

(23) 福利彩票、体育彩票的发行收入。

(24) 军队空余房产租赁收入。

(25) 为了配合国家住房制度改革，企业、行政事业单位按房改成本价、标准价出售住房取得的收入。

(26) 将土地使用权转让给农业生产者用于农业生产。

(27) 涉及家庭财产分割的个人无偿转让不动产、土地使用权。

家庭财产分割包括下列情形：离婚财产分割；无偿赠与配偶、父母、子女、祖父母、外祖父母、孙子女、外孙子女、兄弟姐妹；无偿赠与对其承担直接抚养或者赡养义务的抚养人或者赡养人；房屋产权所有人死亡，法定继承人、遗嘱继承人或者受遗赠人依法取得房屋产权。

(28) 土地所有者出让土地使用权和土地使用者将土地使用权归还给土地所有者。

(29) 县级以上地方人民政府或自然资源行政主管部门出让、转让或收回自然资源使用权（不含土地使用权）。

(30) 境外教育机构与境内从事学历教育的学校开展中外合作办学，提供学历教育服务取得的收入免征增值税（国家税务总局公告2018年第42号）。

【例2-9·单选题】 (2016年注会) 下列业务中，免征增值税的是（　　）。

A. 残疾人福利企业销售自产产品

B. 民办职业培训机构提供培训业务

C. 残疾人福利机构提供育养服务

D. 单位销售自建住房

【答案】 C

【解析】 残疾人福利机构提供育养服务符合营业税改征增值税试点过渡政策的规定，免征增值税。

(二) 增值税即征即退

(1) 一般纳税人提供管道运输服务，对其增值税实际税负超过3%的部分实行增值税即征即退政策。

(2) 经中国人民银行、中国银行保险监督管理委员会或者商务部批准从事融资租赁业务的试点纳税人中的一般纳税人，提供有形动产融资租赁服务和有形动产融资性售后回租服务，对其增值税实际税负超过3%的部分实行增值税即征即退政策。

(3) 上述所称增值税实际税负，是指纳税人当期提供应税服务实际缴纳的增值税税额占纳税人当期提供应税服务取得的全部价款和价外费用的比例。

【特别提示】

即征即退、先征后退和先征后返的区别：

(1) 即征即退：指税务机关将应征的增值税征收入库后，即时退还，比如对软件企业超3%税负的部分即征即退，退税机关为税务机关。

(2) 先征后退：与即征即退差不多，只是退税的时间略有差异。

(3) 先征后返：指税务机关正常将增值税征收入库，然后由财政机关按税收政策规定审核并返还企业所缴入库的增值税，返税机关为财政机关。

(三) 其他相关政策

(1) 金融企业发放贷款后，自结息日起90天内发生的应收未收利息按现行规定缴纳增值税，自结息日起90天后发生的应收未收利息暂不缴纳增值税，待实际收到利息时按规定缴纳增值税。

上述所称金融企业，是指银行（包括国有、集体、股份制、合资、外资银行以及其他所有制形式的银行）、城市信用社、农村信用社、信托投资公司、财务公司。

(2) 个人出售住房。

1) 适用于北京、上海、广州和深圳。个人将购买不足2年的住房对外销售的，按照5%的征收率全额缴纳增值税；个人将购买2年以上（含2年）的非普通住房对外销售的，以销售收入减去购买住房价款后的差额按照5%的征收率缴纳增值税；个人将购买2年以上（含2年）的普通住房对外销售的，免征增值税（见表2-20）。

表2-20

北京、上海、广州、深圳	普通住宅	非普通住宅
2年以内	售价×5%	售价×5%
2年以上（含2年）	免征	差价×5%

2) 适用于其他城市。个人将购买不足2年的住房对外销售的，按照5%的征收率全额缴纳增值税；个人将购买2年以上（含2年）的住房对外销售的，免征增值税（见表2-21）。

表2-21

其他城市	个人出售住房
2年以内	售价×5%
2年以上（含2年）	免征

十七、起征点

增值税起征点的适用范围限于个人。2011年11月1日后起征点的规定如表2-22所示（财政部令第65号、财税〔2016〕36号）。

表 2-22

销售货物的	月销售额 5 000～20 000 元
销售应税劳务的	月营业额 5 000～20 000 元
按次纳税的	每次（日）销售额 300～500 元
营业税改征增值税的应税行为	按期纳税月销售额 5 000～20 000 元（含本数）

【特别提示】

增值税起征点不适用于认定为一般纳税人的个体工商户。

十八、营业税改征增值税对小微企业的免征增值税规定

2020 年 12 月 31 日前，对月销售额不超过 3 万元（按季纳税 9 万元）的增值税小规模纳税人，免征增值税（财税〔2017〕76 号）。增值税小规模纳税人应分别核算销售货物或者加工、修理修配劳务的销售额和销售服务、无形资产的销售额。增值税小规模纳税人销售货物或者加工、修理修配劳务月销售额不超过 3 万元（按季纳税 9 万元），销售服务、无形资产月销售额不超过 3 万元（按季纳税 9 万元）的，自 2018 年 1 月 1 日起至 2020 年 12 月 31 日，可分别享受小微企业暂免征收增值税优惠政策（国家税务总局公告 2017 年第 52 号）。

十九、纳税人既享受增值税即征即退、先征后退政策又享受免抵退税政策

纳税人既有增值税即征即退、先征后退项目，又有出口等其他增值税应税项目的，增值税即征即退和先征后退项目不参与出口项目免抵退税计算。纳税人应分别核算增值税即征即退、先征后退项目和出口等其他增值税应税项目，分别申请享受增值税即征即退、先征后退和免抵退税政策。

用于增值税即征即退或者先征后退项目的进项税额无法划分的，按照下列公式计算（国家税务总局公告 2011 年第 69 号）：

$$\begin{array}{c}\text{无法划分进项税额中用于增值税}\\ \text{即征即退或先征后退项目的部分}\end{array}=\begin{array}{c}\text{当月无法划分的}\\ \text{全部进项税额}\end{array}\times\begin{array}{c}\text{当月增值税即征即退或者}\\ \text{先征后退项目销售额}\end{array}\div\begin{array}{c}\text{当月全部销售额、}\\ \text{营业额合计}\end{array}$$

二十、担保费收入增值税政策

自 2018 年 1 月 1 日至 2019 年 12 月 31 日，对纳税人为农户、小型企业、微型企业及个体工商户借款、发行债券提供融资担保取得的担保费收入，以及为上述融资担保（下称原担保）提供再担保取得的再担保费收入，免征增值税。再担保合同对应多个原担保合同的，原担保合同应全部适用免征增值税政策。否则，再担保合同应按规定缴纳增值税。纳税人应将相关免税证明材料留存备查，单独

核算符合免税条件的融资担保费和再担保费收入，按现行规定向主管税务机关办理纳税申报；未单独核算的，不得免征增值税。关于“农户”“小型企业”“微型企业”的界定请参见财税〔2017〕90号。

二十一、小额贷款公司增值税征收管理（财税〔2017〕48号）

自2017年1月1日至2019年12月31日，对经省级金融管理部门（金融办、局等）批准成立的小额贷款公司取得的农户小额贷款利息收入，免征增值税。小额贷款是指单笔且该农户贷款余额总额在10万元（含本数）以下的贷款。

二十二、社会团体增值税征收管理（财税〔2017〕90号）

自2016年5月1日起，对社会团体收取的会费，免征增值税。财税〔2017〕90号下发前已征的增值税，可抵减以后月份应缴纳的增值税，或办理退税。对社会团体开展经营服务性活动取得的其他收入，一律照章征收增值税。

二十三、其他减免税政策

促进重点群体创业就业有关税收政策请参见财税〔2017〕49号，扶持自主就业退役士兵创业就业有关税收政策请参见财税〔2017〕46号，关于北京2022年冬奥会和冬残奥会的税收政策请参见财税〔2017〕60号。关于继续实施宣传文化增值税优惠政策的规定请参见财税〔2018〕53号。

第六节　销项税额和进项税额

增值税一般纳税人当期应缴纳增值税的多少主要取决于当期销项税额和当期进项税额两个因素。

一、销项税额

销项税额是指纳税人发生应税行为按照销售额和增值税税率计算并收取的增值税税额。

（一）销项税额的确定

销项税额的计算公式为：

销项税额＝销售额×税率

1. 销售额的一般规定

销售额为纳税人发生应税销售行为（国务院令第691号）向购买方收取的

全部价款、价外费用和消费税金（价内税），但是不包括收取的销项税额（价外税）。

《增值税暂行条例实施细则》所称价外费用，包括价外向购买方收取的手续费、补贴、基金、集资费、返还利润、奖励费、违约金、滞纳金、延期付款利息、赔偿金、代收款项、代垫款项、包装费、包装物租金、储备费、优质费、运输装卸费以及其他各种性质的价外收费。但下列项目不包括在内：

（1）受托加工应征消费税的消费品所代收代缴的消费税。

（2）同时符合以下条件的代垫运输费用：

1）承运部门的运输费用发票开具给购买方的。

2）纳税人将该项发票转交给购买方的。

（3）同时符合以下条件代为收取的政府性基金或者行政事业性收费：

1）由国务院或者财政部批准设立的政府性基金，由国务院或者省级人民政府及其财政、价格主管部门批准设立的行政事业性收费。

2）收取时开具省级以上财政部门印制的财政票据。

3）所收款项全额上缴财政。

（4）销售货物的同时因代办保险等而向购买方收取的保险费，以及向购买方收取的代购买方缴纳的车辆购置税、车辆牌照费。

销售额以人民币计算。纳税人按照人民币以外的货币结算销售额的，应当折合成人民币计算，折合率可以选择销售额发生的当天或者当月1日的人民币汇率中间价。纳税人应当在事先确定采用何种折合率，确定后12个月内不得变更。

【例2-10·计算题】 某企业（一般纳税人）销售农用机械一批，取得不含税销售额430 000元，另收取包装费15 000元。请计算销项税额。

【答案及解析】 销项税额＝430 000×10％＋15 000÷（1＋10％）×10％＝44 363.64（元）。

2. 特殊销售方式的销售额

（1）以折扣方式销售货物（见表2-23）。

表2-23

类型	税务处理	举例
折扣销售（商业折扣）	价格折扣：销售额和折扣额在同一张发票上的“金额”栏分别注明的，可按折扣后的销售额征收增值税；否则，折扣额不得从销售额中减除	产品不含税售价100元/件，购买10件以上八折优惠。一次销售10件，请计算销项税额。 【答案】销项税额＝100×10×80％×16％＝128（元）。
	实物折扣：按视同销售中“无偿赠送”处理	某企业采用买五送一的方式销售货物，单件产品不含税售价245元。请计算销项税额。 【答案】销项税额＝245×6×16％＝235.2（元）。

续前表

类型	税务处理	举例
销售折扣（现金折扣）	不得从销售额中减除现金折扣额，现金折扣计入财务费用	销售价款 500 万元，购货方及时付款，给予 5%的折扣，实收 475 万元。请计算销项税额。 【答案】销项税额＝500×16%＝80（万元）。
销售折让	按规定开具红字专用发票，可以从销售额中减除折让额	

纳税人发生应税行为，将价款与折扣额在同一张发票上注明的，以折扣后的价款为销售额；将折扣额另开发票的，不论其在财务上如何处理，均不得从营业额中扣除（财政部令第 65 号）。纳税人采取折扣方式销售货物，销售额和折扣额在同一张发票上的"金额"栏分别注明的，可按折扣后的销售额征收增值税。未在同一张发票"金额"栏注明折扣额，而仅在发票的"备注"栏注明折扣额的，折扣额不得从销售额中减除（国税函〔2010〕56 号）。

【特别提示】

一是折扣销售有别于销售折扣，销售折扣不得从销售额中减除；二是折扣销售与销售折让是不同的，销售折让可以开具红字专用发票从销售额中减除。

【例 2-11·单选题】（2017 年税务师改）某商场为增值税一般纳税人，20×7 年 1 月举办促销活动，全部商品八折销售。实际取得含税收入 380 000 元，销售额和折扣额均在同一张发票上分别注明。上月商品本月发生退货，向消费者退款 680 元，该商场当月的销项税额是（　　）。

A. 52 320 元

B. 55 114.87 元

C. 55 213.68 元

D. 64 600 元

【答案】A

【解析】当月的销项税额＝380 000÷(1＋16%)×16%－680÷(1＋16%)×16%＝52 320(元)。

(2) 以旧换新方式销售货物。纳税人采取以旧换新方式销售货物，应按新货物的同期销售价格确定销售额（国税发〔1993〕154 号）。对金银首饰以旧换新业务，可以按销售方实际收取的不含增值税的全部价款征收增值税（财税字〔1996〕74 号）。以上内容归纳如表 2-24 所示。

表 2-24

类型	税务处理
一般货物	按新货物同期销售价格确定销售额，不得扣减旧货物的收购价格
金银首饰	可按销售方实际收取的不含增值税的全部价款征收增值税

【例2-12·计算题】（2008年注会改）某首饰商城为增值税一般纳税人，20×8年5月发生以下业务：采取以旧换新方式向消费者销售金项链2 000条，新项链每条零售价0.25万元，旧项链每条作价0.22万元，每条项链取得差价款0.03万元。请计算该商城应缴纳的增值税。

【答案及解析】应缴纳的增值税＝2 000×0.03÷(1＋16%)×16%＝8.28(万元)。

(3) 还本销售方式销售货物。所谓还本销售，是指销货方将货物出售之后，按约定的时间，一次或分次将购货款部分或全部退还给购货方，退还的货款即为还本支出。纳税人采取还本销售方式销售货物，不得从销售额中减除还本支出(国税发〔1993〕154号)。

(4) 采取以物易物方式销售。以物易物双方都应做购销处理，以各自发出的货物核算销售额及销项税额，以各自收到的货物核算购进额及进项税额。

【例2-13·单选题】（2002年注税）甲企业销售给乙企业一批货物，乙企业因资金紧张，无法支付货币资金，经双方友好协商，乙企业用自产产品抵顶货款，则下列表述正确的是（　　）。

A. 甲企业收到乙企业的抵顶货物不应作购货处理

B. 乙企业发出抵顶货款的货物不应作销售处理，不应计算销项税额

C. 甲、乙双方发出货物都作销售处理，但收到货物所含增值税税额一律不能计入进项税额

D. 甲、乙双方都应作购销处理，可对开增值税专用发票，分别核算销售额和购进额，并计算销项税额和进项税额

【答案】D

(5) 直销企业增值税销售额的确定（国家税务总局公告2013年第5号）。

1) 直销企业先将货物销售给直销员，直销员再将货物销售给消费者的，直销企业的销售额为其向直销员收取的全部价款和价外费用。直销员将货物销售给消费者时，应按照现行规定缴纳增值税。

2) 直销企业通过直销员向消费者销售货物，直接向消费者收取货款的，直销企业的销售额为其向消费者收取的全部价款和价外费用。

以上内容归纳如表2-25所示。

表2-25

直销企业-直销员-消费者	直销企业的销售额为其向直销员收取的全部价款和价外费用
	直销员将货物销售给消费者，按规定缴纳增值税
直销企业-(通过直销员)-消费者，直接向消费者收取货款	直销企业的销售额为其向消费者收取的全部价款和价外费用

(6) 包装物押金计税问题。包装物是指纳税人包装本单位货物的各种物品。

1) 对增值税一般纳税人（包括纳税人自己或代其他部门）向购买方收取的价外费用和逾期包装物押金，应视为含税收入，在征税时换算成不含税收入并入

销售额计征增值税。逾期是以1年（12个月）为期限。对于在1年以内且未逾期的包装物押金，单独核算者，不并入销售额（国税发〔1996〕155号）。

2）对销售啤酒、黄酒以外的其他酒类产品而收取的包装物押金，无论是否返还以及会计上如何核算，均应并入当期销售额征税（国税发〔1995〕192号）。

以上内容归纳如表2-26所示。

表2-26

具体类型	税务处理
一般货物（包括啤酒、黄酒）	如单独记账核算，时间在1年以内又未逾期的，不并入销售额征税
	因逾期（1年为限）未收回包装物不再退还的押金，应并入销售额征税
	征税时注意：逾期包装物押金为含税收入，需换算成不含税价再并入销售额；税率为所包装货物适用税率
除啤酒、黄酒外的其他酒类产品	无论是否返还以及会计上如何核算，均应并入当期销售额征税

【例2-14·单选题】（2011年注税改）某啤酒厂为增值税一般纳税人，20×0年8月销售啤酒取得不含税销售额800万元，已开具增值税专用发票，收取包装物押金23.4万元，本月逾期未退还包装物押金58.5万元。20×0年8月该啤酒厂增值税销项税额为（　　）。

A. 116.24万元

B. 136万元

C. 136.07万元

D. 145.95万元

【答案】C

【解析】啤酒包装物押金在逾期时才缴纳增值税。增值税销项税额＝800×16%＋58.5÷(1＋16%)×16%＝136.07（万元）。

(7) 视同销售行为。视同销售行为是增值税税法规定的特殊销售行为。由于视同销售行为一般不以资金形式表现出来，因而会出现有销售而无销售额的情况。另外，有时纳税人发生应税行为价格明显偏低或者偏高且不具有合理商业目的的，主管税务机关有权按照下列顺序确定销售额：

1）按照纳税人最近时期销售同类服务、无形资产或者不动产的平均价格确定。

2）按照其他纳税人最近时期销售同类服务、无形资产或者不动产的平均价格确定。

3）按照组成计税价格确定。组成计税价格的计算公式为：

组成计税价格＝成本×(1＋成本利润率)

属于应征消费税的货物，其组成计税价格应该加计消费税税额。组成计税价格的计算公式为：

组成计税价格＝成本×(1＋成本利润率)＋消费税税额

或

组成计税价格＝成本×(1＋成本利润率)÷(1－消费税税率)

成本利润率由国家税务总局确定。

不具有合理商业目的是指以谋取税收利益为主要目的，通过人为安排，减少、免除、推迟缴纳增值税税款，或者增加退还增值税税款。

【例2-15·计算题】 某企业（一般纳税人）研制一种新型食品，为了进行市场推广和宣传，无偿赠送200件给消费者品尝，该食品无同类产品市场价，生产成本为600元/件，成本利润率为10%，请计算销项税额。

【答案及解析】 销项税额＝200×600×(1＋10%)×16%＝21 120（元）。

3. 合并定价

一般计税方法的销售额不包括销项税额，纳税人采用销售额和销项税额合并定价方法的，按照下列公式计算销售额：

销售额＝含税销售额÷(1＋税率)

价外收入如违约金、包装费、包装物租金、优质费、储备费、运输装卸费、代收款项、代垫款项及其他各种性质的价外收费视为含税，在并入销售额征税时应价税分离。

销售额＝价外收入÷(1＋税率)

4. 营业税改征增值税试点行业的销售额

根据《营业税改征增值税试点有关事项的规定》（财税〔2013〕106号），营业税改征增值税业务的销售额按照以下规定确定：

(1) 贷款服务，以提供贷款服务取得的全部利息及利息性质的收入为销售额。

(2) 直接收费金融服务，以提供直接收费金融服务收取的手续费、佣金、酬金、管理费、服务费、经手费、开户费、过户费、结算费、转托管费等各类费用为销售额。

(3) 金融商品转让，以卖出价扣除买入价后的余额为销售额。

转让金融商品出现的正负差，以盈亏相抵后的余额为销售额。若相抵后出现负差，可结转下一纳税期与下期转让金融商品销售额相抵，但年末时仍出现负差的，不得转入下一个会计年度。

金融商品的买入价，可以选择按照加权平均法或者移动加权平均法进行核算，选择后36个月内不得变更。

金融商品转让不得开具增值税专用发票。

【特别提示】

以上内容归纳如表2-27所示。

表 2-27

金融商品转让，以卖出价扣除买入价后的余额为销售额	
(1) 买入价：可以选择加权平均法或者移动加权平均法进行核算，选择后 36 个月内不得变更 (2) 正负差年内可以相抵，年末仍出现负差的，不得转入下一会计年度 (3) 金融商品买卖不得开具增值税专用发票	
企业转让金融商品取得的收益	缴纳增值税
个人转让金融商品取得的收益	免征增值税

(4) 经纪代理服务，以取得的全部价款和价外费用，扣除向委托方收取并代为支付的政府性基金或者行政事业性收费后的余额为销售额。向委托方收取的政府性基金或者行政事业性收费，不得开具增值税专用发票。

(5) 融资租赁和融资性售后回租业务。

1) 经中国人民银行、中国银行保险监督管理委员会或者商务部批准从事融资租赁业务的试点纳税人，提供融资租赁服务，以取得的全部价款和价外费用，扣除支付的借款利息（包括外汇借款和人民币借款利息）、发行债券利息和车辆购置税后的余额为销售额。

2) 经中国人民银行、中国银行保险监督管理委员会或者商务部批准从事融资租赁业务的试点纳税人，提供融资性售后回租服务，以取得的全部价款和价外费用（不含本金），扣除对外支付的借款利息（包括外汇借款和人民币借款利息）、发行债券利息后的余额作为销售额。

3) 试点纳税人根据 2016 年 4 月 30 日前签订的有形动产融资性售后回租合同，在合同到期前提供的有形动产融资性售后回租服务，可继续按照有形动产融资租赁服务缴纳增值税。

继续按照有形动产融资租赁服务缴纳增值税的试点纳税人，经中国人民银行、中国银行保险监督管理委员会或者商务部批准从事融资租赁业务的，根据 2016 年 4 月 30 日前签订的有形动产融资性售后回租合同，在合同到期前提供的有形动产融资性售后回租服务，可以选择以下方法之一计算销售额：

第一，以向承租方收取的全部价款和价外费用，扣除向承租方收取的价款本金，以及对外支付的借款利息（包括外汇借款和人民币借款利息）、发行债券利息后的余额为销售额。

纳税人提供有形动产融资性售后回租服务，计算当期销售额时可以扣除的价款本金，为书面合同约定的当期应当收取的本金。无书面合同或者书面合同没有约定的，为当期实际收取的本金。

试点纳税人提供有形动产融资性售后回租服务，向承租方收取的有形动产价款本金，不得开具增值税专用发票，可以开具普通发票。

第二，以向承租方收取的全部价款和价外费用，扣除支付的借款利息（包括外汇借款和人民币借款利息）、发行债券利息后的余额为销售额。

以上内容归纳如表 2-28 所示。

表 2-28

融资性售后回租服务（金融服务）	以收取的全部价款和价外费用（不含本金），扣除对外支付的借款利息、发行债券利息后的余额为销售额
其他融资租赁服务	以收取的全部价款和价外费用，扣除支付的借款利息、发行债券利息、车辆购置税后的余额为销售额

（6）航空运输企业的销售额，不包括代收的机场建设费和代售其他航空运输企业客票而代收转付的价款。

（7）试点纳税人中的一般纳税人提供客运场站服务，以取得的全部价款和价外费用，扣除支付给承运方运费后的余额为销售额。

（8）试点纳税人提供旅游服务，可以选择以取得的全部价款和价外费用，扣除向旅游服务购买方收取并支付给其他单位或者个人的住宿费、餐饮费、交通费、签证费、门票费和支付给其他接团旅游企业的旅游费用后的余额为销售额。

选择上述办法计算销售额的试点纳税人，向旅游服务购买方收取并支付的上述费用，不得开具增值税专用发票，可以开具普通发票。

（9）房地产开发企业中的一般纳税人销售其开发的房地产项目（选择适用简易计税方法的房地产老项目除外），以取得的全部价款和价外费用，扣除受让土地时向政府部门支付的土地价款后的余额为销售额。

（10）试点纳税人按照上述（4）～（9）项规定从全部价款和价外费用中扣除的价款，应当取得符合法律、行政法规和国家税务总局规定的有效凭证。否则，不得扣除。

上述凭证是指：

1）支付给境内单位或者个人的款项，以发票为合法有效凭证。

2）支付给境外单位或者个人的款项，以该单位或者个人的签收单据为合法有效凭证，税务机关对签收单据有疑义的，可以要求其提供境外公证机构的确认证明。

3）缴纳的税款，以完税凭证为合法有效凭证。

4）扣除的政府性基金、行政事业性收费或者向政府支付的土地价款，以省级以上（含省级）财政部门监（印）制的财政票据为合法有效凭证。

5）国家税务总局规定的其他凭证。

纳税人取得的上述凭证属于增值税扣税凭证的，其进项税额不得从销项税额中抵扣。

（11）2018年1月1日起，航空运输销售代理企业提供境外航段机票代理服务，以取得的全部价款和价外费用，扣除向客户收取并支付给其他单位或者个人的境外航段机票结算款和相关费用后的余额为销售额。其中，支付给境内单位或者个人的款项，以发票或行程单为合法有效凭证；支付给境外单位或者个人的款项，以签收单据为合法有效凭证，税务机关对签收单据有异议的，可以要求其提供境外公证机构的确认证明（财税〔2017〕90号）。

(12)～(18) 项：涉及跨县（市）提供建筑服务、不动产经营租赁、不动产销售、房地产开发企业销售自行开发的房地产项目，在第八节讲解。

【例 2－16·单选题】（2017 年注会）对下列增值税应纳税行为计算销项税额时，按照全额确定销售额的是（　　）。

A. 贷款服务

B. 一般纳税人提供客运场站服务

C. 金融商品转让服务

D. 经纪代理服务

【答案】 A

【解析】 选项 B，C，D，差额征收增值税。

【例 2－17·单选题】（2017 年税务师）关于增值税的销售额，下列说法正确的是（　　）。

A. 经纪代理服务，以取得的全部价款和价外费用为销售额

B. 旅游服务，一律以取得的全部价款和价外费用为销售额

C. 航空运输企业的销售额不包括收取的机场建设费

D. 劳务派遣服务，一律以取得的全部价款和价外费用为销售额

【答案】 C

【解析】 选项 A，经纪代理服务，以取得的全部价款和价外费用，扣除向委托方收取并代为支付的政府性基金或者行政事业性收费后的余额为销售额。选项 B，纳税人提供旅游服务，可以选择以取得的全部价款和价外费用，扣除向旅游服务购买方收取并支付给其他单位或者个人的住宿费、餐饮费、交通费、签证费、门票费和支付给其他接团旅游企业的旅游费用后的余额为销售额。选项 D，纳税人提供劳务派遣服务，可以选择以取得的全部价款和价外费用为销售额，也可以选择差额纳税，以取得的全部价款和价外费用，扣除代用工单位支付给劳务派遣员工的工资、福利和为其办理社会保险及住房公积金后的余额为销售额。

差额纳税可以扣除的项目归纳如表 2－29 所示。

表 2－29

金融商品转让	买入价
经纪代理服务	向委托方收取并代为支付的政府性基金或者行政事业性收费
其他融资租赁服务	借款利息、发行债券利息和车辆购置税
融资性售后回租服务	借款利息、发行债券利息
客运场站服务	支付给承运方的运费
旅游服务	向旅游服务购买方收取并支付给其他单位或者个人的住宿费、餐饮费、交通费、签证费、门票费和支付给其他接团旅游企业的旅游费用
建筑服务适用简易计税方法的	支付的分包款

房地产开发企业中的一般纳税人销售其开发的房地产项目适用一般计税方法的	受让土地时向政府部门支付的土地价款
纳税人转让其取得（不含自建）的不动产	不动产购置原价或者取得不动产时的作价
劳务派遣	代用工单位支付给劳务派遣员工的工资、福利和为其办理社会保险及住房公积金
航空运输企业的销售额	代收的机场建设费和代售其他航空运输企业客票而代收转付的价款

二、进项税额

纳税人购进货物、劳务、服务、无形资产、不动产（国务院令第691号），所支付或者负担的增值税税额为进项税额。

（一）准予从销项税额中抵扣的进项税额

下列进项税额准予从销项税额中抵扣（国务院令第538号）：

（1）从销售方取得的增值税专用发票上注明的增值税税额。

（2）从海关取得的海关进口增值税专用缴款书上注明的增值税税额。

（3）从适用简易计税方法按3%征收率计算缴纳增值税的小规模纳税人取得增值税专用发票的，以增值税专用发票上注明的金额和3%的扣除率计算进项税额。

（4）取得（开具）农产品销售发票或收购发票的，以农产品销售发票或收购发票上注明的农产品买价和10%的扣除率计算进项税额。但纳税人购进用于生产销售或委托加工16%税率货物的农产品，按照12%的扣除率计算进项税额（财税〔2018〕32号）。

买价包括纳税人购进农产品在农产品收购发票或者销售发票上注明的价款和按规定缴纳的烟叶税（财政部、国家税务总局令第50号）。烟叶收购单位收购烟叶时按照国家有关规定以现金形式直接补贴烟农的生产投入补贴，属于农产品买价，为价款的一部分。烟叶收购单位应将价外补贴与烟叶收购价格在同一张农产品收购发票或者销售发票上分别注明，否则，价外补贴不得计算增值税进项税额进行抵扣（财税〔2011〕21号）。

农产品中收购烟叶的进项税额抵扣公式为：

烟叶收购金额＝烟叶收购价款×(1＋10%)

烟叶税应纳税额＝烟叶收购金额×税率(20%)

准予抵扣的进项税额＝(烟叶收购金额＋烟叶税应纳税额)×扣除率(10%或12%)

【特别提示】

从简化计算角度考虑，准予抵扣的进项税额＝烟叶收购价款×1.1×1.2×

10%（或12%）。实务中扣除率究竟是10%还是12%？经调研发现，涉及烟叶税时，若收购烟叶之后直接出售，或收购烟叶之后经过初烤工序后直接销售，则属于初级农产品，扣除率为10%；若初烤之后再复烤，一般用于生产烟丝或卷烟，则不属于初级农产品，扣除率为12%。

【例2-18·单选题】（2007年注会改）某卷烟厂20×6年6月收购烟叶生产卷烟，收购发票上注明价款50万元，并向烟叶生产者支付了价外补贴。该卷烟厂6月收购烟叶可抵扣的进项税额为（　　）。

A. 6.5万元

B. 7.15万元

C. 7.92万元

D. 8.86万元

【答案】 C

【解析】 可抵扣的进项税额＝收购价款×(1＋10%)×(1＋20%)×10%＝50×(1＋10%)×(1＋20%)×12%＝7.92（万元）。

（5）纳税人以承运人身份与托运人签订运输服务合同，收取运费并承担承运人责任，然后委托实际承运人完成全部或部分运输服务时，自行采购并交给实际承运人使用的成品油和支付的道路、桥、闸通行费，同时符合下列条件的，其进项税额准予从销项税额中抵扣：

1）成品油和道路、桥、闸通行费，应用于纳税人委托实际承运人完成的运输服务。

2）取得的增值税扣税凭证符合现行规定（国家税务总局公告2017年第30号）。

（6）自2018年1月1日起，纳税人支付的道路、桥、闸通行费，按照以下规定抵扣进项税额：

1）纳税人支付的道路通行费，按照收费公路通行费增值税电子普通发票上注明的增值税额抵扣进项税额。

2）2018年1月1日至6月30日，纳税人支付的高速公路通行费，如暂未能取得收费公路通行费增值税电子普通发票，可凭取得的通行费发票（不含财政票据，下同）上注明的收费金额按照下列公式计算可抵扣的进项税额：

$$\begin{array}{c}\text{高速公路通行费}\\\text{可抵扣的进项税额}\end{array}=\text{高速公路通行费发票上注明的金额}\div(1+3\%)\times 3\%$$

2018年1月1日至12月31日，纳税人支付的一级、二级公路通行费，如暂未能取得收费公路通行费增值税电子普通发票，可凭取得的通行费发票上注明的收费金额按照下列公式计算可抵扣的进项税额：

$$\begin{array}{c}\text{一级、二级公路通行费}\\\text{可抵扣的进项税额}\end{array}=\begin{array}{c}\text{一级、二级公路通行费}\\\text{发票上注明的金额}\end{array}\div(1+5\%)\times 5\%$$

3）纳税人支付的桥、闸通行费，暂凭取得的通行费发票上注明的收费金额按照下列公式计算可抵扣的进项税额：

桥、闸通行费可抵扣的进项税额＝桥、闸通行费发票上注明的金额÷(1+5%)×5%

通行费是指有关单位依法或者依规设立并收取的过路、过桥和过闸费用（财税〔2017〕90号）。

以上内容归纳如表2-30所示。

表2-30

项目	时间	计算方法
高速公路通行费	2018年1月1日至6月30日	通行费发票上注明的金额÷(1+3%)×3%
	2018年7月1日后	收费公路通行费增值税电子普通发票上注明的增值税额（左上角：通行费，无通行费字样不得抵扣进项税额）
一级公路、二级公路通行费	2018年1月1至12月31日	通行费发票上注明的金额÷(1+5%)×5%
	2019年1月1日后	收费公路通行费增值税电子普通发票上注明的增值税额
桥、闸通行费	通行费发票上注明的金额÷(1+5%)×5%	

(7) 自境外单位或者个人购进劳务、服务、无形资产或者境内的不动产，从税务机关或者扣缴义务人取得的代扣代缴税款的完税凭证上注明的增值税额（国务院令第691号）。

(8) 原增值税一般纳税人自用的应征消费税的摩托车、汽车、游艇，其进项税额准予从销项税额中抵扣（财税〔2013〕106号）。

(9) 增值税一般纳税人在资产重组过程中，将全部资产、负债和劳动力一并转让给其他增值税一般纳税人，并按程序办理注销税务登记的，其在办理注销登记前尚未抵扣的进项税额可结转至新纳税人处继续抵扣（国家税务总局公告2012年第55号）。

(10) 不动产进项税额的抵扣（国家税务总局公告2016年第15号）。

1) 增值税一般纳税人2016年5月1日后取得并在会计制度上按固定资产核算的不动产，以及2016年5月1日后发生的不动产在建工程，其进项税额应分2年从销项税额中抵扣，第一年抵扣比例为60%，第二年抵扣比例为40%。

取得的不动产，包括以直接购买、接受捐赠、接受投资入股、自建以及抵债等各种方式取得的不动产。

一般纳税人新建、改建、扩建、修缮、装饰不动产，属于不动产在建工程。

房地产开发企业自行开发的房地产项目，融资租入的不动产，以及在施工现场修建的临时建筑物、构筑物，其进项税额不适用上述分2年抵扣的规定（见表2-31）。

表 2-31

分 2 年抵扣	一次性抵扣
按固定资产核算的不动产、不动产在建工程	按流动资产核算的不动产、不动产在建工程；房地产开发企业自行开发的房地产项目
新建不动产	融资租入的不动产以及在施工现场修建的临时建筑物、构筑物
用于改建、扩建、修缮、装饰不动产并增加不动产原值超过 50%的	未超过 50%的（不动产原值：取得不动产时的购置原价或作价）

【特别提示】

如何分 2 年抵扣：第一年 60%，在扣税凭证认证当月；第二年 40%，在取得扣税凭证的当月起第 13 个月。

【例 2-19 · 计算题】 2016 年 7 月 5 日，某增值税一般纳税人购进办公大楼一座，该大楼用于公司办公，计入固定资产，并于次月开始计提折旧。7 月 20 日，该纳税人取得该大楼的增值税专用发票并认证相符，专用发票注明的增值税税额为 1 000 万元。请说明进项税额如何抵扣。

【答案及解析】 2016 年 7 月：进项税额＝1 000×60%＝600（万元）；2017 年 7 月：进项税额＝1 000×40%＝400（万元）。

2）按照《营业税改征增值税试点实施办法》第二十七条第（一）项规定不得抵扣且未抵扣进项税额的固定资产、无形资产、不动产，发生用途改变，用于允许抵扣进项税额的应税项目的，可在用途改变的次月按照下列公式计算可以抵扣的进项税额：

$$\begin{array}{c}\text{可以抵扣的}\\\text{进项税额}\end{array}=\text{固定资产、无形资产、不动产净值}\div(1+\text{适用税率})\times\text{适用税率}$$

上述可以抵扣的进项税额应取得合法有效的增值税扣税凭证。

（11）增值税一般纳税人发生真实交易但由于客观原因造成增值税扣税凭证（包括增值税专用发票、海关进口增值税专用缴款书和机动车销售统一发票）未能按照规定期限办理认证、确认或者稽核比对的，经主管税务机关核实、逐级上报，由省国税局认证并稽核比对后，对比对相符的增值税扣税凭证，允许纳税人继续抵扣其进项税额。增值税一般纳税人因客观原因造成增值税扣税凭证逾期的，可按照规定申请办理逾期抵扣手续（国家税务总局公告 2017 年第 36 号）。

（12）自 2018 年 1 月 1 日起，纳税人租入固定资产、不动产，既用于一般计税方法计税项目，又用于简易计税方法计税项目、免征增值税项目、集体福利或者个人消费的，其进项税额准予从销项税额中全额抵扣（财税〔2017〕90 号）。

准予从销项税额中抵扣的进项税额归纳如表 2-32 所示。

表 2-32

类型	规定
以票抵税	从销售方取得的增值税专用发票上注明的增值税税额
	从海关取得的海关进口增值税专用缴款书上注明的增值税税额
	从境外单位或个人购进劳务、服务、无形资产或境内的不动产，从税务机关或扣缴义务人取得的代扣代缴税款的完税凭证上注明的增值税税额
计算抵税	购进农产品

（二）不得从销项税额中抵扣的进项税额（财税〔2016〕36号）

（1）用于简易计税方法计税项目、免征增值税项目、集体福利或者个人消费的购进货物、加工修理修配劳务、服务、无形资产和不动产。其中涉及的固定资产、无形资产、不动产仅指专用于上述项目的固定资产、无形资产（不包括其他权益性无形资产）、不动产。

发生兼用于上述项目的可以抵扣。适用一般计税方法的纳税人，兼营简易计税方法计税项目、免税项目而无法划分不得抵扣的进项税额的计算按比例进行：

$$\text{不得抵扣的进项税额}=\text{当月无法划分的全部进项税额}\times\left(\text{当期简易计税方法计税项目销售额}+\text{免税项目销售额}\right)\div\text{当期全部销售额}$$

纳税人的交际应酬消费属于个人消费。

【例2-20·单选题】（2007年注会）下列行为中，涉及的进项税额不得从销项税额中抵扣的是（　　）。

A. 将外购的货物用于本单位集体福利

B. 将外购的货物分配给股东和投资者

C. 将外购的货物无偿赠送给其他个人

D. 将外购的货物作为投资提供给其他单位

【答案】 A

【解析】 将外购的货物用于本单位集体福利不得抵扣进项税额。

（2）非正常损失的购进货物，以及相关的加工修理修配劳务和交通运输服务。

【特别提示1】

非正常损失是指因管理不善造成货物被盗、丢失、霉烂变质，以及因违反法律法规造成货物被依法没收、销毁、拆除的情形。

【特别提示2】

非正常损失货物在增值税中不得扣除（需做进项税额转出处理）；在企业所得税中，经批准准予作为财产损失扣除。

（3）非正常损失的在产品、产成品所耗用的购进货物（不包括固定资产）、加工修理修配劳务和交通运输服务。

（4）非正常损失的不动产，以及该不动产所耗用的购进货物、设计服务和建筑服务。

（5）非正常损失的不动产在建工程所耗用的购进货物、设计服务和建筑服务。

【例 2－21 · 单选题】（2010 年注税改）某制药厂为增值税一般纳税人，20×9 年 9 月销售免税药品取得价款 20 000 元，销售非免税药品取得含税价款 93 600 元。当月购进原材料、水、电等取得的增值税专用发票（已通过税务机关认证）上的税款合计为 10 000 元，其中有 2 000 元进项税额对应的原材料用于免税药品的生产；5 000 元进项税额对应的原材料用于非免税药品的生产；对于其他进项税额对应的购进部分，企业无法划分清楚其用途。该企业当月应缴纳增值税（　　）。

A. 5 400 元

B. 6 200 元

C. 6 600 元

D. 8 600 元

【答案】 A

【解析】 销项税额＝93 600÷(1＋16%)×16%＝80 000×16%＝12 800（元），可抵扣的进项税额＝5 000＋(10 000－5 000－2 000)×80 000÷(20 000＋80 000)＝5 000＋2 400＝7 400（元），应缴纳的增值税＝12 800－7 400＝5 400（元）。

（6）纳税人适用一般计税方法的，因销售折让、中止或者退回而退还给购买方的增值税税额，应当从当期的销项税额中扣减；因销售折让、中止或者退回而收回的增值税税额，应当从当期的进项税额中扣减，如未扣减，造成不纳税或者少纳税的，认定为逃避缴纳税款行为。

（7）有下列情形之一者，应当按照销售额和增值税税率计算应纳税额，不得抵扣进项税额，也不得使用增值税专用发票：

1）一般纳税人会计核算不健全，或者不能够提供准确税务资料的。

2）应当办理一般纳税人资格登记而未办理的。

（8）扣税凭证不合格：未按规定取得并保存增值税扣除凭证。

（9）购进的旅客运输服务、贷款服务、餐饮服务、居民日常服务和娱乐服务。

纳税人接受贷款服务向贷款方支付的与该笔贷款直接相关的投融资顾问费、手续费、咨询费等费用，其进项税额不得从销项税额中抵扣。

【特别提示】

住宿费的进项税额允许抵扣。

【例 2－22 · 单选题】（2010 年注税改）某家用电器修理厂会计核算健全，20×9 年营业额 120 万元，但一直未向主管税务机关申请增值税一般纳税人认定。次年 5 月，该厂提供修理劳务并收取修理费价税合计为 23.42 万元；购进的料件、电力等均取得增值税专用发票，对应的增值税税款合计为 2 万元。该修理厂当月应缴纳增值税（　　）。

A. 0.68 万元

B. 1.32 万元

C. 1.4 万元

D. 3.42 万元

【答案】D

【解析】该修理厂本月应缴纳的增值税＝23.42÷(1＋16%)×16%＝3.42(万元)。

(三) 抵减发生期进项税额的规定——进项税额转出

已抵扣进项税额的购进货物或者应税劳务，发生不得抵扣进项税额情形的(免税项目、非增值税应税劳务除外)，应当将该项购进货物或者应税劳务的进项税额从当期的进项税额中扣减；无法确定该项进项税额的，按当期实际成本计算应扣减的进项税额（财政部、国家税务总局令第50号）。

【特别提示1】

能准确确定需要转出的进项税额时，按原抵扣的进项税额转出。

【特别提示2】

无法准确确定需要转出的进项税额时，按当期实际成本（进价＋运费＋保险费＋其他有关费用）乘以征税时该货物或应税劳务适用的税率计算应扣减的进项税额。即

进项税额转出数额＝实际成本×税率

【特别提示3】

原增值税一般纳税人购进无形资产或者不动产已抵扣进项税额的，发生上述规定情形（如因违反法律法规造成不动产被依法没收、销毁、拆除的情形），按照下列公式计算不得抵扣的进项税额：

不得抵扣的进项税额＝无形资产或者不动产净值×适用税率

以上内容归纳如表2-33所示。

表2-33

转出方法	情形	计算公式
原抵扣进项税额转出	以票抵税（增值税专用发票、海关进口增值税专用缴款书、税收缴款凭证）	采购成本×税率（16%，10%，6%）
	计算抵税（用收购发票或销售发票抵扣进项税额的农产品）	农产品采购成本÷(1－10%)×10%
按当期实际成本计算应扣减的进项税额	无法准确确定该项进项税额的，按当期实际成本计算应扣减的进项税额	进项税额转出数额＝当期实际成本×税率 当期实际成本＝买价＋运费＋保险费＋其他有关费用
利用公式计算进项税额转出		不得抵扣的进项税额＝当月无法划分的全部进项税额×免税、简易项目销售额÷当月全部销售额

（四）增值税期末留抵税额

原增值税一般纳税人兼有销售服务、无形资产或者不动产的，截至纳入营业税改征增值税试点之日前的增值税期末留抵税额，不得从销售服务、无形资产或者不动产的销项税额中抵扣。

【例2-23·计算题】（2017年注会改）位于甲省某市的一家建筑企业为增值税一般纳税人，在乙省某市提供写字楼和桥梁建造业务，20×7年4月具体经营业务如下：

（1）该建筑企业对写字楼建造业务选择适用一般计税方法。按照工程进度及合同约定，本月取得含税金额3 000万元并给业主开具了增值税专用发票。由于该建筑企业将部分业务进行了分包，本月支付分包含税金额1 200万元，取得分包商（适用一般计税方法）开具的增值税专用发票。

（2）桥梁建造业务为甲供工程，该建筑企业对此项目选择适用简易计税方法。本月收到含税金额4 000万元并开具了增值税普通发票。该建筑企业将部分业务进行了分包，本月支付分包含税金额1 500万元，取得分包商开具的增值税普通发票。

（3）从国外进口一台机器设备，国外买价折合人民币80万元，运抵我国入关前支付的运费折合人民币4.2万元、保险费折合人民币3.8万元；入关后运抵企业所在地，取得运输公司开具的增值税专用发票注明运费1.1万元、税额0.11万元。该进口设备既用于一般计税项目也用于简易计税项目，该企业未分开核算。

（4）将购进的一批瓷砖用于新建的自建综合办公大楼在建工程。该批瓷砖为20×7年1月购进，取得经税务机关认证的增值税专用发票，注明增值税税额为40万元，已计入20×7年1月的进项税额进行抵扣。

（5）发生外地出差住宿费支出价税合计6.36万元，取得增值税一般纳税人开具的增值税专用发票。发生餐饮费支出价税合计3万元，取得增值税普通发票。

（6）其他相关资料：假定关税税率为10%，上述业务涉及的相关票据均已通过主管税务机关比对认证。

要求：根据上述资料，计算回答下列问题，如有计算需计算出合计数。

（1）计算业务（1）企业在乙省应预缴的增值税。

（2）计算业务（1）的销项税额。

（3）计算业务（2）企业在乙省应预缴的增值税。

（4）分别计算业务（3）企业应缴纳的关税、增值税。

（5）计算业务（4）企业进项税额转出金额。

（6）计算业务（5）可抵扣的增值税进项税额。

（7）计算企业当月增值税进项税额合计。

（8）计算企业当月增值税应纳税额。

（9）计算企业应向总部机构所在地主管税务机关缴纳的增值税。

【答案及解析】

（1）一般纳税人跨县（市、区）提供建筑服务，适用一般计税方法的，以取得的全部价款和价外费用扣除支付的分包款后的余额，按照2%的征收率计算应预缴税款。应预缴税款=(全部价款和价外费用一支付的分包款)÷(1+10%)×2%；业务（1）企业在乙省应预缴的增值税=(3 000－1 200)÷(1+10%)×2%=32.73（万元）。

（2）一般纳税人跨县（市、区）提供建筑服务，适用一般计税方法的，应以取得的全部价款和价外费用为销售额计算应纳税额。业务（1）的销项税额=3 000÷(1+10%)×10%=272.73（万元）。

（3）一般纳税人跨县（市、区）提供建筑服务，选择适用简易计税方法的，以取得的全部价款和价外费用扣除支付的分包款后的余额，按照3%的征收率计算应预缴的税款。应预缴的税款=(全部价款和价外费用一支付的分包款)÷(1+3%)×3%；业务（2）企业在乙省预缴的增值税=(4 000－1 500)÷(1+3%)×3%=72.82（万元）。

（4）应缴纳的关税=(80+4.2+3.8)×10%=8.8(万元)；应缴纳的增值税=(80+4.2+3.8+8.8)×16%=15.49（万元）。

（5）业务（4）企业进项税额转出金额=40×40%=16（万元）。

（6）购进的餐饮服务，不得抵扣进项税。业务（5）可抵扣的增值税进项税额=6.36÷(1+6%)×6%=0.36（万元）。

（7）业务（1）可抵扣的进项税额=1 200÷(1+10%)×10%=109.09（万元）；业务（3）可抵扣的进项税额=15.49+0.11=15.6（万元）。因为只有专用于简易计税项目的固定资产不得抵扣进项税额，该设备既用于一般计税项目，又用于简易计税项目，其进项税额可以抵扣。业务（4）进项税额转出金额=40×40%=16（万元）；业务（5）可抵扣的增值税进项税额=6.36÷(1+6%)×6%=0.36（万元）；企业当月增值税进项税额合计=109.09+15.6+0.36－16=109.05（万元）。

（8）一般纳税人跨县（市）提供建筑服务，选择适用简易计税方法的，应以取得的全部价款和价外费用扣除支付的分包款后的余额为销售额，按照3%的征收率计算应纳税额。业务（2）增值税应纳税额=(4 000－1 500)÷(1+3%)×3%=72.82（万元）；企业当月增值税应纳税额=272.73－109.05+72.82=236.5(万元)。

（9）企业应向总部机构所在地主管税务机关缴纳的增值税=236.5－32.73－72.82=130.95（万元）。

第七节　应纳税额的计算

一、一般计税方法

增值税的计税方法包括一般计税方法和简易计税方法。增值税一般纳税人销售货物，提供劳务，销售应税服务、无形资产或者不动产，适用一般计税方法缴纳增值税，即国际上通行的购进扣税法，在确定了销项税额和进项税额后，就可以得出实际应纳税额，基本计算公式如图2-1所示。

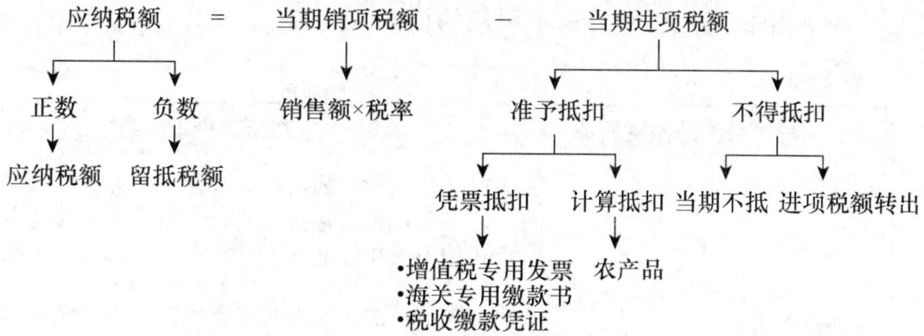

图 2-1 计算公式

《营业税改征增值税试点实施办法》（财税〔2016〕36 号）第十八条规定，一般纳税人发生应税行为适用一般计税方法。一般纳税人发生财政部和国家税务总局规定的特定应税行为，可以选择适用简易计税方法，但一经选择，36 个月内不得变更。

（一）计算应纳税额的时间界定

（1）根据《增值税暂行条例》（国务院令第 538 号）第十九条的规定，增值税纳税义务的发生时间为：

1）发生应税销售行为（国务院令第 691 号），为收讫销售款项或者取得索取销售款项凭据的当天；先开具发票的，为开具发票的当天。

2）进口货物，为报关进口的当天。

（2）进项税额抵扣时限的确定（国家税务总局公告 2017 年第 11 号）。

1）自 2017 年 7 月 1 日起，增值税一般纳税人取得的 2017 年 7 月 1 日及以后开具的增值税专用发票和机动车销售统一发票，应自开具之日起 360 日内认证或登录增值税发票选择确认平台进行确认，并在规定的纳税申报期内，向主管国税机关申报抵扣进项税额。

2）增值税一般纳税人取得的 2017 年 7 月 1 日及以后开具的海关缴款书，应自开具之日起 360 日内向主管国税机关报送海关完税凭证抵扣清单，申请稽核比对。

3）增值税一般纳税人取得符合规定的通行费电子发票后，应当自开具之日起 360 日内登录本省（区、市）增值税发票选择确认平台，查询、选择用于申报抵扣的通行费电子发票信息（交通运输部、国家税务总局公告 2017 年第 66 号）。

进项税额抵扣的时间界定归纳如表 2-34 所示。

表 2-34

时间	情形	时间规定
2017 年 7 月 1 日起	增值税专用发票、机动车销售统一发票	开具之日起 360 日内认证（或确认）
	海关缴款书	“先比对后抵扣”——应在开具之日起 360 日内向主管税务机关申请稽核比对

4）扣税凭证丢失后进项税额的抵扣（见表2-35）。

表2-35

一般纳税人丢失的扣税凭证	抵扣所需办理的手续
已开具的增值税专用发票的发票联和抵扣联	丢失前已认证相符的，购买方凭销售方记账联复印件及销售方主管税务机关已报税证明，经购买方主管税务机关审核同意后，作为抵扣凭证
	丢失前未认证的，先由购买方凭销售方记账联复印件进行认证，认证相符的，再由购买方凭销售方记账联复印件及销售方主管税务机关已报税证明，经购买方主管税务机关审核同意后，作为抵扣凭证
已开具的增值税专用发票的抵扣联	丢失前已认证相符的，用发票联复印件留存备查；丢失前未认证的，用发票联认证，发票联复印件留存备查
已开具的增值税专用发票的发票联	抵扣联作为记账凭证，抵扣联复印件留存备查
海关缴款书	在规定期限内，凭报关地海关出具的相关已完税证明，向主管税务机关提出抵扣申请；主管税务机关受理申请后，应当进行审核，并将纳税人提供的海关缴款书电子数据纳入稽核系统比对，稽核比对无误后，可予以抵扣进项税额

（二）扣减当期销项税额的规定（财税〔2013〕106号）

纳税人提供的适用一般计税方法的应税服务，因服务中止或者折让而退还给购买方的增值税税额，应当从当期的销项税额中扣减。

【例2-24·单选题】（2006年注税）一般纳税人因进货退出而收回的增值税税额，应从发生进货退出的当期进项税额中扣减。如果不按规定扣减，造成虚增进项税额，不缴纳或少缴纳增值税，增值税规定的处理方法是（　　）。

A. 属于欠税行为，补缴税款

B. 属于偷税行为，按偷税处罚

C. 进项税额转出，不收取滞纳金

D. 进项税额转出，以后年度补缴

【答案】 B

（三）向供货方收取的返还收入的税务处理（国税发〔2004〕136号）

对商业企业向供货方收取的与商品销售量、销售额挂钩（如以一定比例、金额、数量计算）的各种返还收入，均应按照平销返利行为的有关规定冲减当期增值税进项税额。应冲减进项税额的计算公式为：

$$\text{当期应冲减进项税额}=\frac{\text{当期取得的返还资金}}{1+\text{所购货物适用增值税税率}}\times\text{所购货物适用增值税税率}$$

商业企业向供货方收取的各种收入，一律不得开具增值税专用发票。

（四）进项税额不足抵扣的税务处理（国务院令第538号）

当期销项税额小于当期进项税额不足抵扣时，其不足部分可以结转下期继续抵扣。

（五）一般纳税人注销时存货及留抵税额的处理（财税〔2005〕165号）

一般纳税人注销或被取消辅导期一般纳税人资格，转为小规模纳税人时，其存货不作进项税额转出处理，其留抵税额也不予以退税。

【例2-25·单选题】（2010年注税）以下关于增值税一般纳税人注销时税务处理的说法，正确的是（　　）。

A. 增值税留抵税额可申请退税

B. 企业可自行保留防伪税控专用设备

C. 企业应将结存未用的纸质专用发票送交主管税务机关缴销

D. 尚未销售的存货对应的增值税进项税额应作转出处理

【答案】 C

（六）纳税人既欠缴增值税又有增值税留抵税额问题的税务处理

纳税人因销项税额小于进项税额而产生期末留抵税额的，应以期末留抵税额抵减增值税欠税（国税发〔2004〕112号）。抵减欠缴税款时，应按欠税发生时间逐笔抵扣，先发生的先抵。抵缴的欠税包含呆账税金及欠税滞纳金。确定实际抵减金额时，按填开通知书的日期作为截止期，计算欠缴税款的应缴未缴滞纳金金额，应缴未缴滞纳金余额加欠税余额为欠缴总额。若欠缴总额大于期末留抵税额，实际抵减金额应等于期末留抵税额，并按配比方法计算抵减的欠税和滞纳金；若欠缴总额小于期末留抵税额，实际抵减金额应等于欠缴总额（国税函〔2004〕1197号）。

【例2-26·单选题】（2013年注税）根据增值税的规定，下列关于纳税人既欠缴增值税又有增值税留抵税额的税务处理，正确的是（　　）。

A. 允许以期末留抵税额抵减增值税欠税，但不得抵减欠税滞纳金

B. 抵减欠税时，既可以按欠税时间逐笔抵扣，也可以按欠税额度逐笔抵扣

C. 若期末留抵税额大于欠缴总额，抵减后的余额不得结转下期继续抵扣

D. 查补的增值税税款，可以按规定用留抵税额抵减

【答案】 D

【解析】 选项A，允许以留抵税额抵减增值税欠税，抵减的欠税包括呆账税金及欠税滞纳金；选项B，抵减欠税款时，应按欠税发生时间逐笔抵扣，先发生的先抵；选项C，若期末留抵税额大于欠缴总额，抵减后的余额可结转下期继续抵扣。

（七）关于增值税税控系统专用设备和技术维护费用抵减增值税税额的有关政策（财税〔2012〕15号）

（1）增值税纳税人2011年12月1日（含，下同）以后初次购买增值税税控

系统专用设备（包括分开票机）支付的费用以及缴纳的技术维护费，可在增值税应纳税额中全额抵减。具体如表 2－36 和表 2－37 所示。

表 2－36

纳税人购买或支付		抵税规则
购买税控系统专用设备	初次购买	可凭购买增值税税控系统专用设备取得的增值税专用发票，在增值税应纳税额中全额抵减（抵减额为价税合计额），不足抵减的可结转下期继续抵减，即用价税合计额抵减增值税税额
	非初次购买	费用由其自行负担，不得在增值税应纳税额中抵减，即只能凭专用发票抵税，不能抵价
支付技术服务费	2011 年 12 月 1 日后缴纳的	可凭技术维护服务单位开具的技术维护费发票，在增值税应纳税额中全额抵减，不足抵减的可结转下期继续抵减

表 2－37

增值税税控系统	专用设备
增值税防伪税控系统	金税卡、IC 卡、读卡器或金税盘和报税盘
货物运输业增值税专用发票税控系统	税控盘和报税盘
机动车销售统一发票税控系统	税控盘和传输盘

【特别提示】

注意区分增值税防伪税控系统的专用设备与通用设备。电脑、打印机、扫描仪等属于通用设备，不属于防伪税控系统的专用设备，只能抵税，不能抵价。

（2）增值税一般纳税人支付的两项费用在增值税应纳税额中全额抵减的，其增值税专用发票不作为增值税抵扣凭证，其进项税额不得从销项税额中抵扣。

（八）农产品增值税进项税额核定方法（试点）（财税〔2012〕38 号）

自 2012 年 7 月 1 日起，以购进农产品为原料生产销售液体乳及乳制品、酒及酒精、植物油的增值税一般纳税人，纳入农产品增值税进项税额核定扣除试点范围，其购进农产品无论是否用于生产上述产品，增值税进项税额均按照《农产品增值税进项税额核定扣除试点实施办法》的规定抵扣。

二、简易计税方法

（一）简易计税方法应缴纳增值税计算公式（财税〔2016〕36 号）

简易计税方法的应纳税额是指按照销售额和增值税征收率计算的增值税税额，不得抵扣进项税额。应纳税额的计算公式为：

应纳税额＝销售额×征收率

简易计税方法的销售额不包括其应纳税额，纳税人采用销售额和应纳税额合并定价方法的，按照下列公式计算销售额：

销售额＝含税销售额÷(1＋征收率)

纳税人适用简易计税方法计税的，因销售折让、中止或者退回而退还给购买方的销售额，应当从当期销售额中扣减。扣减当期销售额后仍有余额造成多缴的税款，可以从以后的应纳税额中扣减。

【例2－27·单选题】（2013年注税）某食品厂为增值税小规模纳税人，2012年8月购进一批模具，取得的增值税普通发票注明金额4 000元；以赊销方式销售一批饼干，货已发出，开具了增值税普通发票，金额60 000元，截至当月底收到50 000元货款。当月该食品厂应缴纳增值税（　　）。

A. 776.3元

B. 1 067.57元

C. 1 456.31元

D. 1 747.57元

【答案】 D

【解析】 应缴纳的增值税＝60 000÷(1＋3%)×3%＝1 747.57（元）。

【特别提示】

增值税的计税方法归纳如表2－38所示。

表2－38

类型	适用范围	应纳税额
一般计税方法	一般纳税人	当期销项税额－当期进项税额
简易计税方法	小规模纳税人、一般纳税人（特定）	当期销售额（不含增值税）×征收率
扣缴计税方法	境外单位或个人在境内发生应税行为，在境内未设有经营机构的	应扣缴税额＝接受方支付的价款÷(1＋税率)×税率

（二）关于小规模纳税人的具体问题

1. 主管税务机关为小规模纳税人代开发票

小规模纳税人销售货物或提供应税劳务，可以申请由主管税务机关代开发票。

2. 小规模纳税人购进税控收款机的进项税额抵扣（财税〔2004〕167号）

增值税小规模纳税人购置税控收款机，经主管税务机关审核批准后，可凭购进税控收款机取得的增值税专用发票，按照发票上注明的增值税税额，抵免当期应纳税额，或者按照购进税控收款机取得的普通发票上注明的价款，依下列公式计算可抵免税额：

可抵免税额＝价款÷(1＋16%)×16%

当期应纳税额不足抵免的，未抵免部分可在下期继续抵免。

3. 小规模纳税人销售自己使用过的货物

小规模纳税人（除其他个人）销售自己使用过的固定资产，减按2%的征收率征收增值税（财税〔2009〕9号）。小规模纳税人销售自己使用过的固定资产和旧货，按下列公式确定销售额和应纳税额（国税函〔2009〕90号）：

销售额＝含税销售额÷(1＋3%)

应纳税额＝销售额×2%

小规模纳税人销售自己使用过的固定资产以外的物品，按3%的征收率征收增值税（财税〔2009〕9号），按下列公式计算销售额和应纳税额：

销售额＝含税销售额÷(1＋3%)

应纳税额＝销售额×3%

（三）营业税改征增值税试点小规模纳税人缴纳增值税相关政策（财税〔2016〕36号）

1. 按3%征收率

小规模纳税人跨县（市）提供建筑服务，应以取得的全部价款和价外费用扣除支付的分包款后的余额为销售额，按照3%的征收率计算应纳税额。

应纳税额＝计税销售额÷(1＋3%)×3%

【例2-28·计算题】 甲建筑公司为增值税小规模纳税人，2016年5月1日承接A工程项目，5月30日发包方按进度支付工程价款222万元，该项目当月发生的工程成本为100万元，其中取得增值税发票上注明的金额为50万元。甲建筑公司5月需缴纳多少增值税？

【答案及解析】 小规模纳税人适用简易计税方法，其进项税额不能抵扣。应纳税额＝销售额×征收率。该公司5月应缴纳的增值税＝222÷(1＋3%)×3%＝6.47（万元）。

2. 按5%征收率——小规模纳税人出售不动产（见表2-39）

表2-39

纳税人	不动产性质	计税依据
非房地产开发企业	销售取得的不动产（不含自建）	全部价款和价外费用减去该项不动产购置原价或取得不动产时的作价后的余额
	销售自建的不动产	全部价款和价外费用
房地产开发企业	销售开发项目	全部价款和价外费用
其他个人	销售其取得的不动产（不含购买住房）	全部价款和价外费用减去该项不动产购置原价或取得不动产时的作价后的余额

3. 按5%征收率——小规模纳税人出租不动产（财税〔2016〕36号）（见表2-40）

表2-40

纳税人	税务处理	计算公式
小规模纳税人出租其取得的不动产（不含个人出租住房）	按5%的征收率计算税额	税额＝租金收入÷(1+5%)×5%
其他个人出租其取得的不动产（非住房）	按5%的征收率计算税额	税额＝租金收入÷(1+5%)×5%

续前表

纳税人	税务处理	计算公式
个人出租住房	按5%的征收率减按1.5%计算税额	税额＝租金收入÷(1＋5%)×1.5%

【例2－29·单选题】 2016年7月，王某出租一处住房，预收半年租金48 000元，其应缴纳增值税（　　）。

A. 720元

B. 0

C. 685.71元

D. 2 285.71元

【答案】 C

【解析】 应缴纳的增值税＝48 000÷(1＋5%)×1.5%＝685.71（元）。

【特别提示】

归纳如表2－41所示。

表2－41

情形		征收率
建筑业	老项目、甲供、清包	3%
不动产	销售原有不动产、转让房地产老项目	5%
	出租原有不动产、原有不动产融资租赁合同、转让原有土地使用权	5%（个人住房：1.5%）
	收取试点前开工的一级公路、二级公路、桥、闸通行费	5%
	收取试点前开工的高速公路的车辆通行费	减按3%

（四）一般纳税人适用简易计税方法征收增值税的规定

1. 适用简易计税方法按3%的征收率减按2%征收

适用情况如下：

（1）一般纳税人销售自己使用过的按规定不得抵扣且未抵扣进项税额的固定资产。

（2）一般纳税人销售旧货。

计算公式为：

销售额＝含税销售额÷(1＋3%)

应纳税额＝销售额×2%

2. 暂适用简易计税方法按3%的征收率征收（财税〔2014〕57号）

一般纳税人销售货物属于下列情形之一的，暂适用简易计税方法按3%的征收率计算缴纳增值税：

（1）寄售商店代销寄售物品（包括居民个人寄售的物品在内）（财税〔2014〕57号）。

（2）典当业销售死当物品（财税〔2014〕57号）。

(3) 自2018年5月1日起，对进口抗癌药品，减按3%征收进口环节增值税。

抗癌药品是指经国家药品监督管理部门批准注册的抗癌制剂及原料药（财税〔2018〕47号）。

计算公式为：

销售额=含税销售额÷(1+3%)

应纳税额=销售额×3%

【特别提示】

上述寄售商店和典当业可自行开具增值税专用发票（国税函〔2009〕90号）。

3. 可选择适用简易计税方法按3%的征收率征收（财税〔2014〕57号）

(1) 一般纳税人销售自产的下列货物，可选择适用简易计税方法按3%的征收率计算缴纳增值税：

1) 县级及县级以下小型水力发电单位生产的电力。小型水力发电单位是指各类投资主体建设的装机容量为5万千瓦以下（含5万千瓦）的小型水力发电单位。

2) 建筑用和生产建筑材料所用的砂、土、石料。

3) 以自己采掘的砂、土、石料或其他矿物连续生产的砖、瓦、石灰（不含黏土实心砖、瓦）。

4) 用微生物、微生物代谢产物、动物毒素、人或动物的血液或组织制成的生物制品。

5) 自来水。

6) 商品混凝土（仅限于以水泥为原料生产的水泥混凝土）。

(2) 属于增值税一般纳税人的单采血浆站销售非临床用人体血液，可以适用简易计税方法按3%的征收率计算应纳税额，但不得对外开具增值税专用发票；也可以按照销项税额抵扣进项税额的办法依照增值税适用税率计算应纳税额（国税函〔2009〕456号）。

计算公式为：

销售额=含税销售额÷(1+3%)

应纳税额=销售额×3%

(3) 增值税一般纳税人的药品经营企业销售生物制品，可选择适用简易计税方法按照生物制品销售额和3%的征收率计算缴纳增值税（国家税务总局公告2012年第20号）。

计算公式为：

销售额=含税销售额÷(1+3%)

应纳税额=销售额×3%

(4) 对属于一般纳税人的自来水公司销售自来水适用简易计税方法按3%的征收率征收增值税，不得抵扣其购进自来水取得增值税扣税凭证上注明的增值税税款（财税〔2014〕57号）。

【特别提示】

提供物业管理服务的纳税人向服务接受方收取的自来水水费以扣除其对外支付的自来水水费后的余额为销售额，适用简易计税方法按3%的征收率征收增值税。

（5）非企业性单位中的一般纳税人提供的研发和技术服务、信息技术服务、鉴证咨询服务，以及销售技术、著作权等无形资产，可以选择适用简易计税方法按照3%的征收率计算缴纳增值税。

（6）一般纳税人提供教育辅助服务，可以选择适用简易计税方法按3%的征收率计算缴纳增值税（财税〔2016〕140号）。

（7）自2018年5月1日起，增值税一般纳税人生产销售和批发、零售抗癌药品，可选择适用简易计税方法按3%的征收率计算缴纳增值税。纳税人应单独核算抗癌药品的销售额。未单独核算的，不得适用简易征收政策（财税〔2018〕47号）。

【特别提示】

（1）、（4）项可自行开具增值税专用发票。

（1）～（3）、（7）项，一般纳税人选择适用简易计税方法计算缴纳增值税后，36个月内不得变更。

（五）营业税改征增值税中涉及一般纳税人适用简易计税方法征收增值税的规定（财税〔2016〕36号）

（1）公共交通运输服务可以选择适用简易计税方法，按3%的征收率计税。

【特别提示】

铁路客运服务不得选择适用简易计税方法。

（2）电影放映服务、仓储服务、装卸搬运服务、收派服务和文化体育服务，可以选择适用简易计税方法，按3%的征收率计税。

（3）以纳入营业税改征增值税试点之日前取得的有形动产为标的物提供的经营租赁服务，可以选择适用简易计税方法，按3%的征收率计税。

（4）在纳入营业税改征增值税试点之日前签订的尚未执行完毕的有形动产租赁合同，可以选择适用简易计税方法，按3%的征收率计税。

（5）建筑服务业。

1）一般纳税人以清包工方式提供的建筑服务，可以选择适用简易计税方法。实行一次备案制（国家税务总局公告2017年第43号），按全部价款和价外费用扣除分包款余额，适用3%的征收率。

以清包工方式提供建筑服务是指施工方不采购建筑工程所需的材料或只采购辅助材料，并收取人工费、管理费或者其他费用的建筑服务。

2）一般纳税人为甲供工程提供的建筑服务，可以选择适用简易计税方法，同上。甲供工程是指全部或部分设备、材料、动力由工程发包方自行采购的建筑工程。

3）一般纳税人为建筑工程老项目（2016年4月30日前）提供的建筑服务，

可以选择适用简易计税方法，同上。

4）一般纳税人跨县（市）提供建筑服务，选择适用简易计税方法的，应以取得的全部价款和价外费用扣除支付的分包款后的余额为销售额，按3%的征收率计算应纳税额。

5）2017年7月1日起，建筑工程总承包单位为房屋建筑的地基与基础、主体结构提供工程服务，建设单位自行采购全部或部分钢材、混凝土、砌体材料、预制构件的，适用简易计税方法。

6）2017年7月1日起，纳税人提供建筑服务取得预收款，应在收到预收款时，以取得的预收款扣除支付的分包款后的余额，按规定的预征率预缴增值税。适用一般计税方法的项目预征率为2%，适用简易计税方法的项目预征率为3%。

按照现行规定应在建筑服务发生地预缴增值税的项目，纳税人收到预收款时在建筑服务发生地预缴增值税。按照现行规定无须在建筑服务发生地预缴增值税的项目，纳税人收到预收款时在机构所在地预缴增值税（财税〔2017〕58号）。

（6）销售不动产。

1）一般纳税人（非房地产开发企业）销售其2016年4月30日前取得（不含自建）的不动产，可以选择适用简易计税方法，以取得的全部价款和价外费用减去该项不动产购置原价或者取得不动产时的作价后的余额为销售额，按5%的征收率计算应纳税额。

2）一般纳税人（非房地产开发企业）销售其2016年4月30日前自建的不动产，可以选择适用简易计税方法，以取得的全部价款和价外费用为销售额，按5%的征收率计算应纳税额。纳税人按上述方法在不动产所在地预缴税款后，向机构所在地主管税务机关进行纳税申报。

3）房地产开发企业中的一般纳税人，销售自行开发的房地产老项目，可以选择适用简易计税方法，按5%的征收率计税。一经选择适用简易计税方法，36个月内不得变更为一般计税方法。

4）房地产开发企业采取预收款方式销售所开发的房地产项目，在收到预收款时按3%的征收率预缴增值税。

5）纳税人以契税计税金额进行差额扣除的，按照下列公式计算增值税应纳税额：2016年4月30日及以前缴纳契税的，增值税应纳税额=[全部交易价格（含增值税）－契税计税金额（含营业税）]÷（1+5%）×5%；2016年5月1日及以后缴纳契税的，增值税应纳税额=[全部交易价格（含增值税）÷（1+5%）－契税计税金额（不含增值税）]×5%（国家税务总局公告2016年第73号）。

【特别提示】

上述第3）点中应纳税额=含税销售额÷（1+5%）×5%，且选择适用简易计税方法不得扣除土地价款，不得扣除进项税额。

（7）销售无形资产。

1）纳税人转让2016年4月30日前取得的土地使用权，可以选择适用简易计税方法，以取得的全部价款和价外费用减去取得该土地使用权的原价后的余额为销售额，按5%的征收率计算缴纳增值税。

纳税人以经营租赁方式将土地出租给他人使用，按照不动产经营租赁服务缴纳增值税（财税〔2016〕47号）。

(8) 不动产经营租赁服务。

1）一般纳税人出租其2016年4月30日前取得的不动产，可以选择适用简易计税方法，按5%的征收率计算应纳税额。

2）公路经营企业中的一般纳税人收取试点前开工（2016年4月30日前）的高速公路的车辆通行费，可以选择适用简易计税方法，减按3%的征收率计算应纳税额。

3）一般纳税人出租其2016年5月1日后取得的与机构所在地不在同一县（市）的不动产，应按3%的预征率在不动产所在地预缴税款。

(9) 不动产融资租赁服务（国家税务总局公告2016年第16号）。一般纳税人2016年4月30日前签订的不动产融资租赁合同，或以2016年4月30日前取得的不动产提供的融资租赁服务，可以选择适用简易计税方法，按5%的征收率计算缴纳增值税。

(10) 一般纳税人收取试点前开工的一级公路、二级公路、桥、闸通行费，可以选择适用简易计税方法，按5%的征收率计算缴纳增值税（财税〔2016〕47号）。

(11) 一般纳税人提供劳务派遣服务，可以取得的全部价款和价外费用为销售额，适用一般计税方法计算缴纳增值税；也可以选择差额纳税，以取得的全部价款和价外费用，扣除代用工单位支付给劳务派遣员工的工资、福利和为其办理社会保险及住房公积金后的余额为销售额，适用简易计税方法，按5%的征收率计算缴纳增值税（财税〔2016〕47号）。

(12) 一般纳税人提供人力资源外包服务，可以选择适用简易计税方法，按5%的征收率计算缴纳增值税（财税〔2016〕47号）。

(13) 一般纳税人销售电梯的同时提供安装服务，其安装服务可以按照甲供工程选择适用简易计税方法（国家税务总局公告2017年第11号）。

(14) 一般纳税人销售自产（外购）机器设备的同时提供安装服务，应分别核算各自的销售额，安装服务可按甲供工程适用简易计税方法（国家税务总局公告2018年第42号）。

【特别提示】

以上内容归纳如表2-42所示。

表2-42

销售电梯（包括购进和自产）的同时提供安装服务	销售电梯：16%
	安装：可选简易，3%
维修保养服务	不按建筑服务缴纳10%，而是按其他现代服务缴纳6%

现按行业对营业税改征增值税中一般纳税人适用简易计税方法征收的情形进行归纳，如表2-43所示。

表2-43

<table>
<tr><th>征税范围</th><th colspan="2">具体情形</th><th>征收率</th></tr>
<tr><td>交通运输业</td><td colspan="2">公共交通运输服务</td><td>3%</td></tr>
<tr><td rowspan="4">建筑服务业</td><td colspan="2">以清包工方式提供的建筑服务</td><td rowspan="4">3%</td></tr>
<tr><td colspan="2">为甲供工程提供的建筑服务</td></tr>
<tr><td colspan="2">为建筑工程老项目（2016年4月30日前）提供的建筑服务</td></tr>
<tr><td colspan="2">跨县（市）提供建筑服务</td></tr>
<tr><td rowspan="9">现代服务业</td><td rowspan="5">经营租赁服务</td><td>以纳入营业税改征增值税试点之日前取得的有形动产为标的物提供的经营租赁服务</td><td rowspan="2">3%</td></tr>
<tr><td>纳入营业税改征增值税试点之日前签订的尚未执行完毕的有形动产租赁合同</td></tr>
<tr><td>出租2016年4月30日前取得的不动产</td><td>5%</td></tr>
<tr><td>公路经营企业中收取试点前开工（2016年4月30日前）的高速公路的车辆通行费</td><td>3%</td></tr>
<tr><td>收取试点前开工的一级公路、二级公路、桥、闸通行费</td><td>5%</td></tr>
<tr><td>融资租赁服务</td><td>2016年4月30日前签订的不动产融资租赁合同，或以2016年4月30日前取得的不动产提供的融资租赁服务</td><td>5%</td></tr>
<tr><td>商务辅助服务</td><td>劳务派遣服务、人力资源外包服务</td><td>5%</td></tr>
<tr><td>物流辅助服务</td><td>仓储服务、装卸搬运服务、收派服务</td><td>3%</td></tr>
<tr><td>广播影视服务</td><td>电影放映服务</td><td>3%</td></tr>
<tr><td>生活服务业</td><td colspan="2">文化体育服务</td><td>3%</td></tr>
<tr><td rowspan="3">销售不动产</td><td colspan="2">销售2016年4月30日前取得（不含自建）的不动产</td><td rowspan="3">5%</td></tr>
<tr><td colspan="2">销售2016年4月30日前自建的不动产</td></tr>
<tr><td colspan="2">房地产开发企业销售自行开发的房地产老项目</td></tr>
<tr><td>销售无形资产</td><td colspan="2">转让2016年4月30日前取得的土地使用权</td><td>5%</td></tr>
</table>

【例2-30·多选题】（2017年注会）增值税一般纳税人可以选择增值税简易计税方法计税的有（　　）。

A. 提供文化体育服务

B. 提供装卸搬运服务

C. 提供公共交通运输服务

D. 提供税务咨询服务

【答案】ABC

【解析】选项A，B，C一般纳税人可以选择适用简易计税方法。

【例 2-31·多选题】（2017 年注会）下列应税货物或应税服务中，纳税人可以选择增值税简易计税方法计税的有（ ）

A. 典当业销售死当物品

B. 自来水公司销售自来水

C. 商业银行提供贷款服务

D. 为甲供工程提供的建筑服务

【答案】ABD

【解析】银行提供贷款服务按期计收利息的，结息日当日计收的全部利息收入，均应计入结息日所属期的销售额，按照现行规定计算缴纳增值税。银行贷款服务不能选择适用简易计税方法。

【例 2-32·计算题】 甲建筑公司为增值税一般纳税人，2016 年 4 月 1 日承接 A 工程项目（建筑工程施工许可证上注明的合同开工日期为 4 月 10 日），并将 A 项目中的部分施工项目分包给乙公司。5 月 30 日发包方按进度支付工程价款 222 万元。5 月甲公司支付给乙公司工程分包款 50 万元。对 A 工程项目甲建筑公司选择适用简易计税方法计算应纳税额，5 月需缴纳多少增值税？

【答案及解析】建筑工程施工许可证上注明的合同开工日期在 2016 年 4 月 30 日前的建筑工程项目为建筑工程老项目，可以选择适用简易计税方法，以取得的全部价款和价外费用扣除支付的分包款后的余额为销售额。该公司 5 月应缴纳的增值税＝(222－50)÷(1＋3％)×3％＝5.01（万元）。

（六）一般纳税人销售自己使用过的固定资产

（1）一般纳税人销售自己使用过的固定资产的增值税政策。自 2014 年 7 月 1 日起，增值税一般纳税人销售自己使用过的固定资产，属于以下两种情形的，可适用简易计税方法按 3％的征收率减按 2％征收增值税，同时不得开具增值税专用发票（国家税务总局公告 2012 年第 1 号、国家税务总局公告 2014 年第 36 号）。

1）纳税人购进或者自制固定资产时为小规模纳税人，认定为一般纳税人后销售该固定资产。

2）增值税一般纳税人发生适用简易计税方法征收增值税应税行为，销售其按照规定不得抵扣且未抵扣进项税额的固定资产。

计算公式为：

销售额＝含税销售额÷(1＋3％)

应纳税额＝销售额×2％

【例 2-33·单选题】（2013 年注税改）某企业为增值税一般纳税人，2015 年 11 月进行设备的更新换代，将一台旧设备出售，收取价款 20 万元，该设备系 2009 年购进，购进时该企业为小规模纳税人。该企业销售旧设备应缴纳增值税（ ）。

A. 0.39 万元

B. 0.4 万元

C. 2.91万元

D. 3.4万元

【答案】A

【解析】该企业销售旧设备应缴纳的增值税＝20÷(1＋3%)×2%＝0.39(万元)。

【特别提示】

一般纳税人销售自己使用过的固定资产以外的物品，应当按照适用税率征收增值税（财税〔2009〕9号）。

(2) 自2009年1月1日起，纳税人销售自己使用过的固定资产，应区分不同情形征收增值税（财税〔2008〕170号、财税〔2014〕57号）：

1）销售自己使用过的2009年1月1日以后购进或者自制的固定资产，按照适用税率征收增值税。

2）2008年12月31日以前未纳入扩大增值税抵扣范围试点的纳税人，销售自己使用过的2008年12月31日以前购进或者自制的固定资产，在2014年7月1日前按4%的征收率减半征收增值税（财税〔2008〕170号），自2014年7月1日起按3%的征收率减按2%征收增值税（财税〔2014〕57号）。

(3) 根据国家税务总局公告2015年第90号的规定，自2016年2月1日起，纳税人销售自己使用过的固定资产，适用简易计税方法按3%的征收率减按2%征收增值税政策的，可以放弃减税，适用简易计税方法按3%的征收率缴纳增值税，并可以开具增值税专用发票。

上述使用过的固定资产是指纳税人根据财务会计制度已经计提折旧的固定资产。此部分内容总结如表2-44所示。

表2-44

销售自己使用过的固定资产	税务处理	计算公式
销售2008年12月31日前购进或自制的固定资产（不得抵扣进项税额）	适用简易计税方法：按4%的征收率减半征收增值税（2014年7月1日前）	增值税＝售价÷(1＋4%)×4%÷2
	适用简易计税方法：按3%的征收率减按2%征收增值税（自2014年7月1日起）	增值税＝售价÷(1＋3%)×2%
销售2009年1月1日后购进或自制的固定资产	按正常销售货物适用税率征收增值税 【提示】该固定资产的进项税额在购进当期已抵扣	增值税＝售价÷(1＋16%)×16%

(4) 纳税人已抵扣进项税额的固定资产用于不得从销项税额中抵扣进项税额项目的，应在当月按下列公式计算不得抵扣的进项税额（财税〔2008〕170号）：

不得抵扣的进项税额＝固定资产净值×适用税率

上述固定资产净值是指纳税人按照财务会计制度计提折旧后计算的固定资产净值。

(5) 纳税人发生固定资产视同销售行为，对使用过的固定资产无法确定销售额的，以固定资产净值为销售额（财税〔2008〕170 号）。

三、进口货物应纳税额的计算（国务院令第 538 号）

（一）进口货物征税的纳税人

进口货物的纳税人是进口货物的收货人或办理报关手续的单位和个人。对于代理进口货物，以海关开具的完税凭证上的纳税人为增值税纳税人（国税函发〔1995〕288 号）。

（二）进口货物的征税范围

申报进入中华人民共和国海关境内的货物，均应缴纳增值税。

（三）进口货物的适用税率

进口货物增值税税率与增值税一般纳税人在国内销售同类货物的税率相同。

（四）进口货物应纳税额的计算

纳税人进口货物，按照组成计税价格和规定的税率计算应纳税额。组成计税价格和应纳税额的计算公式为：

组成计税价格＝关税完税价格＋关税＋消费税

应纳税额＝组成计税价格×税率

【特别提示】

(1) 在进口环节计算的应缴纳增值税不能抵扣任何境外税款。

(2) 进口货物的增值税税率为 16%和 10%，不适用征收率。

(3) 货物进口环节海关代征的增值税会构成一般纳税人货物销售环节的进项税额（见图 2－2）。

图 2－2　进口货物纳税情况

【例 2－34・计算题】（2014 年注会改）位于县城的某石油企业为增值税一般纳税人，20×4 年 3 月发生以下业务：

(1) 进口原油 5 000 吨，支付买家 2 000 万元。运抵我国境内运输地点起卸前运输费用为 60 万元，保险费无法确定。

（2）开采石油9 000吨，其中当月销售6 000吨，取得不含税销售收入2 700万元，同时从购买方取得延期付款利息3.51万元，取得运输业增值税专用发票，注明运费9.9万元，税额0.99万元。

（其他相关资料：假定原油的资源税税率为10%，进口关税税率为1%，相关票据已经通过主管税务机关的比对认证。）

要求：根据上述材料，计算回答下列问题，如有计算需计算出合计数。

（1）计算当月进口原油应缴纳的关税。

（2）计算当月进口原油应缴纳的增值税。

（3）计算当月销售原油的增值税销项税额。

（4）计算当月向税务机关缴纳的增值税。

【答案及解析】

（1）当月进口原油应缴纳的关税＝(2 000＋60)×(1＋3‰)×1%＝20.66（万元）。

（2）当月进口原油应缴纳的增值税＝(2 000＋60)×(1＋3‰)×(1＋1%)×16%＝333.89（万元）。

（3）当月销售原油的增值税销项税额＝(2 700＋3.51÷1.16)×16%＝432.48（万元）。

（4）当月向税务机关缴纳的增值税＝432.48－333.89－0.99＝97.6（万元）。

第八节　特定企业（或交易行为）的增值税政策

一、成品油零售加油站增值税规定

（一）一般纳税人的认定

对从事成品油销售的加油站，一律按增值税一般纳税人征税（国税函〔2001〕882号）。

（二）应税销售额的确定（国家税务总局令第2号）

（1）加油站应税销售额包括当月成品油应税销售额和其他应税货物及劳务的销售额。其中成品油应税销售额的计算公式为：

$$\text{成品油应税销售额}=\left(\text{当月全部成品油销售数量}-\text{允许扣除的成品油数量}\right)\times\text{油品单价}$$

（2）加油站通过加油机加注成品油属于以下情形的，允许在当月成品油销售数量中扣除：

1）经主管税务机关确定的加油站自有车辆自用油。

2）外单位购买的、利用加油站的油库存放的代储油。加油站发生代储油业务时，应凭委托代储协议及委托方购油发票复印件向主管税务机关申报备案。

3）加油站本身倒库油。加油站发生成品油倒库业务时，需要提前向主管税务机关报告说明，由主管税务机关派专人实地审核监控。

4）加油站检测用油（回罐油）。

（3）加油站无论以何种结算方式（如收取现金、支票、汇票、加油凭证（簿）、加油卡等）收取售油款，均应征收增值税。加油站销售成品油必须按不同品种分别核算，准确计算应税销售额。加油站以收取加油凭证（簿）、加油卡方式销售成品油，不得向用户开具增值税专用发票。

（4）发售加油卡、加油凭证销售成品油的纳税人（称预售单位）在售卖加油卡、加油凭证时，应按预收账款方法作相关账务处理，不征收增值税。

【例2-35·单选题】（2013年注税改）20×2年12月，某加油站通过加油机销售成品汽油694 000升，其中经主管税务机关确定的加油站自用油罐车用油300升，倒库用油250升，当月销售加油卡20万元，购进汽油取得的增值税专用发票上注明价款300万元、税款48万元。当月汽油零售价为7.8元/升。该加油站当月应缴纳增值税（　　）。

A. 26.61万元

B. 27.59万元

C. 30.99万元

D. 40.95万元

【答案】 A

【解析】 加油站自有车辆自用油、倒库油不征收增值税；售卖加油卡、加油凭证时，按预收款作相关账务处理，不征收增值税。该加油站当月应缴纳的增值税＝(694 000－300－250)×7.8÷(1＋16％)×16％÷10 000－48＝26.61(万元)。

(三)征收方式(国家税务总局令第2号)

采取统一配送成品油方式设立的非独立核算的加油站,在同一县市的,由总机构汇总缴纳增值税。在同一省内跨县市经营的,是否汇总缴纳增值税,由省级税务机关确定。跨省经营的,是否汇总缴纳增值税,由国家税务总局确定。

对统一核算且经税务机关批准汇总缴纳增值税的成品油销售单位跨县市调配成品油的,不征收增值税。

二、电力产品征收增值税的具体规定

(一)电力产品增值税的基本规定(国家税务总局令第10号)

生产、销售电力产品的单位和个人为电力产品增值税纳税人,并按规定缴纳增值税。

电力产品增值税的计税销售额为纳税人销售电力产品向购买方收取的全部价款和价外费用,但不包括收取的销项税额。供电企业收取的电费保证金,凡逾期(超过合同约定时间)未退还的,一律并入价外费用缴纳增值税。

电力公司向发电企业收取的过网费，应当征收增值税（国税函〔2004〕607号）。

(二)电力产品增值税的征收办法(国家税务总局令第10号)

(1)发电企业(电厂、电站、机组，下同)生产销售的电力产品，按照以下规定计算缴纳增值税：

1)独立核算的发电企业生产销售电力产品，按照现行增值税有关规定向其机构所在地主管税务机关申报纳税；具有一般纳税人资格或具备一般纳税人核算条件的非独立核算的发电企业生产销售电力产品，按照增值税一般纳税人的计算方法计算增值税，并向其机构所在地主管税务机关申报纳税。

2)不具有一般纳税人资格且不具有一般纳税人核算条件的非独立核算的发电企业生产销售的电力产品，由发电企业按上网电量，依核定的定额税率计算发电环节的预缴增值税，且不得抵扣进项税额，向发电企业所在地主管税务机关申报纳税。计算公式为：

预征税额＝上网电量×核定的定额税率

(2)供电企业销售电力产品，实行在供电环节预征、由独立核算的供电企业统一结算的办法缴纳增值税，具体办法如下：

1)独立核算的供电企业所属的区县级供电企业，凡能够核算销售额的，依核定的预征率计算供电环节的增值税，不得抵扣进项税额，向其所在地主管税务机关申报纳税；不能核算销售额的，由上一级供电企业预缴供电环节的增值税。计算公式为：

预征税额＝销售额×核定的预征率

2)供电企业随同电力产品销售取得的各种价外费用一律在预征环节依照电力产品适用的增值税税率征收增值税，不得抵扣进项税额。

(3)实行预缴方式缴纳增值税的发、供电企业按照隶属关系由独立核算的发、供电企业结算缴纳增值税，具体办法为：

1)独立核算的发、供电企业月末依据其全部销售额和进项税额，计算当期增值税应纳税额，并根据发电环节或供电环节预缴增值税税额，计算应补（退）税额，向其所在地主管税务机关申报纳税。计算公式为：

应纳税额＝销项税额－进项税额

应补（退）税额＝应纳税额－发（供）电环节预缴增值税税额

2)独立核算的发、供电企业当期销项税额小于进项税额不足抵扣，或应纳税额小于发、供电环节预缴增值税税额形成多缴增值税时，其不足抵扣部分和多缴增值税税额可结转下期抵扣或抵减下期应纳税额。

(4)实行预缴方式缴纳增值税的发、供电企业，销售电力产品取得的未并入上级独立核算发、供电企业统一核算的销售收入，应单独核算并按增值税的有关规定就地申报缴纳增值税。上述内容总结如表2-45所示。

表 2-45

纳税人情况		征税方法	
		地点	具体方法
发电企业	独立核算	机构所在地	增值税一般纳税人的计算方法
	非独立核算，但具有一般纳税人资格或核算条件		
	非独立核算，不具有一般纳税人资格或核算条件	发电企业所在地	预缴且不得抵扣进项税额：预征税额＝上网电量×核定的定额税率
			月末按照隶属关系由独立核算的发电企业结算缴纳增值税（上级结算）：应纳税额＝销项税额－进项税额，应补（退）税额＝应纳税额－发电环节预缴增值税税额
供电企业	在供电环节预征、由独立核算供电企业统一结算	供电企业所在地	预缴且不得抵扣进项税额：预征税额＝销售额×核定的预征率
			月末按照隶属关系由独立核算的供电企业结算缴纳增值税：应纳税额＝销项税额－进项税额，应补（退）税额＝应纳税额－供电环节预缴增值税税额

（三）发、供电企业销售电力产品的纳税义务发生时间（国家税务总局令第10号）

（1）发电企业和其他企事业单位销售电力产品的纳税义务发生时间为电力上网并开具确认单据的当天。

（2）供电企业采取直接收取电费结算方式的，销售对象属于企事业单位，为开具发票的当天；属于居民个人，为开具电费缴纳凭证的当天。

（3）供电企业采取预收电费结算方式的，为发行电量的当天。

（4）发、供电企业将电力产品用于非应税项目、集体福利、个人消费的，为发出电量的当天。

（5）发、供电企业之间互供电力的，为双方核对计数量，开具抄表确认单据的当天。

（6）发、供电企业销售电力产品以外其他货物的，其纳税义务发生时间按《增值税暂行条例》及其实施细则的有关规定执行。

三、转让不动产增值税征收管理（国家税务总局公告2016年第14号）

（一）适用范围

不动产包括以直接购买、接受捐赠、接受投资入股、自建以及抵债等各种方式取得的不动产。

房地产开发企业销售自行开发的房地产项目不适用本部分内容。

（二）计税方法及应纳税额计算

1. 一般纳税人

（1）一般纳税人转让其2016年4月30日前取得的自建和非自建项目的不动产，可以选择适用简易计税方法。

1）非自建项目：以取得的全部价款和价外费用扣除不动产购置原价或者取得不动产时的作价后的余额为销售额，按5%计算税额向不动产所在地主管地税机关预缴税款。

2）自建项目：以取得的全部价款和价外费用为销售额，按5%计算税额向不动产所在地主管地税机关预缴税款。

简易计税方法在不同税务机关的处理归纳为表2-46。

表2-46

项目性质	地税预缴	国税申报
非自建项目	增值税=转让差额÷(1+5%)×5%	与地税预缴相同
自建项目	增值税=出售全价÷(1+5%)×5%	与地税预缴相同

注意：转让差额等于取得的全部价款和价外费用扣除不动产购置原价或者取得不动产时的作价（以下相同）。

（2）一般纳税人转让其2016年4月30日前取得的自建和非自建的不动产，可以选择适用一般计税方法。

（3）一般纳税人转让其2016年5月1日后取得的自建和非自建的不动产，适用一般计税方法。

【特别提示】

（2）（3）的处理相同：

第一，非自建项目：以取得的全部价款和价外费用为销售额计算应纳税额。纳税人应以取得的全部价款和价外费用扣除不动产购置原价或者取得不动产时的作价后的余额，按5%的预征率向不动产所在地主管地税机关预缴税款。

第二，自建项目：以取得的全部价款和价外费用为销售额计算应纳税额。纳税人应以取得的全部价款和价外费用，按5%的预征率向不动产所在地主管地税机关预缴税款。

一般计税方法在不同税务机关的处理归纳为表2-47。

表2-47

项目性质	地税预缴	国税申报
非自建项目	增值税=转让差额÷(1+5%)×5%	增值税=出售全价÷(1+10%)×10%−进项税额−预缴税款
自建项目	增值税=出售全价÷(1+5%)×5%	增值税=出售全价÷(1+10%)×10%−进项税额−预缴税款

2. 小规模纳税人转让不动产（其他个人转让住房除外）的计税方法

小规模纳税人转让其取得的自建和非自建的不动产，均按照5%的征收率计算应纳税额。具体处理如表2-48所示。

表 2-48

项目性质	地税预缴（不动产所在地）	国税申报（机构所在地）
非自建项目	增值税＝转让差额÷(1+5%)×5%	与地税预缴相同
自建项目	增值税＝出售全价÷(1+5%)×5%	与地税预缴相同

3. 其他个人（自然人）转让其购买的住房

其他个人转让不动产的税务处理如表 2-49 所示。

表 2-49

项目性质	应纳税额	纳税申报
差额缴纳（北上广深地区 2 年及以上转让非普通住宅）	增值税＝转让差额÷(1+5%)×5%	住房所在地主管税务机关
全额缴纳（2 年以内转让）	增值税＝出售全价÷(1+5%)×5%	

(三) 扣减税款的凭证要求

纳税人按规定从取得的全部价款和价外费用中扣除不动产购置原价或者取得不动产时的作价的，应当取得符合法律、行政法规和国家税务总局规定的合法有效凭证。否则，不得扣除。

上述凭证是指：

(1) 税务部门监制的发票。

(2) 法院判决书、裁定书、调解书，以及仲裁裁决书、公证债权文书。

(3) 国家税务总局规定的其他凭证。

(四) 发票的开具

(1) 小规模纳税人转让其取得的不动产，不能自行开具增值税发票的，可向不动产所在地主管地税机关申请代开。

(2) 纳税人向其他个人转让其取得的不动产，不得开具或申请代开增值税专用发票。

(五) 其他问题

纳税人转让其取得的不动产，向不动产所在地主管地税机关预缴的增值税税款，可以在当期增值税应纳税额中抵减，抵减不完的，结转下期继续抵减。

纳税人转让不动产，按照规定应向不动产所在地主管地税机关预缴税款而自应当预缴之月起超过 6 个月没有预缴税款的，由机构所在地主管国税机关按照《税收征收管理法》及相关规定进行处理。

纳税人转让不动产，未按照规定缴纳税款的，由主管税务机关按照《税收征收管理法》及相关规定进行处理。纳税人以预缴税款抵减应纳税额，应以完税凭证作为合法有效凭证。

上述内容归纳如表2-50所示。

表2-50

可差额纳税的情形	一般纳税人转让其2016年4月30日前取得（不含自建）的不动产，选择适用简易计税方法
	小规模纳税人转让其取得（不含自建）的不动产
差额计税	以取得的全部价款和价外费用扣除不动产购置原价或者取得不动产时的作价后的余额为销售额
确定差额的依据	发票
	以契税计税金额进行差额扣除

以契税计税金额进行差额扣除时增值税应纳税额的计算如表2-51所示。

表2-51

时间	增值税应纳税额
2016年4月30日及以前	（全部交易价格（含增值税）－契税计税金额（含营业税））÷1.05×5%
2016年5月1日及以后	（全部交易价格（含增值税）÷1.05－契税计税金额（不含增值税））×5%

四、提供不动产经营租赁服务增值税征收管理（国家税务总局公告2016年第16号）

（一）适用范围

适用于纳税人以经营租赁方式出租其取得的不动产（简称出租不动产）。取得的不动产包括以直接购买、接受捐赠、接受投资入股、自建以及抵债等各种方式取得的不动产。

不适用于纳税人提供道路通行服务。

（二）计税方法和应缴纳增值税计算

1. 一般纳税人出租不动产

（1）一般纳税人出租其2016年4月30日前取得的不动产，可以选择适用简易计税方法，按照5%的征收率计算应纳税额。

不动产所在地与机构所在地不在同一县（市、区）的，纳税人应按照上述计税方法向不动产所在地主管国税机关预缴税款，向机构所在地主管国税机关申报纳税。

不动产所在地与机构所在地在同一县（市、区）的，纳税人向机构所在地主管国税机关申报纳税。

(2) 一般纳税人出租其 2016 年 5 月 1 日后取得的不动产，适用一般计税方法。

不动产所在地与机构所在地不在同一县（市、区）的，纳税人应按照 3%的预征率向不动产所在地主管国税机关预缴税款，向机构所在地主管国税机关申报纳税。

不动产所在地与机构所在地在同一县（市、区）的，纳税人应向机构所在地主管国税机关申报纳税。

一般纳税人出租其 2016 年 4 月 30 日前取得的不动产适用一般计税方法的，按照上述规定执行。

一般纳税人的计税方法归纳如表 2-52 所示。

表 2-52

计税方法	国税预缴	国税申报
简易	增值税=含税销售额÷(1+5%)×5%	与国税预缴相同
一般	增值税=含税销售额÷(1+10%)×3%	增值税=含税销售额÷(1+10%)×10%-进项税额-预缴税款

2. 小规模纳税人出租不动产

(1) 单位和个体工商户出租不动产（不含个体工商户出租住房），按 5%的征收率计算应纳税额。个体工商户出租住房，按 5%的征收率减按 1.5%计算应纳税额。

不动产所在地与机构所在地不在同一县（市、区）的，纳税人应按照上述计税方法向不动产所在地主管国税机关预缴税款，向机构所在地主管国税机关申报纳税。

不动产所在地与机构所在地在同一县（市、区）的，纳税人应向机构所在地主管国税机关申报纳税。

(2) 其他个人出租不动产（不含住房），按 5%的征收率计算应纳税额，向不动产所在地主管地税机关申报纳税。

其他个人出租住房，按 5%的征收率减按 1.5%计算应纳税额，向不动产所在地主管地税机关申报纳税。

其他个人（自然人）的简易计税方法归纳如表 2-53 所示。

表 2-53

项目	税务处理	预缴	纳税申报
出租住房	按 5%减按 1.5%	无须预缴	租金÷1.05×1.5% 不动产所在地，地税
出租不动产（不含住房）	5%	无须预缴	租金÷1.05×5% 不动产所在地，地税

单位和个体工商户的简易计税方法归纳如表 2-54 所示。

表2-54

项目	个体户出租住房	出租不动产（不含个体户出租住房）
应纳税额	租金÷1.05×1.5%	租金÷1.05×5%
预缴税额	租金÷1.05×1.5%	租金÷1.05×5%
预缴地点	不动产所在地，国税	
申报	机构所在地，国税	

（三）预缴与申报

（1）纳税人出租不动产适用一般计税方法的，按照以下公式计算应预缴税款：

应预缴税款＝含税销售额÷(1＋10%)×3%

（2）纳税人出租不动产适用简易计税方法的，除了个人出租住房，按照以下公式计算应预缴税款：

应预缴税款＝含税销售额÷(1＋5%)×5%

（3）个体工商户出租住房，按照以下公式计算应预缴税款：

应预缴税款＝含税销售额÷(1＋5%)×1.5%

（4）其他个人出租不动产，按照以下公式计算应纳税款：

1）出租住房：

应纳税款＝含税销售额÷(1＋5%)×1.5%

2）出租非住房：

应纳税款＝含税销售额÷(1＋5%)×5%

单位和个体工商户出租不动产，按照规定向不动产所在地主管国税机关预缴税款时，应填写增值税预缴税款表。

单位和个体工商户出租不动产，向不动产所在地主管国税机关预缴的增值税款，可以在当期增值税应纳税额中抵减，抵减不完的，结转下期继续抵减。

纳税人以预缴税款抵减应纳税额，应以完税凭证作为合法有效凭证。

（四）发票的开具

小规模纳税人中的单位和个体工商户出租不动产，不能自行开具增值税发票的，可向不动产所在地主管国税机关申请代开增值税发票。

其他个人出租不动产，可向不动产所在地主管地税机关申请代开增值税发票。

纳税人向其他个人出租不动产，不得开具或申请代开增值税专用发票。

其他个人委托房屋中介、住房租赁企业等单位出租不动产，需要向承租方开具增值税发票的，可以由受托单位代其向主管地税机关按规定申请代开增值税发票（国家税务总局公告 2017 年第 30 号）。

（五）其他问题

纳税人出租不动产，按照规定应向不动产所在地主管国税机关预缴税款而自应当预缴之月起超过 6 个月没有预缴税款的，由机构所在地主管国税机关按照《税收征收管理法》及相关规定进行处理。

纳税人出租不动产，未按照规定缴纳税款的，由主管税务机关按照《税收征收管理法》及相关规定进行处理。

五、房地产开发企业销售自行开发的房地产项目增值税征收管理（国家税务总局公告 2016 年第 18 号）

根据《关于全面推开营业税改征增值税试点的通知》（财税〔2016〕36 号）及现行增值税有关规定，自 2016 年 5 月 1 日起，房地产开发企业销售自行开发的房地产项目执行以下规定。

（一）适用范围

适用范围为房地产开发企业销售自行开发的房地产项目。

自行开发是指在依法取得土地使用权的土地上进行基础设施和房屋建设。

房地产开发企业以接盘等形式购入未完工的房地产项目继续开发后，以自己的名义立项销售的，属于销售自行开发的房地产项目。

（二）一般纳税人征收管理

1. 销售额

房地产开发企业中的一般纳税人销售自行开发的房地产项目，适用一般计税方法，按照取得的全部价款和价外费用，扣除当期销售房地产项目对应的土地价款后的余额计算销售额。公式如下：

$$\text{销售额}=(\text{全部价款和价外费用}-\text{当期允许扣除的土地价款})\div(1+10\%)$$

当期允许扣除的土地价款按照以下公式计算：

$$\begin{matrix}\text{当期允许扣除的}\\\text{土地价款}\end{matrix}=\left(\begin{matrix}\text{当期销售房地产}\\\text{项目建筑面积}\end{matrix}\div\begin{matrix}\text{房地产项目可供}\\\text{销售建筑面积}\end{matrix}\right)\times\begin{matrix}\text{支付的}\\\text{土地价款}\end{matrix}$$

当期销售房地产项目建筑面积是指当期进行纳税申报的增值税销售额对应的建筑面积。

房地产项目可供销售建筑面积是指房地产项目可以出售的总建筑面积，不包括销售房地产项目时未单独作价结算的配套公共设施的建筑面积。

支付的土地价款是指向政府、土地管理部门或受政府委托收取土地价款的单位直接支付的土地价款。包括土地受让人向政府部门支付的征地和拆迁补偿费用、土地前期开发费用和土地出让收益等（财税〔2016〕140号）。

在计算销售额时从全部价款和价外费用中扣除土地价款，应当取得省级以上（含省级）财政部门监（印）制的财政票据。

一般纳税人应建立台账以登记土地价款的扣除情况，扣除的土地价款不得超过纳税人实际支付的土地价款。

一般纳税人销售自行开发的房地产老项目，可以选择适用简易计税方法按5%的征收率计税。一经选择简易计税方法，36个月内不得变更为一般计税方法。

一般纳税人销售自行开发的房地产老项目适用简易计税方法的，以取得的全部价款和价外费用为销售额，不得扣除对应的土地价款。

2. 预缴税款

一般纳税人采取预收款方式销售自行开发的房地产项目，应在收到预收款时按3%的预征率预缴增值税。

应预缴税款按照以下公式计算：

$$应预缴税款=预收款\div(1+适用税率或征收率)\times3\%$$

适用一般计税方法的，按10%的适用税率计算；适用简易计税方法的，按5%的征收率计算。

一般纳税人应在取得预收款的次月纳税申报期向主管国税机关预缴税款。

3. 进项税额

一般纳税人销售自行开发的房地产项目，兼有一般计税方法、简易计税方法、免征增值税的房地产项目而无法划分不得抵扣的进项税额的，应以建筑工程施工许可证注明的"建设规模"为依据进行划分。

$$\frac{不得抵扣的}{进项税额}=\frac{当期无法划分的}{全部进项税额}\times\left(\frac{简易计税、免税房地产}{项目建设规模}\div\frac{房地产项目}{总建设规模}\right)$$

4. 纳税申报

一般纳税人销售自行开发的房地产项目适用一般计税方法的，应按照《营业税改征增值税试点实施办法》第四十五条规定的纳税义务发生时间，以当期销售额和10%的适用税率计算当期应纳税额，抵减已预缴税款后，向主管国税机关申报纳税。未抵减完的预缴税款可以结转下期继续抵减。

一般纳税人销售自行开发的房地产项目适用简易计税方法的，应按照《营业税改征增值税试点实施办法》第四十五条规定的纳税义务发生时间，以当期销售额和5%的征收率计算当期应纳税额，抵减已预缴税款后，向主管国税机关申报纳税。未抵减完的预缴税款可以结转下期继续抵减。

5. 发票开具

一般纳税人销售自行开发的房地产项目，自行开具增值税发票。

一般纳税人销售自行开发的房地产项目，其2016年4月30日前收取并已向主管地税机关申报缴纳营业税的预收款，未开具营业税发票的，可以开具增值税普通发票，不得开具增值税专用发票。

一般纳税人向其他个人销售自行开发的房地产项目，不得开具增值税专用发票。

（三）小规模纳税人征收管理

1. 预缴税款

房地产开发企业中的小规模纳税人采取预收款方式销售自行开发的房地产项目，应在收到预收款时按 3%的预征率预缴增值税。

应预缴税款按照以下公式计算：

应预缴税款=预收款÷(1+5%)×3%

小规模纳税人应在取得预收款的次月纳税申报期或主管国税机关核定的纳税期限向主管国税机关预缴税款。

【特别提示】

房地产开发企业中的小规模纳税人销售自行开发的房地产项目（无论是新项目还是老项目），按 5%的征收率计算应纳税额。

2. 纳税申报

小规模纳税人销售自行开发的房地产项目，应按照《营业税改征增值税试点实施办法》第四十五条规定的纳税义务发生时间，以当期销售额和 5%的征收率计算当期应纳税额，抵减已预缴税款后，向主管国税机关申报纳税。未抵减完的预缴税款可以结转下期继续抵减。

3. 发票开具

小规模纳税人销售自行开发的房地产项目，自行开具增值税普通发票。购买方需要增值税专用发票的，小规模纳税人向主管国税机关申请代开。

小规模纳税人销售自行开发的房地产项目，其 2016 年 4 月 30 日前收取并已向主管地税机关申报缴纳营业税的预收款，未开具营业税发票的，可以开具增值税普通发票，不得申请代开增值税专用发票。

小规模纳税人向其他个人销售自行开发的房地产项目，不得申请代开增值税专用发票。

4. 其他事项

房地产开发企业销售自行开发的房地产项目，按照规定预缴税款时，应填报增值税预缴税款表。

房地产开发企业以预缴税款抵减应纳税额，应以完税凭证作为合法有效凭证。

房地产开发企业销售自行开发的房地产项目，未按规定预缴或缴纳税款的，由主管国税机关按照《税收征收管理法》及相关规定进行处理。

房地产开发企业销售自行开发的房地产项目差额计税的有关规定归纳如表 2-55 所示。

表 2－55

情形			销项税额（应纳税额）	进项税额
简易计税		全额计税	全款÷1.05×5%	不得抵扣
一般计税	从政府处取得土地	差额计税	（全款－土地价款）÷1.1×10%	可以抵扣
	其他方式取得土地	全额计税	全款÷1.1×10%	可以抵扣

六、资管产品运营业务增值税征收管理

2018 年 1 月 1 日起，资管产品管理人（下称管理人）运营资管产品过程中发生的增值税应税行为（下称资管产品运营业务），暂适用简易计税方法，按3%的征收率缴纳增值税。资管产品管理人和资管产品的界定请参见财税〔2017〕56 号。

管理人接受投资者委托或信托对受托资产提供的管理服务以及管理人发生的除资管产品运营业务的其他增值税应税行为（下称其他业务），按照现行规定缴纳增值税。管理人应分别核算资管产品运营业务和其他业务的销售额和增值税应纳税额。未分别核算的，资管产品运营业务不得适用该简易计税方法。管理人可选择分别或汇总核算资管产品运营业务销售额和增值税应纳税额。管理人应按照规定的纳税期限，汇总申报缴纳资管产品运营业务和其他业务增值税。对资管产品在 2018 年 1 月 1 日前运营过程中发生的增值税应税行为，未缴纳增值税的，不再缴纳；已缴纳增值税的，已纳税额从资管产品管理人以后月份的增值税应纳税额中抵减（财税〔2017〕56 号）。

自 2018 年 1 月 1 日起，资管产品管理人运营资管产品提供的贷款服务、发生的部分金融商品转让业务，按照以下规定确定销售额（财税〔2017〕90 号）：

（1）提供贷款服务，以 2018 年 1 月 1 日起产生的利息及利息性质的收入为销售额。

（2）转让 2017 年 12 月 31 日前取得的股票（不包括限售股）、债券、基金、非货物期货，可以选择按照实际买入价计算销售额，或者以 2017 年最后一个交易日的股票收盘价（2017 年最后一个交易日处于停牌期间的股票，为停牌前最后一个交易日的收盘价）、债券估值（中债金融估值中心有限公司或中证指数有限公司提供的债券估值）、基金份额净值、非货物期货结算价格作为买入价计算销售额。

金融服务的税务处理归纳如表 2－56 所示。

表 2－56

情形		税务处理
金融商品	持有期间（含到期）取得的保本收益	缴纳增值税（6%）
	持有期间（含到期）取得的非保本收益	不纳税
	转让金融商品	差额÷1.06×6%

续前表

情形		税务处理
资管产品管理人	资管产品运营业务	简易计税（2018年1月1日）
	其他情形，包括管理服务等	按相应规定纳税
租赁	经营租赁、融资租赁	租赁服务（16%，10%）
	融资性售后回租	金融服务（6%）
以货币资金投资收取固定利润或保底利润		金融服务（6%）

【例2-36·计算题】（2017年税务师）某金融机构为增值税一般纳税人，以一个季度为纳税期限，2017年第一季度发生下列业务：

（1）提供贷款服务取得不含税贷款利息收入1 200万元，提供货币兑换服务取得不含税收入25万元。发生人员工资支出65万元。

（2）转让金融商品，卖出价为10 557.60万元，另发生手续费支出，取得增值税专用发票，注明金额9万元，税额0.54万元。该批金融商品买入价为4 536.80万元。上述卖出价与买入价均为含税价格。

（3）以自有资金对外投资，按合同约定每季度收取固定利润3 000万元（含增值税）。由于被投资方资金紧张，本季度未收到应收的固定利润。

（4）购进办公设备取得增值税专用发票，注明税额64万元。为改善服务条件，2017年2月购买写字楼，取得增值税专用发票，注明税额1 530万元。

假设本期取得的相关票据均符合税法规定，并在当期按照规定认证抵扣进项税额。

要求：

（1）计算业务（1）的销项税额。

（2）计算业务（2）的销项税额。

（3）计算业务（3）的销项税额。

（4）计算2017年第一季度该金融机构增值税进项税额留抵金额。

【答案及解析】

（1）提供货币兑换服务，属于直接收费金融服务。贷款服务和直接收费金融服务，税率均为6%。业务（1）的销项税额＝(1 200＋25)×6%＝73.5（万元）。

（2）金融商品转让，按照卖出价扣除买入价后的余额为销售额。发生的手续费支出，不能从销售额中扣除。业务（2）的销项税额＝(10 557.6－4 536.8)÷(1＋6%)×6%＝340.8（万元）。

（3）以货币资金投资收取的固定利润或保底利润，按照贷款服务缴纳增值税。业务（3）的销项税额＝3 000÷(1＋6%)×6%＝169.81（万元）。

（4）发生手续费支出，取得增值税专用发票，可以抵扣进项税额。购进办公设备取得增值税专用发票可以抵扣进项税额；购买写字楼取得增值税专用发票，可以分期抵扣进项税额，第一年抵扣60%。业务（2）的进项税额＝0.54（万元）；业务（4）的进项税额＝64＋1 530×60%＝982（万元）；当期的销项税额＝73.5＋340.8＋169.81＝584.11（万元）；2017年第一季度该金融机构增值税进项税额留抵金额=584.11−(0.54+982)=−398.43（万元）。

增值税为负数，可以作为留抵税额在下期抵扣。

七、单用途卡和多用途卡增值税征收管理（国家税务总局公告2016年第53号）

（一）单用途商业预付卡（单用途卡）业务

（1）发卡企业或售卡企业：销售单用途卡，或者接受单用途卡持卡人充值取得的预收资金，不缴纳增值税，不得开具增值税专用发票。

（2）售卡方：因发行或者销售单用途卡并办理相关资金收付结算业务取得的手续费、结算费、服务费、管理费等收入，应按照现行规定缴纳增值税。

（3）销售方：持卡人使用单用途卡购买货物或服务，销售方应按照现行规定缴纳增值税，且不得向持卡人开具增值税发票。

具体如图2-3所示。

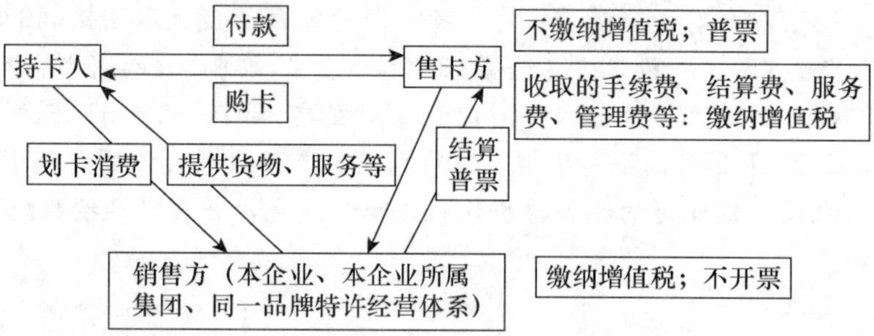

图2-3 单用途卡

【特别提示】

销售方不是售卡方时，销售方在收到售卡方结算的销售款时，应向售卡方开具增值税普通发票，不得开具增值税专用发票。

（二）支付机构预付卡（多用途卡）业务

1. 支付机构

（1）销售多用途卡、接受多用途卡充值，不缴纳增值税，不得开具增值税专用发票。

（2）支付机构因发行或者受理多用途卡并办理相关资金收付结算业务取得的手续费、结算费、服务费、管理费等收入，应按照现行规定缴纳增值税。

2. 特约商户

（1）持卡人使用多用途卡，特约商户应按照现行规定缴纳增值税，且不得向持卡人开具增值税发票。

（2）特约商户收到支付机构结算的销售款时，应向支付机构开具增值税普通发票。

具体如图2-4所示。

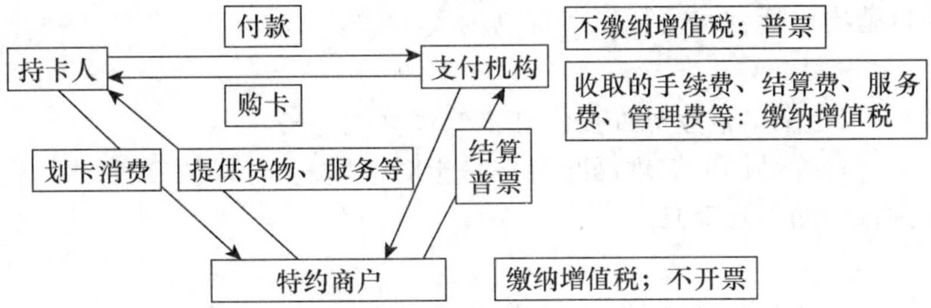

图 2－4　多用途卡

八、进口租赁飞机增值税征收管理（国家税务总局公告 2018 年第 24 号）

自 2018 年 6 月 1 日起，对申报进口监管方式为 1500（租赁不满一年）、1523（租赁贸易）、9800（租赁征税）的租赁飞机（税则品目：8802），海关停止代征进口环节增值税。进口租赁飞机增值税的征收管理由税务机关按照现行增值税政策组织实施。

九、其他行业的增值税政策

核电行业的增值税政策请参见财税〔2008〕38 号；黄金交易、铂金交易、货物期货与钻石交易的增值税政策请参见国税发明电〔2002〕47 号、财税〔2003〕86 号、国税发〔2005〕178 号、国税发〔2006〕131 号、财税〔2015〕35 号、国家税务总局公告 2018 年第 19 号以及国家税务总局公告 2017 年第 29 号等；利用石脑油和燃料油生产乙烯芳烃类产品的有关增值税政策请参见财税〔2014〕17 号。

第九节　出口货物劳务增值税和消费税退（免）税

出口货物劳务退（免）税是指在国际贸易业务中，对报关出口的货物或者劳务和服务退还在国内各生产环节和流转环节按税法规定已缴纳的增值税和消费税，或免征应缴纳的增值税和消费税，是鼓励出口货物劳务公平竞争的一种税收措施。

一、适用增值税退（免）税政策的出口货物劳务（财税〔2012〕39 号）

（一）出口企业出口货物

出口企业是指依法办理工商登记、税务登记、对外贸易经营者备案登记，自营或委托出口货物的单位或个体工商户，以及依法办理工商登记、税务登记但未办理对外贸易经营者备案登记，委托出口货物的生产企业。

出口货物是指向海关报关后实际离境并销售给境外单位或者个人的货物，分为自营出口货物和委托出口货物两大类。

（二）出口企业对外提供加工修理修配劳务

对外提供加工修理修配劳务是指对进境复出口货物或从事国际运输的运输工具进行的加工修理修配。

（三）跨境应税行为适用增值税零税率以及免税政策的规定（财税〔2016〕36号）

自2016年5月1日起，跨境应税行为适用增值税零税率。

增值税零税率提供者是指提供适用增值税零税率应税服务，且认定为增值税一般纳税人，实行增值税一般计税方法的境内单位和个人。属于汇总缴纳增值税的，为汇总缴纳增值税的总机构。

纳税人发生跨境应税行为，按照《国家税务总局关于发布〈营业税改征增值税跨境应税行为增值税免税管理办法（试行）〉的公告》（国家税务总局公告2016年第29号）的规定办理免税备案手续后发生的相同跨境应税行为，不再办理备案手续。纳税人应当完整保存相关免税证明材料备查。纳税人在税务机关后续管理中不能提供上述材料的，不得享受相关免税政策，对已享受的减免税款应予补缴，并依照《税收征收管理法》的有关规定处理（国家税务总局公告2017年第30号）。

从境内载运旅客或货物至国内海关特殊区域，不属于国际运输。

二、增值税退（免）税办法

（一）免抵退税办法

生产企业出口自产货物和视同自产货物及对外提供加工修理修配劳务，以及《财政部、国家税务总局关于出口货物劳务增值税和消费税政策的通知》（财税〔2012〕39号）附件5列名生产企业出口非自产货物，免征增值税，相应的进项税额抵减应缴纳增值税税额（不包括适用增值税即征即退、先征后退政策的应缴纳增值税税额），未抵减完的部分予以退还。具体如图2-5所示。

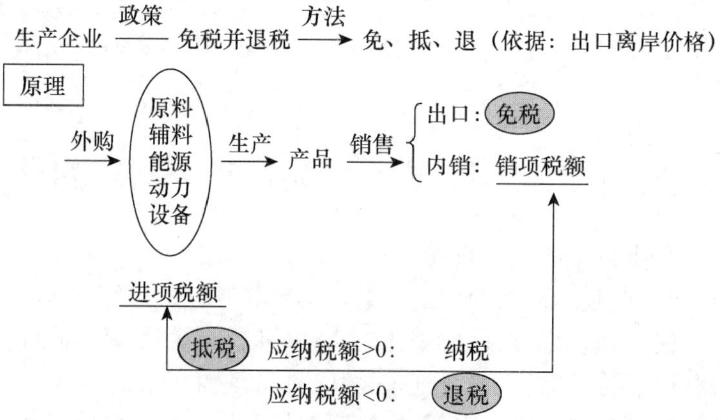

图2-5 免抵退税

（二）免退税办法

不具有生产能力的出口企业或其他单位出口货物劳务，免征增值税，相应的进项税额予以退还。

自 2018 年 5 月 1 日起，一般纳税人转登记为小规模纳税人（下称转登记纳税人）的，其在一般纳税人期间出口适用增值税退（免）税政策的货物劳务、发生适用增值税零税率跨境应税行为（下称出口货物劳务、服务），继续按照现行规定申报和办理出口退（免）税相关事项。自转登记日下期起，转登记纳税人出口货物劳务、服务，适用增值税免税规定，按照现行小规模纳税人的有关规定办理增值税纳税申报。

原实行免抵退税办法的转登记纳税人在一般纳税人期间出口货物劳务、服务，尚未申报抵扣的进项税额以及转登记日当期的期末留抵税额，记入“应交税费——待抵扣进项税额”科目，并参与免抵退税计算（国家税务总局公告 2018 年第 20 号）。

（三）境内的单位和个人提供适用零税率的应税服务（财税〔2016〕36 号）

境内的单位和个人提供适用增值税零税率的服务或者无形资产，属于适用简易计税方法的，实行免征增值税办法；属于适用一般计税方法的，生产企业实行免抵退税办法，外贸企业外购服务或者无形资产出口实行免退税办法，外贸企业直接将服务或自行研发的无形资产出口，视同生产企业连同其出口货物统一实行免抵退税办法。

境内的单位和个人销售适用增值税零税率的服务或无形资产的，可以放弃适用增值税零税率，选择免税或按规定缴纳增值税。放弃适用增值税零税率后，36 个月内不得再申请适用增值税零税率。

境内的单位和个人销售适用增值税零税率的服务或无形资产，按月向主管退税的税务机关申报办理增值税退（免）税手续。具体管理办法由国家税务总局商财政部另行制定。

以上内容可归纳为表 2 - 57。

表 2 - 57

计税方法	计税条件	计税要求
简易计税方法		免征增值税
一般计税方法	生产企业	免抵退税办法
	外贸企业外购的研发服务和设计服务出口	免退税办法
	外贸企业自行开发的研发服务和设计服务出口	免抵退税办法

三、增值税出口退税率（财税〔2012〕39 号）

（1）退税率的一般规定。除财政部和国家税务总局根据国务院决定而明确的增值税出口退税率，出口货物退税率为其适用税率，出口应税服务退税率为应税服务适用的增值税税率。

【特别提示】

有形动产租赁服务退税率为16%，交通运输业服务、邮政服务退税率为10%，现代服务业服务（有形动产租赁服务除外）退税率为6%。

(2) 退税率的特殊规定。

1) 外贸企业购进适用简易计税方法的出口货物、从小规模纳税人购进的出口货物，其退税率分别为简易计税方法实际执行的征收率、小规模纳税人的征收率。上述出口货物取得增值税专用发票的，退税率按照增值税专用发票上的税率和出口货物退税率孰低的原则确定。

2) 出口企业委托加工修理修配货物，其加工修理修配费用的退税率为出口货物的退税率。

(3) 适用不同退税率的货物劳务，应分开报关、核算并申报退（免）税，未分开报关、核算或划分不清的，从低适用退税率。

四、增值税退（免）税的计税依据（财税〔2012〕39号、国家税务总局公告2014年第11号）

出口货物劳务的增值税退（免）税的计税依据，按出口货物劳务的出口发票（外销发票）、其他普通发票或购进出口货物劳务的增值税专用发票、海关进口增值税专用缴款书确定。

(1) 生产企业出口货物劳务（进料加工复出口货物除外）增值税退（免）税的计税依据，为出口货物劳务的实际离岸价格。

(2) 生产企业进料加工复出口货物增值税退（免）税的计税依据，按出口货物的离岸价格扣除出口货物耗用的保税进口料件的金额后的余额确定（国家税务总局公告2013年第12号）。

(3) 生产企业国内购进无进项税额且不计提进项税额的免税原材料加工后出口的货物的计税依据，按出口货物的离岸价格扣除出口货物所含的国内购进免税原材料的金额后确定。

(4) 外贸企业出口货物（委托加工修理修配货物除外）增值税退（免）税的计税依据，为购进出口货物的增值税专用发票注明的金额或海关进口增值税专用缴款书注明的完税价格。

(5) 外贸企业出口委托加工修理修配货物增值税退（免）税的计税依据，为加工修理修配费用增值税专用发票注明的金额。外贸企业应将加工修理修配使用的原材料（进料加工海关保税进口料件除外）作价销售给受托加工修理修配的生产企业，受托加工修理修配的生产企业应将原材料成本并入加工修理修配费用开具发票。

(6) 出口进项税额未计算抵扣的使用过的设备增值税退（免）税的计税依据，按下列公式确定：

$$\text{退(免)税计税依据}=\text{增值税专用发票上的金额或海关进口增值税专用缴款书注明的完税价格}\times\text{使用过的设备固定资产净值}\div\text{使用过的设备原值}$$

（7）增值税零税率应税服务退（免）税的计税依据。

1）实行免抵退税办法的退（免）税计税依据如下：

以铁路运输方式载运旅客的，为按照铁路合作组织清算规则清算后的实际运输收入。

以铁路运输方式载运货物的，为按照铁路运输进款清算办法，对“发站”或“到站（局）”名称包含“境”字的货票上注明的运输费用以及直接相关的国际联运杂费清算后的实际运输收入。

以航空运输方式载运货物或旅客的，如果国际运输或港澳台运输各航段由多个承运人承运，为中国航空结算有限责任公司清算后的实际收入；如果国际运输或港澳台运输各航段由一个承运人承运，为提供航空运输服务取得的收入。

其他实行免抵退税办法的增值税零税率应税服务，为提供增值税零税率应税服务取得的收入。

2）实行免退税办法的退（免）税计税依据如下：

实行免退税办法的退（免）税计税依据为购进应税服务的增值税专用发票或解缴税款的税收缴款凭证上注明的金额。

以上内容归纳如表 2－58 所示。

表 2－58

类型		退（免）税的计税依据
生产企业出口货物、劳务及发生应税行为	除进料加工复出口货物外（一般贸易方式）	出口货物、劳务、应税行为的实际离岸价
	进料加工复出口货物	按出口货物的离岸价扣除出口货物所耗用的保税进口料件的金额后确定
	国内购进无进项税额且不计提进项税额的免税原材料加工后出口的货物	按出口货物的离岸价扣除出口货物所含的国内购进免税原材料的金额后确定
外贸企业	出口委托加工修理修配货物	加工修理修配费用增值税专用发票注明的金额
		外贸企业应将加工修理修配使用的原材料（进料加工海关保税进口料件除外）作价销售给受托加工修理修配的生产企业
		受托加工修理修配的生产企业应将原材料成本并入加工修理修配费用，并开具发票
	其他情形	购进出口货物的增值税专用发票注明的金额或海关进口增值税专用缴款书注明的完税价格
出口进项税额未计算抵扣的使用过的设备		退（免）税计税依据＝增值税专用发票注明的金额或海关进口增值税专用缴款书注明的完税价格×使用过的设备固定资产净值÷使用过的设备原值
增值税零税率应税服务		免抵退税办法：实际取得的收入
		免退税办法：专用发票或税收缴款凭证上注明的金额

五、增值税免抵退税和免退税的计算（财税〔2012〕39号）

（1）生产企业出口货物劳务增值税免抵退税，依下列公式计算。

1）当期应纳税额的计算。

$$\text{当期应纳税额}=\text{当期销项税额}-\left(\text{当期进项税额}-\text{当期不得免征和抵扣税额}\right)$$

$$\text{当期不得免征和抵扣税额}=\text{当期出口货物离岸价}\times\text{外汇人民币折合率}\times\left(\text{出口货物适用税率}-\text{出口货物退税率}\right)-\text{当期不得免征和抵扣税额抵减额}$$

$$\text{当期不得免征和抵扣税额抵减额}=\text{当期免税购进原材料价格}\times\left(\text{出口货物适用税率}-\text{出口货物退税率}\right)$$

2）当期免抵退税额的计算。

$$\text{当期免抵退税额}=\text{当期出口货物离岸价}\times\text{外汇人民币折合率}\times\text{出口货物退税率}-\text{当期免抵退税额抵减额}$$

当期免抵退税额抵减额＝当期免税购进原材料价格×出口货物退税率

3）当期应退税额和免抵税额的计算。

第一，当期期末留抵税额小于等于当期免抵退税额，则

当期应退税额＝当期期末留抵税额

当期免抵税额＝当期免抵退税额－当期应退税额

第二，当期期末留抵税额大于当期免抵退税额，则

当期应退税额＝当期免抵退税额

当期免抵税额＝0

当期期末留抵税额为当期增值税纳税申报表中“期末留抵税额”。

归纳

免抵退税的步骤总结如下：

（1）剔税：不得免抵税额（进项税额转出）＝出口价×（征税率%－退税率%）。

（2）抵税：应纳税额＝内销销项税额－（进项税额－（1））－上期末抵扣税额＝<0。

（3）尺度：免抵退税额（最高限额）＝出口价×退税率%。

（4）比较：应退税额＝（2）与（3）中较小者。

（5）倒挤：免抵税额＝免抵退税额（最高限额）－应退税额。

【例2－37·计算题】 某自营出口生产企业是增值税一般纳税人，出口货物的征税率为16%，退税率为13%。20×2年3月购进原材料一批，取得的增值税专用发票注明的价款200万元，外购货物准予抵扣进项税额32万元，货已入库。上期期末留抵税额为3万元。当月内销货物销售额为100万元，销项税额为16万元。本月出口货物销售折合人民币200万元。计算该企业当期免抵退税额、应退税额、免抵税额。

【答案及解析】 当期免抵退税不得免征和抵扣税额＝200×(16%－13%)＝6（万元），应缴纳增值税＝100×16%－(32－6)－3＝－13（万元），出口货物当期免抵退税额＝200×13%＝26（万元），当期应退税额＝13（万元），当期免抵税额＝26－13＝13（万元）。

4）当期免税购进原材料的价格。包括当期国内购进的无进项税额且不计提进项税额的免税原材料的价格和当期进料加工保税进口料件的价格，其中当期进料加工保税进口料件的价格为组成计税价格。

当期进料加工保税进口料件的组成计税价格＝当期进口料件到岸价格＋海关实征关税＋海关实征消费税

采用实耗法的，当期进料加工保税进口料件的组成计税价格为当期进料加工出口货物耗用的进口料件的组成计税价格，即（国家税务总局公告2013年第12号）：

当期进料加工保税进口料件的组成计税价格＝当期进料加工出口货物离岸价格×外汇人民币折合率×计划分配率

计划分配率＝计划进口总值÷计划出口总值×100%

采用购进法的，当期进料加工保税进口料件的组成计税价格为当期实际购进的进料加工进口料件的组成计税价格。

【特别提示】

自2013年7月1日起，进料加工生产企业免抵退税的进料计算方法由购进法改为实耗法（国家税务总局公告2013年第12号）。

【例2－38·单选题】（2012年注税改）某服装厂为增值税一般纳税人，增值税税率为16%，退税率为16%。20×1年11月外购棉布一批，取得的增值税专用发票注明价款200万元，增值税32万元，货已入库。当月进口料件一批，海关核定的完税价格为25万美元，已按购进法向税务机关办理了生产企业进料加工贸易免税证明。当月出口服装的离岸价格为75万美元，内销服装不含税销售额为80万元。该服装厂上期期末留抵税额为5万元。

假设美元与人民币的汇率为1∶6.4，服装厂进料加工复出口符合相关规定。该服装厂当期应退税额为（　　）。

A. 0

B. 24.2万元

C. 29万元

D. 72.8万元

【答案】B

【解析】当期免抵退税不得免征和抵扣税额=75×6.4×(16%−16%)−25×6.4×(16%−16%)=0，当期应纳税额=80×16%−(32−0)−5=−24.2（万元），免抵退税额=75×6.4×16%−25×6.4×16%=51.2（万元），应退税额为24.2万元。

(2) 外贸企业出口货物劳务增值税免退税，依下列公式计算。

1）外贸企业出口委托加工修理修配货物以外的货物：

增值税应退税额=增值税退（免）税计税依据×出口货物退税率

2）外贸企业出口委托加工修理修配货物：

$$\text{增值税应退税额}=\text{委托加工修理修配的增值税退（免）税计税依据}\times\text{出口货物退税率}$$

(3) 退税率低于适用税率的，相应计算出的差额部分的税款计入出口货物或劳务成本。

六、适用增值税免税政策的出口货物劳务（财税〔2012〕39号）

适用增值税免税政策的出口货物劳务具体如下。

1. 出口企业或其他单位出口规定的货物

(1) 增值税小规模纳税人出口的货物。

(2) 避孕药品和用具，古旧图书。

(3) 软件产品。

(4) 含黄金、铂金成分的货物、钻石及钻石饰品。

(5) 国家计划内出口的卷烟。

(6) 使用过的设备。

(7) 非出口企业委托出口的货物。

(8) 非列名生产企业出口的非视同自产货物。

(9) 农业生产者自产农产品。

(10) 油画、花生果仁、黑大豆等财政部和国家税务总局规定的出口免税的货物。

(11) 外贸企业取得增值税普通发票、废旧物资收购凭证、农产品收购发票、政府非税收入票据的货物。

(12) 来料加工复出口货物。

(13) 特殊区域内的企业出口的特殊区域内的货物。

(14) 以人民币现金作为结算方式的边境地区出口企业从所在省（自治区）的边境口岸出口到接壤国家的一般贸易和边境小额贸易出口货物。

(15) 以旅游购物贸易方式报关出口的货物。

2. 营业税改征增值税的免税规定（财税〔2016〕36号）

境内的单位和个人销售的下列服务和无形资产免征增值税，但财政部和国家税务总局规定适用增值税零税率的除外：

(1) 下列服务：

1) 工程项目在境外的建筑服务。

2) 工程项目在境外的工程监理服务。

3) 工程、矿产资源在境外的工程勘察勘探服务。

4) 会议展览地点在境外的会议展览服务。

5) 存储地点在境外的仓储服务。

6) 标的物在境外使用的有形动产租赁服务。

7) 在境外提供的广播影视节目（作品）的播映服务。

8) 在境外提供的文化体育服务、教育医疗服务、旅游服务。

(2) 为出口货物提供的邮政服务、收派服务、保险服务。

(3) 向境外单位提供的完全在境外消费的下列服务和无形资产：

1) 电信服务。

2) 知识产权服务。

3) 物流辅助服务（仓储服务、收派服务除外）。

4) 鉴证咨询服务。

5) 专业技术服务。

6) 商务辅助服务。

7) 广告投放地在境外的广告服务。

8) 无形资产。

(4) 以无运输工具承运方式提供的国际运输服务。

(5) 为境外单位之间的货币资金融通及其他金融业务提供的直接收费金融服务，且该服务与境内的货物、无形资产和不动产无关。

(6) 财政部和国家税务总局规定的其他服务。

3. 进项税额的处理计算

适用增值税免税政策的出口货物劳务，其进项税额不得抵扣和退税，应当转入成本。

七、出口应税消费品退（免）税（财税〔2012〕39号）

（一）适用范围

(1) 出口企业出口或视同出口适用增值税退（免）税的货物，免征消费税，如果属于购进出口的货物，退还前一环节对其已征的消费税。

(2) 出口企业出口或视同出口适用增值税免税政策的货物，免征消费税，但不退还其以前环节已征的消费税，且不允许在内销应税消费品应缴纳消费税税款中抵扣。

(3) 出口企业出口或视同出口适用增值税征税政策的货物，应按规定缴纳消费税，不退还其以前环节已征的消费税，且不允许在内销应税消费品应缴纳消费税税款中抵扣。

生产企业和外贸企业出口纳税对比如表2-59所示。

表 2-59

企业类型	项目	增值税	消费税
生产企业	出口	又免又退（适用免抵退税办法）	免税不退税
	内销	缴纳增值税（内销销项税额一进项税额），计算免抵退税办法时“抵”已计算（不单独计算）	缴纳消费税
外贸企业	出口	又免又退（适用免退税办法）	免税又退税
	内销	缴纳增值税（销项税额一进项税额）	不缴纳消费税

【例 2-39·多选题】（2013 年注会）下列关于出口货物退（免）税政策的说法中，正确的有（　　）。

A. 出口货物退（免）税的税种仅限于增值税和消费税

B. 出口零税率即意味着免税

C. 出口免税不退税即出口货物在出口时免税，但不会退还以往环节已经缴纳的税款

D. 出口不免税也不退税政策适用于国家限制、禁止某些货物出口而视同内销征税的情况

【答案】 AD

（二）消费税退税的计税依据

属于从价定率计征消费税的，为已征且未在内销应税消费品应纳税额中抵扣的购进出口货物金额；属于从量定额计征消费税的，为已征且未在内销应税消费品应纳税额中抵扣的购进出口货物数量；属于复合计征消费税的，按从价定率和从量定额的计税依据分别确定。

（三）消费税退税的计算

计算公式如下：

$$\text{消费税应退税额}=\text{从价定率计征消费税的退税计税依据}\times\text{比例税率}+\text{从量定额计征消费税的退税计税依据}\times\text{定额税率}$$

第十节　申报和缴纳

一、增值税纳税义务发生时间

（一）基本规定

《增值税暂行条例》明确规定，增值税纳税义务发生时间有以下两个方面：发生应税销售行为（国务院令第 691 号），为收讫销售款或者取得索取销售款项凭据的当天；先开具发票的，为开具发票的当天。进口货物为报关进口的当天。增值税扣缴义务发生时间为纳税人增值税纳税义务发生的当天（国务院令第 538 号）。

其中，收讫销售款项是指纳税人销售服务、无形资产、不动产过程中或者完成后收到款项。取得索取销售款项凭据的当天是指书面合同确定的付款日期；未签订书面合同或者书面合同未确定付款日期的，为服务、无形资产转让完成的当天或者不动产权属变更的当天。

（二）具体规定（财政部、国家税务总局令第50号）

具体内容如表2-60所示。

表2-60

直接收款	不论货物是否发出，均为收到销售款或者取得索取销售款凭据的当天
	纳税人生产经营活动中采取直接收款方式销售货物，已将货物移送对方并暂估销售收入入账，但既未取得销售款或取得索取销售款凭据也未开具销售发票的，为取得销售款或取得索取销售款凭据的当天；先开具发票的，为开具发票的当天
托收承付和委托银行收款	为发出货物并办妥托收手续的当天
赊销和分期收款	为书面合同约定的收款日期的当天；无书面合同或者书面合同没有约定收款日期的，为货物发出的当天
预收货款	为货物发出的当天；但生产销售生产工期超过12个月的大型机械设备、船舶、飞机等货物的，为收到预收款或者书面合同约定的收款日期的当天
委托其他纳税人代销货物	为收到代销单位销售的代销清单或者收到全部或者部分货款的当天；未收到代销清单及货款的，为发出代销货物满180日的当天（即收到代销单位的代销清单、收到全部或者部分货款的当天、发出代销货物满180天的当天三者中较早一方）
其他视同销售行为	为货物移送的当天
销售劳务	为提供劳务同时收讫销售款或者取得索取销售款凭据的当天
进口货物	为报关进口的当天
先开具发票的，为开具发票的当天	

（三）营业税改征增值税行业增值税纳税义务、扣缴义务发生时间（财税〔2016〕36号）

（1）纳税人发生应税行为并收讫销售款项或者取得索取销售款项凭据的当天；先开具发票的，为开具发票的当天。

（2）纳税人提供租赁服务采取预收款方式的，为收到预收款的当天（财税〔2017〕58号）。

（3）纳税人从事金融商品转让的，为金融商品所有权转移的当天。

（4）纳税人发生财税〔2016〕36号第十四条规定情形的，为服务、无形资产转让完成的当天或者不动产权属变更的当天。

（5）增值税扣缴义务发生时间为纳税人增值税纳税义务发生的当天。

二、纳税期限（国务院令第538号、财税〔2016〕36号）

增值税的纳税期限规定为1日、3日、5日、10日、15日、1个月或者1个季度，以1个季度为纳税期限仅适用于小规模纳税人。纳税人的具体纳税期限，由主管税务机关根据纳税人应纳税额的大小分别核定；不能按照固定期限纳税的，可以按次纳税。

营业税改征增值税行业以1个季度为纳税期限的规定适用于小规模纳税人、银行、财务公司、信托投资公司、信用社，以及财政部和国家税务总局规定的其他纳税人。不能按照固定期限纳税的，可以按次纳税。

纳税人以1个月或者1个季度为一个纳税期的，自期满之日起15日内申报纳税；以1日、3日、5日、10日或者15日为一个纳税期的，自期满之日起5日内预缴税款，于次月1日起15日内申报纳税并结清上月应纳税款。

纳税人进口货物，应当自海关填发海关进口增值税专用缴款书之日起15日内缴纳税款。

【例2-40·单选题】（2017年注会）下列增值税纳税人中，以1个月为纳税期限的是（　　）。

A. 信用社

B. 商业银行

C. 保险公司

D. 财务公司

【答案】C

【解析】纳税人的具体纳税期限，由主管税务机关根据纳税人应纳税额的大小分别核定。以1个季度为纳税期限的规定适用于小规模纳税人、银行、财务公司、信托投资公司、信用社，以及财政部和国家税务总局规定的其他纳税人。不能按照固定期限纳税的，可以按次纳税。

三、纳税地点（国务院令第538号、财税〔2016〕36号）

具体内容如表2-61所示。

表2-61

固定业户	在机构所在地纳税
	总机构和分支机构不在同一县（市）的，应当分别向各自所在地主管税务机关申报纳税；经批准，可由总机构汇总向总机构所在地申报纳税
	（1）到外县（市）销售货物的，应向其机构所在地主管税务机关申请开具外出经营活动税收管理证明，向机构所在地申报纳税 （2）未开具证明的，应当向销售地或者劳务发生地的主管税务机关申报纳税 （3）未向销售地或者劳务发生地的主管税务机关申报纳税的，由其机构所在地的主管税务机关补征税款

非固定业户	在销售地或劳务发生地纳税，未在销售地或劳务发生地纳税的，应由其机构所在地或居住地的主管税务机关补征税款
进口货物	向报关地海关申报纳税
扣缴义务人	向机构所在地或居住地主管税务机关申报缴纳其扣缴的税款
其他个人提供建筑服务，销售或者租赁不动产，转让自然资源使用权	向建筑服务发生地、不动产所在地、自然资源所在地主管税务机关申报纳税
纳税人跨县（市）提供建筑服务	在建筑服务发生地预缴税款后，向机构所在地主管税务机关进行纳税申报

【例 2-41·单选题】（2009 年注会）如果某增值税纳税人总、分支机构不在同一县市，总机构已被认定为增值税一般纳税人，其分支机构在申请办理一般纳税人认定手续时，正确的做法是（　　）。

A. 不必申请，自动被视为一般纳税人

B. 在总机构所在地申请办理一般纳税人认定手续

C. 在分支机构所在地申请办理一般纳税人认定手续

D. 可自行选择所在地申请办理一般纳税人认定手续

【答案】C

第十一节　增值税专用发票的使用和管理

专用发票是增值税一般纳税人销售货物、劳务、服务、无形资产、不动产（国务院令第 691 号）开具的发票，是购买方支付增值税税额并可按照增值税有关规定据以抵扣增值税进项税额的凭证。

一、专用发票的构成和限额管理

增值税专用发票由基本联次或基本联次附加其他联次构成，基本联次为三联：发票联、抵扣联和记账联。

增值税专用发票实行最高开票限额管理，增值税专用发票最高开票限额由一般纳税人申请，须填报增值税专用发票最高开票限额申请单，区县税务机关审批，并根据需要实地查验，实地查验的范围和方法由各省国税机关确定（国家税务总局公告 2013 年第 39 号）。

二、专用发票的开具

（一）专用发票的开具范围

一般纳税人销售货物、劳务、服务、无形资产、不动产（国务院令第 691

号），应向购买方开具增值税专用发票。

一般纳税人有下列销售情形之一，不得开具增值税专用发票：

（1）商业企业一般纳税人零售的烟、酒、食品、服装、鞋帽（不包括劳保专用部分）、化妆品等消费品（国税发〔2006〕156号）。

（2）销售免税货物或提供免征增值税的应税服务，法律、法规及国家税务总局另有规定的除外（国税发〔2006〕156号）。

（3）销售自己使用过的下列不得抵扣且未抵扣进项税额的固定资产（国务院令第538号）：

1）用于非增值税应税项目、免征增值税项目、集体福利或者个人消费的购进固定资产。

2）非正常损失的购进固定资产。

3）纳税人自用的应征消费税的摩托车、汽车、游艇。

4）国务院财政、税务主管部门规定的纳税人自用消费品。

（4）销售旧货（国税函〔2009〕90号）。

（5）应税销售行为的购买方为消费者个人（国务院令第691号）。

（6）钻石出口（国税发〔2006〕131号）。

（7）债转股企业将实物资产投入到新公司（国税函〔2003〕1394号）。

【特别提示】

国家税务总局已决定将住宿业（自2016年8月1日起）、鉴证咨询业（自2017年3月1日起）、建筑业（自2017年6月1日起）纳入增值税小规模纳税人自行开具增值税专用发票试点范围。月销售额超过3万元（或季销售额超过9万元）的试点行业增值税小规模纳税人（简称自开发票试点纳税人）提供服务、销售货物或发生其他增值税应税行为，需要开具增值税专用发票的，通过增值税发票管理新系统自行开具。自开发票试点纳税人销售其取得的不动产，需要开具增值税专用发票的，仍须向地税机关申请代开（国家税务总局公告2017年第4号、国家税务总局公告2017年第11号）。

【例2-42·单选题】（2009年注税）商业企业一般纳税人零售下列货物，可以开具增值税专用发票的是（　　）。

A. 烟酒

B. 食品

C. 化妆品

D. 办公用品

【答案】 D

（二）互联网物流平台企业代开增值税专用发票（税总函〔2017〕579号）

互联网物流平台企业可以为符合条件的货物运输业小规模纳税人代开专用发票，并代办相关涉税事项。货物运输业小规模纳税人在境内提供货物运输服务，需要开具专用发票的，可以按照有关规定就近向国税机关自行申请代开专用发票，也可以委托纳入试点范围的互联网物流平台企业代开专用发票。

（三）红字专用发票开具

增值税一般纳税人开具增值税专用发票后，发生销售退回、开票有误等情形但不符合作废条件，或者因销货部分退回及发生销售折让，应按规定开具红字专用发票。纳税人销售货物并向购买方开具增值税专用发票后，由于购货方在一定时期内累计购买货物达到一定数量，或者市场价格下降等原因，销货方给予购货方相应的价格优惠或补偿等折扣、折让行为，销货方也可按规定开具红字专用发票（国家税务总局公告 2014 年第 73 号）。

（四）专用发票数据采集

防伪税控报税子系统和防伪税控认证子系统采集的专用发票存根联数据和抵扣联数据是增值税计算机稽核系统发票比对的唯一数据来源。税务机关应要求纳税人抄税、报税和专用发票认证来采集专用发票数据。

不得或暂不得作为增值税进项税额抵扣凭证的规定如表 2－62 所示（国税函〔2006〕969 号）。

表 2－62

项目	具体情形	税务处理
不得作为增值税进项税额的抵扣凭证	无法认证	税务机关退还原件，购买方可要求销售方重新开具专用发票
	纳税人识别号认证不符	
	专用发票代码、号码认证不符	
暂不得作为增值税进项税额的抵扣凭证	重复认证	税务机关扣留原件，查明原因，分情况进行处理
	密文有误	
	认证不符	
	列为失控专用发票	

【例 2－43·多选题】（2011 年注税）在增值税专用发票认证时，不得作为增值税进项税额抵扣凭证、税务机关退还原件的情形有（　）。

A. 无法认证

B. 纳税人识别号认证不符

C. 专用发票代码、号码认证不符

D. 密文有误

E. 列为失控专用发票

【答案】 ABC

（五）税务机关代开专用发票

代开专用发票是指已办理税务登记的小规模纳税人（包括个体工商户）以及国家税务总局确定的其他可予代开增值税专用发票的纳税人，在发生增值税应税行为，需要开具专用发票时，主管税务机关为其开具专用发票。除了税务机关，其他单位和个人不得代开专用发票。

三、专用发票的管理

（一）关于被盗、丢失专用发票处理

处1万元以下罚款；并可视具体情况，对丢失专用发票的纳税人在一定期限内（最长不得超过半年）停止领购专用发票。对遗失的专用发票，如果发现非法代开、虚开问题，该纳税人承担偷税、骗税的连带责任。

（二）关于对代开、虚开专用发票的处理

（1）一律按票面所列货物的适用税率全额征补税款。

（2）纳税人取得代开、虚开的专用发票，不得作为增值税合法有效的扣税凭证抵扣其进项税额。

（3）构成犯罪的，追究刑事责任。

第三章 消费税

Chapter 3

第一节 概 述

一、消费税的概念

根据《消费税暂行条例》（国务院令第 539 号，自 2009 年 1 月 1 日起施行）的规定，消费税是对我国境内从事生产、委托加工和进口应税消费品的单位和个人，就其销售额或销售数量，在特定环节征收的一种税。简单地说，消费税就是对特定的消费品和消费行为征收的一种税。

二、消费税的特点

一般来说，消费税的征税对象主要是与居民消费相关的最终消费品和消费行为。与其他税种比较，消费税具有以下几个特点：

（1）征税项目具有选择性。

（2）征税环节具有单一性。

（3）征收方法具有多样性。

（4）税收调节具有特殊性。

（5）消费税具有转嫁性。

三、消费税的征税原则

（一）征税范围确定的原则

在种类繁多的消费品中，列入消费税征税范围的大体可归为五类：

（1）一些过度消费会对人身健康、社会秩序、生态环境等方面造成危害的特殊消费品，如烟、酒、鞭炮、焰火等。

（2）非生活必需品，如高档化妆品（将“化妆品”税目名称更改为“高档化妆品”)、贵重首饰、珠宝玉石等。

(3) 高能耗及高档消费品，如摩托车、小汽车等。

(4) 不可再生和替代的稀缺资源消费品，如汽油、柴油等油品。

(5) 税基宽广、消费普遍、征税后不影响居民基本生活并具有一定财政意义的消费品。

(二) 税率设计的原则

消费税税率设计的主要原则是：

(1) 体现国家产业政策和消费政策。

(2) 正确引导消费方向，有效抑制超前消费倾向，调节供求关系。

(3) 适应消费者的货币支付能力和心理承受能力。

第二节　纳税人

消费税的纳税人包括在中华人民共和国境内生产、委托加工和进口应税消费品的单位和个人，以及国务院确定的销售应税消费品的其他单位和个人（国务院令第539号）。

所称在中华人民共和国境内是指生产、委托加工和进口属于应当缴纳消费税的消费品的起运地或者所在地在境内。

消费税的纳税人具体包括以下五类，如表3-1所示。

表3-1

消费税的纳税人		备注
生产（含视为生产）应税消费品的单位和个人	自产销售	纳税人销售时纳税
	自产自用	纳税人自产的应税消费品，用于连续生产应税消费品的，不纳税；用于其他方面的，于移送使用时纳税
进口应税消费品的单位和个人		进口报关单位或个人、邮寄物品的收件人为消费税的纳税人，进口消费税由海关代征
委托加工应税消费品的单位和个人		委托加工的应税消费品，除受托方为个人，由受托方在向委托方交货时代收代缴税款
零售金银首饰、钻石、钻石饰品、铂金首饰的单位和个人		生产、进口和批发金银首饰、钻石、钻石饰品、铂金首饰时不征收消费税，纳税人在零售时纳税
从事卷烟批发业务的单位和个人		纳税人（卷烟批发商）销售给纳税人以外的单位和个人的卷烟于销售时纳税，纳税人之间销售的卷烟不缴纳消费税

【特别提示】

视为生产行为——工业企业以外的单位和个人的下列行为视为应税消费品的生产行为，按规定征收消费税（国家税务总局公告2012年第47号）：

（1）将外购的消费税非应税产品以消费税应税产品对外销售。

（2）将外购的消费税低税率应税产品以高税率应税产品对外销售。

【例3-1·多选题】（2012年注税）下列关于消费税纳税人的说法中，正确的有（　　）。

A. 零售金银首饰的纳税人是消费者

B. 委托加工化妆品的纳税人是受托加工企业

C. 携带卷烟入境的纳税人是携带者

D. 邮寄入境的应税消费品纳税人是收件人

E. 批发卷烟业务的纳税人是生产企业

【答案】CD

第三节　税目和税率

消费税的征税范围为：在中华人民共和国境内生产、委托加工和进口应税消费品的单位和个人，以及国务院确定的销售应税消费品的其他单位和个人（国务院令第539号）。

一、税目

现行的消费税税目共有15个，具体征税范围如下。

（一）烟

即以烟叶为原料加工生产的特殊消费品，主要包括卷烟、雪茄烟和烟丝。

（二）酒（财税〔2014〕93号）

包括白酒、黄酒、啤酒和其他酒。葡萄酒属于其他酒。用甜菜酿制的白酒，比照薯类白酒征税。

无醇啤酒比照啤酒征税。对啤酒源、菠萝啤酒应按啤酒征收消费税。果啤属于啤酒，应征消费税（国税函〔2005〕333号）。对饮食业、商业、娱乐业举办的啤酒屋（啤酒坊）利用啤酒生产设备生产的啤酒，应当征收消费税。

其他酒是指除了粮食白酒、薯类白酒、黄酒、啤酒，酒精度在1度以上的各种酒。调味料酒不征收消费税（国税函〔2008〕742号）。

对以蒸馏酒或食用酒精为酒基，同时符合以下条件的配制酒，按消费税税率表“其他酒”10%适用税率征收消费税（国家税务总局公告2011年第53号）：

（1）具有国家相关部门批准的国食健字或卫食健字文号。

（2）酒精度低于38度（含）。

以发酵酒为酒基，酒精度低于20度（含）的配制酒，按“其他酒”10%适用税率征收消费税。

其他配制酒，按白酒税率征收消费税。

（三）高档化妆品（财税〔2016〕103号）

本税目的征税范围包括高档美容、修饰类化妆品，高档护肤类化妆品和成套化妆品。取消对普通美容、修饰类化妆品征收消费税，将“化妆品”税目名称更改为“高档化妆品”。

高档美容、修饰类化妆品和高档护肤类化妆品是指生产（进口）环节销售（完税）价格（不含增值税）在10元/毫升（克）或15元/片（张）及以上的美容、修饰类化妆品和护肤类化妆品。

自2016年10月1日起，高档化妆品消费税纳税人以外购、进口和委托加工收回的高档化妆品为原料继续生产高档化妆品，准予从高档化妆品消费税应纳税额中扣除外购、进口和委托加工收回的高档化妆品已纳税款。

纳税人外购、进口和委托加工收回已税化妆品用于生产高档化妆品的，其取得2016年10月1日前开具的抵扣凭证，应于2016年11月30日前按原化妆品消费税税率计提待抵扣消费税，逾期不得计提（国家税务总局公告2016年第66号）。

舞台、戏剧、影视演员化妆用的上妆油、卸妆油、油彩，不属于本税目的征税范围。

【例3-2·多选题】（2016年注会）甲企业从境外进口一批化妆品，下列关于该业务征缴消费税的表述中，正确的是（　　）。

A. 甲企业应向报关地海关申报缴纳消费税

B. 甲企业应当自海关发进口消费税专用缴款书之日起15日内缴纳税款

C. 海关代征的消费税应分别入中央库和地方库

D. 甲企业使用该进口已税化妆品生产化妆品准许扣除进口环节缴纳的消费税

【答案】 ABD

（四）贵重首饰及珠宝玉石

本税目的征税范围包括各种金银珠宝首饰和经采掘、打磨、加工的各种珠宝玉石，如图3-1所示。

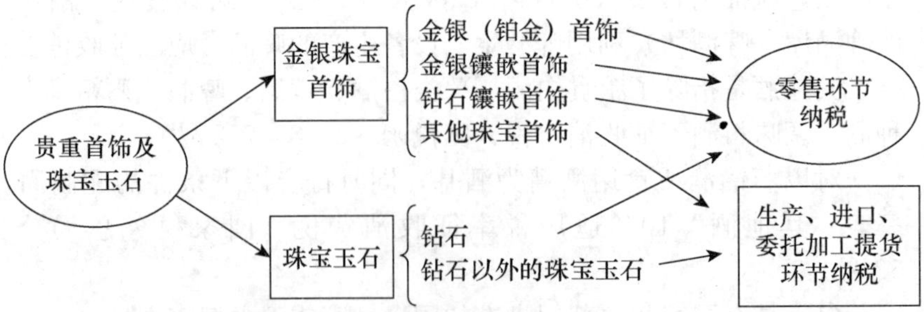

图3-1 贵重首饰及珠宝玉石辨析

（五）鞭炮、焰火

本税目的征税范围包括各种鞭炮、焰火。

体育上用的发令纸、鞭炮引线，不按本税目征收消费税。

（六）成品油

本税目包括汽油、柴油、石脑油、溶剂油、航空煤油、润滑油、燃料油 7 个子目（见表 3－2）。

表 3－2

税目	子目	注意事项
成品油	汽油	各子目计税时，吨与升之间计量单位换算标准的调整由财政部、国家税务总局确定
	柴油	
	石脑油（也称化工轻油）	
	溶剂油	
	航空煤油（暂缓征收）	
	润滑油	
	燃料油（也称重油、渣油）	

【例 3－3 · 单选题】（2017 年注会）下列消费品中，暂缓征收消费税的是（　　）。

A. 润滑油

B. 石脑油

C. 燃料油

D. 航空煤油

【答案】 D

【解析】 航空煤油的消费税暂缓征收。

（七）摩托车

本税目的征税范围包括轻便摩托车和摩托车。取消气缸容量（排气量，下同）250 毫升（不含）以下的小排量摩托车消费税（财税〔2014〕93 号）。

（八）小汽车

本税目的征税范围包括乘用车和中轻型商用客车，含 9 座内乘用车、10～23 座中轻型商用客车（按额定载客区间值下限确定）。

电动汽车以及沙滩车、雪地车、卡丁车、高尔夫球车等均不属于本税目的征税范围，不征收消费税。

“小汽车”税目下增设“超豪华小汽车”子目，征税范围为每辆零售价格 130 万元（不含增值税）及以上的乘用车和中轻型商用客车。对超豪华小汽车，在生产（进口）环节按现行税率征收消费税的基础上，在零售环节加征消费税。

将超豪华小汽车销售给消费者的单位和个人为超豪华小汽车零售环节纳税人，该项规定自2016年12月1日起执行（财税〔2016〕129号）。

（九）高尔夫球及球具

本税目的征税范围包括高尔夫球，高尔夫球杆，高尔夫球包（袋），高尔夫球杆的杆头、杆身和握把。

（十）高档手表

本税目的征税范围包括不含增值税售价每只在10 000元（含）以上的手表。

（十一）游艇

本税目的征税范围包括艇身长度大于8米（含）小于90米（含），内置发动机，可以在水上移动，一般为私人或团体购置，主要用于水上运动和休闲娱乐等非营利性活动的各类机动艇。

（十二）木制一次性筷子

本税目的征税范围包括各种规格的木制一次性筷子。未经打磨、倒角的木制一次性筷子也属于本税目的征税范围。

（十三）实木地板

本税目的征税范围包括各类规格的实木地板，实木指接地板，实木复合地板及用于装饰墙壁、天棚的侧端面为榫、槽的实木装饰板，以及未经涂饰的素板。

（十四）电池（财税〔2015〕16号）

自2015年2月1日起，将电池列入消费税征税范围，在生产、委托加工和进口环节征收。电池的征税范围包括原电池、蓄电池、燃料电池、太阳能电池和其他电池。对无汞原电池、金属氢化物镍蓄电池（又称氢镍蓄电池或镍氢蓄电池）、锂原电池、锂离子蓄电池、太阳能电池、燃料电池和全钒液流电池免征消费税。自2016年1月1日起，对铅蓄电池按4%的税率征收消费税。

（十五）涂料（财税〔2015〕16号）

涂料是指涂于物体表面能形成具有保护、装饰或特殊性能的固态涂膜的一类液体或固体材料之总称。自2015年2月1日起，对涂料征收消费税，对施工状态下挥发性有机物（volatile organic compounds，VOC）含量低于420克/升（含）的涂料免征消费税。

【例3-4·单选题】（2016年注会）企业生产销售的下列产品中，属于消费税范围的是（　　）。

A. 电动汽车

B. 体育用鞭炮引线

C. 销售价格为9 000元的手表

D. 铅蓄电池

【答案】D

二、税率（国务院令2008年第539号）

消费税的税率有两种形式：一种是比例税率；另一种是定额税率，即单位税额（见表3-3）。

表3-3

税率形式	适用应税项目
定额税率	啤酒、黄酒、成品油
比例税率和定额税率复合计税	白酒，生产、进口、委托加工、批发卷烟
比例税率	啤酒、黄酒、成品油、卷烟、白酒以外的其他各项应税消费品

一般情况下，对一种消费品只选择一种税率形式。但为了更有效地保全消费税税基，对一些应税消费品如卷烟、白酒，则采用定额税率和比例税率双重征收形式。消费税税目、税率（税额）如表3-4所示。

表3-4

税目	计税单位	税率（税额）
一、烟		
1. 卷烟		
(1) 每标准条（200支）调拨价在70元（含）以上的	标准箱（5万支）	56%，150元
(2) 每标准条（200支）调拨价在70元以下的	标准箱（5万支）	36%，150元
2. 雪茄烟		36%
3. 烟丝		30%
4. 卷烟批发环节		11%，0.005元/支
二、酒		
1. 白酒	斤或者500毫升	20%，0.5元
2. 黄酒	吨	240元
3. 啤酒		
(1) 每吨出厂价格（包含包装物及包装物押金）在3 000元（不含增值税，含3 000元）以上的	吨	250元

续前表

税目	计税单位	税率（税额）
（2）每吨出厂价格在3 000元以下的	吨	220元
4. 其他酒		10%
三、高档化妆品		15%
四、贵重首饰及珠宝玉石		
1. 金、银、铂金首饰和钻石、钻石饰品		5%
2. 其他贵重首饰和珠宝玉石		10%
五、鞭炮、焰火		15%
六、成品油（财税〔2015〕11号、国家税务总局公告2014年第65号）		
1. 汽油	升	1.52元
2. 柴油	升	1.2元
3. 生物柴油	升	0.8元
4. 石脑油	升	1.52元
5. 溶剂油	升	1.52元
6. 润滑油	升	1.52元
7. 燃料油	升	1.2元
8. 航空煤油（暂缓征收）	升	1.2元
9. 灯用煤油、其他煤油	升	0.8元
七、摩托车		
1. 气缸容量在250毫升的		3%
2. 气缸容量在250毫升以上的		10%
八、小汽车		
1. 乘用车		
（1）气缸容量在1.0升（含）以下的		1%
（2）气缸容量在1.0升至1.5升（含）之间的		3%
（3）气缸容量在1.5升至2.0升（含）之间的		5%
（4）气缸容量在2.0升至2.5升（含）之间的		9%
（5）气缸容量在2.5升至3.0升（含）之间的		12%
（6）气缸容量在3.0升至4.0升（含）之间的		25%
（7）气缸容量在4.0升以上的		40%
2. 中轻型商用客车		5%
3. 超豪华小汽车		零售环节加征10%
九、高尔夫球及球具		10%
十、高档手表		20%
十一、游艇		10%

续前表

税目	计税单位	税率（税额）
十二、木制一次性筷子		5%
十三、实木地板		5%
十四、电池		4%
十五、涂料		4%

存在下列情况时，应按适用税率中的最高税率征税：

（1）纳税人兼营不同税率的应税消费品，即生产销售两种税率以上的应税消费品时，应当分别核算不同税率应税消费品的销售额或销售数量；未分别核算的，按最高税率征税。

（2）纳税人将应税消费品与非应税消费品以及适用税率不同的应税消费品组成成套消费品销售的，应根据组合产品的销售金额按应税消费品中适用最高税率的消费品税率征税。

三、适用税率的特殊规定（国务院令第 539 号）

（一）卷烟的适用税率

2009 年 5 月 1 日以后的卷烟税目税率状况如表 3－5 所示。

表 3－5

税目		税率
烟		
1. 卷烟		
生产	（1）甲类卷烟——调拨价 70 元（不含增值税，含 70 元）/条以上	56%加 0.003 元/支
	（2）乙类卷烟——调拨价 70 元（不含增值税）/条以下	36%加 0.003 元/支
商业批发		11%加 0.005 元/支
2. 雪茄烟		36%
3. 烟丝		30%

只有卷烟在商业批发环节缴纳消费税，雪茄烟、烟丝以及其他应税消费品在商业批发环节只缴纳增值税，不缴纳消费税。

《消费税暂行条例》将生产、进口、委托加工环节卷烟分为甲类和乙类。注意甲类卷烟、乙类卷烟税目及复合税率的换算和运用，具体如表 3－6 所示。

表 3－6

分类	比例税率	定额税率		
		每支	每标准条（200 支）	每标准箱（5 万支）
甲类卷烟	56%	0.003 元	0.6 元	150 元
乙类卷烟	36%	0.003 元	0.6 元	150 元

（二）酒的适用税率

粮食白酒和薯类白酒同时采用比例税率和定额税率。粮食白酒和薯类白酒的比例税率为20%，但是确定粮食白酒和薯类白酒的定额税率时，要会进行500克、公斤、吨等不同计量标准的换算，具体如表3-7所示。

表3-7

计量单位	500克或500毫升	1公斤（1 000克）	1吨（1 000公斤）
单位税额	0.5元	1元	1 000元

糠麸白酒、其他原料白酒属于其他酒，适用10%的比例税率。但是如果糠麸白酒、其他白酒与粮食白酒或薯类白酒混合生产白酒，则从高适用税率。具体如图3-2所示。

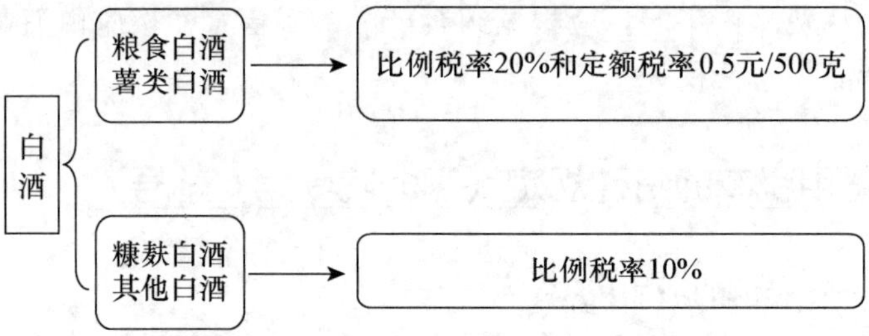

图3-2　白酒纳税比例

啤酒分为甲类和乙类，分别适用250元/吨和220元/吨的税率。按照出厂价格（含包装物押金）划分档次。

啤酒的包装物押金不包括供重复使用的塑料周转箱的押金。饮食业、娱乐业自制啤酒适用250元/吨的税率。

（三）贵重首饰及珠宝玉石的适用税率

贵重首饰及珠宝玉石税率和纳税环节的规定如表3-8所示。

表3-8

分类及规定	税率	纳税环节
金、银和金基、银基合金首饰，以及金、银和金基、银基合金的镶嵌首饰、钻石及钻石饰品、铂金首饰	5%	零售环节
与金、银和金基、银基、钻石、铂金首饰无关的其他首饰	10%	生产、进口、委托加工、提货环节

（四）成品油税率及政策的特殊规定

（1）自2009年1月1日起，对进口的石脑油恢复征收消费税。

（2）用作原料的部分油品或产品有特殊的退免税政策（参见财税〔2008〕168号、税总函〔2013〕326号）。

第四节　计税依据

一、实行从量定额的计税依据（财政部、国家税务总局令第51号）

从量定额通常以每单位应税消费品的重量、容积或数量为计税依据，并按每单位应税消费品规定固定税额。

（一）从量定额销售数量的确定

（1）销售应税消费品的，为应税消费品的销售数量。

（2）自产自用应税消费品的，为应税消费品的移送使用数量。

（3）委托加工应税消费品的，为纳税人收回的应税消费品数量。

（4）进口应税消费品的，为海关核定的应税消费品进口征税数量。

（二）从量定额的换算标准

为了规范不同产品的计量单位，《消费税暂行条例实施细则》具体规定了吨与升两个计量单位的换算标准，如表3-9所示。

表3-9

黄酒	1吨=962升	石脑油	1吨=1 385升
啤酒	1吨=988升	溶剂油	1吨=1 282升
汽油	1吨=1 388升	润滑油	1吨=1 126升
柴油	1吨=1 176升	燃料油	1吨=1 015升
航空煤油	1吨=1 246升		

二、实行从价定率的计税依据（财政部、国家税务总局令第51号）

实行从价定率办法征税的应税消费品，计税依据为应税消费品的销售额。

（一）应税消费行为的确定

纳税人的销售行为分为销售和视同销售两类。下列情况均应作为销售或视同销售，确定销售额（也包括销售数量），并按规定缴纳消费税：

（1）有偿转让应税消费品所有权的行为。即以从受让方取得货币、货物、劳务或其他经济利益为条件转让应税消费品所有权的行为，具体包括：纳税人用应税消费品换取生产资料和消费资料；用应税消费品支付代扣手续费或销售回扣；在销售数量之外另付给购货方或中间人作为奖励和报酬的应税消费品。

（2）纳税人自产自用的应税消费品用于其他方面的。纳税人用于生产非应税消费品和在建工程、管理部门、非生产机构、提供劳务以及用于馈赠、赞助、集资、广告、样品、职工福利、奖励等，均视同对外销售。

（3）委托加工的应税消费品。委托加工是指由委托方提供原料和主要材料，受托方只收取加工费和代垫部分辅助材料加工的应税消费品。对于由受托方提供原材料生产的应税消费品，或者受托方先将原材料卖给委托方，然后再接受加工的应税消费品，以及由受托方以委托方名义购进原材料生产的应税消费品，不论纳税人在财务上是否作销售处理，都不得作为委托加工应税消费品，而应按照受托方销售自制应税消费品对待。对于委托加工收回的应税消费品直接出售的，可不计算销售额，不再征收消费税。

（二）销售额的确定

1. 销售额的基本内容

销售额是纳税人销售应税消费品向购买方收取的全部价款和价外费用，包括消费税但不包括增值税。

价外费用是指价外向购买方收取的手续费、补贴、基金、集资费、返还利润、奖励费、违约金、滞纳金、延期付款利息、赔偿金、代收款项、代垫款项、包装费、包装物租金、储备费、优质费、运输装卸费以及其他各种性质的价外收费。但下列项目不包括在内：

（1）同时符合以下条件的代垫运输费用：承运部门的运输费用发票开具给购买方的；纳税人将该项发票转交给购买方的。

（2）同时符合以下条件代为收取的政府性基金或者行政事业性收费：由国务院或者财政部批准设立的政府性基金；由国务院或者省级人民政府及其财政、价格主管部门批准设立的行政事业性收费；收取时开具省级以上财政部门印制的财政票据，所收款项全额上缴财政。

白酒生产企业向商业销售单位收取的“品牌使用费”是随着应税白酒的销售而向购货方收取的，属于应税白酒销售价款的组成部分，因此，不论企业采取何种方式以何种名义收取价款，均应并入白酒的销售额中缴纳消费税。

纳税人以人民币以外的货币结算销售额的，应当折合成人民币计算，折合率可以选择结算的当天或者当月1日的国家外汇牌价，纳税人应事先确定采取何种折合率，确定后一年内不得变更。

$$\text{应税消费品的销售额}=\text{含增值税的销售额（以及价外费用）}\div(1+\text{增值税税率或征收率})$$

2. 包装物的计税问题

包装物的计税规则如表3-10所示。

表 3-10

计税方式	包装物状态
直接并入销售额计税	应税消费品连同包装物销售的，无论包装物是否单独计价，也无论在会计上如何核算，均应并入应税消费品的销售额中征收消费税
	包装物的租金
	对酒类（除啤酒、黄酒）产品生产企业销售酒类产品而收取的包装物押金，无论押金是否返还及会计上如何核算，均应并入酒类产品销售额中征收消费税
逾期并入销售额计税	对收取押金（酒类产品以外）的包装物，未到期押金不计税，但对逾期未收回包装物不再退还的和已收取 12 个月以上的押金，应并入应税消费品的销售额，按照应税消费品的适用税率征收消费税。啤酒的包装物押金不包括供重复使用的塑料周转箱的押金（财税〔2006〕20 号）

三、计税依据的若干特殊规定

计税价格的核定是确定计税依据的重要环节。卷烟、白酒和小汽车的计税价格由国家税务总局核定，其他应税消费品的计税价格由各省、自治区、直辖市税务机关核定。进口应税消费品的计税价格由海关核定。

（一）卷烟最低计税价格的核定（国家税务总局令第 26 号、国家税务总局公告 2017 年第 32 号）

自 2012 年 1 月 1 日起，卷烟消费税最低计税价格核定范围为卷烟生产企业在生产环节销售的所有牌号、规格卷烟。

计税价格由国家税务总局按照卷烟批发环节销售价格扣除卷烟批发环节批发毛利核定并发布（国家税务总局令第 26 号）。计税价格的核定公式为：

某牌号、规格卷烟计税价格＝批发环节销售价格×(1－适用批发毛利率)

对于未按照以上办法规定报送信息资料的新牌号、新规格卷烟，卷烟生产企业消费税纳税人按照国家税务总局核定的计税价格计算缴纳消费税满 1 年后，可向主管税务机关提出调整计税价格的申请。主管税务机关应于收到申请后 15 日内，将申请调整计税价格文件逐级上报至国家税务总局。国家税务总局收到文件后 30 日内，根据当期已采集的该牌号规格卷烟批发环节连续 6 个月的销售价格，调整并发布计税价格。

（二）白酒最低计税价格核定管理办法（国税函〔2009〕380 号）

设白酒生产企业销售价格为 A，白酒销售企业销售价格为 B。

如果 $A<70\%B$，则 A 为不正常价格，需要核定最低计税价格。

如果 $A\geqslant70\%B$，则 A 和 B 差价小，A 为正常价格，不需要核定最低计税价格。

1. 适用状况

(1) 白酒生产企业销售给销售单位的白酒，生产企业消费税计税价格低于销售单位对外销售价格（不含增值税）70%以下的，税务机关应核定消费税最低计税价格。

(2) 白酒生产企业销售给销售单位的白酒，生产企业消费税计税价格高于销售单位对外销售价格70%（含70%）以上的，税务机关暂不核定消费税最低计税价格。

2. 基本程序

白酒消费税最低计税价格由白酒生产企业自行申报，税务机关核定。

已核定最低计税价格的白酒，销售单位对外销售价格持续上涨或下降时间达到3个月以上、累计上涨或下降幅度在20%（含）以上的白酒，税务机关重新核定最低计税价格。

【特别提示】

自2015年6月1日起，纳税人将委托加工收回的白酒销售给销售单位，消费税计税价格低于销售单位对外销售价格（不含增值税）70%以下的，需要核定消费税最低计税价格（国家税务总局公告2015年第37号）。

（三）自设非独立核算门市部计税的规定（国税发〔1993〕156号）

纳税人通过非独立核算门市部销售的自产应税消费品，应按门市部对外销售额或者销售数量征收消费税。

（四）同类最高销售价格作为计税依据的规定（国税发〔1993〕156号）

纳税人自产的应税消费品用于换取生产资料和消费资料、投资入股和抵偿债务等方面，应当以纳税人同类应税消费品的最高销售价格作为计税依据。

【特别提示】

消费税与增值税同是对货物征收，但两者之间与价格的关系是不同的。增值税是价外税，计算增值税的价格中不应包括增值税金额；消费税是价内税，计算消费税的价格中是包括消费税金额的。通常情况下，从价定率和复合计税中从价部分用于计算消费税的销售额，与计算增值税销项税额的销售额是一致的，但有如下两点微小差异：

(1) 酒类产品包装物押金。由于啤酒和黄酒在计征消费税时采用的是定额税率，押金是否计入销售额不会影响啤酒、黄酒税额的计算，但押金计入销售额会影响啤酒适用税率档次的选择。

(2) 纳税人用于换取生产资料和消费资料、投资入股和抵偿债务等方面的应税消费品，应当以纳税人同类消费品的最高销售价格作为计税依据计算消费税。而增值税没有最高销售价格的规定，只有平均销售价格的规定。

第五节 应纳税额的一般计算

按照《消费税暂行条例》，消费税应纳税额的计算分为从价定率、从量定额和复合计税三种，具体计算方法如表 3－11 所示。

表 3－11

税率及计税形式	适用项目	计算公式
定额税率（从量定额）	啤酒、黄酒、成品油	应纳税额＝销售数量（交货数量、进口数量）×定额税率
比例税率和定额税率并用（复合计税）	卷烟、白酒	应纳税额＝销售数量（交货数量、进口数量）×定额税率＋销售额（同类应税消费品价格、组成计税价格）×比例税率
比例税率（从价定率）	上述项目以外的其他项目	应纳税额＝销售额（同类应税消费品价格、组成计税价格）×比例税率

一、从价定率计算方法

在从价定率计算方法下，应纳税额的计算取决于应税消费品的销售额和适用税率两个因素。其基本计算公式为：

应纳税额＝应税消费品的销售额×比例税率

【例 3－5·单选题】（2014 年注会）某地板企业为增值税一般纳税人，2014 年 1 月销售自产地板两批：第一批 800 箱取得不含税收入 160 万元，第二批 500 箱取得不含税收入 113 万元；另将同型号地板 200 箱赠送福利院，300 箱发给职工作为福利。实木地板消费税税率为 5%。该企业当月应缴纳消费税（　　）。

A. 16.8 万元

B. 18.9 万元

C. 18.98 万元

D. 19.3 万元

【答案】 B

【解析】 用于赠送福利院和发放给职工做福利的地板应视同销售计算缴纳消费税，计税依据为纳税人当月销售同类地板的加权平均销售价格。该企业当月应缴纳的消费税＝(160＋113)×5%＋(160＋113)÷(800＋500)×(200＋300)×5%＝18.9（万元）。

二、从量定额计算方法

在从量定额计算方法下，应纳税额的计算取决于应税消费品的销售数量和定额税率两个因素。其基本计算公式为：

应纳税额＝应税消费品的销售数量×定额税率

三、复合计税计算方法

现行消费税的征税范用中，只有卷烟、白酒采用复合计算方法。其基本计算公式为：

应纳税额=销售数量×定额税率+销售额×比例税率

【例3-6·单选题】（2008年注税改）某酒厂20×7年4月购进酒精（酒精所用原料为粮食），取得防伪税控系统开具的增值税专用发票，注明价款50万元、增值税8.5万元，生产领用其中的70%用于生产白酒；本月销售白酒20吨，取得不含税销售额40万元，并收取包装物押金4.68万元。该酒厂20×7年4月应缴纳消费税（ ）。

A. 8.25万元

B. 10万元

C. 9.05万元

D. 10.8万元

【答案】D

【解析】销售白酒收取的包装物押金，应在收取时价税分离计入销售额，计算缴纳消费税和增值税。该酒厂20×7年4月应缴纳的消费税=[40+4.68÷(1+16%)]×20%+20×0.1=10.8（万元）。

第六节　自产自用应税消费品应纳税额的计算

在纳税人生产销售应税消费品中，有一种特殊的形式，即自产自用形式。自产自用通常指的是纳税人生产应税消费品后，不是直接用于对外销售，而是用于连续生产应税消费品，或用于其他方面。

一、用于连续生产应税消费品的（国务院令第539号）

纳税人自产自用的应税消费品，用于连续生产应税消费品的，不纳税。所谓纳税人自产自用的应税消费品用于连续生产应税消费品，是指作为生产最终应税消费品的直接材料，并构成最终产品实体的应税消费品。这体现了税不重征和计税简便的原则，避免了重复征税。

二、用于其他方面的（国务院令第539号）

纳税人自产自用的应税消费品，不是用于连续生产应税消费品，而是用于其他方面的，于移送使用时纳税。所谓用于其他方面，是指纳税人用于生产非应税消费品和在建工程、管理部门、非生产机构、提供劳务以及用于馈赠、赞助、集资、广告、样品、职工福利、奖励等方面的应税消费品。这里所说的自产自用的应税消费品用于生产非应税消费品，是指把自产的应税消费品用于生产消费税税目税率表所列15类产品以外的产品。

归纳

具体内容如表 3－12 所示。

表 3－12

行为	增值税	消费税
将自产应税消费品用于连续生产应税消费品，如自产香水精连续加工化妆品	不计	不计
将自产应税消费品用于连续生产非应税消费品，如自产香水精连续生产护手霜	不计	计收入征税
将自产应税消费品用于馈赠、赞助、集资、广告、样品、职工福利、奖励、在建不动产等	计收入征税	计收入征税
将自产应税消费品以物易物，用于投资入股、抵偿债务	按同类平均售价计收入征税	按同类最高售价计收入征税

【例 3－7 · 单选题】（2017 年注会）纳税人发生的下列行为中，应征收消费税的有（　　）。

A. 白酒厂将自产的白酒赠送给客户

B. 葡萄酒厂将自产的葡萄酒用于连续生产酒心巧克力

C. 化妆品厂将自产的高档化妆品作为福利发给职工

D. 汽车制造厂将自产的小汽车用于工厂内部的行政部门

【答案】 ABCD

【解析】 纳税人自产自用的应税消费品，除用于连续生产应税消费品外，凡用于其他方面的，于移送使用时纳税。用于其他方面是指纳税人用于生产非应税消费品、在建工程、管理部门、非生产机构、提供劳务，以及用于馈赠、赞助、集资、广告、样品、职工福利、奖励等方面。所谓用于生产非应税消费品，是指把自产的应税消费品用于生产《消费税暂行条例》税目税率表所列 15 类产品以外的产品。

三、组成计税价格（国务院令第 539 号）

纳税人自产自用的应税消费品，凡用于其他方面的，应当纳税。具体分以下两种情况。

（一）有同类消费品的销售价格的

按照纳税人生产的同类消费品销售价格计算纳税。这里所说的同类消费品销售价格，是指纳税人当月销售的同类消费品的销售价格，如果当月同类消费品各期销售价格高低不同，应按销售数量加权平均计算。但销售的应税消费品有下列情况之一的，不得列入加权平均计算：销售价格明显偏低又无正当理由的；无销售价格的。如果当月无销售或者当月未完结，应按同类消费品上月或最近月份的销售价格计算纳税。

【例 3－8 · 单选题】（2017 年税务师）某酒厂为增值税一般纳税人，2017 年 4 月发放 1 吨自制白酒作为职工福利，同类白酒不含税售价为 50 000 元/吨，成本价为 35 000 元/吨。该酒厂上述业务当月应缴纳消费税（　　）。

A. 11 000 元

B. 10 000 元

C. 8 700 元

D. 7 700 元

【答案】A

【解析】纳税人将自产的应税消费品用于其他方面，有同类消费品售价的，按同类消费品的售价计算纳税。当月应缴纳的消费税＝50 000×1×20%＋1×2 000×0.5＝11 000（元）。

（二）没有同类消费品的销售价格的

按照规定，如果纳税人自产自用的应税消费品在计算征收时没有同类消费品的销售价格，应按组成计税价格计算纳税。

（1）实行从价定率办法计算纳税的组成计税价格的计算公式是：

组成计税价格＝(成本＋利润)÷(1－比例税率)

＝[成本×(1＋成本利润率)]÷(1－比例税率)

应纳税额＝组成计税价格×适用税率

（2）实行复合计税办法计算纳税的组成计税价格的计算公式是：

组成计税价格＝(成本＋利润＋自产自用数量×定额税率)÷(1－比例税率)

＝[成本×(1＋成本利润率)＋自产自用数量×定额税率]÷(1－比例税率)

上述两式中，成本是指应税消费品的生产成本；利润是指根据应税消费品的全国平均成本利润率计算的利润，应税消费品的全国平均成本利润率由国家税务总局确定。

【例3-9·单选题】（2013年注会）甲企业委托乙企业生产木制一次性筷子，甲企业提供的主要原材料实际成本为12万元，支付的不含税加工费为1万元。乙企业代垫辅料的不含税金额为0.87万元。木制一次性筷子的消费税税率为5%，乙企业代收代缴消费税的组成计税价格为（　　）。

A. 12.63万元

B. 13.55万元

C. 13.68万元

D. 14.6万元

【答案】D

【解析】乙企业代收代缴消费税的组成计税价格＝(12＋1＋0.87)÷(1－5%)＝14.6（万元）。

四、外购应税消费品已纳税款的扣除

（一）扣除范围（国税发〔1993〕156号、财税〔2006〕33号）

（1）外购已税烟丝生产的卷烟。

(2) 外购已税化妆品生产的化妆品。

(3) 外购已税珠宝玉石生产的贵重首饰及珠宝玉石。

(4) 外购已税鞭炮、焰火生产的鞭炮、焰火。

(5) 以外购已税石脑油、燃料油为原料生产的应税消费品。

(6) 以外购已税润滑油为原料生产的润滑油。

(7) 以外购或委托加工收回的汽油、柴油为原料连续生产甲醇汽油、生物柴油（财税〔2008〕168 号)。

(8) 以外购已税杆头、杆身和握把为原料生产的高尔夫球杆。

(9) 以外购已税木制一次性筷子为原料生产的木制一次性筷子。

(10) 以外购已税实木地板为原料生产的实木地板。

(11) 自 2014 年 1 月 1 日起，以外购或委托加工收回的已税汽油、柴油为原料连续生产汽油、柴油（财税〔2014〕15 号)。

需要指出的是，纳税人用外购的已税珠宝玉石生产的改在零售环节征收消费税的金银首饰（镶嵌首饰)、钻石及钻石饰品，在计税时一律不得扣除外购珠宝玉石的已纳税款。

【例 3-10·多选题】（2017 年税务师）下列情形中，可以扣除外购应税消费品已缴纳消费税的有（　　）。

A 外购已税烟丝生产的卷烟

B. 以已税白酒为原料生产的白酒

C. 以已税杆头为原料生产的高尔夫球杆

D. 以已税实木地板为原料生产的实木地板

【答案】 ACD

【解析】 用已税消费品连续生产应税消费品的，允许抵扣税额的税目从大类上看，原则上不包括酒（葡萄酒除外)、小汽车、高档手表、游艇、电池、涂料。从允许抵扣项目的子目上看，不包括雪茄烟、溶剂油、航空煤油。

（二）抵扣税款的计算方法（国税发〔2006〕49 号）

(1) 外购应税消费品连续生产应税消费品实行从价定率办法计算应纳税额的，当期准予扣除外购应税消费品已纳税款的计算公式为：

$$\begin{gathered}\text{当期准予扣除的外购}\\\text{应税消费品已纳税款}\end{gathered}=\begin{gathered}\text{当期准予扣除的外购}\\\text{应税消费品买价}\end{gathered}\times\begin{gathered}\text{外购应税消费品}\\\text{的适用税率}\end{gathered}$$

$$\begin{gathered}\text{当期准予扣除的外购}\\\text{应税消费品买价}\end{gathered}=\begin{gathered}\text{期初库存的外购}\\\text{应税消费品买价}\end{gathered}+\begin{gathered}\text{当期购进的外购应税}\\\text{消费品买价}\end{gathered}-\begin{gathered}\text{期末库存的外购}\\\text{应税消费品买价}\end{gathered}$$

外购应税消费品买价是指外购应税消费品增值税专用发票上注明的销售额（不包括增值税税额)。

(2) 实行从量定额办法计算应纳税额的计算公式为：

$$\frac{\text{当期准予扣除的外购}}{\text{应税消费品已纳税款}}=\frac{\text{当期准予扣除的外购}}{\text{应税消费品数量}}\times\frac{\text{外购应税消费品}}{\text{定额税率}}\times 30\%$$

$$\frac{\text{当期准予扣除的外购}}{\text{应税消费品数量}}=\frac{\text{期初库存的外购}}{\text{应税消费品数量}}+\frac{\text{当期购进的外购}}{\text{应税消费品数量}}-\frac{\text{期末库存的外购}}{\text{应税消费品数量}}$$

外购应税消费品数量为规定的发票（含销货清单）注明的应税消费品的销售数量。

纳税人取得进口应税消费品已纳税款为海关进口消费税专用缴款书注明的进口环节消费税，可按上述计算方法抵扣。

第七节　委托加工应税消费品应纳税额的计算

委托加工应税消费品是生产应税消费品的另一种形式，也需要纳入消费税的计征范围。但其应纳税额的计算具有一定的特殊性，需要专门掌握。

一、委托加工应税消费品的确定（财政部、国家税务总局令第51号）

委托加工的应税消费品是指委托方提供原料和主要材料，受托方只收取加工费和代垫部分辅助材料加工的应税消费品（见图3-3）。

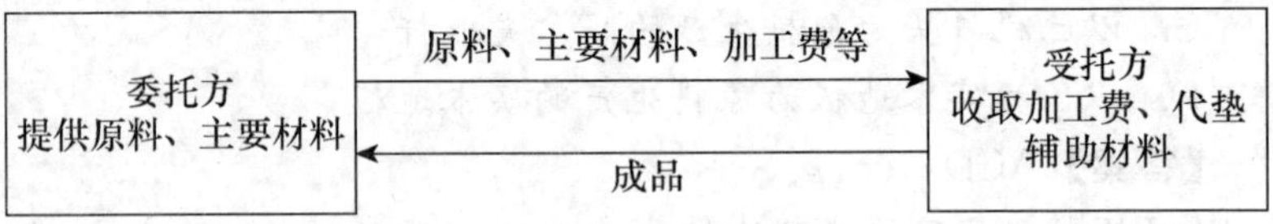

图3-3　委托方与受托方

二、代收代缴税款（财政部、国家税务总局令第51号）

受托方是法定的代收代缴义务人，由受托方在向委托方交货时代收代缴消费税。如果受托方没有按有关规定代收代缴消费税，或没有履行代收代缴义务，就要按照《税收征收管理法》的有关规定，承担补税或罚款的有关责任。

纳税人委托个体经营者加工应税消费品，于委托方收回后在委托方所在地缴纳消费税。

在税收征管中，如果发现委托方委托加工的应税消费品，受托方没有代收代缴税款，委托方要补缴税款，受托方不再补税。对委托方补征税款的计税依据是：如果收回的应税消费品已直接销售，按销售额计税补征；如果收回的应税消费品尚未销售或用于连续生产等，按组成计税价格计税补征。

委托加工的应税消费品，受托方在交货时已代收代缴消费税，委托方收回后直接销售的，不再征收消费税。

自 2012 年 9 月 1 日起，委托方以高于受托方的计税价格出售的，不属于直接出售，需按照规定申报缴纳消费税，在计税时准予扣除受托方已代收代缴的消费税（财法〔2012〕8 号）。

三、委托加工应税消费品组成计税价格

根据《消费税暂行条例》的规定，委托加工的应税消费品，按照受托方的同类消费品的销售价格计算纳税；没有同类消费品销售价格的，按照组成计税价格计算纳税。

（1）有同类消费品销售价格的，其应纳税额的计算公式为：

应纳税额＝同类消费品销售单价×委托加工数量×适用税率

（2）没有同类消费品销售价格的，按组成计税价格计税，计算公式为：

组成计税价格＝(材料成本＋加工费)÷(1－比例税率)

（3）自 2009 年 1 月 1 日起，增加了实行复合计税办法计算纳税的组成计税价格计算公式：

$$\text{组成计税价格}=\left(\text{材料成本}+\text{加工费}+\text{委托加工数量}\times\text{定额税率}\right)\div\left(1-\text{比例税率}\right)$$

应纳税额＝组成计税价格×适用税率

上述公式中，材料成本是指委托方所提供加工材料的实际成本。委托加工应税消费品的纳税人必须在委托加工合同上如实注明（或以其他方式提供）材料成本，凡未提供材料成本的，受托方所在地主管税务机关有权核定其材料成本。加工费是指受托方加工应税消费品向委托方所收取的全部费用，包括代垫辅助材料的实际成本。

四、用委托加工收回的应税消费品连续生产应税消费品计算征收消费税问题

纳税人用委托加工收回的下列 10 种应税消费品连续生产应税消费品，在计征消费税时可以扣除委托加工收回应税消费品的已纳税款（国税发〔1993〕156 号、财税〔2006〕33 号）：

（1）以委托加工收回的已税烟丝为原料生产的卷烟。

（2）以委托加工收回的已税化妆品为原料生产的化妆品。

（3）以委托加工收回的已税珠宝玉石为原料生产的贵重首饰及珠宝玉石。

（4）以委托加工收回的已税鞭炮、焰火为原料生产的鞭炮、焰火。

（5）以委托加工收回的已税摩托车连续生产的摩托车。

（6）以委托加工收回的已税石脑油为原料生产的应税消费品。

（7）以委托加工收回的已税润滑油为原料生产的润滑油。

（8）以委托加工收回的已税杆头、杆身和握把为原料生产的高尔夫球杆。

（9）以委托加工收回的已税木制一次性筷子为原料生产的木制一次性筷子。

（10）以委托加工收回的已税实木地板为原料生产的实木地板。

用上述10种委托加工收回的应税消费品连续生产的应税消费品准予从应纳税额中按当期生产领用数量计算扣除此前已纳税款（国税发〔2006〕49号）。计算公式如下：

$$\text{当期准予扣除的委托加工应税消费品已纳税款}=\text{期初库存的委托加工应税消费品已纳税款}+\text{当期收回的委托加工应税消费品已纳税款}-\text{期末库存的委托加工应税消费品已纳税款}$$

值得注意的是，纳税人用委托加工收回的已税珠宝玉石生产的改在零售环节征收消费税的金银、钻石及钻石饰品，在计税时一律不得扣除委托加工收回的珠宝玉石已纳税款。

归纳

具体内容如表3-13所示。

表3-13

项目	委托方	受托方
委托加工关系的条件	提供原料和主要材料	收取加工费和代垫部分辅助材料
加工及提货时涉及的税种	（1）购进材料涉及增值税进项税额 （2）支付加工费涉及增值税进项税额 （3）委托加工消费品应缴纳消费税	（1）买辅助材料涉及增值税进项税额 （2）收取加工费和代垫辅助材料涉及增值税销项税额
消费税纳税环节	（1）提货时受托方代收代缴消费税（受托方为个人、个体工商户的除外） （2）对于受托方没有代收代缴消费税的（含受托方为个人、个体工商户的），收回后由委托方缴纳消费税	（1）交货时代收代缴委托方消费税 （2）没有履行代收代缴义务的，税务机关向委托方追缴税款，对受托方处应收未收税款50%以上3倍以下的罚款
代收代缴后消费税的相关处理	（1）以不高于受托方的计税价格直接出售的，不再缴纳消费税（财法〔2012〕8号） （2）以高于受托方的计税价格出售的，需按照规定申报缴纳消费税，在计税时准予扣除受托方已代收代缴的消费税（财法〔2012〕8号） （3）连续加工应税消费品后销售的，在出厂环节缴纳消费税，同时可按生产领用量抵扣已纳税款（只限于规定的情况）	及时解缴税款，否则按《税收征收管理法》（主席令2001年第49号）规定惩处

【例3-11·单选题】（2011年注会）2010年8月某首饰厂从某商贸企业购进一批珠宝玉石，增值税发票注明价款50万元，增值税税款8.5万元，打磨后再将其销售给首饰商城，收到不含税价款90万元。已知珠宝玉石消费税税率为10%，该首饰厂以上业务应缴纳消费税（ ）。

A. 4万元

B. 5万元

C. 9万元

D. 14万元

【答案】C

【解析】对自己不生产应税消费品，而只是购进后再销售应税消费品的工业企业，其销售的化妆品、鞭炮、焰火和珠宝玉石，凡不能构成最终消费品直接进入消费品市场，而需进一步生产加工的，应当征收消费税。应缴纳的消费税=90×10%=9（万元）。

第八节 进口应税消费品应纳税额的计算

一、进口应税消费品的基本规定

进口应税消费品的有关规定如下（国务院令第539号，财政部、国家税务总局令第51号）。

（一）纳税人

进口或代理进口应税消费品的单位和个人，为进口应税消费品消费税的纳税人。

（二）课税对象

进口应税消费品以进口商品总值为课税对象。进口商品总值具体包括到岸价格、关税和消费税三部分内容。

（三）税率

执行《财政部、国家税务总局关于进口环节消费税有关问题的通知》（财关税〔2006〕22号）及《关于调整进口环节消费税政策的公告》（海关总署公告2014年第85号）相关规定。

（四）其他规定

（1）进口的应税消费品于报关进口时缴纳消费税。

（2）进口的应税消费品的消费税由海关代征。

（3）进口的应税消费品由进口人或者其代理人向报关地海关申报纳税。

（4）纳税人进口应税消费品，应当自海关填发海关进口消费税专用缴款书之日起15日内缴纳税款。

二、进口应税消费品组成计税价格的计算

（一）适用比例税率的进口应税消费品实行从价定率办法按组成计税价格计算应纳税额

计算公式如下：

组成计税价格＝(关税完税价格＋关税)÷(1－比例税率)

应纳税额＝组成计税价格×比例税率

式中，关税完税价格是指海关核定的关税计税价格。

（二）实行定额税率的进口应税消费品实行从量定额办法计算应纳税额

计算公式如下：

应纳税额＝应税消费品数量×定额税率

式中，应税消费品数量是指海关核定的应税消费品进口征税数量。

（三）实行复合计税办法的进口应税消费品的税额计算

计算公式如下：

组成计税价格＝(关税完税价格＋关税＋进口数量×定额税率)÷(1－比例税率)

应纳税额＝应税消费品数量×定额税率＋组成计税价格×比例税率

【例3－12·单选题】（2011年注税）2010年某公司进口10箱卷烟（5万支/箱），经海关审定，关税完税价格为22万元/箱，关税税率为50%，消费税税率为56%，定额税率为150元/箱。2010年该公司进口环节应缴纳消费税（　　）。

A. 100.8万元

B. 288.88万元

C. 420.34万元

D. 1 183.64万元

【答案】C

【解析】从价税＝[22×10×(1＋50%)＋150×10/10 000]÷(1－56%)×56%＝420.19（万元），从量税＝150×10/10 000＝0.15（万元），该公司进口环节应缴纳的消费税＝420.19＋0.15＝420.34（万元）。

第九节 出口应税消费品消费税退（免）税

一、出口应税消费品退（免）消费税的政策

出口应税消费品退（免）消费税分为退（免）税政策和免税政策两类，与增值税出口退（免）税政策有极高的关联度，具体内容如表3-14所示。

表3-14

增值税的出口政策	消费税的出口政策
退（免）税的货物	免征消费税，若属于购进出口的货物，退还前一环节对其已征的消费税
免税政策的货物	免征消费税，不退还以前环节消费税，且不允许在内销消费品应纳税额中抵扣
征税政策的货物	按规定缴纳消费税，不退还以前环节消费税，且不允许在内销消费品应纳税额中抵扣

二、消费税退税的计税依据

出口货物的消费税应退税额的计税依据，按购进出口货物的消费税专用缴款书和海关进口消费税专用缴款书确定。

属于从价定率计征消费税的，为已征且未在内销应税消费品应纳税额中抵扣的购进出口货物金额；属于从量定额计征消费税的，为已征且未在内销应税消费品应纳税额中抵扣的购进出口货物数量；属于复合计征消费税的，按从价定率和从量定额的计税依据分别确定。

三、消费税退税的计算

计算公式如下：

$$\text{消费税应退税额}=\text{从价定率计征消费税的退税计税依据}\times\text{比例税率}+\text{从量定额计征消费税的退税计税依据}\times\text{定额税率}$$

第十节 消费税征税环节的特殊规定

一、关于金银首饰征收消费税的若干规定

（一）纳税人（财税字〔1994〕95号）

在中华人民共和国境内从事金银首饰零售业务的单位和个人，为金银首饰消

费税的纳税人。委托加工（除另有规定）、委托代销金银首饰的，受托方也是纳税人。

（二）零售环节征收消费税的金银首饰范围

金、银和金基、银基合金首饰，以及金、银和金基、银基合金。自2003年5月1日起，铂金首饰消费税改为零售环节征收。

自2002年1月1日起，钻石及钻石饰品消费税改为零售环节征收（财税〔2001〕177号、财税〔2001〕190号、财税〔2013〕40号）。

在零售环节征收消费税的金银首饰的范围不包括镀金（银）、包金（银）首饰，以及镀金（银）、包金（银）的镶嵌首饰，凡采用包金、镀金工艺以外的其他工艺制成的含金、银首饰及镶嵌首饰，如锻压金、铸金、复合金首饰等，都应在零售环节征收消费税（国税函发〔1996〕727号）。

【例3-13·单选题】（2017年注会）下列消费品中，应在零售环节征收消费税的是（　　）。

A. 卷烟

B. 钻石

C. 高档手表

D. 镀金首饰

【答案】 B

【解析】 金银首饰、钻石及钻石饰品在零售环节征收消费税。

（三）应税与非应税的划分

经营单位兼营生产、加工、批发、零售业务的，应分别核算销售额，未分别核算销售额或者划分不清的，一律视同零售征收消费税。

（四）税率

金银首饰的消费税税率为5%。

（五）计税依据

（1）纳税人销售金银首饰，其计税依据为不含增值税的销售额。

金银首饰的销售额＝含增值税的销售额÷(1＋增值税税率或征收率)

（2）金银首饰连同包装物销售的，无论包装物是否单独计价，也无论会计上如何核算，均应并入金银首饰的销售额，计征消费税。

（3）带料加工的金银首饰，应按受托方销售同类金银首饰的销售价格确定计税依据征收消费税。没有同类金银首饰销售价格的，按照组成计税价格计算纳税。组成计税价格的计算公式为：

组成计税价格＝(材料成本＋加工费)÷(1－金银首饰消费税税率)

（4）纳税人采用以旧换新（含翻新改制）方式销售的金银首饰，应按实际收取的不含增值税的全部价款确定计税依据征收消费税。

（5）生产、批发、零售单位用于馈赠、赞助、集资、广告、样品、职工福利、奖励等方面的金银首饰，应按纳税人销售同类金银首饰的销售价格确定计税依据征收消费税；没有同类金银首饰销售价格的，按照组成计税价格计算纳税。组成计税价格的计算公式为：

组成计税价格＝购进原价×(1＋利润率)÷(1－金银首饰消费税税率)

纳税人为生产企业时，公式中的购进原价为生产成本，公式中的利润率一律定为6%。

（6）金银首饰消费税改变纳税环节后，用已税珠宝玉石生产的镶嵌首饰，在计税时一律不得扣除已纳税款。

二、卷烟批发环节征收消费税的规定

自2009年5月1日起，在卷烟批发环节加征一道从价税（财税〔2009〕84号、财税〔2015〕60号）。

（1）纳税人：在中华人民共和国境内从事卷烟批发业务的单位和个人。

（2）征税范围：纳税人批发销售的所有牌号规格的卷烟。

（3）计税依据：纳税人批发卷烟的销售额（不含增值税）。

（4）纳税人应将卷烟销售额与其他商品销售额分开核算，未分开核算的，一并征收消费税。

（5）适用税率：11%，并按0.005元/支加征从量税（自2015年5月10日起）。

（6）纳税人兼营卷烟批发和零售业务的，应当分别核算批发和零售环节的销售额、销售数量；未分别核算批发和零售环节销售额、销售数量的，按照全部销售额、销售数量计征批发环节消费税。

（7）纳税人销售给纳税人以外的单位和个人的卷烟于销售时纳税。纳税人之间销售的卷烟不缴纳消费税。

（8）纳税义务发生时间：纳税人收讫销售款或者取得索取销售款凭据的当天。

（9）纳税地点：卷烟批发企业的机构所在地，总机构与分支机构不在同一地区的，由总机构申报纳税。

（10）卷烟消费税在生产和批发两个环节征收后，批发企业在计算纳税时不得扣除已含的生产环节的消费税税款。

【例3－14·单选题】（2017年税务师改）20×7年3月，某卷烟批发企业批发销售给卷烟零售企业卷烟6标准箱，取得含税收入120万元。该企业当月应缴纳消费税（　　）。

A. 57.52万元

B. 37.01万元

C. 57.59 万元

D. 11.53 万元

【答案】 D

【解析】 卷烟在批发环节复合计征消费税，税率为11%+250元/箱。该企业当月应缴纳的消费税=120÷(1+16%)×11%+6×250÷10 000=11.53（万元）。

第十一节 申报和缴纳

一、纳税义务发生时间（财政部、国家税务总局令第51号）

消费税纳税义务的发生时间如下：

(1) 纳税人销售的应税消费品，其纳税义务发生的时间为：

1）纳税人采取赊销和分期收款结算方式的，其纳税义务的发生时间为书面合同约定的收款日期的当天，书面合同没有约定收款日期或者无书面合同的，为发出应税消费品的当天。

2）纳税人采取预收货款结算方式的，其纳税义务的发生时间为发出应税消费品的当天。

3）纳税人采取托收承付和委托银行收款方式的，其纳税义务的发生时间为发出应税消费品并办妥托收手续的当天。

4）纳税人采取其他结算方式的，其纳税义务的发生时间为收讫销售款或者取得索取销售款凭据的当天。

(2) 纳税人自产自用的应税消费品，其纳税义务的发生时间为移送使用的当天。

(3) 纳税人委托加工的应税消费品，其纳税义务的发生时间为纳税人提货的当天。

(4) 纳税人进口的应税消费品，其纳税义务的发生时间为报关进口的当天。

【例3-15·单选题】（2016年税务师）下列说法中，符合消费税纳税义务发生时间规定的是（　）。

A. 采取分期收款结算方式的，为发出应税消费品的当天

B. 进口应税消费品的，为报关进口的当天

C. 委托加工应税消费品的，为支付加工费的当天

D. 采取预收货款结算方式的，为收到预收款的当天

【答案】 B

【解析】 采取分期收款结算方式的，为书面合同约定的收款日期的当天；委托加工应税消费品的，为纳税人提货的当天；采取预收货款结算方式的，为发出应税消费品的当天。

二、纳税地点（财政部、国家税务总局令第 51 号）

（1）纳税人销售的应税消费品，以及自产自用的应税消费品，除国务院财政、税务主管部门另有规定，应当向纳税人机构所在地或者居住地的主管税务机关申报纳税。

纳税人的总机构与分支机构不在同一县（市）的，应当分别向各自机构所在地的主管税务机关申报纳税；经财政部、国家税务总局或者授权的财政、税务机关批准，可以由总机构汇总向总机构所在地的主管税务机关申报纳税（财税〔2012〕42 号）。

（2）委托加工的应税消费品，除受托方为个人，由受托方向其机构所在地或者居住地的主管税务机关解缴消费税税款。

（3）委托个人加工的应税消费品，由委托方向其机构所在地或者居住地主管税务机关申报纳税。

（4）进口的应税消费品，由进口人或者其代理人向报关地海关申报纳税。

【特别提示】

纳税人销售的应税消费品，如因质量等原因由购买者退回时，经所在地主管税务机关审核批准后，可退还已征收的消费税，但不能自行直接抵减应纳税款。

【例 3－16 · 单选题】（2016 年注会）下列关于消费税征收管理的说法中，正确的是（　　）。

A. 消费税收入分别入中央库和地方库

B. 委托个体工商户加工应税消费品应缴纳消费税，由受托方代扣向其所在地主管税务机关申报缴纳

C. 消费税纳税人总、分支机构在同一地级市但不同县的，由市级税务机关审批同意后，可汇总缴纳消费税

D. 消费税由国家税务局负责征收

【答案】 D

三、纳税环节

消费税的纳税环节分为以下几种情况（国务院令第 539 号）：

（1）生产环节。纳税人生产的应税消费品，由生产者于销售时纳税。委托加工的应税消费品，除受托方为个人，由受托方在向委托方交货时代收代缴税款。

（2）进口环节。进口的应税消费品，由进口报关者于报关进口时纳税。

（3）零售环节。金银首饰消费税在零售环节征收（财税字〔1994〕95 号）。

（4）批发环节。自 2009 年 5 月 1 日起，除生产环节，对卷烟批发环节加征一道从价税（财税〔2009〕84 号）。

四、纳税期限（国务院令第539号）

消费税的纳税期限分别为1日、3日、5日、10日、15日、1个月或者1个季度。纳税人的具体纳税期限，由主管税务机关根据纳税人应纳税额的大小分别核定；不能按照固定期限纳税的，可以按次纳税。

纳税人以1个月或者1个季度为一个纳税期的，自期满之日起15日内申报纳税；以1日、3日、5日、10日或者15日为一个纳税期的，自期满之日起5日内预缴税款，于次月1日起15日内申报纳税并结清上月应纳税款。

纳税人进口应税消费品，应当自海关填发海关进口消费税专用缴款书之日起15日内缴纳税款。

五、报缴税款的方法（国税发〔2006〕49号）

（1）报缴方法具体有自核自缴、自报核缴、核定税额缴纳。

（2）消费税抵扣所需资料。纳税人报缴税款时，如需办理消费税税款抵扣手续，除应按有关规定提供纳税申报所需资料，还应当提供以下资料：

1）外购应税消费品连续生产应税消费品的，提供外购应税消费品增值税专用发票（抵扣联）原件和复印件。

外购应税消费品的增值税专用发票属于汇总填开的，除提供增值税专用发票（抵扣联）原件和复印件，还应提供随同增值税专用发票取得的由销售方开具并加盖财务专用章或发票专用章的销货清单原件和复印件。

2）委托加工收回应税消费品连续生产应税消费品的，提供代扣代收税款凭证原件和复印件。

3）进口应税消费品连续生产应税消费品的，提供海关进口消费税专用缴款书原件和复印件。

第四章 Chapter 4 关　税

第一节　概　述

一、关税的概念

关税是海关根据国家制定的有关法律，以进出关境货物、物品为征收对象而征收的一种商品税。

二、关税的特点

（1）征收的对象是进出境的货物和物品。关税只对有形的货品征收，对无形的货品不征收。货物和物品只有在进出关境时才能被征收关税。

（2）关税是单一环节的价外税。在征收关税时以实际成交价格为计税依据，关税不包括在内。

（3）有较强的涉外性。关税政策及措施往往和经济政策、外交政策紧密相关。税率的高低直接影响到国际贸易的开展。

【例4－1·单选题】（2010年注税）下列关于关税特点的说法中，正确的是（　　）。

A. 关税的高低对进口国的生产影响较大，对国际贸易影响不大

B. 关税是多环节的价内税

C. 关税是单一环节的价外税

D. 关税不仅对进出境的货物征收，还对进出境的劳务征收

【答案】 C

三、关税的分类

（1）按征税对象划分：进口关税、出口关税、过境关税。

（2）按征税标准划分：从量税、从价税。此外，各国常用的征税标准还有复

合税、选择税、差价税、滑准税。

（3）按征税性质划分：普通关税、优惠关税、差别关税。

（4）按保护形式和程度划分：关税壁垒和非关税壁垒。

【例4－2·单选题】（2012年注税）在关税税则中，预先按产品的价格高低分档制定若干不同的税率，根据进出口商品价格的变动而增减进出口税率的关税是（　　）。

A. 选择税

B. 滑动税

C. 复合税

D. 差别税

【答案】 B

第二节　征税对象、纳税人和税率

一、征税对象（主席令1987年第51号）

关税的征税对象是准许进出境的货物和物品。货物是指贸易性商品；物品是指入境旅客随身携带的行李物品、个人邮递物品、各种运输工具上的服务人员携带进口的自用物品、馈赠物品以及其他方式进境的个人物品。

二、纳税人（国务院令第392号）

进口货物的收货人、出口货物的发货人、进出境物品的所有人，是关税的纳税义务人。进出境物品的所有人包括该物品的所有人和推定为所有人的人。一般情况下，对于携带进境的物品，推定其携带人为所有人；对于分离运输的行李，推定相应的进出境旅客为所有人；对于以邮递方式进境的物品，推定其收件人为所有人；对于以邮递或其他运输方式出境的物品，推定其寄件人或托运人为所有人。

【例4－3·多选题】 下列各项中，属于关税纳税人的有（　　）。

A. 进口货物的收货人

B. 出口货物的发货人

C. 进出口货物的经纪人

D. 进出境物品的所有人

【答案】 ABD

三、税率的适用

（一）进口关税税率

在加入世界贸易组织（WTO）之后，我国开始履行在加入WTO关税减让谈判中承诺的有关义务，享有WTO成员应有的权利。根据《进出口关税条例》，自2004年1月1日起，我国进口税则设有最惠国税率、协定税率、特惠税率、普通税率、关税配额税率等税率形式。对进口货物在一定期限内可以实行暂定税率。2016年我国对进出口税则中部分税目进行调整。调整后，我国税则税目总数由8 285个增加到8 294个（海关总署公告2015年第69号）。

自2016年7月13日起，反倾销税、反补贴税、保障措施关税、报复性关税的起征点均为每票货物50元（海关总署公告2016年第40号）。

为完善进境物品进口税收政策，经国务院批准，自2016年4月8日起，对进境物品进口税税目税率进行调整。调整后的《进境物品进口税率表》如表4－1所示（税委会〔2016〕2号）。

表4－1

税号	物品名称	税率（%）
1	书报、刊物、教育用影视资料；计算机、视频摄录一体机、数字照相机等信息技术产品；食品、饮料；金银；家具；玩具、游戏品、节日或其他娱乐用品	15
2	运动用品（不含高尔夫球及球具）、钓鱼用品；纺织品及其制成品；电视摄像机及其他电器用具；自行车；税目1，3中未包含的其他商品	30
3	烟、酒；贵重首饰及珠宝玉石；高尔夫球及球具；高档手表；化妆品	60

说明：税目3所列商品的具体范围与消费税征税范围一致。

自2016年10月1日起，将《进境物品进口税率表》中税目3中“化妆品”的名称调整为“高档化妆品”，征税商品范围与征收消费税的高档化妆品的商品范围一致（税委会〔2016〕26号）。

【例4－4·单选题】（2016年注会）下列机构中，有权决定税收特别关税的货物适用国别、税率、期限和征收办法的是（　　）。

A. 财政部

B. 海关总署

C. 国务院关税税则委员会

D. 商务部

【答案】 C

【解析】 本题考查的知识点是特别关税的相关规定。特别关税包括报复性关税、反倾销税与反补贴税、保障性关税。征收特别关税的货物、使用国别、税率、期限和征收办法，由国务院关税税则委员会决定，海关总署负责实施。

（二）出口关税税率

我国的出口税为一栏税率，即出口税率。国家仅对少数资源性产品及易于竞相杀价、盲目出口、需要规范出口秩序的半制成品征收出口关税。适用出口税率的出口货物有暂定税率的，应当适用暂定税率（国务院令第392号）。

【例4-5·多选题】 以下关于关税税率的表述错误的有（　　）。

A. 进口税率的选择适用的是根据货物的不同启运地确定

B. 适用最惠国税率、协定税率、特惠税率的国家或地区名单，由国务院关税税则委员会决定

C. 我国进口商品绝大部分采用从价定率征税的方法

D. 原产地不明的货物不予征税

【答案】 AD

【解析】 对关税税率的理解要注意以下两方面：（1）进口税率的选择使用与原产地有直接关系；原产地不明的货物实行普通税率。（2）征收出口关税的货物项目很少，采用的都是从价定率征税的方法。

（三）税率的运用（国务院令第392号）

根据《进出口关税条例》，进出口货物应按照税则规定的归类原则归入合适的税号，并按照适用的税率征税，其中：

（1）进出口货物应当按照纳税人申报进口或者出口之日实施的税率征税。

（2）进口货物到达前，经海关核准先行申报的，应当按照装载此货物的运输工具申报进境之日实施的税率征税。

（3）进出口货物的补税和退税适用该进出口货物原申报进口或出口之日所实施的税率。因纳税义务人违反规定需要追征税款的，适用该行为发生之日实施的税率；行为发生之日不能确定的，适用海关发现该行为之日实施的税率。

表4-2中所列的情况除外。

表4-2

具体情况	适用税率
减免税货物转让或改变成不免税用途的	海关接受纳税人再次填写报关单申报办理纳税手续之日实施的税率
加工贸易进口保税料、件转为内销的	经批准的，为申报转为内销之日的税率
	未经批准擅自转为内销的，为查获之日的税率
暂时进口货物转为正式进口的	申报正式进口之日实施的税率
分期支付租金的租赁进口货物分期付税时	该项货物原进口之日实施的税率

【例4-6·单选题】（2014年注会）下列关于我国关税税率运用的表述中，正确的是（　　）。

A. 对由于税则归类的改变需补税的货物，按税则归类改变当日实施的税率征税

B. 未经海关批准擅自转为内销的加工贸易进口材料，按原申报进口之日实施的税率补税

C. 分期支付租金的租赁进口设备分期付税时，按纳税人首次支付税款之日实施的税率征税

D. 进口仪器到达前，经海关批准先行申报的，按装载此仪器的运输工具申报进境之日实施的税率征税

【答案】D

第三节 原产地规定

一、原产地规则

原产地规则是确定进口货物唯一产地的规定，主要包括原产地标准和直接运输规定。各国的原产地规则不尽一致，现将国际上常用的一些规则介绍如下。

（一）原产地标准

原产地标准是衡量进口货物产于何地的尺度。对于只有一个国家可供审定的进口货物，可以应用货物“完全在一国生产”的准则。对于有两个或两个以上国家参与生产的进口货物，则应用“实质性改变”的准则。

1. 完全在一国生产标准

这项标准适用于从原料到制成品的全生产过程都在一国进行的货物。这些货物不使用外国料件，也没有在外国加工生产。

2. 实质性改变标准

这项标准适用于两个或两个以上国家参与加工或生产的货物。基本原则是经过两个或两个以上国家加工生产的货物应以经过实质性改变、获得新特性或特征的国家作为该货物的原产地。采用实质性改变标准来确定货物原产地，主要通过以下三种方法：

（1）改变税号法，即货物经某国生产后其税则归类发生了变化，改变了税号，就应以该国为货物的原产地。大部分国家采用协调制度作为税则目录的基础，一般规定，产品经他国生产致使四位数级税号发生变化，才视为原产地改变。

（2）列出加工程度表法。通过对有关产品的加工程度列表规定，产品在原产地生产时必须达到表列要求，才能视为该产地产品。

（3）从价百分比法，即产品在某国进行加工生产所增加的价值相当于或超过规定的百分比时，即将该国视为货物的原产地。

（二）直接运输规定

直接运输规定是指原产国要将出口产品直接运到进口国，进口国才能作为该国原产的货物给予相应的待遇。以下两种情况可视为符合直接运输规定：

（1）不通过他国关境直接将货物运到进口国。

（2）由于地理（如内陆国家）等特殊原因通过了他国关境，但在他国关境内，有关货物始终处于海关监管之下。

直接运输规定主要用于普惠制。实行该规定主要是让给惠国更好地确定货物的原产地，以便将所给优惠直接落实到所希望给予的国家，防止他人从中获利。

二、我国原产地规定（国务院令第416号）

我国原产地规定基本上采用了完全在一国生产标准和实质性改变标准两种国际上通用的原产地标准。

（一）适用范围

具体适用范围如表4-3所示。

表4-3

适用范围	为实施最惠国待遇、反倾销和反补贴、保障措施、原产地标记管理、国别数量限制、关税配额等非优惠性贸易措施以及进行政府采购、贸易统计等活动对进出口货物原产地的确定
不适用范围	不适用实施优惠性贸易措施对进出口货物原产地的确定

（二）原产地认定

完全在一个国家（地区）获得的货物，以该国家（地区）为原产地；两个以上国家（地区）参与生产的货物，以最后完成实质性改变的国家（地区）为原产地。

随所装货物进出口的包装、包装材料和容器，在进出口税则中与货物一并归类的，其原产地不影响货物原产地的确定；对该包装、包装材料和容器的原产地不再单独确定，货物的原产地即为该包装、包装材料和容器的原产地。在规定中与该货物不一并归类的，依照规定确定该包装、包装材料和容器的原产地。

随货物进出口的附件、备件、工具和介绍说明性资料在进出口税则中虽与货物一并归类，但超出正常配备的种类和数量的，以及在税则中与该货物不一并归类的，依照规定确定该附件、备件、工具和介绍说明性资料的原产地。

实质性改变的确定标准以税则归类改变为基本标准；税则归类改变不能反映实质性改变的，以从价百分比、制造或者加工工序等为补充标准。通常情况下，四位数税号一级的税则归类已经有了改变，或加工增值部分所占新产品总值的比例超过30%及以上的可视为实质性改变。

【例4-7·多选题】（2012年注会）下列有关进口货物原产地的确定，符合我国关税相关规定的有（　　）。

A. 从俄罗斯船只上卸下的海洋捕捞物，其原产地为俄罗斯

B. 在澳大利亚开采并经新西兰转运的铁矿石，其原产地为澳大利亚

C. 由中国台湾提供棉纱，在越南加工成衣，经中国澳门包装转运的西服，

其原产地为越南

D. 在南非开采并经中国香港加工的钻石，加工增值部分占该钻石总值比例为20%，其原产地为中国香港

【答案】ABC

【解析】选项A，B，均为以完全在一国生产标准来进行判断；选项C，进出口税则中四位数税号一级的税则归类已经有了改变，所以其原产地为越南；选项D，加工增值部分所占新产品总值的比例未超过30%，所以其原产地为南非。故选项A，B，C是正确的。

第四节 关税完税价格和应纳税额的计算

一、关税完税价格

根据自2014年2月1日起施行的新的《海关审定进出口货物完税价格办法》（海关总署令第213号）的规定，进口货物的完税价格由海关以该货物的成交价格为基础审查确定，并且应当包括货物运抵中华人民共和国境内输入地点起卸前的运输及其相关费用、保险费。

（一）进口货物的成交价格

进口货物的成交价格是指卖方向中华人民共和国境内销售该货物时买方为进口该货物向卖方实付、应付的，并且按照规定调整后的价款总额，包括直接支付的价款和间接支付的价款。

进口货物的成交价格应当符合下列条件：

（1）对买方处置或者使用进口货物不予限制，但是法律、行政法规规定实施的限制、对货物销售地域的限制和对货物价格无实质性影响的限制除外。

（2）进口货物的价格不得受到使该货物成交价格无法确定的条件或者因素的影响。

（3）卖方不得直接或者间接获得因买方销售、处置或者使用进口货物而产生的任何收益，或者虽然有收益但是能够按照规定做出调整。

（4）买卖双方之间没有特殊关系，或者虽然有特殊关系但是按照规定未对成交价格产生影响。

（二）进口货物的完税价格确定的其他方法

海关进行估价时，首先要尽可能先使用实际成交价格，但并不是所有进口货物都有实际成交价格，例如以寄售、租赁等方式出口到进口国的货物，在进口时就难以确定实际成交价格。进口货物的成交价格不符合规定的，或者成交价格不能确定的，依次以下列方法确定该货物的完税价格：

（1）相同货物成交价格估价方法是指海关以与进口货物同时或者大约同时向

我国境内销售的相同货物的成交价格为基础，审查确定进口货物的完税价格的估价方法。

（2）类似货物成交价格估价方法是指海关以与进口货物同时或者大约同时向我国境内销售的类似货物的成交价格为基础，审查确定进口货物的完税价格的估价方法。

按照相同或者类似货物成交价格估价方法审查确定进口货物的完税价格时，应当首先使用同一生产商生产的相同或者类似货物的成交价格。没有同一生产商生产的相同或者类似货物的成交价格的，可以使用同一生产国或地区其他生产商生产的相同或者类似货物的成交价格。如果有多个相同或者类似货物的成交价格，应当以最低的成交价格为基础确定进口货物的完税价格。

（3）倒扣价格估价方法是指海关以进口货物、相同或者类似进口货物在境内的销售价格为基础，扣除境内发生的有关费用后，审查确定进口货物完税价格的估价方法。该销售价格应当同时符合下列条件：是在该货物进口的同时或者大约同时，将该货物、相同或者类似进口货物在境内销售的价格；是按照货物进口时的状态销售的价格；是在境内第一销售环节销售的价格；是向境内无特殊关系方销售的价格；按照该价格销售的货物合计销售总量最大。按照该方法审查确定进口货物完税价格的，以下各项应当扣除：同等级或者同种类货物在境内第一销售环节销售时，通常的利润和一般费用（包括直接费用和间接费用）以及通常支付的佣金；货物运抵境内输入地点起卸后的运输及其相关费用、保险费；进口关税、进口环节海关代征税及其他国内税。

如果该货物、相同或者类似货物没有按照进口时的状态在境内销售，应纳税义务人要求，可以在符合规定的其他条件的情形下，使用经进一步加工后的货物的销售价格审查确定完税价格，但是应当同时扣除加工增值额。

（4）计算价格估价方法是指海关以下列各项的总和为基础，审查确定进口货物完税价格的估价方法：生产该货物所使用的料件成本和加工费用；向境内销售同等级或者同种类货物通常的利润和一般费用（包括直接费用和间接费用）；该货物运抵境内输入地点起卸前的运输及相关费用、保险费。

（5）合理方法是指当海关不能根据成交价格估价方法、相同货物成交价格估价方法、类似货物成交价格估价方法、倒扣价格估价方法和计算价格估价方法确定完税价格时，以客观量化的数据资料为基础审查确定进口货物完税价格的估价方法。海关在采用合理方法确定进口货物的完税价格时，不得使用以下价格：境内生产的货物在境内的销售价格；可供选择的价格中较高的价格；货物在出口地市场的销售价格；以规定之外的价值或者费用计算的相同或者类似货物的价格；出口到第三国或者地区的货物的销售价格；最低限价或者武断、虚构的价格。

以上方法应当依次使用，但纳税人向海关提供有关资料后，可以提出申请，颠倒第（3）项和第（4）项的适用次序。

二、成交价格的调整项目（海关总署令第213号）

（1）未包括在进口货物的实付或者应付价格中的费用，应当计入完税价格。以成交价格为基础审查确定进口货物的完税价格时，未包括在该货物实付、应付价格中的下列费用或者价值应当计入完税价格：

1）由买方负担的下列费用：购货佣金以外的佣金和经纪费；与该货物视为一体的容器费用；包装材料费用和包装劳务费用。

2）与进口货物的生产和向我国境内销售有关的，由买方以免费或者低于成本的方式提供并可以按适当比例分摊的下列货物或者服务的价值：进口货物包含的材料、部件、零件和类似货物；在生产进口货物过程中使用的工具、模具和类似货物；在生产进口货物过程中消耗的材料；在境外进行的为生产进口货物所需的工程设计、技术研发、工艺及制图等相关服务。

3）买方需向卖方或者有关方直接或者间接支付的特许权使用费。

4）卖方直接或者间接从买方对该货物进口后销售、处置或者使用所得中获得的收益。

（2）进口货物的价款中单独列明的下列税收、费用，不计入该货物的完税价格：

1）厂房、机械或者设备等货物进口后发生的建设、安装、装配、维修或者技术援助费用，但是保修费除外。

2）进口货物运抵我国境内输入地点起卸后发生的运输及其相关费用、保险费。

3）进口关税、进口环节海关代征税及其他国内税。

4）为在境内复制进口货物而支付的费用。

5）境内外技术培训及境外考察费用。

6）符合下列条件的利息费用不计入完税价格：利息费用是买方为购买进口货物而融资所产生的；有书面的融资协议的；利息费用单独列明的；纳税人可以证明有关利率不高于在融资当时当地此类交易通常应当具有的利率水平，且没有融资安排的相同或者类似进口货物的价格与进口货物的实付、应付价格非常接近的。

（3）进口货物完税价格的计价方法。确定应当计入进口货物完税价格的货物价值时，应当按照下列方法计算有关费用：

1）由买方从与其无特殊关系的第三方购买的，应当计入的价值为购入价格。

2）由买方自行生产或者从有特殊关系的第三方获得的，应当计入的价值为生产成本。

3）由买方租赁获得的，应当计入的价值为买方承担的租赁成本。

4）生产进口货物过程中使用的工具、模具和类似货物的价值，应当包括其工程设计、技术研发、工艺及制图等费用。

如果货物在被提供给卖方前已经被买方使用过，应当计入的价值为根据国内会计原则对其进行折旧后的价值。

归纳

完税价格的构成如表4-4所示。

表4-4

计入完税价格的项目	不计入完税价格的项目
基本构成：货价＋至运抵口岸的运费＋保险费 综合考虑可能调整的项目： （1）买方负担的购货佣金以外的佣金和经纪费 （2）由买方负担的与该货物视为一体的容器费用 （3）由买方负担的包装材料和包装劳务费用 （4）与该货物的生产和向我国境内销售有关的料件、工具、模具、消耗材料及类似货物的价款，以及在境外开发、设计等相关服务的费用 （5）与进口货物有关的且构成进口条件的，应当由买方直接或间接支付的特许权使用费 （6）卖方直接或间接从买方对该货物进口后转售、处置或使用所得中获得的收益	（1）厂房、机械、设备等货物进口后的基建、安装、装配、维修和技术服务的费用 （2）货物运抵境内输入地点之后的运输费用 （3）进口关税及其他国内税 （4）为在境内复制进口货物而支付的费用 （5）境内外技术培训及境外考察费用

【例4-8·单选题】（2017年税务师）2017年3月，某贸易公司进口一批货物，合同中约定成交价格为人民币600万元，支付境内特许销售权费用人民币10万元，卖方佣金人民币5万元。该批货物运抵境内输入地点起卸前发生的运费和保险费共计人民币8万元，该批货物的关税完税价格为（　　）。

A. 615万元

B. 613万元

C. 623万元

D. 610万元

【答案】C

【解析】进口货物的完税价格由海关以该货物的成交价格为基础审查确定，并应当包括该货物运抵中华人民共和国境内输入地点起卸前的运输及相关费用、保险费。支付的境内特许销售权费用和卖方佣金要计入完税价格中。该货物的关税完税价格＝600＋10＋5＋8＝623（万元）。

【例4-9·单选题】（2015年注会）下列税费中，应当计入进口货物关税完税价格的是（　　）。

A. 单独核算的境外技术培训费用

B. 进口货物运抵我国境内输入地点起卸前的保险费

C. 报关时海关代征的增值税和消费税

D. 由买方单独支付的入关后的运费

【答案】B

【解析】下列费用，如能与该货物实付或者应付价格区分，不得计入关税完税价格：（1）厂房、机械、设备等货物进口后的基建、安装、装配、维修和技术服务的费用；（2）货物运抵境内输入地点之后的运费、保险费和其他相关费用

（选项D）；（3）进口关税及其他国内税收（选项C）；（4）为在境内复制进口货物而支付的费用；（5）境内外技术培训及境外考察费用（选项A）。

【特别提示】

与进口货物有关的特许权使用费的确定，符合下列条件之一的应当视为与进口货物有关应并入完税价格：（1）用于支付专利权或者专有技术使用权；（2）用于支付商标权；（3）用于支付著作权；（4）用于支付分销权、销售权或者其他类似权利。

下列情形之一的特许权使用费不应计入完税价格：（1）与该货物无关；（2）特许权使用费的支付不构成该货物向我国境内销售的条件。

买方不支付特许权使用费则不能购得进口货物，或者买方不支付特许权使用费则该货物不能以合同议定的条件成交的，应当视为特许权使用费的支付构成进口货物向我国境内销售的条件（海关总署令第213号）。

三、特殊进口货物的完税价格（海关总署令第213号）

（一）运往境外修理的货物

运往境外修理的机械器具、运输工具或者其他货物，出境时已向海关报明，并且在海关规定的期限内复运进境的，应当以境外修理费和料件费为基础审查确定完税价格。

【例4-10·单选题】（2009年注会）某企业2009年5月将一台账面余值55万元的进口设备运往境外修理，当月在海关规定的期限内复运进境。经海关审定的境外修理费为4万元、料件费为6万元。假定该设备的进口关税税率为30%，则该企业应缴纳关税（　　）。

A. 1.8万元

B. 3万元

C. 16.5万元

D. 19.5万元

【答案】B

【解析】运往境外修理的机械器具、运输工具或者其他货物，出境时已向海关报明，并且在海关规定的期限内复运进境的，应当以境外修理费和料件费为基础审查确定完税价格。应缴纳的关税=(4+6)×30%=3（万元）。

（二）运往境外加工的货物

运往境外加工的货物，出境时已向海关报明，并且在海关规定期限内复运进境的，应当以境外加工费和料件费以及该货物复运进境的运输及其相关费用、保险费为基础审查确定完税价格。

（三）暂时进境货物

经海关批准的暂时进境货物，应当缴纳税款的，由海关按照规定审定完税价格。经海关批准留购的暂时进境货物，以海关审定的留购价格作为完税价格。

（四）租赁方式进口的货物

租赁方式进口的货物按照下列方法审查确定完税价格：以租金方式对外支付的租赁货物在租赁期间以审定的租金作为完税价格，利息应当予以计入；留购的租赁货物以审定的留购价格作为完税价格；纳税人申请一次性缴纳税款的，可以选择申请按照一般进口货物规定确定完税价格，或者按照审定的租金总额作为完税价格。

（五）留购的进口货样

对于境内留购的进口货样、展览品和广告陈列品，以海关审定的留购价格作为完税价格。

（六）予以补税的减免税货物

减税或者免税进口的货物应当补税时，应当以海关审定的该货物原进口时的价格扣除折旧部分价值作为完税价格，其计算公式如下：

$$\text{完税价格}=\text{海关审定的该货物原进口时的价格}\times\left(1-\text{补税时实际已进口的时间}\right)\div(\text{监管年限}\times 12)$$

上述公式中“补税时实际已进口的时间”按月计算，不足1个月但是超过15日的，按照1个月计算；不超过15日的，不予计算。

【例4-11·单选题】（2013年注税）某科技公司2010年5月7日经批准进口一套特定免税设备用于研发项目，2012年10月27日经海关批准，该公司将设备出售，取得销售收入240万元，该设备进口时经海关审定的完税价格为320万元，已提折旧60万元。2012年10月该公司应补缴关税（　　）。（关税税率为10%，海关规定的监管年限为5年。）

A. 16万元

B. 16.53万元

C. 24万元

D. 26万元

【答案】 A

【解析】 该企业以进口方式使用该设备的期间为30个月，其中不足1个月但超过15日的，按照1个月计算；不超过15日的，不予计算。而监管年限为5年（即60个月），则该企业应补缴的关税$=320\times(1-30\div60)\times10\%=16$（万元）。

（七）不存在成交价格的进口货物

易货贸易、寄售、捐赠、赠送等不存在成交价格的进口货物，海关与纳税人进行价格磋商后，按照一般进口货物的方法审定完税价格。

（八）进口载有专供数据处理设备用软件的介质

具有下列情形之一的，应当以介质本身的价值或者成本为基础审定完税价格：

（1）介质本身的价值或者成本与所载软件的价值分列。

（2）介质本身的价值或者成本与所载软件的价值虽未分列，但是纳税人能够提供介质本身的价值或者成本的证明文件，或者能提供所载软件价值的证明文件。

含有美术、摄影、声音、图像、影视、游戏、电子出版物的介质不适用该规定。

（九）加工贸易进口料件及其制成品（海关总署令第 211 号）

具体情形及完税价格如表 4－5 所示。

表 4－5

情形	完税价格
进料加工进口料件或者其制成品（包括残次品）内销	以料件原进口成交价格为基础审查确定完税价格；属于料件分批进口，并且内销时不能确定料件原进口一一对应批次的，海关可按照同项号、同品名和同税号的原则，以其合同有效期内或电子账册核销周期内已进口料件的成交价格计算所得的加权平均价为基础审查确定完税价格；成交价格加权平均价难以计算或者难以确定的，以客观可量化的当期进口料件成交价格的加权平均价为基础审查确定完税价格
来料加工进口料件或者其制成品（包括残次品）内销	以接受内销申报的同时或者大约同时进口的与料件相同或者类似的保税货物的进口成交价格为基础审查确定完税价格
加工企业内销加工过程中产生的边角料或副产品	内销价格
深加工结转货物内销	结转货物的结转价格
保税区内企业内销的保税加工进口料件或其制成品	以其内销价格为基础审查确定完税价格；保税区内企业内销的保税加工制成品中，如果含有从境内采购的料件，海关以制成品所含从境外购入料件的原进口成交价格为基础审查确定完税价格；依据上述规定不能确定的，海关以接受内销申报的同时或者大约同时内销的相同或者类似的保税货物的内销价格为基础审查确定完税价格
保税区外的海关特殊监管区域内企业内销的保税加工料件或其制成品	以其内销价格为基础审查确定完税价格；不能确定的，海关以接受内销申报的同时或者大约同时内销的相同或者类似的保税货物的内销价格为基础审查确定完税价格；仍不能确定的，以生产该货物的成本、利润和一般费用计算所得的价格为基础审查确定完税价格

说明：加工贸易内销货物的完税价格按照上述规定仍不能确定的，由海关按照合理的方法审查确定。

（十）跨境电子商务零售进口商品（财关税〔2016〕18 号）

跨境电子商务零售进口商品按照货物征收关税，完税价格为实际交易价格，包括商品零售价格、运费和保险费。在跨境电子商务零售进口模式下，允许电子商务企业或其代理人申请退货，退回的商品应当在海关放行之日起 30 日内原状运抵原监管场所，相应税款不予征收，并调整个人年度交易累计金额。

海关对满足监管规定的跨境电子商务零售进口商品按时段汇总计征税款，代收代缴义务人应当依法向海关提交足额有效的税款担保（海关总署公告 2016 年第 26 号）。

跨境电子商务零售进口商品的单次交易限值为人民币 2 000 元，个人年度交易限值为人民币 20 000 元。在限值以内进口的跨境电子商务零售进口商品，关税税率暂设为0。超过单次限值、累加后超过个人年度限值的单次交易，以及完税价格超过2 000元限值的单个不可分割商品，均按照一般贸易方式全额征税（财关税〔2016〕18号）。

【例4-12·多选题】（2017年注会）跨境电子商务零售进口商品按照货物征收关税，下列企业可以作为代收代缴义务人的有（　　）。

A. 物流企业

B. 电子商务企业

C. 商品生产企业

D. 电子商务交易平台企业

【答案】 ABD

【解析】 跨境电子商务零售进口商品按照货物征收关税和进口环节增值税、消费税，购买跨境电子商务零售进口商品的个人作为纳税义务人。电子商务企业、电子商务交易平台企业或物流企业可作为代收代缴义务人。

四、进口货物完税价格中的运输及其相关费用、保险费的计算（海关总署令第213号）

（一）进口货物的运费

进口货物的运输及其相关费用应当按照由买方实际支付或者应当支付的费用计算。进口货物的运输及其相关费用无法确定的，海关应当按照该货物进口同期的正常运输成本审查确定。运输工具作为进口货物，利用自身动力进境的，海关在审查确定完税价格时，不再另行计入运输及其相关费用。

（二）进口货物的保险费

进口货物的保险费应当按照实际支付的费用计算。如果进口货物的保险费无法确定或者未实际发生，海关应当按照货价加运费总额的3‰计算保险费，其计算公式如下：

保险费=（货价+运费）×3‰

邮运进口的货物应当以邮费作为运输及其相关费用、保险费。

归纳

具体内容如表4-6所示。

表4-6

<table>
<tr><th colspan="2">进口运载或成交方式</th><th>运费（F）的确定</th><th>保险费（I）的确定</th></tr>
<tr><td rowspan="4">一般方式进口</td><td>海运进口</td><td colspan="2">运抵境内的卸货口岸</td></tr>
<tr><td>陆运进口</td><td colspan="2">运抵境内的第一口岸或目的地口岸</td></tr>
<tr><td>空运进口</td><td colspan="2">运抵境内的第一口岸或目的地口岸</td></tr>
<tr><td>无法确定或未实际发生运保费</td><td>同期同行业运费率（额）</td><td>货价加运费总额的3‰</td></tr>
</table>

续前表

进口运载或成交方式		运费（F）的确定	保险费（I）的确定
其他方式进口	邮运进口	邮费	
	境外边境口岸成交的铁路、公路进口货物	货价的1%	
	自驾进口的运输工具	可不另行计入运费	
出口货物		最多算至离境口岸	

【例4-13·计算题】 某公司从境外进口一批化妆品，货价为600万元，运抵我国海关前发生的运费、保险费无法确定，经海关查实其他运输公司相同业务的运费占货价的比例为2%。关税税率为50%，消费税税率为30%。请分别计算进口环节缴纳的各项税费。

【答案及解析】 化妆品在进口环节应缴纳关税、消费税、增值税。

（1）进口化妆品的货价=600（万元）。

（2）进口化妆品的运费=600×2%=12（万元）。

（3）进口化妆品的保险费=(600+12)×3‰=1.84（万元）。

（4）进口化妆品应缴纳关税。关税的完税价格=600+12+1.84=613.84（万元），应缴纳的关税=613.84×50%=306.92（万元）。

（5）进口环节应缴纳消费税。消费税组成计税价格=(613.84+306.92)÷(1-30%)=1 315.37（万元），应缴纳的消费税=1 315.37×30%=394.61（万元）。

（6）进口环节应缴纳的增值税=1 315.37×16%=210.46（万元）。

相关链接

运费、关税与增值税的关系如图4-1所示。

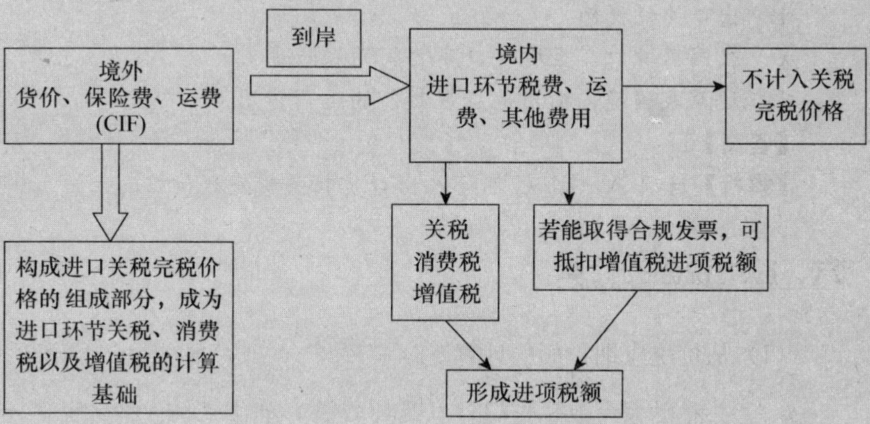

图4-1 运费、关税与增值税

五、出口货物的完税价格（海关总署令第213号）

出口货物的完税价格由海关以该货物的成交价格为基础审查确定，并且应当包括货物运至境内输出地点装载前的运输及其相关费用、保险费。

（一）以成交价格为基础的完税价格

出口货物的成交价格是指该货物出口销售时，卖方为出口该货物应当向买方直接收取和间接收取的价款总额。

下列税收、费用不计入出口货物的完税价格：

（1）出口关税。

（2）在货物价款中单独列明的货物运至境内输出地点装载后的运输及其相关费用、保险费。

（二）出口货物成交价格海关估定方法

出口货物的成交价格不能确定的，海关经了解有关情况，并且与纳税人进行价格磋商后，依次以下列价格审查确定该货物的完税价格：

（1）同时或者大约同时向同一国家或者地区出口的相同货物的成交价格。

（2）同时或者大约同时向同一国家或者地区出口的类似货物的成交价格。

（3）根据境内生产相同或者类似货物的成本、利润和一般费用（包括直接费用和间接费用）、境内发生的运输及其相关费用、保险费计算所得的价格。

（4）按照合理方法估定的价格。

【例4-14·单选题】（2017年注会）下列出口货物成交价格包含的税费中，应计入出口货物关税完税价格的是（　　）。

A. 单独列明支付给境外的佣金

B. 出口关税税额

C. 我国离境口岸至境外口岸之间的保险费

D. 运至我国境内输出地点装载前的运输费用

【答案】D

【解析】选项A，B，C不计入出口货物关税完税价格。

六、应纳税额的计算

（1）从价税应纳税额的计算。

关税税额＝应税进(出)口货物数量×单位完税价格×税率

进口货物的成交价格因有不同的成交条件而有不同的价格形式，常用的价格条款有以下三种：

1）离岸价格（FOB）是指卖方在合同规定的装运港把货物装上买方指定的

船上，并负责货物装上船为止的一切费用和风险。

2）离岸价格加运费（CFR）是指卖方负责将合同规定的货物装上买方指定运往目的港的船上，负责货物装上船为止的一切费用和风险，并支付运费。

3）到岸价格（CIF）是指卖方负责将合同规定的货物装上买方指定运往目的港的船上，办理保险手续，并负责支付运费和保险费。

以 CIF 成交的进口货物，若申报价格符合规定的成交价格条件，则可直接计算出税款；以 FOB 和 CFR 成交的进口货物，应先折算成 CIF，再按程序计算税款。

【例 4-15·单选题】（2013 年注会）某演出公司进口舞台设备一套，实付金额折合人民币 185 万元，其中包含单独列出的进口后设备安装费 10 万元、中介经纪费 5 万元；运费、保险费无法确定，海关按同类货物同期同程运费计算的运费为 25 万元。假定关税税率为 20%，该公司进口舞台设备应缴纳关税（　　）。

A. 34 万元

B. 35 万元

C. 40 万元

D. 40.12 万元

【答案】 D

【解析】 由买方负担的购货佣金以外的佣金和经纪费计入完税价格。货物进口后的基建、安装、装配、维修和技术服务的费用，不得计入完税价格。如果进口货物的运费无法确定或未实际发生，海关应当按照该货物进口同期运输行业公布的运费率（额）计算运费；按照货价加运费总额的 3‰计算保险费。该公司进口舞台设备应缴纳的关税＝(185－10＋25)×1.003×20%＝40.12（万元）。

【特别提示】

具体内容如图 4-2 所示。

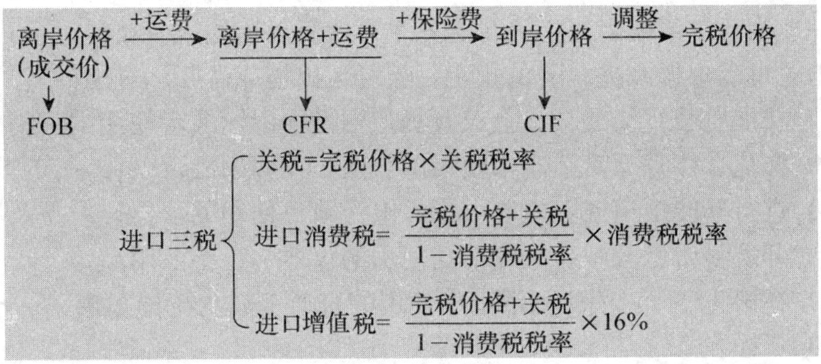

图 4-2 完税价格

（2）从量税应纳税额的计算。

关税税额＝应税进(出)口货物数量×单位货物税额

（3）复合税应纳税额的计算。我国目前实行的复合税都是先从量计征，再从价计征。

$$\text{关税税额}=\text{应税进(出)口货物数量}\times\text{单位货物税额}+\text{应税进(出)口货物数量}\times\text{单位完税价格}\times\text{税率}$$

（4）滑准税应纳税额的计算。

$$\text{关税税额}=\text{应税进(出)口货物数量}\times\text{单位完税价格}\times\text{滑准税税率}$$

第五节 关税减免

一、法定减免税（国务院令第392号）

法定减免税是税法中明确列出的减税或免税。符合税法规定可予减免税的进出口货物，纳税人无须提出申请，海关可按规定直接予以减免税。

（1）下列货物、物品予以减免关税：

1）关税税额在人民币50元以下的一票货物。

2）无商业价值的广告品和货样。

3）外国政府、国际组织无偿赠送的物资。

4）在海关放行前损失的货物。

5）进出境运输工具装载的途中必需的燃料、物料和饮食用品。

在海关放行前遭受损坏的货物，可以根据海关认定的受损程度减征关税。（因品质或者规格原因，出口货物（进口货物）自出口之日（进口之日）起1年内原状复运进境（出境）的，不征收进口（出口）关税）。

（2）经海关批准暂时进境或者暂时出境的下列货物，在进境或者出境时纳税人向海关缴纳相当于应纳税款的保证金或者提供其他担保的，可以暂不缴纳关税，并应当自进境或者出境之日起6个月内复运出境或者复运进境；经纳税人申请，海关可以根据海关总署的规定延长复运出境或者复运进境的期限：

1）在展览会、交易会、会议及类似活动中展示或者使用的货物。

2）文化、体育交流活动中使用的表演、比赛用品。

3）进行新闻报道或者摄制电影、电视节目使用的仪器、设备及用品。

4）开展科研、教学、医疗活动使用的仪器、设备及用品。

5）在第1)～4）项所列活动中使用的交通工具及特种车辆。

6）货样。

7）供安装、调试、检测设备时使用的仪器、工具。

8）盛装货物的容器。

9）其他用于非商业目的的货物。

（3）有下列情形之一的，纳税人自缴纳税款之日起1年内，可以申请退还关税，并应当以书面形式向海关说明理由，提供原缴款凭证及相关资料：

1）已征进口关税的货物，因品质或者规格原因，原状退货复运出境的。

2）已征出口关税的货物，因品质或者规格原因，原状退货复运进境，并已重新缴纳因出口而退还的国内环节有关税收的。

3）已征出口关税的货物，因故未装运出口，申报退关的。

海关应当自受理退税申请之日起 30 日内查实并通知纳税义务人办理退还手续。纳税义务人应当自收到通知之日起 3 个月内办理有关退税手续。

【例 4－16·单选题】（2014 年注会）下列进口货物中，免征进口关税的是（　　）。

A. 外国政府无偿赠送的物资

B. 具有一定商业价值的货样

C. 因保管不慎造成损坏的进口货物

D. 关税税额为人民币 80 元的一票货物

【答案】 A

【解析】 选项 B，无商业价值的广告品和货样，可免征关税；选项 C，海关查验时已经破漏、损坏或者腐烂，经证明不是保管不慎造成的，经海关查明属实，可酌情减免进口关税；选项 D，关税税额在人民币 50 元以下的一票货物，可免征关税。

二、特定减免税

特定减免税也称政策性减免税。在法定减免税以外，国家按照国际通行规则和我国实际情况，制定发布的有关进出口货物减免关税的政策，称为特定或政策性减免税。特定减免税货物一般有地区、企业和用途的限制，海关需要进行后续管理，也需要进行减免税统计。具体包括：（1）科教用品；（2）扶贫、慈善性捐赠物资；（3）残疾人专用物品；（4）加工贸易产品；（5）边境贸易进口物资；（6）保税区进出口货物；（7）出口加工区进出口货物；（8）进口设备；（9）特定行业或用途的减免税政策；（10）特定地区的减免税政策。

三、临时减免税

临时减免税是指法定减免税和特定减免税以外的其他减免税，即由国务院对某个单位、某类商品、某个项目或某批进出口货物的特殊情况，给予特别照顾，一案一批，专文下达的减免税。一般有单位、品种、期限、金额或数量等限制，不能比照执行。

四、个人邮寄物品的减免税（海关总署公告 2010 年第 43 号）

自 2010 年 9 月 1 日起，个人邮寄物品应征进口税额在人民币 50 元（含 50 元）以下的海关予以免征。

第六节 申报和缴纳

一、关税的申报（海关总署令第103号）

进口货物的收货人、受委托的报关企业应当自运输工具申报进境之日起14日内向海关申报。进口转关运输货物的收货人、受委托的报关企业应当自运输工具申报进境之日起14日内，向进境地海关办理转关运输手续，有关货物应当自运抵指运地之日起14日内向指运地海关申报。

出口货物发货人、受委托的报关企业应当在货物运抵海关监管区后、装货的24小时以前向海关申报。

超过规定时限未向海关申报的，海关按照《海关征收进口货物滞报金办法》征收滞报金。滞报金应当按日计征，以自运输工具申报进境之日起第15日为起征日，以海关接受申报之日为截止日，起征日和截止日均计入滞报期间。日征收金额为进口货物完税价格的千分之零点五，起征点为人民币50元。

二、关税的缴纳（国务院令第392号）

海关根据税则归类和完税价格计算应缴纳的关税和进口环节代征税，并填发税款缴款书。纳税人应当在海关填发税款缴款书之日起15日内，向指定银行缴纳税款。纳税义务人未按期缴纳税款的，从滞纳税款之日起，按日加收滞纳税款万分之五的滞纳金。纳税义务人应当自海关填发滞纳金缴款书之日起15日内向指定银行缴纳滞纳金。缴款期限届满日遇星期六、星期日等休息日或者法定节假日的，应当顺延至休息日或者法定节假日之后的第一个工作日。国务院临时调整休息日与工作日的，海关应当按照调整后的情况计算缴款期限。为方便纳税人，经申请而且海关同意，进（出）口货物的纳税人可以在设有海关的指运地（启运地）办理海关申报、纳税手续。

关税纳税人因不可抗力或在国家税收政策调整的情况下，不能按期缴纳的，经海关总署批准，可以延期缴纳税款，但最长不得超过6个月。

【例4-17·单选题】（2004年注会）关税纳税人因不可抗力或者在国家税收政策调整的情形下，不能按期缴纳税款的，经海关总署批准，可以延期缴纳税款，但最长不得超过（　　）。

A. 3个月

B. 6个月

C. 9个月

D. 12个月

【答案】 B

三、关税的强制执行（主席令 1987 年第 51 号、海关总署令第 184 号）

纳税人未在关税缴纳期限内缴纳税款，即构成关税滞纳。为保证海关征收关税决定的有效执行和国家财政收入的及时入库，《海关法》赋予海关对滞纳关税的纳税人强制执行的权力。强制措施主要有两类：

（1）征收关税滞纳金。滞纳金自关税缴纳期限届满之日起，至纳税人缴清关税之日止，按滞纳税款万分之五的比例按日征收，周末或法定节假日不予扣除。具体计算公式为：

关税滞纳金金额＝滞纳关税税额×滞纳金征收比率×滞纳天数

滞纳金的起征点为人民币 50 元。

（2）强制征收。纳税人自缴款期限届满之日起 3 个月仍未缴纳税款的，经直属海关关长批准或者其授权的隶属海关关长批准，海关可以采取强制措施。

进出口货物的纳税义务人在规定的纳税期限内有明显的转移、藏匿其应税货物以及其他财产迹象的，海关可以责令纳税义务人提供担保；纳税义务人不能提供纳税担保的，经直属海关关长或者其授权的隶属海关关长批准，海关可以采取税收保全措施。

进出口货物、进出境物品放行后，海关发现少征或者漏征税款的，应当自缴纳税款或者货物、物品放行之日起 1 年内，向纳税义务人补征。因纳税义务人违反规定而造成的少征或者漏征的，海关在 3 年以内可以追征。

【例 4－18 · 多选题】（2016 年注会）下列措施中属于《海关法》赋予海关可以采取的强制措施的有（　　）。

A. 变价抵缴

B. 强制补缴

C. 补征税额

D. 征收关税滞纳金

【答案】 AD

【解析】 本题主要考查关税的强制执行。《海关法》赋予海关对滞纳关税的纳税义务人强制执行的权力。强制措施主要有两类：（1）征收关税滞纳金；（2）强制征收。海关可以采取强制扣缴、变价抵缴等强制措施。

四、关税的退还（海关总署令第 124 号）

关税退还是指关税纳税人按海关核定的税额缴纳关税后，因某种原因的出现，海关将实际征收多于应当征收的税额（称为溢征关税）退还给纳税人的一种行政行为。根据《海关法》的规定，海关多征的税款，海关发现后应当立即退还。按规定，有下列情形之一的，出口货物的纳税人可以自缴纳税款之日起 1 年内，书面声明理由，连同原纳税收据向海关申请退税并加算银行同期活期存款利息，逾期不予受理：

（1）因海关误征多纳税款的。

（2）散装进出口货物发生短装并已征税放行，该货物的发货人、承运人或者保险公司已对短装部分退还或者赔偿相应货款的。

（3）进出口货物因残损、品质不良、规格不符原因，或者发生规定以外的货物短少的情形，由进出口货物的发货人、承运人或者保险公司赔偿相应货款的。

（4）已征出口关税的货物，因故未将其运出口，申报退关，经海关查验属实的。

（5）对已征出口关税的出口货物和已征进口关税的进口货物，因货物品质或者规格原因（非其他原因）原状复运进境或出境，经海关查验属实的。

海关应当自受理退税申请之日起30日内，做出书面答复并通知退税申请人。纳税人应当自收到通知之日起3个月内办理有关退税手续。

五、关税补征、追征和滞纳金（海关总署令第124号）

具体内容如表4-7所示。

表4-7

征收短征关税的行为	定义	时效和处理
补征	非因纳税人违反海关规定造成短征关税	关税补征期为缴纳税款或货物放行之日起1年内
追征	因纳税人违反海关规定造成短征关税	关税追征期为进出口货物应缴纳税款之日起3年内，并从缴纳税款或者货物放行之日起按日加收少征或者漏征税款万分之五的滞纳金

第Ⅲ篇

所得税

第五章
Chapter 5 企业所得税

现行企业所得税的基本规范，是 2007 年 3 月 16 日第十届全国人民代表大会第五次全体会议通过的《企业所得税法》和 2007 年 11 月 28 日国务院第 197 次常务会议通过的《企业所得税法实施条例》，以及国务院财政、税务部门发布的相关规定。

第一节 概 述

一、企业所得税的概念

企业所得税是对我国境内的企业和其他取得收入的组织的生产经营所得和其他所得征收的所得税。

二、企业所得税的特点

企业所得税的主要特点是：

（1）通常以净所得为征税对象。

（2）通常以经过计算得出的应纳税所得额为计税依据。

（3）纳税人和实际负担人通常是一致的，因而可以直接调节纳税人的所得。

三、各国对企业所得税征税的一般做法

企业所得税在国外也叫法人所得税或公司所得税，计税依据是以利润为基础的应纳税所得额，因此对法人所得税影响较大的几个因素是纳税人、税基、税率和税收优惠。下面，我们从上述几个税制要素分析各国征收所得税的一般做法。

（1）纳税人。各国政府只对具有独立法人资格的公司等法人组织征收公司所得税。

（2）税基。各国企业所得税在确定税基上的差异主要表现在不同折旧及损失

等的处理上。

（3）税率。一是比例税率；二是累进税率。

（4）税收优惠。主要方法有：

1）税收抵免。主要有投资抵免和国外税收抵免两种形式。

2）税收豁免。分为豁免期和豁免税收项目。

3）加速折旧。

第二节 纳税人、征税对象和税率

一、纳税人（主席令2007年第63号）

在中华人民共和国境内，企业和其他取得收入的组织（统称企业）为企业所得税的纳税人。企业所得税的纳税人分为居民企业和非居民企业，这是基于企业承担的不同纳税义务所进行的分类。

（一）居民企业

居民企业是指依法在中国境内成立，或者依照外国（地区）法律成立但实际管理机构在中国境内的企业。其中，在中国境内成立的企业，包括依照中国法律、行政法规在中国境内成立的企业、事业单位、社会团体以及有生产、经营所得和其他取得收入的组织。依照外国（地区）法律成立的企业，包括依照外国（地区）法律成立的企业和其他取得收入的组织。实际管理机构是指对企业的生产经营、人员、账务、财产等实施实质性全面管理和控制的机构。

（二）非居民企业

非居民企业是指依照外国（地区）法律成立且实际管理机构不在中国境内，但在中国境内设立机构、场所，或者在中国境内未设立机构、场所，但有来自中国境内所得的企业。

上述所称机构、场所，是指在中国境内从事生产经营活动的机构、场所，包括：

（1）管理机构、营业机构、办事机构。

（2）工厂、农场、开采自然资源的场所。

（3）提供劳务的场所。

（4）从事建筑、安装、装配、修理、勘探等工程作业的场所。

（5）其他从事生产经营活动的机构、场所。

非居民企业委托营业代理人在中国境内从事生产经营活动的，包括委托单位或者个人经常代其签订合同，或者储存、交付货物等，该营业代理人视为非居民企业在中国境内设立的机构、场所。上述内容总结如表5－1所示。

表 5-1

纳税人身份	构成条件	
	在中国境内成立（注册法人）	实际管理机构在中国境内
居民企业	√	×
	×	√
	√	√
非居民企业	×	×

【特别提示 1】

个人独资企业和合伙企业（非法人）缴纳个人所得税，不是企业所得税的纳税人。

【特别提示 2】

个人独资企业、合伙企业是指依据中国法律、行政法规的规定成立的在中国境内的个人独资企业和合伙企业，不包括境外依据外国（地区）法律成立的个人独资企业和合伙企业。

在中国境内的企业和其他取得收入的组织按是否具有法人资格进行纳税区分，具体如表 5-2 所示。

表 5-2

组织形式	法人资格	税务处理
个体工商户、个人独资企业、合伙企业	不具有法人资格	不缴纳企业所得税
		个人投资者按照个体工商户的生产、经营所得项目缴纳个人所得税——所得形成时缴纳
公司制企业	具有法人资格	缴纳企业所得税——所得形成时缴纳
		个人投资者分得的股息、红利按照利息、股息、红利所得项目缴纳个人所得税

二、征税对象（主席令 2007 年第 63 号、国务院令第 512 号）

企业所得税的征税对象是企业的生产、经营所得，其他所得和清算所得。

（一）居民企业的征税对象

居民企业应当就其来自中国境内、境外的所得作为征税对象。所得包括销售货物所得，提供劳务所得，转让财产所得，股息、红利等权益性投资所得，利息所得，租金所得，特许权使用费所得，接受捐赠所得和其他所得。

（二）非居民企业的征税对象

非居民企业在中国境内设立机构、场所的，应当就其所设机构、场所取得的来自中国境内的所得，以及发生在中国境外但与其所设机构、场所有实际联系的所得，缴纳企业所得税。非居民企业在中国境内未设立机构、场所的，或者虽设立机构、场所但取得的所得与其所设机构、场所没有实际联系的，应当就其来自中国境内的所得缴纳企业所得税。

上述所称实际联系是指非居民企业在中国境内设立的机构、场所拥有据以取得所得的股权、债权，以及拥有、管理、控制据以取得所得的财产等。

（三）所得来源的确定

依据《企业所得税法》及其实施条例的规定，来自中国境内、境外的所得按照表5-3所示的原则确定。

表5-3

所得类型		所得来源的确定
销售货物所得		按照交易活动发生地确定
提供劳务所得		按照劳务发生地确定
转让财产所得	不动产	按照不动产所在地确定
	动产	按照转让动产的企业或者机构、场所所在地确定
	权益性投资资产	按照被投资企业所在地确定
股息、红利等权益性投资所得		按照分配所得的企业所在地确定
利息、租金、特许权使用费所得		按照负担、支付所得的企业或者机构、场所所在地，个人的住所地确定
其他所得		由国务院财政、税务主管部门确定

【例5-1·单选题】（2008年注会）依据《企业所得税法》的规定，下列各项中按负担所得的所在地确定所得来源的是（　　）。

A. 销售货物所得

B. 权益性投资所得

C. 动产转让所得

D. 特许权使用费所得

【答案】D

三、税率（主席令2007年第63号、国务院令第512号）

企业所得税实行比例税率。比例税率简便易行，透明度高，不会因征税而改变企业间收入分配比例，有利于效率的提高。现行的规定如表5-4与表5-5所示。

表5-4

种类	税率	适用范围
基本税率	25%	居民企业
		在中国境内设有机构、场所且取得的所得与机构、场所有联系的非居民企业

续前表

种类	税率	适用范围
优惠税率	20%	符合条件的小型微利企业
	15%	国家重点扶持的高新技术企业、技术先进型服务企业（2014年1月1日至2018年12月31日）、西部地区鼓励类产业企业（2011年1月1日至2020年12月31日）
预提所得税税率	20%（实际适用税率：10%）	适用于在中国境内未设立机构、场所的，或者虽设立机构、场所但取得的所得与其所设机构、场所没有实际联系的非居民企业

表 5-5

情形		税率
在中国境内设立机构、场所	所得与所设机构、场所有联系	25%
	所得与所设机构、场所无实际联系	10%（预提所得税）
在中国境内未设立机构、场所		10%（预提所得税）

第三节 应纳税所得额的计算

应纳税所得额是企业所得税的计税依据。按照《企业所得税法》的规定，企业每一纳税年度的收入总额，减除不征税收入、免税收入、各项扣除以及允许弥补的以前年度亏损后的余额，为应纳税所得额。基本公式如下。

直接法：

应纳税所得额＝收入总额－不征税收入－免税收入－各项扣除－允许弥补的以前年度亏损

间接法：

应纳税所得额＝会计利润＋纳税调整增加额－纳税调整减少额

一、收入总额

企业的收入总额包括以货币形式和非货币形式从各种来源取得的收入。具体有销售货物收入，提供劳务收入，转让财产收入，股息、红利等权益性投资收益，利息收入，租金收入，特许权使用费收入，接受捐赠收入，其他收入。

企业取得收入的货币形式包括现金、存款、应收账款、应收票据、准备持有至到期的债券投资以及债务的豁免等。企业取得收入的非货币形式包括固定资产、生物资产、无形资产、股权投资、存货、不准备持有至到期的债券投资、劳务以及有关权益等。企业以非货币形式取得的收入，应当按照公允价值确定收入额。公允价值是指按照市场价格确定的价值。

（一）一般收入的确定

（1）销售货物收入。它是指企业销售商品、产品、原材料、包装物、低值易耗品以及其他存货取得的收入。

（2）提供劳务收入。它是指企业从事建筑安装、修理修配、交通运输、仓储租赁、金融保险、邮电通信、咨询经纪、文化体育、科学研究、技术服务、教育培训、餐饮住宿、中介代理、卫生保健、社区服务、旅游、娱乐、加工以及其他劳务服务活动取得的收入。

【特别提示】

下列提供劳务满足收入确认条件的，应按规定确认收入（国税函〔2008〕875号）：

（1）艺术表演、招待宴会和其他特殊活动的收费。在相关活动发生时确认收入。收费涉及几项活动的，预收的款项应合理分配给每项活动，分别确认收入。

（2）会员费。申请入会或加入会员，只允许取得会籍，所有其他服务或商品都要另行收费的，在取得该会员费时确认收入。申请入会或加入会员后，会员在会员期内不再付费就可得到各种服务或商品，或者以低于非会员的价格销售商品或提供服务的，该会员费应在整个受益期内分期确认收入。

（3）劳务费。长期为客户提供重复的劳务收取的劳务费，在相关劳务活动发生时确认收入。

（3）转让财产收入。它是指企业转让固定资产、生物资产、无形资产、股权、债权等财产取得的收入。

企业转让股权收入，应于转让协议生效且完成股权变更手续时，确认收入的实现。转让股权收入扣除为取得该股权所发生的成本后，为股权转让所得。企业在计算股权转让所得时，不得扣除被投资企业未分配利润等股东留存收益中按该项股权所可能分配的金额（国税函〔2010〕79号）。

【特别提示】

对内地企业投资者通过沪港通投资香港联交所上市股票取得的转让差价所得，计入其收入总额，依法征收企业所得税（财税〔2014〕81号）。

对内地企业投资者通过深港通投资香港联交所上市股票取得的转让差价所得，计入其收入总额，依法征收企业所得税（财税〔2016〕127号）。

【例5-2·单选题】（2013年注税）2012年3月甲企业将持有的乙企业5%股权以1 000万元的价格转让，转让价格中包含乙企业未分配利润中归属于该股权的20万元，股权的购置成本为800万元。甲企业应确认的股权转让所得为（　　）。

A. 50万元

B. 180万元

C. 200万元

D. 220万元

【答案】C

【解析】应确认的股权转让所得＝1 000－800＝200（万元）。

（4）股息、红利等权益性投资收益。股息、红利等权益性投资收益，除国务院财政、税务主管部门另有规定，按照被投资企业股东会或股东大会做出利润分配或转股决定的日期，确认收入的实现。

被投资企业将股权（票）溢价所形成的资本公积转为股本的，不作为投资方企业的股息、红利收入，投资方企业也不得增加该项长期投资的计税基础（国税函〔2010〕79号）。

【特别提示】

关于沪港股票市场交易、深港股票市场交易有关税收政策如下（财税〔2014〕81号、财税〔2016〕127号）。

（1）对内地企业投资者通过沪港通投资香港联交所、深港通投资香港联交所上市股票取得的股息、红利所得，计入其收入总额，依法计征企业所得税。其中，内地居民企业连续持有H股股票满12个月取得的股息、红利所得，依法免征企业所得税。

（2）香港联交所H股上市公司应向中国证券登记结算有限责任公司提出申请，由中国证券登记结算有限责任公司向H股上市公司提供内地企业投资者名册，H股上市公司对内地企业投资者不代扣股息、红利所得税款，应纳税款由企业自行申报缴纳。

（3）内地企业投资者自行申报缴纳企业所得税时，对香港联交所非H股上市公司已代扣代缴的股息、红利所得税，可依法申请税收抵免。

（5）利息收入。按照合同约定的债务人应付利息的日期确认收入的实现。在应付当天，无论是否收到，都需要确认收入。

上述内容总结如表5-6所示。

表5-6

<table>
<tr><th>投资类别</th><th colspan="3">投资方的税务处理</th><th>被投资方的税务处理</th></tr>
<tr><td>权益性投资</td><td colspan="3">投资回报为股息、红利收入
符合条件的居民企业之间的股息、红利等权益性投资收益免征企业所得税</td><td>支付的股息、红利不能作为费用在企业所得税税前扣除</td></tr>
<tr><td>债权性投资</td><td colspan="3">投资回报为利息收入，取得利息收入按规定缴纳企业所得税</td><td>支付的不超标利息可在企业所得税税前扣除</td></tr>
<tr><td rowspan="3">混合性投资（同时符合5个条件的前提下）</td><td colspan="3">对于被投资企业支付的利息，应于被投资企业应付利息的日期，根据合同或协议约定的利率，计算确认本期利息收入的实现并计入当期应纳税所得额</td><td>于应付利息的日期确认本期利息支出，按规定进行企业所得税税前扣除</td></tr>
<tr><td rowspan="2">投资期满按照协议价格赎回投资</td><td>实际赎价高于投资成本时</td><td>差额确认为债务重组收益，并计入当期应纳税所得额</td><td>差额确认为债务重组损失，并准予在企业所得税税前扣除</td></tr>
<tr><td>实际赎价低于投资成本时</td><td>差额确认为债务重组损失，并准予在企业所得税税前扣除</td><td>差额确认为债务重组收益，并计入当期应纳税所得额</td></tr>
</table>

企业混合性投资业务企业所得税处理如表5-7所示（国家税务总局公告2013年第41号）。

表5-7

利息	投资企业：应于被投资企业应付利息的日期，确认收入的实现并计入当期应纳税所得额
	被投资企业：应于应付利息的日期，确认利息支出，并按规定进行税前扣除
赎回投资	投资双方应于赎回时将赎价与投资成本之间的差额确认为债务重组损益，分别计入当期应纳税所得额

（6）租金收入。它是指企业提供固定资产、包装物或者其他有形资产的使用权取得的收入。租金收入按照合同约定的承租人应付租金的日期确认收入的实现。

交易合同或协议中规定租赁期限跨年度，且租金提前一次性支付的，根据《企业所得税法实施条例》第九条规定的收入与费用配比原则，出租人可对上述已确认的收入，在租赁期内分期均匀计入相关年度收入。出租方如为在我国境内设有机构场所且采取据实申报缴纳企业所得税的非居民企业，也按该规定执行（国税函〔2010〕79号）。

（7）特许权使用费收入。它是指企业提供专利权、非专利技术、商标权、著作权以及其他特许权的使用权取得的收入。特许权使用费收入按照合同约定的特许权使用人应付特许权使用费的日期确认收入的实现。

（8）接受捐赠收入。它是指企业接受的来自其他企业、组织或者个人无偿给予的货币性资产、非货币性资产。接受捐赠收入按照实际收到捐赠资产的日期确认收入的实现。

（9）其他收入。它是指企业取得的《企业所得税法》规定的上述收入以外的其他收入，包括企业资产溢余收入、逾期未退包装物押金收入、确实无法偿付的应付款项、已作坏账损失处理后又收回的应收款项、债务重组收入（国税函〔2010〕79号）、补贴收入、违约金收入、汇兑收益等。

（二）特殊收入的确认（国税函〔2008〕875号）

（1）特殊收入的确认条件如表5-8所示。

表5-8

收入的范围和项目		收入的确认具体规定
特殊收入的确认	分期收款方式销售货物	按照合同约定的收款日期确认收入的实现
	售后回购方式销售商品	销售的商品按照售价确认收入，回购的商品作为购进商品处理。有证据表明不符合销售收入确认条件的，如以销售商品方式进行抵押融资，收到的款项应确认为负债，回购价格大于原售价的，差额应在回购期间确认为利息费用（实质重于形式）
	销售商品以旧换新	销售商品应当按照销售商品收入确认条件确认收入，回收的商品作为购进商品处理

续前表

收入的范围和项目		收入的确认具体规定
特殊收入的确认	商业折扣条件销售	应当按照扣除商业折扣后的金额确定销售商品收入金额
	现金折扣条件销售	应当按照扣除现金折扣前的金额确定销售商品收入金额，现金折扣在实际发生时作为财务费用扣除
	折让方式销售	企业已经确认销售收入的售出商品发生销售折让和销售退回，应当在发生当期冲减当期销售商品收入
	买一赠一方式组合销售	企业以买一赠一等方式组合销售本企业商品的，不属于捐赠，应将总的销售金额按各项商品公允价值的比例分摊确认各项的销售收入

（2）企业受托加工制造大型机械设备、船舶、飞机，以及从事建筑、安装、装配工程业务或者提供其他劳务等，持续时间超过 12 个月的，按照纳税年度内完工进度或者完成的工作量确认收入的实现。

（3）采取产品分成方式取得收入的，按照企业分得产品的日期确认收入的实现，其收入额按照产品的公允价值确定。

（4）企业发生非货币性资产交换，以及将货物、财产、劳务用于捐赠、偿债、赞助、集资、广告、样品、职工福利或者利润分配等用途的，应当视同销售货物、转让财产或者提供劳务，但国务院财政、税务主管部门另有规定的除外。

（三）处置资产收入的确认（国税函〔2008〕828 号）

（1）自 2008 年 1 月 1 日起，企业处置资产的所得税处理问题按表 5－9 中的规定执行。

表 5－9

分类	具体处置资产行为	计量
内部处置	将资产用于生产、制造、加工产品	不视同销售确认收入，相关资产的计税基础延续计算
	改变资产形状、结构或性能	
	改变资产用途（如自建商品房转为自用或经营）	
	将资产在总机构及分支机构之间转移	
	上述两种或两种以上情形的混合	
	其他不改变资产所有权属的用途	
外部处置	用于市场推广或销售	自制的资产，按同类资产同期对外售价；外购的资产，符合条件的（企业外购资产或服务不以销售为目的，用于替代职工福利费用支出，且购置后在一个纳税年度内处置），可按购入时的价格确定销售收入
	用于交际应酬	
	用于职工奖励或福利	
	用于股息分配	
	用于对外捐赠	
	其他改变资产所有权属的用途	

【例 5－3·单选题】（2013 年注税）2012 年 12 月甲饮料厂给职工发放自制果汁和当月外购的取暖器作为福利，其中果汁的成本为 20 万元，同期对外销售价格

为25万元；取暖器的购进价格为10万元。根据企业所得税的相关规定，该厂发放上述福利应确认的收入是（　　）。

A. 10万元

B. 20万元

C. 30万元

D. 35万元

【答案】D

【解析】发放上述福利应确认的收入＝25＋10＝35（万元）。

（2）非货币性资产投资涉及的企业所得税（财税〔2014〕116号）。

1）自2014年1月1日起，居民企业（简称企业）以非货币性资产对外投资确认的非货币性资产转让所得，可在不超过5年的期限内，分期均匀计入相应年度的应纳税所得额，按规定计算缴纳企业所得税。

2）企业以非货币性资产对外投资，应对非货币性资产进行评估并按评估后的公允价值扣除计税基础后的余额，计算确认非货币性资产转让所得。

企业以非货币性资产对外投资，应于投资协议生效并办理股权登记手续时，确认非货币性资产转让收入的实现。

3）企业以非货币性资产对外投资而取得被投资企业的股权，应以非货币性资产的原计税成本为计税基础，加上每年确认的非货币性资产转让所得，逐年进行调整。

被投资企业取得非货币性资产的计税基础，应按非货币性资产的公允价值确定。

4）企业在对外投资5年内转让上述股权或投资收回的，应停止执行递延纳税政策，并就递延期内尚未确认的非货币性资产转让所得，在转让股权或投资收回当年的企业所得税年度汇算清缴时，一次性计算缴纳企业所得税；企业在计算股权转让所得时，可按上述规定将股权的计税基础一次调整到位。

企业在对外投资5年内注销的，应停止执行递延纳税政策，并就递延期内尚未确认的非货币性资产转让所得，在注销当年的企业所得税年度汇算清缴时，一次性计算缴纳企业所得税。

5）非货币性资产是指现金、银行存款、应收账款、应收票据以及准备持有至到期的债券投资等货币性资产以外的资产。

非货币性资产投资限于以非货币性资产出资设立新的企业，或将非货币性资产注入现存的企业。

【特别提示】

企业发生非货币性资产投资，符合《财政部、国家税务总局关于企业重组业务企业所得税处理若干问题的通知》（财税〔2009〕59号）等规定的特殊性税务处理条件的，也可选择按特殊性税务处理规定执行。

关联企业之间发生的非货币性资产投资行为，投资协议生效后12个月内尚未完成股权变更登记手续的，于投资协议生效时，确认非货币性资产转让收入的实现（国家税务总局公告2015年第33号）。

(四) 相关收入实现的确认 (国税函〔2008〕875 号)

除《企业所得税法》及其实施条例另有规定，企业销售收入的确认必须遵循权责发生制原则和实质重于形式原则。具体如表 5-10 所示。

表 5-10

收入项目	收入确认时间
商品销售收入	销售商品采用托收承付方式的，在办妥托收手续时确认收入
	销售商品采取预收款方式的，在发出商品时确认收入
	销售商品需要安装和检验的，在购买方接受商品以及安装和检验完毕时确认收入。如果安装程序比较简单，可在发出商品时确认收入
	销售商品采用支付手续费方式委托代销的，在收到代销清单时确认收入
	产品分成的，按照分得产品的时间确认收入
劳务收入	安装费应根据安装完工进度确认收入。安装工作是商品销售附带条件的，安装费在确认商品销售实现时确认收入
	宣传媒介的收费应在相关的广告或商业行为出现于公众面前时确认收入，广告的制作费应根据制作广告的完工进度确认收入
	为特定客户开发软件的收费应根据开发的完工进度确认收入
	包含在商品售价内可区分的服务费在提供服务的期间分期确认收入
	属于提供设备和其他有形资产的特许权费在交付资产或转移资产所有权时确认收入，属于提供初始及后续服务的特许权费在提供服务时确认收入
企业转让股权收入	转让协议生效且完成股权变更手续时确认收入
股息、红利等权益性投资收益	除国务院财政、税务主管部门另有规定，按照被投资方做出利润分配决定的日期确认收入
利息收入	按照合同约定的债务人应付利息的日期确认收入
租金收入	按照合同约定的承租人应付租金的日期确认收入。交易合同或协议中规定租赁期限跨年度，且租金提前一次性支付的，可对上述已确认的收入，在租赁期内分期均匀计入相关年度收入
特许权使用费收入	按照合同约定的特许权使用人应付特许权使用费的日期确认收入
接受捐赠收入	按照实际收到捐赠资产的日期确认收入
企业取得财产（包括各类资产、股权、债权等）转让收入、债务重组收入、无法偿付的应付款收入等	不论是以货币形式还是以非货币形式体现，除另有规定，均应一次性计入确认收入的年度计算缴纳企业所得税
其他	如以旧换新、售后回购、商业折扣与现金折扣、买一赠一

【例 5-4·单选题】 (2016 年注会) 企业在境内发生处置资产的下列情形中，应视同销售确认企业所得税应税收入的是（　　）。

A. 将资产用于职工激励或福利

B. 将资产用于加工另一种产品

C. 将资产用于在总、分支机构之间转移

D. 将资产用于结构或性能改变

【答案】A

【解析】企业所得税收入的确认条件是所有权发生转移，只有选项A的所有权发生了转移。

二、不征税收入和免税收入

国家为了扶持和鼓励某些特定项目采取对企业取得的某些收入予以不征税或免税的特殊政策，促进经济的协调发展。

（一）不征税收入

不征税收入具体如表5-11所示（主席令2007年第63号、国务院令第512号）。

表5-11

<table>
<tr><td>财政拨款</td><td>各级政府对纳入预算管理的事业单位、社会团体等组织拨付的财政资金</td></tr>
<tr><td rowspan="2">依法收取并纳入财政管理的行政事业性收费、政府性基金</td><td>企业收取的各种基金、收费，应计入企业当年收入总额</td></tr>
<tr><td>对企业依法收取并上缴财政的政府性基金和行政事业性收费，准予作为不征税收入，于上缴财政的当年在计算应纳税所得额时从收入总额中减除；未上缴财政的部分，不得从收入总额中减除（财税〔2008〕151号）</td></tr>
<tr><td>国务院规定的其他不征税收入</td><td>企业取得的，由国务院财政、税务主管部门规定专项用途并经国务院批准的财政性资金（财税〔2008〕151号），财政性资金的范围不包括企业按规定取得的出口退税款</td></tr>
</table>

财政性资金是指企业取得的来自政府及其有关部门的财政补助、补贴、贷款贴息，以及其他各类财政专项资金，包括直接减免的增值税和即征即退、先征后退、先征后返的各种税收，但不包括企业按规定取得的出口退税款；所称国家投资是指国家以投资者身份投入企业，并按有关规定相应增加企业实收资本（股本）的直接投资。相关处理如表5-12所示。

表5-12

<table>
<tr><td>国家投资和资金使用后需要归还本金的</td><td colspan="3">不计入企业当年收入总额</td></tr>
<tr><td rowspan="2">其他财政性资金</td><td rowspan="2">计入收入总额</td><td>专项用途财政性资金（财税〔2009〕87号、财税〔2011〕70号）</td><td>不征税</td></tr>
<tr><td>其他财政性资金</td><td>征税</td></tr>
</table>

【特别提示1】

企业的不征税收入用于支出所形成的费用，不得在计算应纳税所得额时扣除；企业的不征税收入用于支出所形成的资产，其计算的折旧、摊销不得在计算应纳税所得额时扣除（财税〔2008〕151 号、财税〔2009〕87 号、财税〔2011〕70 号）。

【特别提示 2】

企业将符合规定条件的财政性资金作不征税收入处理后，在 5 年（60 个月）内未发生支出且未缴回财政部门或其他拨付资金的政府部门的部分，应计入取得该资金第 6 年的应税收入总额；计入应税收入总额的财政性资金发生的支出，允许在计算应纳税所得额时扣除（财税〔2011〕70 号）。

（二）免税收入（主席令 2007 年第 63 号）

企业的下列收入为免税收入。

（1）国债利息收入。它是指企业持有国务院财政部门发行的国债取得的利息收入。国债利息及转让收入税务处理具体如表 5－13 所示。

表 5－13

情形	税务处理
企业从发行者直接投资购买的国债持有至到期	从发行者取得的国债利息收入，全额免征企业所得税
企业到期前转让国债或者从非发行者投资购买的国债	其持有期间尚未兑付的国债利息收入，免征企业所得税 国债利息收入＝国债金额×（适用年利率÷365）×持有天数 国债金额按照国债发行面值或发行价格确定
	转让国债收益（损失）＝企业转让或到期兑付国债取得的价款－购买国债成本－持有期间尚未兑付的国债利息收入－交易过程中相关税费 企业转让国债取得的收益（损失）应计算纳税

国债利息收入确认时间如表 5－14 所示。

表 5－14

国债		收入确认时间
利息收入	投资持有	应以国债发行时约定应付利息的日期确认利息收入的实现
	转让	应在国债转让收入确认时确认利息收入的实现
转让收入	未到期转让	应在转让国债合同、协议生效的日期或者国债移交时确认转让收入的实现
	到期兑付	应在国债发行时约定的应付利息的日期确认国债转让收入的实现

（2）符合条件的居民企业之间的股息、红利等权益性投资收益。它是指居民企业直接投资于其他居民企业取得的投资收益。

（3）在中国境内设立机构、场所的非居民企业从居民企业取得与该机构、场所有实际联系的股息、红利等权益性投资收益。

居民企业和非居民企业取得的上述免税的权益性投资收益，不包括连续持有居民企业公开发行并上市流通的股票不足 12 个月取得的投资收益。

（4）符合条件的非营利性公益组织的收入。

（5）非营利性组织的下列收入为免税收入（财税〔2009〕122号）：

1）接受其他单位或者个人捐赠的收入。

2）财政拨款以外的其他政府补助收入，但不包括因政府购买服务取得的收入。

3）按照省级以上民政、财政部门规定收取的会费。

4）不征税收入和免税收入孳生的银行存款利息收入。

5）财政部、国家税务总局规定的其他收入。

（6）对企业和个人取得的2009年以后发行的地方政府债券利息所得，免征企业所得税和个人所得税。地方政府债券是指经国务院批准，以省、自治区、直辖市和计划单列市政府为发行和偿还主体的债券（财税〔2011〕76号、财税〔2013〕5号）。

（7）保险保障基金收入（财税〔2016〕10号）。对中国保险保障基金有限责任公司根据《保险保障基金管理办法》取得的下列收入，免征企业所得税：

1）境内保险公司依法缴纳的保险保障基金。

2）依法从撤销或破产保险公司清算财产中获得的受偿收入和向有关责任方追偿所得，以及依法从保险公司风险处置中获得的财产转让所得。

3）捐赠所得。

4）银行存款利息收入。

5）购买政府债券、中央银行、中央企业和中央级金融机构发行债券的利息收入。

6）国务院批准的其他资金运用取得的收入。

三、扣除原则和项目

（一）税前扣除项目的原则

企业申报的扣除项目和金额要真实、合法。除税收法规另有规定，税前扣除一般应遵循以下原则：

（1）权责发生制原则。它是指企业费用应在发生的所属期扣除。

（2）配比原则。它是指企业发生的费用应当与收入配比扣除。除特殊规定，企业发生的费用不得提前或滞后申报扣除。

（3）合理性原则。符合生产经营活动常规，应当计入当期损益或者有关资产成本的必要和正常的支出。

【特别提示】

自2018年7月1日起，企业发生支出，应取得税前扣除凭证，作为计算企业所得税应纳税所得额时扣除相关支出的依据（国家税务总局公告2018年第28号）：

（1）税前扣除凭证是指企业在计算企业所得税应纳税所得额时，证明与取得收入有关的、合理的支出实际发生并据以税前扣除的各类凭证。

（2）税前扣除凭证在管理中遵循真实性、合法性、关联性原则。真实性是指税前扣除凭证反映的经济业务真实，且支出已经实际发生（实际发生是指会计上已经计入费用，并不等同于实际支付，即实际发生并不违背权责发生制扣除原则)；合法性是指税前扣除凭证的形式、来源符合国家法律、法规等相关规定；关联性是指税前扣除凭证与其反映的支出相关联且有证明力。

(3) 企业应在当年度《企业所得税法》规定的汇算清缴期结束前取得税前扣除凭证。

(二) 扣除项目的范围 (主席令 2007 年第 63 号、国务院令第 512 号)

《企业所得税法》规定，企业实际发生的与取得收入有关的、合理的支出，包括成本、费用、税金、损失和其他支出，准予在计算应纳税所得额时扣除。实际业务中，计算应纳税所得额还应注意三方面的内容：

(1) 企业发生的支出应当区分收益性支出和资本性支出。收益性支出在发生当期直接扣除；资本性支出应当分期扣除或者计入有关资产成本，不得在发生当期直接扣除。

(2) 企业的不征税收入用于支出所形成的费用或者财产，不得扣除或者计算对应的折旧、摊销扣除。

(3) 除《企业所得税法》及其实施条例另有规定，企业实际发生的成本、费用、税金、损失和其他支出，不得重复扣除。

1) 成本是指企业在生产经营活动中发生的销售成本、销货成本、业务支出以及其他耗费。

2) 费用是指企业在生产经营活动中发生的销售费用、管理费用和财务费用，已经计入成本的有关费用除外。需要重点关注的问题如表 5-15 所示。

表 5-15

费用项目	需要重点关注的问题
销售费用	广告费和业务宣传费是否超支
	销售佣金是否符合对象、方式、比例等规定
管理费用	招待费是否超支
	保险费是否符合标准
财务费用	利息费用是否超过标准 (金融机构同类同期)
	借款费用资本化与费用化的区分

3) 税金是指企业发生的除企业所得税和允许抵扣的增值税以外的各项税金及其附加。税金的处理具体如表 5-16 所示。

表 5-16

<table>
<tr><th colspan="2">准予扣除的税金及其扣除方式</th><th>可扣除税金举例</th></tr>
<tr><td rowspan="2">在发生当期扣除</td><td rowspan="2">通过计入税金及其附加在当期扣除</td><td>消费税、城市维护建设税、出口关税、资源税、土地增值税、教育费附加等</td></tr>
<tr><td>房产税、车船税、城镇土地使用税、印花税等</td></tr>
<tr><td colspan="2">在发生当期计入相关资产的成本，在以后各期分摊扣除</td><td>车辆购置税、契税、耕地占用税、进口关税等</td></tr>
</table>

4）损失是指企业在生产经营活动中发生的固定资产和存货的盘亏、毁损、报废损失，转让财产损失，呆账损失，坏账损失，自然灾害等不可抗力因素造成的损失以及其他损失。

企业发生的损失减除责任人赔偿和保险赔款后的余额，依照国务院财政、税务主管部门的规定扣除。

企业已经作为损失处理的资产，在以后纳税年度又全部收回或者部分收回时，应当计入当期收入。

5）其他支出是指除成本、费用、税金、损失，企业在生产经营活动中发生的与生产经营活动有关的、合理的支出。

（三）扣除项目及其标准

1. 工资、薪金支出（国税函〔2009〕3号）

企业发生的合理的工资、薪金支出，准予扣除。工资、薪金支出是指企业每一纳税年度支付给在本企业任职或者受雇的员工的所有现金形式或者非现金形式的劳动报酬，包括基本工资、奖金、津贴、补贴、年终加薪、加班工资，以及与员工任职或者受雇有关的其他支出。

合理工资、薪金是指企业按照股东大会、董事会、薪酬委员会或相关管理机构制定的工资、薪金制度规定实际发放给员工的工资、薪金。

【特别提示1】

属于国有性质的企业，其工资、薪金不得超过政府有关部门给予的限定数额；超过部分不得计入企业工资、薪金总额，也不得在计算企业应纳税所得额时扣除。

【特别提示2】

企业因雇用季节工、临时工、实习生，返聘离退休人员所实际发生的费用，应区分为工资、薪金支出和职工福利费支出，并按《企业所得税法》规定在企业所得税税前扣除。其中属于工资、薪金支出的，准予计入企业工资、薪金总额的基数，作为计算其他各项相关费用扣除的依据（国家税务总局公告2012年第15号）。

【特别提示3】

企业接受外部劳务派遣用工所实际发生的费用，应分两种情况按规定在税前扣除：按照协议（合同）约定直接支付给劳务派遣公司的费用，应作为劳务费支出；直接支付给员工个人的费用，应作为工资、薪金支出和职工福利费支出。其中属于工资、薪金支出的费用，准予计入企业工资、薪金总额的基数，作为计算其他各项相关费用扣除的依据（国家税务总局公告2015年第34号）。

【特别提示4】

企业在年度汇算清缴结束前向员工实际支付的已预提汇缴年度工资、薪金，准予在汇缴年度按规定扣除（国家税务总局公告2015年第34号）。

【特别提示5】

列入企业员工工资、薪金制度，固定与工资、薪金一起发放的福利性补贴，符合合理工资、薪金的，可作为企业发生的工资、薪金支出，按规定在税前扣除。不符合的，按国税函〔2009〕3号的规定计算限额税前扣除（国家税务总局公告2015年第34号）。

2. 职工福利费、工会经费、职工教育经费（国税函〔2009〕3号）

具体内容如表5-17所示。

表5-17

项目	准予扣除的限度	超过部分处理办法
职工福利费	不超过工资、薪金总额14%	不得扣除
工会经费	不超过工资、薪金总额2%	不得扣除
职工教育经费	不超过工资、薪金总额8%	准予结转扣除

【特别提示1】

软件生产企业发生的职工教育经费中的职工培训费（不是全部的职工教育经费），全额扣除；其余职工教育经费部分按法定比例扣除（财税〔2012〕27号、财税〔2009〕65号）。

【特别提示2】

自2018年1月1日起，一般企业的职工教育经费税前扣除限额与高新技术企业的限额统一，从2.5%提高至8%（财税〔2018〕51号）。

【特别提示3】

自2010年1月1日起，在委托税务机关代收工会经费的地区，企业拨缴的工会经费，也可凭合法、有效的工会经费代收凭据依法在税前扣除（国家税务总局公告2011年第30号）。

【特别提示4】

职工福利费包括以下内容：

(1) 尚未实行分离办社会职能的企业，其内设福利部门所发生的设备、设施和人员费用，包括职工食堂、职工浴室、理发室、医务所、托儿所、疗养院等集体福利部门的设备、设施及维修保养费用和福利部门工作人员的工资、薪金、社会保险费、住房公积金、劳务费等。

(2) 为职工卫生保健、生活、住房、交通等所发放的各项补贴和非货币性福利，包括企业向职工发放的因公外地就医费用、未实行医疗统筹企业职工医疗费用、职工供养直系亲属医疗补贴、供暖费补贴、职工防暑降温费、职工困难补贴、救济费、职工食堂经费补贴、职工交通补贴等。

(3) 按照其他规定发生的其他职工福利费，包括丧葬补助费、抚恤费、安家费、探亲假路费等。

【特别提示5】

企业应单独设置账册进行核算，没有单独设置的，税务机关责令企业在规定期限内改正。逾期仍未改的，可对其进行核定。

【特别提示6】

上述计算职工福利费、工会经费、职工教育经费的工资、薪金总额，是指企业按照《企业所得税法实施条例》规定实际发放的工资、薪金总和，不包括企业的职工福利费、职工教育经费、工会经费以及养老保险费、医疗保险费、失业保险费、工伤保险费、生育保险费等社会保险费和住房公积金。

3. 社会保险费（国务院令第512号）

（1）企业依照国务院有关主管部门或者省级人民政府规定的范围和标准为职工缴纳的基本养老保险费、基本医疗保险费、失业保险费、工伤保险费、生育保险费等基本社会保险费和住房公积金，准予扣除。

（2）企业为投资者或者职工支付的补充养老保险费、补充医疗保险费，分别在不超过职工工资总额5%标准内的部分，在计算应纳税所得额时准予扣除；超过的部分不予扣除（财税〔2009〕27号）。企业依照国家有关规定为特殊工种职工支付的人身安全保险费和符合国务院财政、税务主管部门规定可以扣除的商业保险费准予扣除。

（3）企业参加财产保险，按照规定缴纳的保险费准予扣除。企业为投资者或者职工支付的商业保险费不得扣除。

【特别提示】

企业破产、注销，清算企业所得税时，可按规定在税前扣除有关清算费用及职工工资、社会保险费用、法定补偿金（财税〔2016〕125号）。

4. 利息费用

企业在生产经营活动中发生的下列利息支出准予扣除（国务院令第512号）：

（1）非金融企业向金融企业借款的利息支出、金融企业的各项存款利息支出和同业拆借利息支出、企业经批准发行债券的利息支出。

（2）非金融企业向非金融企业借款的利息支出，不超过按照金融企业同期同类贷款利率计算的数额的部分。

同期同类贷款利率是指在贷款期限、贷款金额、贷款担保以及企业信誉等条件基本相同的情况下，金融企业提供贷款的利率。它既可以是金融企业公布的同期同类平均利率，也可以是金融企业对某些企业提供的实际贷款利率（国家税务总局公告2011年第34号）。

（3）关联企业利息费用的扣除（财税〔2008〕121号）。企业从其关联方接受的债权性投资与权益性投资的比例超过规定标准而发生的利息支出，不得在计算应纳税所得额时扣除。

1）企业实际支付给关联方的利息支出，不超过下列比例的准予扣除，超过的部分不得扣除。

接受关联方债权性投资与其权益性投资比例如下：金融企业为5∶1；其他企业为2∶1。

2）企业能证明关联方相关交易活动符合独立交易原则的；或者该企业的实际税负不高于境内关联方的，实际支付给关联方的利息支出，在计算应纳税所得额时准予扣除。

3）企业自关联方取得的不符合规定的利息收入应按照有关规定缴纳企业所得税。

（4）企业向自然人借款的利息支出在企业所得税税前的扣除（国税函

〔2009〕777 号）。

1）向关联方自然人借款的利息支出——企业向股东或其他与企业有关联关系的自然人借款的利息支出，符合规定条件的（关联方债资比例和利率标准），准予扣除。

2）向非关联方自然人借款的利息支出——企业向上述规定以外的内部职工或其他人员借款的利息支出，其借款情况同时符合以下条件的，其利息支出在不超过按照金融企业同期同类贷款利率计算的数额的部分，准予扣除：企业与个人之间的借贷是真实、合法、有效的，并且不具有非法集资目的或其他违反法律、法规的行为；企业与个人之间签订了借款合同。

（5）关于企业由于投资者投资未到位而发生的利息支出扣除问题（国税函〔2009〕312 号）。凡企业投资者在规定期限内未缴足其应缴资本额的，该企业对外借款所发生的利息，相当于投资者实缴资本额与在规定期限内应缴资本额的差额应计付的利息，不属于企业合理支出的，应由企业投资者负担，不得在计算企业应纳税所得额时扣除。

具体计算不得扣除的利息时，应以企业一个年度内每一账面实收资本与借款余额保持不变的期间作为一个计算期，每一计算期内不得扣除的借款利息按该期间借款利息发生额乘以该期间企业未缴足的注册资本占借款总额的比例计算，公式为：

$$\begin{matrix}\text{企业每一计算期不得}\\\text{扣除的借款利息}\end{matrix}=\begin{matrix}\text{该期间借款}\\\text{利息额}\end{matrix}\times\begin{matrix}\text{该期间未缴足}\\\text{注册资本额}\end{matrix}\div\begin{matrix}\text{该期间}\\\text{借款额}\end{matrix}$$

企业一个年度内不得扣除的借款利息总额为该年度内每一计算期不得扣除的借款利息额之和。

【例 5－5·单选题】（2012 年注税）2011 年 1 月 1 日某有限责任公司向银行借款 2 800 万元，期限 1 年；同时公司接受张某投资，约定张某于 4 月 1 日和 7 月 1 日各投入 400 万元；张某仅于 10 月 1 日投入 600 万元。同时银行贷款年利率为 7%。该公司 2011 年企业所得税税前可以扣除的利息费用为（　　）。

A. 171.5 万元

B. 178.5 万元

C. 175 万元

D. 196 万元

【答案】A

【解析】企业投资者在规定期限内未缴足其应缴资本额的，该企业对外借款发生的利息，相当于投资者实缴额与规定期限内应缴资本额的差额应计付的利息，不得在计算企业所得税额时扣除。

方法一：2011 年企业所得税税前可以扣除的利息＝2 800×7%－[2 800×7%×3÷12×400÷2 800＋2 800×7%×3÷12×800÷2 800＋2 800×7%×3÷12×200÷2 800]＝196－24.5＝171.5（万元）。

方法二：2011 年企业所得税税前可以扣除的利息＝2 800×7%×3÷12＋

$(2\,800-400)\times 7\%\times 3\div 12+(2\,800-800)\times 7\%\times 3\div 12+(2\,800-200)\times 7\%\times 3\div 12=171.5$（万元）。

5. 借款费用（国务院令第512号）

具体内容如表5-18所示。

表5-18

资本化	企业为购置、建造固定资产、无形资产和经过12个月以上的建造才能达到预定可销售状态的存货发生借款的，在有关资产购置、建造期间发生的合理的借款费用，应予以资本化，作为资本性支出计入有关资产的成本
费用化	有关资产交付使用后发生的借款利息，可在发生当期扣除
	企业在生产经营活动中发生的合理的不需要资本化的借款费用，准予扣除
企业通过发行债券、取得贷款、吸收保户储金等方式融资而发生的合理的费用支出，符合资本化条件的，应计入相关资产成本；不符合资本化条件的，应作为财务费用，准予在企业所得税税前据实扣除（国家税务总局公告2012年第15号）	企业通过发行债券、取得贷款、吸收保户储金等方式融资而发生的合理的费用支出，符合资本化条件的，应计入相关资产成本；不符合资本化条件的，应作为财务费用，准予在企业所得税税前据实扣除（国家税务总局公告2012年第15号）

6. 汇兑损失（国务院令第512号）

企业在货币交易中以及纳税年度终了时，将人民币以外的货币性资产、负债按照期末即期人民币汇率中间价折算为人民币时产生的汇兑损失，除已经计入有关资产成本以及与向所有者进行利润分配相关的部分，准予扣除。

7. 业务招待费

（1）企业发生的与生产经营活动有关的业务招待费支出，按照发生额的60%扣除，但最高不得超过当年销售（营业）收入的5‰。当年销售（营业）收入包括《企业所得税法实施条例》第二十五条规定的视同销售（营业）收入额（国务院令第512号）。

（2）对从事股权投资业务的企业（包括集团公司总部、创业投资企业等），其从被投资企业所分配的股息、红利以及股权转让收入，可以按规定的比例计算业务招待费扣除限额（国税函〔2010〕79号）。

（3）企业在筹建期间发生的与筹办活动有关的业务招待费支出，可按实际发生额的60%计入企业筹办费，并按有关规定在税前扣除（国家税务总局公告2012年第15号）。

【例5-6·计算题】（2013年注税）某市影视城2012年9月正式营业。正式营业期间收入800万元。3—8月筹建期间发生开办费用合计120万元，冲减试营业期间的售票收入18万元后，102万元全额计入管理费用，开办费用中包括3—7月间发生的业务招待费30万元，6月委托某广告策划公司进行推广活动的广告宣传费20万元。9—12月管理费用中业务招待费6万元，则2012年税前可扣除的业务招待费、广告费和业务宣传费分别为多少元？

【答案及解析】企业在筹建期间发生的与筹办活动有关的业务招待费30万元，按实际发生额的60%计入企业筹办费，按规定在企业所得税税前扣除$30\times 60\%=18$（万元）。企业在筹建期间发生的广告费和业务宣传费20万元，可按实际发生额计入企业筹办费，按规定在企业所得税税前扣除。

9—12 月发生的业务招待费 6 万元，发生额的 60％＝6×60％＝3.6（万元），销售（营业）收入的 5‰＝(800＋18)×5‰＝4.09（万元）。3.6 万元＜4.09 万元，所以准予在企业所得税税前扣除的业务招待费为 3.6 万元。

8. 广告费和业务宣传费

企业发生的符合条件的广告费和业务宣传费支出，除国务院财政、税务主管部门另有规定，不超过当年销售（营业）收入 15％的部分，准予扣除；超过部分，准予在以后纳税年度结转扣除。

企业申报扣除的广告费支出应与赞助支出严格区分。企业申报扣除的广告费支出，必须符合下列条件：广告是通过工商部门批准的专门机构制作的；已实际支付费用，并已取得相应发票；通过一定的媒体传播。

企业在筹建期间发生的广告费和业务宣传费，可按实际发生额计入企业筹办费，并按有关规定在税前扣除（国家税务总局公告 2012 年第 15 号）。

对化妆品制造或销售、医药制造和饮料制造（不含酒类制造）企业发生的广告费和业务宣传费支出，不超过当年销售（营业）收入 30％的部分，准予扣除；超过部分，准予在以后纳税年度结转扣除。烟草企业的烟草广告费和业务宣传费支出，一律不得在计算应纳税所得额时扣除（财税〔2017〕41 号）。

【例 5－7·单选题】（2009 年注会）2008 年某居民企业实现商品销售收入 2 000 万元，发生现金折扣 100 万元，接受捐赠收入 100 万元，转让无形资产所有权收入 20 万元。该企业当年实际发生业务招待费 30 万元，广告费 240 万元，业务宣传费 80 万元。2008 年度该企业可税前扣除的业务招待费、广告费、业务宣传费合计（　　）。

A. 294.5 万元

B. 310 万元

C. 325.5 万元

D. 330 万元

【答案】B

【解析】销售商品涉及现金折扣的，应当按扣除现金折扣前的金额确定销售商品收入金额。业务招待费扣除限额：2 000×0.5％＝10（万元），30×60％＝18（万元），按 10 万元扣除。广告费和业务宣传费扣除限额：2 000×15％＝300（万元），小于实际发生额 320 万元（240＋80），按 300 万元扣除。合计＝10＋300＝310（万元）。

9. 环境保护专项资金（国务院令第 512 号）

企业依照法律、行政法规有关规定提取的用于环境保护、生态恢复等方面的专项资金，准予扣除。上述专项资金提取后改变用途的，不得扣除。

【特别提示】

是提取数而不是发生数（可以提而不用）。

10. 租赁费（国务院令第 512 号）

固定资产租赁费分类总结如表 5－19 所示。

表 5-19

经营租赁	以经营租赁方式租入固定资产发生的租赁费支出：按照租赁期限均匀扣除
	出租方提折旧，承租方扣除租赁费支出
融资租赁	以融资租赁方式租入固定资产发生的租赁费支出：按规定构成融资租入固定资产价值的部分应当提取折旧费用，分期扣除；租赁费支出不得扣除
	承租方提折旧，不得扣除租赁费支出

经营租赁是指所有权不转移的租赁。融资租赁是指在实质上转移与一项资产所有权有关的全部风险和报酬的一种租赁。

11. 劳动保护费（国务院令第 512 号）

企业发生的合理的劳动保护支出，准予扣除。

企业根据其工作性质和特点，由企业统一制作并要求员工工作时统一着装所发生的工作服饰费用，可以作为企业合理的支出在企业所得税税前扣除（国家税务总局公告 2011 年第 34 号）。

【特别提示】

不同来源的劳动保护用品与劳动保护费的涉税比较如表 5-20 所示。

表 5-20

所得税		来源	增值税
劳动保护用品	外购货物	可以抵扣进项税额	列入成本费用扣除
	自产货物	不计销项税额	不属于企业所得税的应税收入
职工福利用品	外购货物	不得抵扣进项税额	在职工福利费限额内扣除
	自产货物	视同销售计销项税额	属于企业所得税的应税收入

12. 公益性捐赠支出（主席令 2007 年第 63 号）

公益性捐赠是指企业通过公益性社会团体或者县级（含县级）以上人民政府及其部门，用于《公益事业捐赠法》规定的公益事业的捐赠。

企业发生的公益性捐赠支出，在年度利润总额 12%以内的部分，准予在计算应纳税所得额时扣除；超过年度利润总额 12%的部分，准予结转以后 3 年内在计算应纳税所得额时扣除。年度利润总额是指企业依照国家统一会计制度的规定计算的年度会计利润。企业在对公益性捐赠支出计算扣除时，应先扣除以前年度结转的捐赠支出，再扣除当年发生的捐赠支出。

【特别提示】

（1）汶川、玉树地震灾后重建，举办北京奥运会和上海世博会特定事项的捐赠，以及向舟曲灾区灾后捐赠（2010 年 8 月至 2012 年底）可以据实全额扣除（财税〔2008〕104 号、财税〔2003〕10 号、财税〔2005〕180 号、国税函〔2009〕202 号、财税〔2010〕107 号）。

（2）对于通过公益性群众团体发生的公益性捐赠支出，主管税务机关应对照财政、税务部门联合发布的名单，接受捐赠的群众团体位于名单内，则企业或个人在名单所属年度发生的公益性捐赠支出可按规定进行税前扣除；接受捐赠的群众团体不在名单内，或虽在名单内但企业或个人发生的公益性捐赠支出不属于名单所属年度的，不得扣除（财税〔2009〕124号）。

（3）企事业单位、社会团体以及其他组织捐赠住房作为公共租赁住房，符合税收法律法规规定的，对其公益性捐赠支出在年度利润总额12%以内的部分，准予在计算应纳税所得额时扣除（财税〔2014〕52号）。

13. 总机构分摊的费用（国务院令第512号）

非居民企业在中国境内设立的机构、场所，就其中国境外总机构发生的与该机构、场所生产经营有关的费用，能够提供总机构出具的费用汇集范围、定额、分配依据和方法等证明文件，并合理分摊的，准予扣除。

14. 资产损失

企业当期发生的固定资产和流动资产盘亏、毁损净损失，由其提供清查盘存资料经向主管税务机关备案后，准予扣除；企业因存货盘亏、毁损、报废、被盗等原因不得从增值税销项税额中抵扣的进项税额，可以与存货损失一起在计算应纳税所得额时扣除（财税〔2009〕57号）。

【特别提示】

企业符合税法规定条件的债权损失可按规定在计算企业所得税应纳税所得额时扣除。金融企业按照规定提取的贷款损失准备金，符合税法规定的，可以在企业所得税税前扣除（财税〔2016〕125号）。

自2017年1月1日至2019年12月31日，对经省级金融管理部门（金融办、局等）批准成立的小额贷款公司按年末贷款余额的1%计提的贷款损失准备金准予在企业所得税税前扣除。具体政策口径按照《财政部国家税务总局关于金融企业贷款损失准备金企业所得税税前扣除有关政策的通知》（财税〔2015〕9号）执行（财税〔2017〕48号）。

15. 依照有关法律、行政法规和国家有关税法规定准予扣除的其他项目

例如，会员费、合理的会议费、差旅费、违约金、诉讼费用等。

16. 手续费及佣金支出（财税〔2009〕29号）

（1）企业发生与生产经营有关的手续费及佣金支出，不超过表5-21规定计算限额以内的部分，准予扣除；超过部分，不得扣除。

表5-21

类型	比例
保险企业	财产保险企业：保费收入减去退保金余额的15%
	人身保险企业：保费收入减去退保金余额的10%
其他企业	按与具有合法经营资格中介服务机构或个人（不含交易双方及其雇员、代理人和代表人等）所签订服务协议或合同确认的收入金额的5%计算限额

【特别提示】

电信企业在发展客户、拓展业务等过程中（如委托销售电话入网卡、电话充值卡等），需向经纪人、代办商支付手续费及佣金的，其实际发生的相关手续费及佣金支出，不超过企业当年收入总额5%的部分，准予在企业所得税税前据实扣除（国家税务总局公告2012年第15号）。

（2）支付方式的要求如表5－22所示。

表5－22

情形	支付方式的要求
向具有合法经营资格中介服务机构支付的	必须转账支付
向个人支付的	可以以现金方式，但需要有合法的凭证

（3）企业不得将手续费及佣金支出计入回扣、业务提成、返利、进场费等费用。

（4）企业已计入固定资产、无形资产等相关资产的手续费及佣金支出，应当通过折旧、摊销等方式分期扣除，不得在发生当期直接扣除。

（5）企业支付的手续费及佣金不得直接冲减服务协议或合同金额，应当如实入账。

（6）企业应当如实向当地主管税务机关提供当年手续费及佣金计算分配表和其他相关资料，并依法取得合法真实凭证。

（7）从事代理服务、主营业务收入为手续费、佣金的企业（如证券、期货、保险代理等企业），其为取得该类收入而实际发生的营业成本（包括手续费及佣金支出），准予在企业所得税税前据实扣除（国家税务总局公告2012年第15号）。

【例5－8·多选题】（2016年税务师）下列关于手续费及佣金支出的企业所得税税务处理，正确的有（　　）。

A. 企业计入固定资产的手续费及佣金支出应通过折旧方式分期扣除

B. 电信企业按照企业当年收入总额的5%计算可扣除手续费及佣金限额

C. 人身保险企业按照当年全部保费收入的15%计算可扣除佣金限额

D. 财产保险企业按照当年全部保费收入的15%计算可扣除佣金限额

E. 以现金方式支付给具有合法经营资格个人的佣金可以扣除

【答案】ABD

【解析】选项C，人身保险企业按照当年全部保费收入的10%计算可扣除佣金限额；选项E，以现金方式支付给具有合法经营资格个人的佣金不可以扣除。

17. 航空企业空勤训练费（国家税务总局公告2011年第34号）

航空企业实际发生的飞行员养成费、飞行训练费、乘务训练费、空中保卫员训练费等空勤训练费用，可以作为航空企业运输成本在企业所得税税前扣除。

18. 投资企业撤回或减少投资（国家税务总局公告2011年第34号）

投资企业从被投资企业撤回或减少投资，其取得的资产中，相当于初始出资的部分，应确认为投资收回；相当于被投资企业累计未分配利润和累计盈余公积按减少实收资本比例计算的部分，应确认为股息所得；其余部分确认为投资资产转让所得。

被投资企业发生的经营亏损，由被投资企业按规定结转弥补；投资企业不得调整减低其投资成本，也不得将其确认为投资损失。

19. 关于我国居民企业实行股权激励计划有关企业所得税处理问题（国家税务总局公告2012年第18号）

（1）对股权激励计划实行后立即可以行权的，上市公司可以根据实际行权时该股票的公允价格与激励对象实际行权支付价格的差额和数量，计算确定作为当年上市公司工资、薪金支出，依照税法规定进行企业所得税税前扣除。

（2）对股权激励计划实行后，需待一定服务年限或者达到规定业绩条件（简称等待期）方可行权的，上市公司等待期内会计上计算确认的相关成本费用，不得在对应年度计算缴纳企业所得税时扣除。在股权激励计划可行权后，上市公司方可根据该股票实际行权时的公允价格与当年激励对象实际行权支付价格的差额及数量，计算确定作为当年上市公司工资、薪金支出，依照税法规定进行企业所得税税前扣除。

（3）股票实际行权时的公允价格，以实际行权日该股票的收盘价格确定。

（4）在我国境外上市的居民企业和非上市公司，凡比照《上市公司股权激励管理办法》的规定建立职工股权激励计划，且在企业会计处理上也按我国会计准则的有关规定处理的，其股权激励计划有关企业所得税处理问题，可以按照上述规定执行。

【例5-9·单选题】（2013年注税）2010年1月某上市公司对本公司20名管理人员实施股票期权激励政策，约定如在公司连续服务2年，即可以4元/股的价格购买本公司股票1 000股。2012年1月，20名管理人员全部行权，行权日股票收盘价20元/股。根据企业所得税相关规定，行权时该公司税前应扣除的费用金额是（　　）。

A. 300 000元

B. 320 000元

C. 380 000元

D. 400 000元

【答案】B

【解析】在股权激励计划可行权后，上市公司方可根据该股票实际行权时的公允价格与当年激励对象实际行权支付价格的差额及数量，计算确定作为当年上市公司工资、薪金支出，依照税法规定进行企业所得税税前扣除。应扣除的费用金额＝(20－4)×20×1 000＝320 000（元）。

20. 关于以前年度发生应扣未扣支出的税务处理问题（国家税务总局公告2012年第15号）

根据《税收征收管理法》的有关规定，对企业发现以前年度实际发生的、按照税收规定应在企业所得税税前扣除而未扣除或者少扣除的支出，企业做出专项申报及说明后，准予追补至该项目发生年度计算扣除，但追补确认期限不得超过5年。

企业由于上述原因多缴的企业所得税税款，可以在追补确认年度企业所得税应纳税款中抵扣，不足抵扣的，可以向以后年度递延抵扣或申请退税。

亏损企业追补确认以前年度未在企业所得税税前扣除的支出，或盈利企业经过追补确认后出现亏损的，应首先调整该项支出所属年度的亏损额，然后再按照弥补亏损的原则计算以后年度多缴的企业所得税税款，并按规定处理。

21. 关于税前扣除规定与企业实际会计处理之间的协调问题（国家税务总局公告2012年第15号）

根据《企业所得税法》第二十一条的规定，对企业依据财务会计制度规定，并实际在财务会计处理上已确认的支出，凡没有超过《企业所得税法》和有关税收法规规定的税前扣除范围和标准的，可按企业实际会计处理确认的支出，在企业所得税税前扣除，计算其应纳税所得额。

总结以上扣除项目，有扣除标准的项目汇总如表5-23所示。

表5-23

项目	扣除标准	超标准处理
职工福利费	不超过工薪总额14%的部分准予扣除	不得扣除（永久性差异）
工会经费	不超过工薪总额2%的部分准予扣除	不得扣除（永久性差异）
职工教育经费	不超过工薪总额8%的部分准予扣除	当年不得扣除，但超过部分准予结转以后纳税年度扣除（暂时性差异）
补充养老、补充医疗	分别不超过工薪总额5%的部分准予扣除	不得扣除（永久性差异）
利息费用	不超过金融企业同期同类贷款利率计算的利息 关联企业利息费用符合条件可以扣除	不得扣除（永久性差异）
业务招待费	按照发生额的60%扣除，但最高不得超过当年销售（营业）收入的5‰	不得扣除（永久性差异）
广告费和业务宣传费	不超过当年销售（营业）收入15%的部分准予扣除	当年不得扣除；但准予结转以后纳税年度扣除（暂时性差异）
手续费和佣金	一般企业：不超过收入金额5%的部分准予扣除	不得扣除（永久性差异）
	财产保险企业：不超过保费收入净额15%的部分准予扣除	
	人身保险企业：不超过保费收入净额10%的部分准予扣除	
公益性捐赠支出	不超过年度利润总额12%的部分准予扣除	不得扣除（永久性差异）

四、不得扣除的项目

在计算应纳税所得额时，下列支出不得扣除（主席令2007年第63号）：

（1）向投资者支付的股息、红利等权益性投资收益款项。

（2）企业所得税税款。

（3）税收滞纳金。

（4）罚金、罚款和被没收财物的损失（罚息、违约金、赔偿金等允许扣除）。

（5）超过规定标准的捐赠支出。

（6）赞助支出。它是指企业发生的与生产经营活动无关的各种非广告性质的支出。

（7）未经核定的准备金支出。它是指不符合国务院财政、税务主管部门规定的各项资产减值准备、风险准备等准备金支出。

（8）企业之间支付的管理费、企业内营业机构之间支付的租金和特许权使用费，以及非银行企业内营业机构的盈利。

（9）与取得收入无关的其他支出。

【例5-10·多选题】（2015年税务师改）下列各项中，在计算企业所得税应纳税所得额时不得扣除的有（　　）。

A. 企业之间支付的管理费

B. 非银行企业内营业机构之间支付的利息

C. 企业依照法律规定提取的环境保护专项资金

D. 企业向投资者支付的股息

【答案】ABD

五、亏损弥补

企业某一纳税年度发生的亏损可以用下一年度的所得弥补，下一年度的所得不足以弥补的，可以逐年延续弥补，但最长不得超过5年。从2018年1月1日起，高新技术企业和科技型中小企业亏损结转年限由5年延长至10年。

【特别提示】

（1）亏损额不是企业财务报表中的亏损额，而是税法调整后的金额。

（2）5年弥补期是以亏损年度后的第一年度算起，连续5年内不论是盈利还是亏损，都作为实际弥补年限计算。

（3）连续发生年度亏损，必须从第一个亏损年度算起，先亏先补，后亏后补。企业在汇总计算缴纳企业所得税时，其境外营业机构的亏损不得抵减境内营业机构的盈利。

（1）企业筹办期间不计算为亏损年度，企业开始生产经营的年度为开始计算企业损益的年度。企业从事生产经营之前进行筹办活动期间发生筹办费用支出，不得计算为当期的亏损，企业可以在开始经营之日的当年一次性扣除，也可以按照《企业所得税法》有关长期待摊费用的处理规定处理，但一经选定，不得改变（国税函〔2009〕98号、国税函〔2010〕79号）。

（2）税务机关对企业以前年度纳税情况进行检查时调增的应纳税所得额，凡企业以前年度发生亏损，且该亏损属于《企业所得税法》规定允许弥补的，应允许调增的应纳税所得额弥补该亏损。弥补该亏损后仍有余额的，按照《企业所得税法》规定计算缴纳企业所得税。对检查调增的应纳税所得额应根据其情节，按照《税收征收管理法》有关规定进行处理或处罚（国家税务总局公告2010年第

20号）。

【例5-11·多选题】（2010年注税改）根据企业所得税的相关规定，关于企业亏损弥补的说法，正确的有（　　）。

A. 境外营业机构的亏损可以用境内营业机构的盈利弥补

B. 一般性税务处理下被合并企业的亏损不得由分立企业弥补

C. 一般性税务处理下被分立企业的亏损不得由分立企业弥补

D. 亏损弥补的年限最长不得超过5年

E. 境内营业机构的亏损可以用境外营业机构的盈利弥补

【答案】CE

【解析】选项A，境外营业机构的亏损不得抵减境内营业机构的盈利。选项B，在合并事务中，不可能出现分立企业，更谈不上亏损弥补。选项D，高新技术企业和科技型中小企业亏损结转年限可延长至10年。选项E，境内营业机构的亏损可以用境外营业机构的盈利弥补。

第四节　资产的所得税处理

企业的各项资产包括固定资产、生物资产、无形资产、长期待摊费用、投资资产、存货等，以历史成本为计税基础。历史成本是指企业取得该项资产时实际发生的支出。

一、固定资产的税务处理（国务院令第512号）

固定资产是指企业为生产产品、提供劳务、出租或者经营管理而持有的，使用时间超过12个月的非货币性资产，包括房屋、建筑物、机器、机械、运输工具以及其他与生产经营活动有关的设备、器具、工具等。

（一）固定资产的计税基础

（1）外购的固定资产，以购买价款和支付的相关税费以及直接归属于使该资产达到预定用途发生的其他支出为计税基础。

（2）自行建造的固定资产，以竣工结算前发生的支出为计税基础。

（3）融资租入的固定资产，以租赁合同约定的付款总额和承租人在签订租赁合同过程中发生的相关费用为计税基础；租赁合同未约定付款总额的，以该资产的公允价值和承租人在签订租赁合同过程中发生的相关费用为计税基础。

（4）盘盈的固定资产，以同类固定资产的重置完全价值为计税基础。

（5）通过捐赠、投资、非货币性资产交换、债务重组等方式取得的固定资产，以该资产的公允价值和支付的相关税费为计税基础。

（6）改建的固定资产，除已足额提取折旧的固定资产和租入的固定资产以外的其他固定资产，以改建过程中发生的改建支出增加计税基础。

（二）固定资产折旧的范围

在计算应纳税所得额时，企业按照规定计算的固定资产折旧准予扣除。下列固定资产不得计算折旧扣除：

（1）房屋、建筑物以外未投入使用的固定资产。

（2）以经营租赁方式租入的固定资产。

（3）以融资租赁方式租出的固定资产。

（4）已足额提取折旧仍继续使用的固定资产。

（5）与经营活动无关的固定资产。

（6）单独估价作为固定资产入账的土地。

（7）其他不得计算折旧扣除的固定资产。

（三）固定资产折旧的计提方法

（1）企业应当自固定资产投入使用月份的次月起计算折旧；停止使用的固定资产应当自停止使用月份的次月起停止计算折旧。

（2）企业应当根据固定资产的性质和使用情况，合理确定固定资产的预计净残值。固定资产的预计净残值一经确定，不得变更。

（3）固定资产按照直线法计算的折旧准予扣除。

（4）企业对房屋、建筑物固定资产在未足额提取折旧前进行改扩建的，如果属于推倒重置，该资产原值减除提取折旧后的净值应并入重置后的固定资产的计税成本，并在该固定资产投入使用后的次月起，按照税法规定的折旧年限，一并计提折旧；如果属于提升功能、增加面积，该固定资产的改扩建支出并入该固定资产的计税基础，并从改扩建完工投入使用后的次月起，重新按税法规定的该固定资产折旧年限计提折旧，如果该改扩建后的固定资产尚可使用的年限低于税法规定的最低年限，可以按尚可使用的年限计提折旧（国家税务总局公告 2011 年第 34 号）。

（5）对生物药品制造业，专用设备制造业，铁路、船舶、航空航天和其他运输设备制造业，计算机、通信和其他电子设备制造业，仪器仪表制造业，信息传输、软件和信息技术服务业等行业（简称六大行业）企业，2014 年 1 月 1 日后购进的固定资产（包括自行建造），允许按不低于《企业所得税法》规定折旧年限的 60%缩短折旧年限，或选择采取双倍余额递减法或年数总和法进行加速折旧（财税〔2014〕75 号、国家税务总局公告 2014 年第 64 号）。

（6）对轻工、纺织、机械、汽车四个领域重点行业的企业 2015 年 1 月 1 日后新购进的固定资产，可由企业选择缩短折旧年限或采取加速折旧的方法。对上述行业的小型微利企业 2018 年 1 月 1 日至 2020 年 12 月 31 日期间新购进的研发和生产经营共用的仪器、设备，单位价值不超过 500 万元的，允许一次性计入当期成本费用在计算应纳税所得额时扣除，不再分年度计算折旧；单位价值超过 500 万元的，可由企业选择缩短折旧年限或采取加速折旧的方法（财税〔2015〕106 号、财税〔2018〕54 号）。

（7）企业在 2018 年 1 月 1 日至 2020 年 12 月 31 日期间新购进的设备、器具（指除房屋、建筑物以外的固定资产），单位价值不超过 500 万元的，可以一次性在计算应纳税所得额时扣除；单位价值超过500万元的，允许按不低于《企业所得税法》规定折旧年限的60%缩短折旧年限，或选择采取双倍余额递减法或年数总和法进行加速折旧（财税〔2014〕75号、财税〔2018〕54号）。

（四）固定资产折旧的计提年限

除国务院财政、税务主管部门另有规定，固定资产计算折旧的最低年限如表5-24所示。

表5-24

固定资产类型	最低折旧年限
房屋、建筑物	20年
飞机、火车、轮船、机器、机械和其他生产设备	10年
与生产经营活动有关的器具、工具、家具等	5年
飞机、火车、轮船以外的运输工具	4年
电子设备	3年

（五）固定资产折旧的企业所得税处理（国家税务总局公告2014年第29号）

（1）企业固定资产会计折旧年限如果短于税法规定的最低折旧年限，其按会计折旧年限计提的折旧高于按税法规定的最低折旧年限计提的折旧部分，应调增当期应纳税所得额；企业固定资产会计折旧年限已期满且会计折旧已提足，但税法规定的最低折旧年限尚未到期且税收折旧尚未足额扣除，其未足额扣除的部分准予在剩余的税收折旧年限继续按规定扣除。

（2）企业固定资产会计折旧年限如果长于税法规定的最低折旧年限，其折旧应按会计折旧年限计算扣除，税法另有规定的除外。

（3）企业按会计规定提取的固定资产减值准备不得税前扣除，其折旧仍按税法确定的固定资产计税基础计算扣除。

（4）企业按税法规定实行加速折旧的，其按加速折旧办法计算的折旧额可全额在税前扣除。

（5）石油天然气开采企业在计提油气资产折耗（折旧）时，由于会计与税法规定计算方法不同导致的折耗（折旧）差异，应按税法规定进行纳税调整。

二、生物资产的税务处理（国务院令第512号）

生物资产是指有生命的动物和植物，包括消耗性生物资产、生产性生物资产和公益性生物资产。

（一）生产性生物资产的计税基础

（1）外购的生产性生物资产，以购买价款和支付的相关税费为计税基础。

（2）通过捐赠、投资、非货币性资产交换、债务重组等方式取得的生产性生物资产，以该资产的公允价值和支付的相关税费为计税基础。

生产性生物资产是指企业为生产农产品、提供劳务或者出租等而持有的生物资产，包括经济林、薪炭林、产畜和役畜等。

（二）生物资产的折旧方法和折旧年限

生产性生物资产按照直线法计算的折旧，准予扣除。企业应当自生产性生物资产投入使用月份的次月起计算折旧；停止使用的生产性生物资产应当自停止使用月份的次月起停止计算折旧。

企业应当根据生产性生物资产的性质和使用情况，合理确定生产性生物资产的预计净残值。生产性生物资产的预计净残值一经确定，不得变更。

生产性生物资产计算折旧的最低年限如下：

（1）林木类生产性生物资产为 10 年。

（2）畜类生产性生物资产为 3 年。

【例 5－12·单选题】（2009 年注税）某农场外购奶牛支付价款 20 万元，依据企业所得税相关规定，折旧税前扣除方法为（　　）。

A. 一次性在税前扣除

B. 按奶牛寿命在税前分期扣除

C. 按直线法以不低于 3 年折旧年限计算折旧税前扣除

D. 按直线法以不低于 10 年折旧年限计算折旧税前扣除

【答案】 C

【解析】 奶牛属于畜类生产性生物资产，按不低于 3 年计提折旧。

三、无形资产的税务处理（国务院令第 512 号）

无形资产是指企业为生产产品、提供劳务、出租或者经营管理而持有的、没有实物形态的非货币性长期资产，包括专利权、商标权、著作权、土地使用权、非专利技术、商誉等。

（一）无形资产的计税基础

（1）外购的无形资产，以购买价款和支付的相关税费以及直接归属于使该资产达到预定用途发生的其他支出为计税基础。

（2）自行开发的无形资产，以开发过程中该资产符合资本化条件后至达到预定用途前发生的支出为计税基础。

（3）通过捐赠、投资、非货币性资产交换、债务重组等方式取得的无形资产，以该资产的公允价值和支付的相关税费为计税基础。

（二）无形资产的摊销范围

在计算应纳税所得额时，企业按照规定计算的无形资产摊销费用，准予扣除。

下列无形资产不得计算摊销费用扣除：

（1）自行开发的支出已在计算应纳税所得额时扣除的无形资产。

（2）自创商誉。

（3）与经营活动无关的无形资产。

（4）其他不得计算摊销费用扣除的无形资产。

（三）无形资产的摊销方法及年限

无形资产的摊销按照直线法计算。无形资产的摊销年限不得低于10年。作为投资或者受让的无形资产，有关法律规定或者合同约定了使用年限的，可以按照规定或者约定的使用年限分期摊销。外购商誉的支出在企业整体转让或者清算时准予扣除。

企业外购的软件，凡符合固定资产或无形资产确认条件的，可以按照固定资产或无形资产进行核算，其折旧或摊销年限可以适当缩短，最短可为2年（含）（财税〔2012〕27号）。

四、长期待摊费用的税务处理（国务院令第512号）

长期待摊费用是指企业发生的、应在一个年度以上进行摊销的费用。在计算应纳税所得额时，企业发生的表5-25中的支出，作为长期待摊费用按照规定摊销的，准予扣除。

表5-25

<table>
<tr><th colspan="3">类别</th><th>税务处理</th></tr>
<tr><td rowspan="4">房屋、建筑物</td><td colspan="2">日常维修支出</td><td>列入当期费用</td></tr>
<tr><td rowspan="3">改建支出</td><td>已提足折旧的固定资产的改建支出</td><td>长期待摊费用，按照固定资产预计尚可使用年限分期摊销</td></tr>
<tr><td>租入的固定资产的改建支出</td><td>长期待摊费用，按照合同约定的剩余租赁期限分期摊销</td></tr>
<tr><td>其他</td><td>增加固定资产计税基础，适当延长折旧年限</td></tr>
<tr><td>其他固定资产</td><td>大修理支出</td><td>同时符合下列条件的支出：
（1）修理支出达到取得固定资产时的计税基础50%以上
（2）修理后固定资产的使用年限延长2年以上</td><td>长期待摊费用，按照固定资产尚可使用年限分期摊销</td></tr>
<tr><td colspan="3">其他应当作为长期待摊费用的支出</td><td>自支出发生月份的次月起，分期摊销，摊销年限不得低于3年</td></tr>
</table>

【例5-13·多选题】（2016年税务师）下列关于资产的企业所得税税务处理的说法中，正确的有（　　）。

A. 外购商誉的支出在企业整体转让时准予扣除

B. 租入固定资产的改建支出应作为长期待摊费用摊销扣除

C. 企业持有至到期投资成本按照预计持有期限分期摊销扣除

D. 固定资产大修理支出按照尚可使用年限分期摊销扣除

E. 外购的固定资产以购买价款和支付的增值税作为计税依据

【答案】ABD

【解析】外购的固定资产以购买价款和支付的相关税费以及直接归属于使该资产达到预定可使用状态发生的其他支出为计税基础。

五、存货的税务处理（国务院令第512号）

存货是指企业持有以备出售的产品或者商品、处在生产过程中的在产品、在生产或者提供劳务过程中耗用的材料和物料等。

（一）存货的计税基础

存货按照以下方法确定成本：

（1）通过支付现金方式取得的存货，以购买价款和支付的相关税费为成本。

（2）通过支付现金以外的方式取得的存货，以该存货的公允价值和支付的相关税费为成本。

（3）生产性生物资产收获的农产品，以产出或者采收过程中发生的材料费、人工费和分摊的间接费用等必要支出为成本。

（二）存货的成本计算方法

企业使用或者销售的存货的成本计算方法，可以在先进先出法、加权平均法、个别计价法中选用一种。计价方法一经选用，不得随意变更。

企业转让以上资产，在计算应纳税所得额时资产的净值允许扣除。资产净值是指有关资产、财产的计税基础减除已经按照规定扣除的折旧、折耗、摊销、准备金等后的余额。

除国务院财政、税务主管部门另有规定，企业在重组过程中，应当在交易发生时确认有关资产的转让所得或者损失，相关资产应当按照交易价格重新确定计税基础。

（三）投资企业撤回或减少投资的税务处理

具体内容如表5-26所示。

表5-26

类型		税务处理
相当于初始出资的部分	投资收回	不征收企业所得税
相当于被投资企业累计未分配利润和累计盈余公积按减少实收资本比例计算的部分	股息所得	符合条件的居民企业的股息、红利等权益性投资收益，免征收企业所得税
其余部分	投资资产转让所得	征收企业所得税

被投资企业发生的经营亏损，由被投资企业按规定结转弥补；投资企业不得调整减低其投资成本，也不得将其确认为投资损失。

六、投资资产的税务处理（国务院令第512号）

投资资产是指企业对外进行权益性投资和债权性投资形成的资产。

（一）投资资产的成本

投资资产按照以下方法确定成本：

（1）通过支付现金方式取得的投资资产，以购买价款为成本。

（2）通过支付现金以外的方式取得的投资资产，以该资产的公允价值和支付的相关税费为成本。

（二）投资资产成本的扣除方法

企业对外投资期间，投资资产的成本在计算应纳税所得额时不得扣除。企业在转让或者处置投资资产时，投资资产的成本准予扣除。

第五节 资产损失税前扣除的所得税处理

一、资产及资产损失的概念

准予在企业所得税税前扣除的资产损失是指企业在实际处置、转让上述资产过程中发生的合理损失（简称实际资产损失），以及企业虽未实际处置、转让上述资产，但按规定条件计算确认的损失（简称法定资产损失）（国家税务总局公告2011年第25号）。

二、资产损失扣除政策

根据财税〔2009〕57号，企业资产损失税前扣除政策如下：

（1）企业清查出的现金短缺减除责任人赔偿后的余额，作为现金损失在计算应纳税所得额时扣除。

（2）企业将货币性资金存入法定具有吸收存款职能的机构，因该机构依法破产、清算，或者政府责令停业、关闭等原因，确实不能收回的部分，作为存款损失在计算应纳税所得额时扣除。

（3）企业除贷款类债权外的应收、预付账款符合下列条件之一的，减除可收回金额后确认的无法收回的应收、预付款项，可以作为坏账损失在计算应纳税所得额时扣除。

1）债务人依法宣告破产、关闭、解散、被撤销，或者被依法注销、吊销营业执照，其清算财产不足清偿的。

2）债务人死亡，或者依法被宣告失踪、死亡，其财产或者遗产不足清偿的。

3）债务人逾期3年以上未清偿，且有确凿证据证明已无力清偿债务的。

4）与债务人达成债务重组协议或法院批准破产重整计划后，无法追偿的。

5）因自然灾害、战争等不可抗力导致无法收回的。

6）国务院财政、税务主管部门规定的其他条件。

（4）企业经采取所有可能的措施和实施必要的程序之后，符合下列条件之一的贷款类债权，可以作为贷款损失在计算应纳税所得额时扣除。

1）借款人和担保人依法宣告破产、关闭、解散、被撤销，并终止法人资格，或者已完全停止经营活动，被依法注销、吊销营业执照，对借款人和担保人进行追偿后，未能收回的债权。

2）借款人死亡，或者依法被宣告失踪、死亡，依法对其财产或者遗产进行清偿，并对担保人进行追偿后，未能收回的债权。

3）借款人遭受重大自然灾害或者意外事故，损失巨大且不能获得保险补偿，或者以保险赔偿后，确实无力偿还部分或者全部债务，对借款人财产进行清偿和对担保人进行追偿后，未能收回的债权。

4）借款人触犯刑律，依法受到制裁，其财产不足归还所借债务，又无其他债务承担者，经追偿后确实无法收回的债权。

5）由于借款人和担保人不能偿还到期债务，企业诉诸法律，经法院对借款人和担保人强制执行，借款人和担保人均无财产可执行，法院裁定执行程序终结或终止（中止）后，仍无法收回的债权。

6）由于借款人和担保人不能偿还到期债务，企业诉诸法律后，经法院调解或经债权人会议通过，与借款人和担保人达成和解协议或重整协议，在借款人和担保人履行完还款义务后，无法追偿的剩余债权。

7）由于上述1）～6）项原因借款人不能偿还到期债务，企业依法取得抵债资产，抵债金额小于贷款本息的差额，经追偿后仍无法收回的债权。

8）开立信用证、办理承兑汇票、开具保函等发生垫款时，开证申请人和保证人由于上述1）～7）项原因，无法偿还垫款，金融企业经追偿后仍无法收回的垫款。

9）银行卡持卡人和担保人由于上述1）～7）项原因，未能还清透支款项，金融企业经追偿后仍无法收回的透支款项。

10）助学贷款逾期后，在金融企业确定的有效追索期限内，依法处置助学贷款抵押物（质押物），并向担保人追索连带责任后，仍无法收回的贷款。

11）经国务院专案批准核销的贷款类债权。

12）国务院财政、税务主管部门规定的其他条件。

（5）企业的股权投资符合下列条件之一的，减除可收回金额后确认的无法收回的股权投资，可以作为股权投资损失在计算应纳税所得额时扣除。

1）被投资方依法宣告破产、关闭、解散、被撤销，或者被依法注销、吊销营业执照的。

2）被投资方财务状况严重恶化，累计发生巨额亏损，已连续停止经营3年以上，且无重新恢复经营改组计划的。

3）对被投资方不具有控制权，投资期限届满或者投资期限已超过10年，且被投资单位因连续3年经营亏损导致资不抵债的。

4）被投资方财务状况严重恶化，累计发生巨额亏损，已完成清算或清算期超过3年以上的。

5）国务院财政、税务主管部门规定的其他条件。

（6）对企业盘亏的固定资产或存货，以该固定资产的账面净值或存货的成本减除责任人赔偿后的余额，作为固定资产或存货盘亏损失在计算应纳税所得额时扣除。

（7）对企业毁损、报废的固定资产或存货，以该固定资产的账面净值或存货的成本减除残值、保险赔款和责任人赔偿后的余额，作为固定资产或存货毁损、报废损失在计算应纳税所得额时扣除。

（8）对企业被盗的固定资产或存货，以该固定资产的账面净值或存货的成本减除保险赔款和责任人赔偿后的余额，作为固定资产或存货被盗损失在计算应纳税所得额时扣除。

（9）企业因存货盘亏、毁损、报废、被盗等原因不得从增值税销项税额中抵扣的进项税额，可以与存货损失一起在计算应纳税所得额时扣除。

（10）企业在计算应纳税所得额时已经扣除的资产损失，在以后纳税年度全部或者部分收回时，其收回部分应当作为收入计入收回当期的应纳税所得额。

（11）企业境内、境外营业机构发生的资产损失应分开核算，对境外营业机构由于发生资产损失而产生的亏损，不得在计算境内应纳税所得额时扣除。

（12）企业对其扣除的各项资产损失，应当提供能够证明资产损失确属已实际发生的合法证据，包括具有法律效力的外部证据、具有法定资质的中介机构的经济鉴证证明、具有法定资质的专业机构的技术鉴定证明等。

三、资产损失税前扣除管理

根据国家税务总局公告2011年第25号，企业资产损失税前扣除管理按以下规定执行。

（一）申报管理

企业资产损失按其申报内容和要求的不同，分为清单申报和专项申报两种申报形式。

（1）下列资产损失应以清单申报的形式向税务机关申报扣除：

1）企业在正常经营管理活动中，按照公允价格销售、转让、变卖非货币资产的损失。

2）企业各项存货发生的正常损耗。

3）企业固定资产达到或超过使用年限而正常报废清理的损失。

4）企业生产性生物资产达到或超过使用年限而正常死亡发生的资产损失。

5）企业按照市场公平交易原则，通过各种交易场所、市场等买卖债券、股票、期货、基金以及金融衍生产品等发生的损失。

上述以外的资产损失应以专项申报的形式向税务机关申报扣除。

【特别提示】

清单申报一般属于"正常＋公允＋公平"。

（2）实际资产损失与法定资产损失及税前扣除年度。实际资产损失是指企业在实际处置、转让资产过程中发生的合理损失。法定资产损失是指企业虽未实际处置、转让资产，但符合规定条件计算确认的损失。资产损失税前扣除年度如表5-27所示。

表5-27

项目	一般规定	特殊规定	
实际资产损失	应当在其实际发生且会计上已做损失处理的年度申报扣除	以前年度发生的资产损失未能在当年税前扣除的，应向税务机关说明并进行专项申报扣除	准予追补至该项损失发生年度扣除，其追补确认期限一般不得超过5年
法定资产损失	应当在企业向主管税务机关提供证据资料证明该项资产已符合法定资产损失确认条件，且会计上已做损失处理的年度申报扣除	以前年度发生的资产损失未能在当年税前扣除的，应向税务机关说明并进行专项申报扣除	应在申报年度扣除

（3）在中国境内跨地区经营的汇总纳税企业发生的资产损失。

1）总机构及其分支机构发生的资产损失，除应按专项申报和清单申报的有关规定各自向当地主管税务机关申报，各分支机构同时还应上报总机构。

2）总机构对各分支机构上报的资产损失，除税务机关另有规定，应以清单申报的形式向当地主管税务机关进行申报（分支机构要双向申报）。

3）总机构将跨地区分支机构所属资产捆绑打包转让所发生的资产损失，由总机构向当地主管税务机关进行专项申报。

【特别提示1】

2013年度及以后年度企业所得税纳税申报规定如下（国家税务总局公告2014年第3号）：

（1）商业零售企业存货因零星失窃、报废、废弃、过期、破损、腐败、鼠咬、顾客退换货等正常因素形成的损失，为存货正常损失，准予按会计科目进行归类、汇总，然后再将汇总数据以清单的形式进行企业所得税纳税申报，同时出具损失情况分析报告。

（2）商业零售企业存货因风、火、雷、震等自然灾害，仓储、运输失事，重大案件等非正常因素形成的损失，为存货非正常损失，应当以专项申报形式进行企业所得税纳税申报。

（3）存货单笔（单项）损失超过500万元的，无论是何种因素形成的，均应当以专项申报形式进行企业所得税纳税申报。

【特别提示2】

2013年度及以后年度，企业因国务院决定事项形成的资产损失，应当以专项申报形式向主管税务机关申报扣除。专项申报扣除的有关事项按照国家税务总局公告2011年第25号的规定执行（国家税务总局公告2014年第18号）。

（二）资产损失确认证据

企业资产损失相关的证据包括具有法律效力的外部证据和特定事项的企业内部证据。

（1）具有法律效力的外部证据是指司法机关、行政机关、专业技术鉴定部门等依法出具的与本企业资产损失相关的具有法律效力的书面文件，主要包括：

1）司法机关的判决或者裁定。

2）公安机关的立案结案证明、回复。

3）工商部门出具的注销、吊销及停业证明等。

（2）特定事项的企业内部证据主要包括：

1）有关会计核算资料和原始凭证。

2）资产盘点表。

3）相关经济行为的业务合同。

4）企业内部技术鉴定部门的鉴定文件或资料等。

【特别提示】

企业所得税资产损失资料留存备查有关事项如下（国家税务总局公告2018年第15号）：

（1）企业向税务机关申报扣除资产损失，仅需填报企业所得税年度纳税申报表——资产损失税前扣除及纳税调整明细表，不再报送资产损失相关资料。相关资料由企业留存备查。

（2）企业应当完整保存资产损失相关资料，保证资料的真实性、合法性。

第六节　企业重组的所得税处理

一、企业重组的概念

企业重组是指企业在日常经营活动以外发生的法律结构或经济结构重大改变的交易，包括企业法律形式改变、债务重组、股权收购、资产收购、合并、分立等。按照重组类型，企业重组当事各方的定义请参见国家税务总局公告2015年第48号。

（1）股权支付。它是指企业重组中购买、换取资产的一方支付的对价中，以本企业或其控股企业的股权、股份作为支付的形式。

（2）非股权支付。它是指以本企业的现金、银行存款、应收账款、本企业或其控股企业股权和股份以外的有价证券、存货、固定资产等作为支付的形式。

自2008年1月1日起，企业发生上述重组事项的，按照财税〔2009〕59号、财税〔2014〕109号的规定进行所得税处理。

二、企业重组的一般性税务处理方法

（1）企业由法人转变为个人独资企业、合伙企业等非法人组织，或将登记注册地转移至中华人民共和国境外（包括港澳台地区），应视同企业进行清算、分配，股东重新投资成立新企业。企业的全部资产以及股东投资的计税基础均应以公允价值为基础确定。

企业发生其他法律形式简单改变的，可直接变更税务登记，除另有规定，有关企业所得税纳税事项（包括亏损结转、税收优惠等权益和义务）由变更后企业承继，但因住所发生变化而不符合税收优惠条件的除外。

全民所有制企业改制为国有独资公司或者国有全资子公司，属于企业发生其他法律形式简单改变的，改制中资产评估增值不计入应纳税所得额；资产的计税基础按其原有计税基础确定；资产增值部分的折旧或者摊销不得在税前扣除（国家税务总局公告2017年第34号）。

（2）企业债务重组相关交易应按以下规定处理：

1）以非货币资产清偿债务，应当分解为转让相关非货币性资产（视同销售）、按非货币性资产公允价值清偿债务两项业务，确认相关资产的所得或损失。

【例5-14·单选题】 甲企业与乙企业达成债务重组协议，甲企业以一批库存商品抵偿所欠乙企业一年前发生的债务180.8万元，该批库存商品的账面成本为130万元，市场不含税销售价为140万元，该批商品的增值税税率为16%。假定适用企业所得税税率为25%，城市维护建设税和教育费附加不予考虑。甲企业的该项重组业务应缴纳企业所得税（　　）。

A. 4.25万元

B. 6.4万元

C. 12.7万元

D. 16.764万元

【答案】 B

【解析】 资产转让收益＝140－130＝10（万元），债务重组收益＝180.8－140－140×16%＝15.6（万元）。所以，该项重组业务应缴纳所得税＝[(140－130)＋(180.8－140－140×16%)]×25%＝6.4（万元）。

2）发生债权转股权的，应当分解为债务清偿和股权投资两项业务，确认有关债务清偿所得或损失。

3）债务人应当按照支付的债务清偿额低于债务计税基础的差额，确认债务重组所得；债权人应当按照收到的债务清偿额低于债权计税基础的差额，确认债务重组损失。

4）债务人的相关所得税纳税事项原则上保持不变。

（3）企业股权收购、资产收购重组相关交易应按以下规定处理：

1）被收购企业应确认股权、资产转让所得或损失。

2）收购企业取得股权或资产的计税基础应以公允价值为基础确定。

3）被收购企业的相关所得税事项原则上保持不变。

（4）企业合并时当事各方应按下列规定处理：

1）被合并企业及其股东都应按清算进行所得税处理。

2）被合并企业的亏损不得在合并企业结转弥补。

3）合并企业应按公允价值确定接受被合并企业各项资产和负债的计税基础。

（5）企业分立时当事各方应按下列规定处理：

1）被分立企业对分立出去的资产应按公允价值确认资产转让所得或损失。

2）被分立企业继续存在时，其股东取得的对价应视同被分立企业的分配进行处理。

3）被分立企业不再继续存在时，被分立企业及其股东都应按清算进行所得税处理。

4）分立企业应按公允价值确认接受资产的计税基础。

5）企业分立相关企业的亏损不得相互结转弥补。

【例5-15·多选题】（2017年注会）下列关于企业资产收购重组的一般性税务处理的表述中，正确的有（　　）。

A. 被收购企业应确认资产的转让所得或损失

B. 收购企业取得资产的计税基础应以公允价值为基础确定

C. 被收购企业的相关所得税事项原则上保持不变

D. 受让企业取得转让企业资产的计税基础应以被转让资产的原有计税基础确定

【答案】 ABC

【解析】 企业股权收购、资产收购重组交易，相关交易的处理如下：被收购企业应确认股权、资产的转让所得或损失；收购企业取得股权或资产的计税基础应以公允价值为基础确定；被收购企业的相关所得税事项原则上保持不变。

【特别提示】

企业符合税法规定条件的股权（资产）收购、合并、债务重组等重组行为，可按税法规定享受企业所得税递延纳税优惠政策。

在企业重组过程中，企业通过合并、分立、出售、置换等方式，将全部或者部分实物资产以及与其相关联的债权、负债和劳动力，一并转让给其他单位和个人，其中涉及的货物、不动产、土地使用权转让行为，符合规定的，不征收增值税（财税〔2016〕125号）。

三、企业重组的特殊性税务处理方法

（一）适用特殊性税务处理的条件

（1）具有合理的商业目的，且不以减少、免除或者推迟缴纳税款为主要目的。

（2）被收购、合并或分立部分的资产或股权比例符合规定的比例。

（3）企业重组后的连续 12 个月内不改变重组资产原来的实质性经营活动。

（4）重组交易对价中涉及的股权支付金额符合规定的比例。

（5）企业重组中取得股权支付的原主要股东，在重组后连续 12 个月内，不得转让所取得的股权。

重组当事各方企业适用特殊性税务处理的，确定重组主导方及企业重组日的方法请参见国家税务总局公告 2015 年第 48 号。

【例 5－16 · 多选题】（2010 年注税改）根据企业所得税的相关规定，下列属于在资产收购时适用特殊性税务处理条件的有（　　）。

A. 具有合理的商业目的，且不以减少、免除或者推迟缴纳税款为主要目的

B. 受让企业收购的资产不低于转让企业全部资产的 65%

C. 受让企业在资产收购发生时的股权支付金额不低于其交易支付总额的 75%

D. 资产收购后的连续 12 个月内不改变收购资产原来的实质性经营活动

E. 取得股权支付的原主要股东，在资产收购后连续 12 个月内不得转让所取得的股权

【答案】 ADE

【解析】 选项 B，受让企业收购的资产不低于转让企业全部资产的 50%，而非 65%；选项 C，对于股权支付额，应该是在资产收购发生时的股权支付金额不低于其交易支付总额的 85%，而非 75%。

（二）特殊性税务处理的规定

（1）可以选择采用特殊性税务处理的情形如表 5－28 所示。

表 5－28

债务重组	债务重组确认的应纳税所得额占该企业当年应纳税所得额 50%以上，可以在 5 个纳税年度的期间内，均匀计入各年度的应纳税所得额
	债转股，对债务清偿和股权投资两项业务暂不确认有关债务清偿所得或损失，股权投资的计税基础以原债权的计税基础确定
股权收购	收购企业购买的股权不低于被收购企业全部股权的 50%，且收购企业在该股权收购发生时的股权支付金额不低于其交易支付总额的 85%（财税〔2014〕109 号）
资产收购	受让企业收购的资产不低于转让企业全部资产的 50%，且受让企业在该资产收购发生时的股权支付金额不低于其交易支付总额的 85%（财税〔2014〕109 号）
企业合并	企业股东在该企业合并发生时取得的股权支付金额不低于其交易支付总额的 85%，以及同一控制下且不需要支付对价的企业合并
企业分立	被分立企业所有股东按原持股比例取得分立企业的股权，分立企业和被分立企业均不改变原来的实质经营活动，且被分立企业股东在该企业分立发生时取得的股权支付金额不低于其交易支付总额的 85%

（2）特殊性税务处理的方式如表5－29所示。

表5－29

类型	具体规定
股权支付部分	暂不确认有关资产的转让所得或损失，按原计税基础确认新资产或负债的计税基础
非股权支付部分	按公允价值确认资产的转让所得或损失，按公允价值确认资产或负债的计税基础
非股权支付对应的资产转让所得或损失＝（被转让资产的公允价值－被转让资产的计税基础）×（非股权支付金额÷被转让资产的公允价值）	

（3）企业合并、分立过程中亏损的处理如表5－30所示。

表5－30

类型		税务处理
企业合并	一般性	被合并企业的亏损不得在合并企业结转弥补
	特殊性	可由合并企业弥补的被合并企业亏损的限额＝被合并企业净资产公允价值×截至合并业务发生当年年末国家发行的最长期限的国债利率
企业分立	一般性	企业分立时相关企业的亏损不得相互结转弥补
	特殊性	被分立企业未超过法定弥补期限的亏损额可按分立资产占全部资产的比例进行分配，由分立企业继续弥补

（三）其他相关规定

（1）企业发生涉及中国境内与境外之间（包括港澳台地区）的股权和资产收购交易，除应符合特殊性税务处理条件，还应同时符合下列条件，才可选择适用特殊性税务处理规定：

1）非居民企业向其100％直接控股的另一非居民企业转让其拥有的居民企业股权，没有因此造成以后该项股权转让所得预提税负担变化，且转让方非居民企业向主管税务机关书面承诺在3年（含）内不转让其拥有受让方非居民企业的股权。

2）非居民企业向与其具有100％直接控股关系的居民企业转让其拥有的另一居民企业股权。

3）居民企业以其拥有的资产或股权向其100％直接控股的非居民企业进行投资。

4）财政部、国家税务总局核准的其他情形。

（2）合并分立后的税收优惠延续问题如表5－31所示。

表5－31

方式	前提	政策	金额（亏损计为零）
吸收合并	存续企业性质及适用优惠的条件未发生改变	继续享受合并或分立前该企业剩余期限的优惠	存续企业合并前一年的应纳税所得额
存续分立			分立前一年的应纳税所得额×分立后存续企业资产÷分立前该企业全部资产

（3）企业在重组发生前后连续 12 个月内分步对其资产、股权进行交易的，上述交易作为一项重组交易进行处理。

（4）同一重组业务的当事各方应采取一致税务处理原则，即统一按一般性或特殊性税务处理。由于当事方适用的会计准则不同导致重组业务完成年度的判定有差异时，各当事方应协商一致，确定同一个纳税年度作为重组业务完成年度。

（5）当事方的其中一方在规定时间内发生生产经营业务、公司性质、资产或股权结构等情况变化，致使重组业务不再符合特殊性税务处理条件的，发生变化的当事方应在情况发生变化的 30 日内书面通知其他所有当事方。主导方在接到通知后 30 日内将有关变化通知其主管税务机关。

（四）股权、资产划转（财税〔2014〕109 号）

对 100%直接控制的居民企业之间，以及受同一或相同多家居民企业 100%直接控制的居民企业之间按账面净值划转股权或资产，凡具有合理商业目的，不以减少、免除或者推迟缴纳税款为主要目的，股权或资产划转后连续 12 个月内不改变被划转股权或资产原来实质性经营活动，且划出方企业和划入方企业均未在会计上确认损益的，可以选择按以下规定进行特殊性税务处理：

（1）划出方企业和划入方企业均不确认所得。

（2）划入方企业取得被划转股权或资产的计税基础，以被划转股权或资产的原账面净值确定。

（3）划入方企业取得的被划转资产，应按其原账面净值计算折旧扣除。

【例 5－17・单选题】（2016 年注会）某企业转让代个人持有的限售股，取得转让收入 68 万元，但不能提供真实的限售原值凭证。该企业就限售股转让应缴纳企业所得税（　　）。

A. 13.6 万元

B. 14.45 万元

C. 15.3 万元

D. 12.75 万元

【答案】 B

【解析】 本题考察的是企业转让上市公司限售股有关所得税处理。限售股转让收入扣除限售股原值和合理税费后的余额为限售股转让所得。企业未能提供完整、真实的限售股原值凭证，不能准确计算该限售股原值的，主管税务机关一律按该限售股转让收入的 15%核定该限售股的原值和合理税费。应纳税所得额＝68×(1－15%)×25%＝14.45（万元）。

【例 5－18・计算题】（2010 年注税）某摩托车生产企业合并一家小型股份公司，小型股份公司全部资产公允价值为 5 700 万元、全部负债为 3 200 万元、未超过弥补年限的亏损额为 620 万元。合并时摩托车生产企业给小型股份公司的股权支付额为 2 300 万元、银行存款为 200 万元。该合并业务符合企业重组特殊性税务处理的条件且选择按此方法执行（假定当年国家发行的最长期限的国债年利率为6%）。请计算摩托车生产企业可以弥补的小型股份公司亏损的限额。

【答案及解析】企业合并符合企业重组特殊性税务处理的条件。合并企业弥补的被合并企业亏损的限额＝被合并企业净资产公允价值×截至合并业务发生当年末国家发行的最长期限的国债利率＝(5 700－3 200)×6%＝150（万元）。

第七节 应纳税额的计算

一、居民企业应纳税额的计算

居民企业应缴纳所得税额等于应纳税所得额乘以适用税率，基本计算公式为：

应纳税额＝应纳税所得额×适用税率－减免税额－抵免税额

在实际过程中，应纳税所得额的计算一般有两种方法。

（1）直接计算法：

应纳税所得额＝收入总额－不征税收入－免税收入－各项扣除金额－弥补的亏损

（2）间接计算法：

应纳税所得额＝会计利润±纳税调整项目金额

纳税调整的两种情况如下：一是会计规定的范围和税法规定的范围不一致；二是会计规定的标准和税法规定的标准不一致。

【例5-19·计算题】（2015年注会改）某市区一工业企业，占地10万平方米，房产原值1 875万元，2014年取得主营业务收入5 000万元，其他业务收入600万元，营业外收入48万元，投资收益90万元；发生主营业务成本2 800万元，其他业务成本400万元，营业外支出180万元；发生税金及附加400万元，管理费用400万元，销售费用1 000万元，财务费用150万元。另外，该企业从业人数为55人，资产总额为2 800万元。企业发生以下支出和收入：

（1）业务招待费支出50万元。

（2）向个人借款利息支出100万元，利率超过同期同类银行贷款利率1倍。

（3）广告费支出850万元。

（4）资产减值准备金支出100万元，未经过核定。

（5）工资、薪金总额800万元，工会经费16万元，职工福利费122万元，职工教育经费25万元。

（6）投资收益中，国债利息收入50万元，投资于上市公司取得股息40万元，该股票持有5个月时卖出。

（7）通过教育部门捐赠80万元，用于小学图书馆建设；非广告性质赞助支出20万元。

其他资料为：2010年、2011年、2012年、2013年待弥补亏损分别是140万元、240万元、0、100万元。

已知房产税减除标准为20%，城镇土地使用税单位税额为4元，均未计入管理费用。

要求：

(1) 计算业务招待费应调整的应纳税所得额。

(2) 计算借款利息应调整的应纳税所得额。

(3) 计算广告费支出应调整的应纳税所得额。

(4) 计算资产减值准备金应调整的应纳税所得额并说明理由。

(5) 计算工会经费、职工福利费、职工教育经费应调整的应纳税所得额。

(6) 计算投资收益应调整的应纳税所得额并说明理由。

(7) 计算该企业当年应缴纳的房产税。

(8) 计算该企业当年应缴纳的城镇土地使用税。

(9) 计算2014年利润总额。

(10) 计算弥补亏损后的应纳税所得额。

(11) 计算2014年该企业应缴纳的企业所得税。

【答案及解析】

(1) 业务招待费税前扣除限额一＝(5 000＋600)×5‰＝28（万元)，扣除限额二＝50×60%＝30（万元)，税前准予扣除28万元，实际发生业务招待费支出50万元，所以业务招待费应调增应纳税所得额＝50－28＝22（万元)。

(2) 向个人的借款利息支出，不超过按照金融企业同期同类贷款利率计算的数额的部分，准予扣除。此处贷款利率超过同期同类银行贷款利率1倍，所以借款利息应调增应纳税所得额＝100×50%＝50（万元)。

(3) 广告费支出税前扣除限额＝(5 000＋600)×15%＝840（万元)，实际发生广告费支出850万元，广告费支出应调增应纳税所得额＝850－840＝10（万元)。

(4) 资产减值准备金应调增应纳税所得额100万元。未经核定的准备金支出在计算应纳税所得额时不得在税前扣除。

(5) 工会经费税前扣除限额＝800×2%＝16（万元)，实际拨缴的工会经费为16万元，可以全额在税前扣除，不需要纳税调整；职工福利费税前扣除限额＝800×14%＝112（万元)，实际发生的职工福利费为122万元，应调增应纳税所得额＝122－112＝10（万元)；职工教育经费税前扣除限额＝800×8%＝64（万元)，实际发生的职工教育经费为25万元，可以全额在税前扣除，不需要纳税调整。工会经费、职工福利费、职工教育经费共应调增应纳税所得额10万元。

(6) 投资收益应调减的应纳税所得额为50万元。国债利息收入属于免税收入，应调减50万元；投资于上市公司取得的股息、红利等投资收益，持有股票期限小于12个月的，不属于免税收入，不需要调整应纳税所得额。

(7) 该企业当年应缴纳的房产税＝1 875×(1－20%)×1.2%＝18（万元)。

(8) 该企业当年应缴纳的城镇土地使用税=10×4=40（万元）。

(9) 该企业2014年利润总额=5 000+600+48+90−2 800−400−180−400−400−1 000−150−18−40=350（万元）。

(10) 捐赠限额=350×12%=42（万元），实际发生的捐赠支出为80万元，应调增应纳税所得额=80−42=38（万元）。非广告性质赞助支出20万元，不得在税前扣除，应调增应纳税所得额20万元。弥补亏损前的应纳税所得额=350+22+50+10+100+10−50+38+20=550（万元）。弥补亏损后的应纳税所得额=550−140−240−100=70（万元）。

(11) 工业企业，年度应纳税所得额不超过100万元，从业人数不超过100人，资产总额不超过3 000万元，符合小型微利企业的条件，其所得减按50%计入应纳税所得额，减按20%的税率征收企业所得税。该企业符合小型微利企业的认定条件，其所得减按50%计入应纳税所得额，适用税率为20%。2014年该企业应缴纳的企业所得税=70×50%×25%=8.75（万元）。

二、境外所得抵扣税额的计算（财税〔2009〕125号）

（一）抵免税额的范围——直接抵免与间接抵免

企业取得的下列所得已在境外缴纳或负担的所得税税额，可以从其当期应纳税额中抵免，抵免限额为该项所得依法计算的应纳税额；超过抵免限额的部分，可以在以后5个年度内，用每年度抵免限额抵免当年应抵税额后的余额进行抵补：

(1) 居民企业来自中国境外的应税所得。

(2) 非居民企业在中国境内设立机构、场所，取得发生在中国境外但与该机构、场所有实际联系的应税所得。

(3) 居民企业从其直接或间接控制的外国企业分得的来自中国境外的股息、红利等权益性投资收益，外国企业在境外实际缴纳的所得税税额中属于该项所得负担的部分。

控制的含义如表5-32所示。

表5-32

直接控制	居民企业直接持有外国企业20%以上股份
间接控制	居民企业以间接持股方式持有外国企业20%以上股份

（二）计算抵免税额的顺序

(1) 确定境内应纳税所得额和分国别（地区）的境外应纳税所得额。

(2) 分国别（地区）确定已在境外缴纳的所得税税额。具体是指企业来自中国境外的所得依照境外税收法律以及相关规定应当缴纳并已经实际缴纳的企业所得税性质的税款。

(3) 分国别（地区）确定境外所得税的抵免限额。

(4) 将抵免限额与境外已纳税额比较，按较小一方抵免。

遵循“多不退少要补”“分国别（地区）不分项”的原则（财税〔2009〕125号）。

（三）抵免限额的计算

企业来自中国境外的所得，依中国税法规定计算应纳税额，抵免限额应当分国别（地区）不分项计算。

抵免限额＝中国境内、境外所得依法计算的应纳税总额×来自某国（地区）的应纳税所得额÷中国境内、境外应纳税所得总额

该公式可以简化成：

抵免限额＝来自某国（地区）的（税前）应纳税所得额×中国法定税率

两个关键：一个是税率的确认；一个是境外所得的确认。

根据中国境内、境外所得计算的应纳税总额的税率，除国务院财政、税务主管部门另有规定，应为25%。

以境内、境外全部生产经营活动有关的研发费用总额、总收入、销售收入总额、高新技术产品（服务）收入等指标申请并经认定的高新技术企业，其来自境外的所得可以享受高新技术企业所得税优惠政策，即对其来自境外所得可以按照15%的优惠税率缴纳企业所得税，在计算境外抵免限额时，可按照15%的优惠税率计算境内外应纳税总额。

公式中要用所得额（税前利润），若从国外分回的是税后利润，需换算为税前利润，换算方法为：

所得额＝分回利润＋国外已纳税款＝分回利润÷(1－某外国所得税税率)

【特别提示】

自2017年1月1日起，企业可以选择按国别（地区）分别计算（即“分国别（地区）不分项”），或者不按国别（地区）汇总计算（即“不分国别（地区）不分项”）其来源于境外的应纳税所得额，并按照财税〔2009〕125号第八条规定的税率，分别计算其可抵免境外所得税税额和抵免限额。上述方式一经选择，5年内不得改变。

企业选择采用不同于以前年度的方式（简称新方式）计算可抵免境外所得税税额和抵免限额时，对该企业以前年度按照财税〔2009〕125号规定没有抵免完的余额，可在税法规定结转的剩余年限内，按新方式计算的抵免限额中继续结转抵免（财税〔2017〕84号）。

【例5-20·计算题】 某企业2014年度境内应纳税所得额为100万元，适用25%的企业所得税税率。另外，该企业分别在A，B两国设有分支机构（我国与A，B两国已经缔结避免双重征税协定），在A国分支机构的应纳税所得额为50万元，A国企业所得税税率为20%；在B国分支机构的应纳税所得额为30万

元，B国企业所得税税率为30%。假设该企业在A，B两国所得按我国税法计算的应纳税所得额和按A，B两国税法计算的应纳税所得额一致，两个分支机构在A，B两国分别缴纳了10万元和9万元的企业所得税。要求：计算该企业应缴纳的企业所得税。

【答案及解析】 具体如表5-33所示。

表5-33

A国境外所得税抵免：分国别（地区）不分项	抵免限额A=50×25%=12.5（万元）	境外已纳税额A=50×20%=10（万元）
B国境外所得税抵免：分国别（地区）不分项	抵免限额B=30×25%=7.5（万元）	境外已纳税额B=30×30%=9（万元）
企业当年应纳税额=100×25%+2.5（补）=27.5（万元）		

境外所得涉及的税款，少交必补，多交当年不退，以后5年抵免。超过限额的1.5万元当年不得抵扣，结转到以后5个年度抵免。

三、居民企业核定征收应纳税额的计算（国税发〔2008〕30号）

（一）核定征收企业所得税的范围

居民企业纳税人具有下列情形之一的，核定征收企业所得税：

（1）依照法律、行政法规的规定可以不设置账簿的。

（2）依照法律、行政法规的规定应当设置但未设置账簿的。

（3）擅自销毁账簿或者拒不提供纳税资料的。

（4）虽设置账簿，但账簿混乱或者成本资料、收入凭证、费用凭证残缺不全，难以查账的。

（5）发生纳税义务，未按照规定的期限办理纳税申报，经税务机关责令限期申报，逾期仍不申报的。

（6）申报的计税依据明显偏低，又无正当理由的。

（二）核定征收的办法

核定征收的办法如表5-34所示。

表5-34

核定税额		
核定应税所得率	按应税收入核定	应税收入=收入总额-不征税收入-免税收入
		应纳税所得额=应税收入×应税所得率
	按成本费用支出额核定	应纳税所得额=成本费用支出额÷（1-应税所得率）×应税所得率
	应纳税额=应纳税所得额×适用税率（自2014年1月1日起，核定征收企业，符合相应条件的，享受小型微利企业优惠税率和所得减半计入应纳税所得额的优惠）	

采用前面所列一种方法不足以正确核定应纳税所得额或应纳税额的，可以同时采用两种以上方法核定。采用两种以上方法测算的应纳税额不一致时，可按测算的应纳税额从高核定。不同行业适用的应税所得率如表 5-35 所示。

表 5-35

行业	应税所得率
农、林、牧、渔业	3%～10%
制造业	5%～15%
批发和零售贸易业	4%～15%
交通运输业	7%～15%
建筑业	8%～20%
饮食业	8%～25%
娱乐业	15%～30%
其他行业	10%～30%

【特别提示】

自 2012 年 1 月 1 日起，专门从事股权（股票）投资业务的企业所得税的征收管理规定如下（国家税务总局公告 2012 年第 27 号）：

（1）专门从事股权（股票）投资业务的企业，不得核定征收企业所得税。

（2）依法按核定应税所得率方式核定征收企业所得税的企业，取得的转让股权（股票）收入等转让财产收入，应全额计入应税收入，按照主营项目（业务）确定适用的应税所得率计算征税；若主营项目（业务）发生变化，应在当年汇算清缴时，按照变化后的主营项目（业务）重新确定适用的应税所得率计算征税。

企业以前年度尚未处理的上述事项，按照上述规定处理；已经处理的，不再调整。

【例 5-21·单选题】（2011 年注会）某批发兼零售的居民企业 2010 年度自行申报营业收入总额 350 万元，成本费用总额 370 万元，当年亏损 20 万元，经税务机关审核，该企业申报的收入总额无法核实，成本费用核算正确。假定对该企业采取核定方法征收企业所得税，应税所得率为 8%，该居民企业 2010 年度应缴纳企业所得税（　　）。

A. 7 万元

B. 7.4 万元

C. 7.61 万元

D. 8.04 万元

【答案】 D

【解析】 应纳税额＝370÷(1－8%)×8%×25%＝8.04（万元）。

四、非居民企业应纳税额的计算（国税发〔2009〕3 号）

对于在中国境内未设立机构、场所的，或者虽设立机构、场所但取得的所得与其所设机构、场所没有实际联系的非居民企业的所得，按照表5-36所列方法计算应纳税所得额。

表5-36

<table>
<tr><td rowspan="2">股息、红利等权益性投资收益和利息、租金、特许权使用费所得</td><td>以收入全额为应纳税所得额</td></tr>
<tr><td>营业税改征增值税试点中的非居民企业应以不含增值税的收入全额作为应纳税所得额</td></tr>
<tr><td>转让财产所得</td><td>以收入全额减除财产净值后的余额为应纳税所得额</td></tr>
<tr><td>其他所得</td><td>参照前两项规定的方法计算应纳税所得额</td></tr>
</table>

【例5-22·单选题】 境外A公司在中国境内未设立机构、场所，2010年取得境内甲公司投资收益100万元，取得境内乙公司支付的不动产（位于中国境内）转让收入80万元，该项财产原值80万元，已计提折旧20万元。2010年度该境外公司在我国应缴纳的企业所得税（　　）。

A. 12万元

B. 14万元

C. 18万元

D. 36万元

【答案】 A

【解析】 财产净值＝80－20＝60（万元），2010年度该境外公司在我国应缴纳的企业所得税＝[100＋(80－60)]×10%＝12（万元）。

【例5-23·多选题】 （2008年注税）在中国境内未设立机构、场所的非居民企业从中国境内取得的下列所得，应按收入全额计算征收企业所得税的有（　　）。

A. 股息

B. 转让财产所得

C. 租金

D. 特许权使用费

【答案】 ACD

【解析】 选项B，以收入全额减去财产净值后的余额为应纳税所得额。

五、非居民企业所得税核定征收办法（国税发〔2010〕19号、国家税务总局公告2016年第28号）

非居民企业因会计账簿不健全，资料残缺难以查账，或者其他原因不能准确计算并据实申报其应纳税所得额的，税务机关有权采取一定方法核定其应纳税所得额。

（一）常用的核定方法

常用的核定方法如表5-37所示。

表 5-37

核定方法	适用状况及计算公式
按收入总额核定应纳税所得额	适用于能够正确核算收入或通过合理方法推定收入总额，但不能正确核算成本费用的非居民企业 应纳税所得额＝收入总额×经税务机关核定的利润率
按成本费用核定应纳税所得额	适用于能够正确核算成本费用，但不能正确核算收入总额的非居民企业 应纳税所得额＝成本费用总额÷(1－经税务机关核定的利润率)×经税务机关核定的利润率
按经费支出换算收入核定应纳税所得额（重要）	适用于能够正确核算经费支出总额，但不能正确核算收入总额和成本费用的非居民企业 应纳税所得额＝经费支出总额÷(1－经税务机关核定的利润率)×经税务机关核定的利润率

税务机关可按照以下标准确定非居民企业的利润率：

(1) 从事承包工程作业、设计和咨询劳务的，利润率为15%～30%。

(2) 从事管理服务的，利润率为30%～50%。

(3) 从事其他劳务或劳务以外经营活动的，利润率不低于15%。

税务机关有根据认为非居民企业的实际利润率明显高于上述标准的，可以按照比上述标准更高的利润率核定其应纳税所得额。

(二) 特殊情况下的核定方法

非居民企业与中国居民企业签订机器设备或货物销售合同，同时提供设备安装、装配、技术培训、指导、监督服务等劳务，其销售货物合同中未列明提供上述劳务服务收费金额，或者计价不合理的，主管税务机关可以根据实际情况，参照相同或相近业务的计价标准核定劳务收入。无参照标准的，以不低于销售货物合同总价款的10%为原则，确定非居民企业的劳务收入。

六、企业转让上市公司限售股有关所得税问题（国家税务总局公告2011年第39号）

(一) 纳税人的范围界定问题

根据《企业所得税法》第一条及《企业所得税法实施条例》第三条的规定，转让限售股取得收入的企业（包括事业单位、社会团体、民办非企业单位等）为企业所得税的纳税人。

(二) 企业转让代个人持有的限售股征税问题

因股权分置改革造成原由个人出资而由企业代持有的限售股，企业在转让时按以下规定处理：

（1）企业转让上述限售股取得的收入应作为企业应税收入计算纳税。

上述限售股转让收入扣除限售股原值和合理税费后的余额为该限售股转让所得。企业未能提供完整、真实的限售股原始凭证，不能准确计算该限售股原值的，主管税务机关一律按该限售股转让收入的15%，核定为该限售股原值和合理税费。

依照本条规定完成纳税义务后的限售股转让收入余额转付给实际所有人时不再纳税。

（2）依法院判决、裁定等原因，通过证券登记结算公司，企业将其代持的个人限售股直接变更到实际所有人名下的，不视同转让限售股。

（三）企业在限售股解禁前转让限售股征税问题

企业在限售股解禁前将其持有的限售股转让给其他企业或个人（以下称受让方），其企业所得税问题按以下规定处理：

（1）企业应按减持在证券登记结算机构登记的限售股取得的全部收入，计入企业当年度应税收入计算纳税。

（2）企业持有的限售股在解禁前已签订协议转让给受让方，但未变更股权登记、仍由企业持有的，企业实际减持该限售股取得的收入，依照第（1）项规定纳税后，其余额转付给受让方的，受让方不再纳税。

【例5-24·单选题】（2016年注会）某企业转让代个人持有的限售股，取得转让收入68万元，但不能提供真实的限售股原值凭证。该企业就限售股转让应缴纳企业所得税（　　）。

A. 13.6万元

B. 14.45万元

C. 15.3万元

D. 12.75万元

【答案】 B

【解析】 应纳税额＝68×(1－15%)×25%＝14.45（万元）。

第八节　税收优惠

税收优惠是指国家运用税收政策在税收法律、行政法规中规定对某一部分特定企业和课税对象给予减轻或免除税收负担的一种措施。税法规定的企业所得税的税收优惠方式包括免征、减征、加计扣除、加速折旧、减计收入、税额抵免等（国务院令第512号）。

一、免征与减征优惠

企业的下列所得项目可以免征、减征企业所得税；企业如果从事国家限制和禁止发展的项目，不得享受企业所得税优惠。

(一) 从事农、林、牧、渔业项目的所得

企业从事农、林、牧、渔业项目的所得，包括免征和减征两部分。

(1) 企业从事下列项目的所得免征企业所得税：

1) 蔬菜、谷物、薯类、油料、豆类、棉花、麻类、糖料、水果、坚果的种植。

2) 农作物新品种的选育。

3) 中药材的种植。

4) 林木的培育和种植。

5) 牲畜、家禽的饲养。

6) 林产品的采集。

7) 灌溉、农产品初加工、兽医、农技推广、农机作业和维修等农、林、牧、渔服务业项目。

8) 远洋捕捞。

(2) 企业从事下列项目的所得减半征收企业所得税：

1) 花卉、茶以及其他饮料作物和香料作物的种植。

2) 海水养殖、内陆养殖。

(3) 农、林、牧、渔业项目的所得税优惠政策和征收管理的有关事项如下(国家税务总局公告 2011 年第 48 号)。

1) 企业从事上述规定的享受税收优惠的农、林、牧、渔业项目，除另有规定，参照《国民经济行业分类》(GB/T 4754—2002) 的规定标准执行。

2) 企业从事农作物新品种选育的所得免税。

3) 企业从事林木的培育和种植的所得免税。

4) 企业从事下列项目所得的税务处理如下：

猪、兔的饲养，按牲畜、家禽的饲养项目处理；饲养牲畜、家禽产生的分泌物、排泄物，按牲畜、家禽的饲养项目处理；观赏性作物的种植，按花卉、茶及其他饮料作物和香料作物的种植项目处理；牲畜、家禽的饲养以外的生物养殖项目，按海水养殖、内陆养殖项目处理。

5) 农产品初加工相关事项的税务处理如下：

企业根据委托合同，受托对符合《财政部、国家税务总局关于发布享受企业所得税优惠政策的农产品初加工范围（试行）的通知》(财税〔2008〕149 号) 和《财政部、国家税务总局关于享受企业所得税优惠的农产品初加工有关范围的补充通知》(财税〔2011〕26 号) 规定的农产品进行初加工服务，其所收取的加工费可以按农产品初加工的免税项目处理。

企业从事适用企业所得税减半优惠的种植、养殖项目，并直接进行初加工且符合农产品初加工目录范围的，应合理划分不同项目的各项成本、费用支出，分别核算种植、养殖项目和初加工项目的所得，并各按适用的政策享受税收优惠。

企业对外购茶叶进行筛选、分装、包装后进行销售的所得，不享受农产品初加工的优惠政策。

6）对取得农业部颁发的远洋渔业企业资格证书并在有效期内的远洋渔业企业，从事远洋捕捞业务取得的所得免征企业所得税。

7）购入农产品进行再种植、养殖的税务处理如下：

企业将购入的农、林、牧、渔产品，在自有或租用的场地进行育肥、育秧等再种植、养殖，经过一定的生长周期，使其生物形态发生变化，且并非由于本环节对农产品进行加工而明显增加了产品的使用价值的，可视为农产品的种植、养殖项目享受相应的税收优惠。

主管税务机关对企业进行农产品的再种植、养殖是否符合上述条件难以确定的，可要求企业提供县级以上农、林、牧、渔业政府主管部门的确认意见。

8）企业同时从事适用不同企业所得税政策规定项目的，应分别核算，单独计算优惠项目的计税依据及优惠数额；分别核算不清的，可由主管税务机关按照比例分摊法或其他合理方法进行核定。

9）企业委托其他企业或个人从事《企业所得税法实施条例》第八十六条规定农、林、牧、渔业项目取得的所得，可享受相应的税收优惠政策。

企业受托从事《企业所得税法实施条例》第八十六条规定农、林、牧、渔业项目取得的收入，比照委托方享受相应的税收优惠政策。

10）企业购买农产品后直接销售的贸易活动产生的所得，不能享受农、林、牧、渔业项目的税收优惠政策。

（二）从事国家重点扶持的公共基础设施项目投资经营的所得（财税〔2008〕46号、国税发〔2009〕80号）

自项目取得第一笔生产经营收入所属纳税年度起，第一年至第三年免征企业所得税，第四年到第六年减半征收企业所得税。“三免三减半”优惠开始的年度是取得第一笔生产经营收入所属纳税年度而非获利年度和成立年度。

企业承包经营、承包建设和内部自建自用上述项目，不得享受企业所得税的上述优惠。

对饮水工程运营管理单位从事《公共基础设施项目企业所得税优惠目录》规定的农村安全工程新建项目投资经营的所得，自项目取得第一笔生产经营收入所属纳税年度起，第一年至第三年免征企业所得税，第四年至第六年减半征收企业所得税（财税〔2016〕19号）。

（三）从事符合条件的环境保护、节能节水项目的所得（财税〔2012〕10号）

环境保护、节能节水项目的所得，自项目取得第一笔生产经营收入所属纳税年度起，第一年至第三年免征企业所得税，第四年至第六年减半征收企业所得税。

以上规定享受减免税优惠的项目，在减免税期限内转让的，受让方自受让之日起，可以在剩余期限内享受规定的减免税优惠；减免税期限届满后转让的，受让方不得就该项目重复享受减免税优惠（国务院令第 512 号）。

（四）符合条件的技术转让所得

符合条件的技术转让所得在一个纳税年度内，居民企业技术转让所得不超过 500 万元的部分，免征企业所得税；超过 500 万元的部分，减半征收企业所得税。

（1）根据技术转让所得而非收入，确定企业所得税的优惠政策。

技术转让所得＝技术转让收入－技术转让成本－相关税费

技术转让收入即指当事人履行技术转让合同后获得的价款，不包括销售或转让设备、仪器、零部件、原材料等非技术性收入。

（2）享受技术转让所得减免企业所得税优惠的企业，应单独计算技术转让所得，并合理分摊企业的期间费用；没有单独计算的，不得享受技术转让所得企业所得税优惠。

【例 5－25·计算题】 甲公司将自行开发的一项专利权转让，取得转让收入 900 万元，与该项技术转让有关的成本和费用为 300 万元。甲公司应缴纳的企业所得税为多少？

【答案及解析】 甲公司应缴纳的企业所得税＝(900－300－500)×25％×50％＝12.5（万元）。

（五）权益性投资资产转让

自 2014 年 11 月 17 日起，对合格境外机构投资者（QFII）、人民币合格境外机构投资者（RQFII）取得来自中国境内的股票等权益性投资资产转让所得，暂免征收企业所得税。

上述规定适用于在中国境内未设立机构、场所，或者在中国境内虽设立机构、场所，但取得的上述所得与其所设机构、场所没有实际联系的 QFII 和 RQFII（财税〔2014〕79 号）。

（六）文化事业单位转制

符合条件的经营性文化事业单位转制为企业，自转制注册之日起免征企业所得税（财税〔2014〕84 号）。

（七）铁路建设债券取得的利息收入

对企业持有 2014 年和 2015 年发行的中国铁路建设债券取得的利息收入，减半征收企业所得税（财税〔2014〕2 号）。

对企业投资者持有 2016—2018 年中国铁路总公司发行的铁路债券取得的利息收入，减半征收企业所得税（财税〔2016〕30 号）。

铁路债券是指以中国铁路总公司为发行和偿还主体的债券，包括中国铁路建设债券、中期票据、短期融资券等债务融资工具。

（八）中国邮政储蓄银行专项债券利息收入优惠

对中国邮政储蓄银行按照2015年国家专项债券发行计划定向购买国家开发银行、中国农业发展银行发行的专项债券取得的利息收入，减半征收企业所得税（财税〔2015〕150号）。

二、高新技术企业优惠

国家需要重点扶持的高新技术企业减按15%的税率征收企业所得税（主席令2007年第63号）。

高新技术企业是指在国家重点支持的高新技术领域内，持续进行研究开发与技术成果转化，形成企业核心自主知识产权，并以此为基础开展经营活动，在中国境内（不包括港澳台地区）注册的居民企业。高新技术企业需要同时满足下列条件（国科发火〔2016〕32号）：

（1）企业申请认定时注册成立一年以上。

（2）企业通过自主研发、受让、受赠、并购等方式，获得对其主要产品（服务）在技术上发挥核心支持作用的知识产权的所有权。

（3）对企业主要产品（服务）发挥核心支持作用的技术属于《国家重点支持的高新技术领域》规定的范围。

（4）企业从事研发和相关技术创新活动的科技人员占企业当年职工总数的比例不低于10%。

（5）企业近三个会计年度（实际经营期不满三年的按实际经营时间计算，下同）的研究开发费用总额占同期销售收入总额的比例符合如下要求：

1）最近一年销售收入小于5 000万元（含）的企业，比例不低于5%；

2）最近一年销售收入在5 000万元至2亿元（含）的企业，比例不低于4%；

3）最近一年销售收入在2亿元以上的企业，比例不低于3%。

其中，企业在中国境内发生的研究开发费用总额占全部研究开发费用总额的比例不低于60%。

（6）近一年高新技术产品（服务）收入占企业同期总收入的比例不低于60%。

（7）企业创新能力评价应达到相应要求。

（8）企业申请认定前一年内未发生重大安全、重大质量事故或严重环境违法行为。

高新技术企业应在资格期满前三个月内提出复审申请，在通过复审之前，在其高新技术企业资格有效期内，其当年企业所得税暂按15%的税率预缴。

高新技术企业境外所得适用税率及税收抵免问题如下所示（财税〔2011〕47号）：

以境内、境外全部生产经营活动有关的研究开发费用总额、总收入、销售收入总额、高新技术产品（服务）收入等指标申请并经认定的高新技术企业，其来自境外的所得可以享受高新技术企业所得税优惠政策，即其来自境外的所得可以按照15%的优惠税率缴纳企业所得税，在计算境外抵免限额时，可按照15%的优惠税率计算境内、境外应纳税总额。

三、技术先进型服务企业优惠（财税〔2017〕79号）

自2017年1月1日起，在全国范围内实行以下企业所得税优惠政策：

（1）对经认定的技术先进型服务企业，减按15%的税率征收企业所得税。

（2）经认定的技术先进型服务企业发生的职工教育经费支出，不超过工资、薪金总额8%的部分，准予在计算应纳税所得额时扣除；超过部分，准予在以后纳税年度结转扣除。

享受以上税收优惠政策的技术先进型服务企业必须同时符合以下条件：

（1）是在中国境内（不包括港澳台地区）注册的法人企业。

（2）从事《技术先进型服务业务认定范围（试行）》中的一种或多种技术先进型服务业务，采用先进技术或具备较强的研发能力。

（3）具有大专以上学历的员工占企业职工总数的50%以上。

（4）从事《技术先进型服务业务认定范围（试行）》中的技术先进型服务业务取得的收入占企业当年总收入的50%以上。

（5）从事离岸服务外包业务取得的收入不低于企业当年总收入的35%。

四、小型微利企业优惠

小型微利企业的必备条件（国务院令第512号）如表5-38所示。

表5-38

必备条件	要求
企业性质	全部生产经营活动产生的所得均负有我国企业所得税纳税义务的企业（不能是非居民企业）
核算条件	无论采取查账征收方式还是核定征收方式，均可享受优惠政策
盈利水平	年度应纳税所得额不超过100万元（不是利润）
从业人数	工业：不超过100人 其他：不超过80人
资产总额	工业：不超过3 000万元 其他：不超过1 000万元

自2018年1月1日至2020年12月31日，将小型微利企业的年应纳税所得额上限由50万元提高至100万元，对年应纳税所得额低于100万元（含100万元）的小型微利企业，其所得减按50%计入应纳税所得额，按20%的税率缴纳企业所得税（财税〔2018〕77号）。

符合条件的小型微利企业，无论采取查账征收方式还是核定征收方式，其年应纳税所得额低于100万元（含100万元）的，均可以享受小型微利企业所得税优惠政策。

符合条件的小型微利企业统一实行按季度预缴企业所得税，在预缴和年度汇算清缴企业所得税时，通过填写纳税申报表的相关内容，即可享受减半征税政策，无须进行专项备案。

【特别提示1】

必备条件中所称从业人数，包括与企业建立劳动关系的职工人数和企业接受的劳务派遣用工人数。

所称从业人数和资产总额指标，应按企业全年的季度平均值确定。具体计算公式如下：

季度平均值=(季初值+季末值)÷2

全年季度平均值=全年各季度平均值之和÷4

年度中间开业或者终止经营活动的，以其实际经营期作为一个纳税年度确定上述相关指标（财税〔2018〕77号）。

【特别提示2】

小型微利企业在预缴时享受了优惠政策，但年度汇算清缴时超过规定标准的，应按规定补缴税款（国家税务总局公告2015年第17号）。

五、加计扣除优惠

加计扣除优惠包括以下两项内容。

（一）研究开发费用

研究开发费用是指企业为开发新技术、新产品、新工艺发生的费用。未形成无形资产计入当期损益的，在按照规定据实扣除的基础上，按照研究开发费用的50%加计扣除；形成无形资产的，按照无形资产成本的150%摊销。除了法律另有规定，摊销年限不低于10年（国税发〔2008〕116号、财税〔2015〕119号）。

研究阶段的支出费用化，开发阶段的支出资本化。

【特别提示1】

自2016年1月1日起：

企业研究开发活动直接形成产品或作为组成部分形成的产品对外销售的，研究开发费用中对应的材料费用不得加计扣除。

企业取得作为不征税收入处理的财政性资金用于研究开发活动所形成的费用或无形资产，不得加计扣除或摊销。

企业委托外部机构或个人开展研究开发活动发生的费用，可按规定税前扣除；加计扣除时按照研究开发活动发生费用的80%作为加计扣除基数，其中研究开发活动发生费用是指委托方实际支付给受托方的费用。委托个人研究开发的，应凭个人出具的发票等合法有效凭证在税前加计扣除。

从 2018 年 1 月 1 日起，取消企业委托境外研发费用不得加计扣除的限制。委托境外（不包括委托境外个人）进行研发活动所发生的费用，按照费用实际发生额的 80%计入委托方的委托境外研发费用。委托境外研发费用不超过境内符合条件的研发费用 2/3 的部分，可以按照规定在企业所得税税前加计扣除。

上述费用实际发生额应按照独立交易原则确定。委托方与受托方存在关联关系的，受托方应向委托方提供研发项目费用支出明细情况（财税〔2018〕64 号）。

【特别提示 2】

科技型中小企业开展研究开发活动中实际发生的研究开发费用，未形成无形资产计入当期损益的，在按照规定据实扣除的基础上，在 2017 年 1 月 1 日至 2019 年 12 月 31 日期间，再按照实际发生额的 75%在税前加计扣除；形成无形资产的，在上述期间按照无形资产成本的 175%在税前摊销（财税〔2017〕34 号）。

【例 5-26·计算题】 如果企业研究开发费用共 3 000 万元，其中研究阶段的支出为 1 000 万元，开发阶段的支出为 2 000 万元。未形成无形资产计入当期损益的，可以税前扣除＝1 000＋1 000×50%＝1 500（万元）；形成无形资产的，则可以分 10 年摊销，每年摊销 15%＝2 000×15%＝300（万元）。

另一种考虑方式为：形成无形资产的，可以税前摊销＝2 000×150%＝3 000（万元），分 10 年摊销，则每年摊销＝3 000÷10＝300（万元）。

（二）企业安置残疾人员所支付的工资

企业安置残疾人员所支付工资费用的加计扣除是指企业安置残疾人员的，在按照支付给残疾职工工资据实扣除的基础上，按照支付给残疾职工工资的 100%加计扣除。残疾人员的范围适用《残疾人保障法》的有关规定（国务院令第 512 号）。享受加计扣除应同时具备的条件请参见财税〔2009〕70 号。

五、创业投资企业优惠

创业投资企业从事国家需要重点扶持和鼓励的创业投资，可以按投资额的一定比例抵扣应纳税所得额（主席令 2007 年第 63 号）。

创业投资企业优惠是指创业投资企业采取股权投资方式投资于未上市的中小高新技术企业 2 年以上的，可以按照其投资额的 70%在股权持有满 2 年的当年抵扣该创业投资企业的应纳税所得额；当年不足抵扣的，可以在以后纳税年度结转抵扣（国务院令第 512 号）。

例如，甲创业投资企业于 2008 年 1 月 1 日向乙企业（未上市的中小高新技术企业）投资 100 万元，股权持有到 2009 年 12 月 31 日。甲创业投资企业 2009 年度可抵扣的应纳税所得额为 70 万元。

有限合伙制创业投资企业采取股权投资方式投资于未上市的中小高新技术企业满 2 年（24 个月，下同）的，其法人合伙人可按照对未上市中小高新技术企业投资额的70%抵扣该法人合伙人从该有限合伙制创业投资企业分得的应纳税所得额；当年不足抵扣的，可以在以后纳税年度结转抵扣（国家税务总局公告2015年第81号）。

六、加速折旧优惠

企业的固定资产由于技术进步等原因，确需加速折旧的，可以缩短折旧年限或者采取加速折旧的方法。

采取缩短折旧年限方法的，最低折旧年限不得低于《企业所得税法实施条例》第六十条规定折旧年限（即税法规定的最低折旧年限）的60%；采取加速折旧方法的，可以采取双倍余额递减法或者年数总和法。

七、减计收入优惠

（1）企业综合利用资源，生产符合国家产业政策规定的产品所取得的收入，可以在计算应纳税所得额时减计收入。

综合利用资源是指企业以《资源综合利用企业所得税优惠目录》规定的资源作为主要原材料，生产国家非限制和禁止并符合国家和行业相关标准的产品取得的收入，减按90%计入收入总额。

上述所称原材料占生产产品材料的比例不得低于《资源综合利用企业所得税优惠目录》规定的标准。

（2）农村金融减计收入。自2017年1月1日至2019年12月31日，对金融机构农户小额贷款的利息收入，保险公司为种植业、养殖业提供保险业务取得的保费收入，在计算应纳税所得额时，按90%计入收入总额（财政〔2017〕44号）。

（3）自2017年1月1日至2019年12月31日，对经省级金融管理部门（金融办、局等）批准成立的小额贷款公司取得的农户小额贷款利息收入，在计算应纳税所得额时按90%计入收入总额。小额贷款是指单笔且该农户贷款余额总额在10万元（含本数）以下的贷款（财税〔2017〕48号）。

（4）铁路建设债券利息收入。对企业持有2011—2013年发行的中国铁路建设债券取得的利息收入，减半征收企业所得税。中国铁路建设债券是指经国家发展改革委核准，以铁道部为发行和偿还主体的债券（财税〔2011〕99号）。

对企业持有2014年和2015年发行的中国铁路建设债券取得的利息收入，减半征收企业所得税。中国铁路建设债券是指经国家发展改革委核准，以中国铁路总公司为发行和偿还主体的债券（财税〔2014〕2号）。

对企业投资者持有2016—2018年发行的铁路债券取得的利息收入，减半征收企业所得税；对个人投资者持有2016—2018年发行的铁路债券取得的利息收入，减按50%计入应纳税所得额计算征收个人所得税。铁路债券是指以中国铁路总公司为发行和偿还主体的债券，包括中国铁路建设债券、中期票据、短期融资券等债务融资工具（财税〔2016〕30号）。

八、税额抵免优惠

税额抵免是指企业购置并实际使用《环境保护专用设备企业所得税优惠目录（2017年版）》《节能节水专用设备企业所得税优惠目录（2017年版）》《安全生产专用设备企业所得税优惠目录（2017年版）》规定的环境保护、节能节水、安全生产等专用设备的，该专用设备投资额的10%可以从企业当年的应纳税额中抵免；当年不足抵免的，可以在以后5个纳税年度结转抵免。

享受上述企业所得税优惠的企业应当实际购置并自身实际投入使用上述专用设备；企业购置上述专用设备在5年内转让、出租的，应当停止享受企业所得税优惠，并补缴已经抵免的企业所得税税款。转让的受让方可以按照该专用设备投资额的10%抵免当年企业所得税应纳税额；当年应纳税额不足抵免的，可以在以后5个纳税年度结转抵免。

企业同时从事适用不同企业所得税待遇的项目的，其优惠项目应当单独计算所得，并合理分摊企业的期间费用；没有单独计算的，不得享受企业所得税优惠。

自2009年1月1日起，增值税一般纳税人购进固定资产发生的进项税额可从其销项税额中抵扣增值税进项税额。如增值税进项税额允许抵扣，其专用设备投资额不再包括增值税进项税额；如增值税进项税额不允许抵扣，其专用设备投资额应为增值税专用发票上注明的价税合计金额。企业购进专用设备取得普通发票的，其专用设备投资额为普通发票上注明的金额。

企业以总分包或联合体方式在境外实施工程项目（包括但不限于工程建设、基础设施建设等项目，下同），其来源于境外所得已在境外缴纳的企业所得税税额，可以总承包企业或联合体主导方企业开具的《境外承包工程项目完税凭证分割单（总分包方式）》或《境外承包工程项目完税凭证分割单（联合体方式）》作为境外所得完税证明或纳税凭证进行税收抵免（国家税务总局公告2017年第41号）。

九、民族自治地方的优惠

民族自治地方的自治机关对本民族自治地方的企业应缴纳的企业所得税中属于地方分享的部分，可以决定减征或者免征。自治州、自治县决定减征或者免征的，须报省、自治区、直辖市人民政府批准。

对民族自治地方内国家限制和禁止行业的企业，不得减征或者免征企业所得税。

十、非居民企业优惠

非居民企业减按10%的税率征收企业所得税。这里的非居民企业是指在中国境内未设立机构、场所，或者虽设立机构、场所但取得的所得与其所设机构、场所没有实际联系的企业。该类非居民企业取得下列所得免征企业所得税：

（1）外国政府向中国政府提供贷款取得的利息所得。

（2）国际金融组织向中国政府和居民企业提供优惠贷款取得的利息所得。

（3）经国务院批准的其他所得。

十一、促进节能服务产业发展的优惠

对符合条件的节能服务公司实施合同能源管理项目，符合《企业所得税法》有关规定的，自项目取得第一笔生产经营收入所属纳税年度起，第一年至第三年免征企业所得税，第四年至第六年按照25%的法定税率减半征收企业所得税（财税〔2010〕110号）。

十二、其他有关行业的优惠

（1）软件生产企业实行即征即退政策所退还的增值税，用于研究开发软件产品和扩大再生产，不作为应税收入，不予征收企业所得税。

（2）经认定的新办软件生产企业自获利年度起，企业所得税“两免三减半”。

（3）当年未享受免税优惠的国家规划布局内的重点软件生产企业，减按10%的税率征收企业所得税。

（4）软件生产企业的职工培训费税前据实扣除（无限制比例）。

（5）企事业单位购进软件，符合无形资产或固定资产确认条件的，经主管税务机关核准，其摊销或折旧年限可适当缩短，最短可为2年。

（6）集成电路设计企业可享受上述软件企业优惠政策。

（7）集成电路生产企业的生产设备折旧年限可以适当缩短，最短可为3年（经主管税务机关核准）。

（8）集成电路生产企业有关企业所得税优惠政策如下：

1）投资额超过80亿元人民币或集成电路线宽小于0.25微米的集成电路生产企业，减按15%的税率计征企业所得税；经营期15年以上的，从开始获利的年度起，企业所得税“五免五减半”。

2）生产线宽小于0.8微米（含）集成电路产品的生产企业，经认定后从获利年度起“两免三减半”（财税〔2012〕27号、国家税务总局公告2013年第43号）。

3）2018年1月1日后投资新设的集成电路线宽小于130纳米，且经营期在10年以上的集成电路生产企业或项目，企业所得税“两免三减半”。

4）2018年1月1日后投资新设的集成电路线宽小于65纳米或投资额超过150亿元，且经营期在15年以上的集成电路生产企业或项目，企业所得税“五免五减半”（财税〔2018〕27号）。

（9）关于鼓励证券投资基金发展的优惠政策如下（财税〔2008〕1号）：

1）对证券投资基金从证券市场中取得的收入，包括买卖股票、债券的差价收入，股权的股息、红利收入，债券的利息收入及其他收入，暂不征收企业所得税。

2）对投资者从证券投资基金分配中取得的收入，暂不征收企业所得税。

3）对证券投资基金管理人运用基金买卖股票、债券的差价收入，暂不征收企业所得税。

十三、西部地区的减免税

对设在西部地区以《西部地区鼓励类产业目录》中新增的鼓励类产业项目为主营业务，且其当年主营业务收入占企业收入总额70%以上的企业，自2014年10月1日起，可减按15%的税率缴纳企业所得税（国家税务总局公告2015年第14号）。

已按照《国家税务总局关于深入实施西部大开发战略有关企业所得税问题的公告》（国家税务总局公告2012年第12号）第三条规定享受企业所得税优惠政策的企业，其主营业务如不再属于《西部地区鼓励类产业目录》中国家鼓励类产业项目，自2014年10月1日起，停止执行减按15%的税率缴纳企业所得税。

第九节　源泉扣缴

源泉扣缴是指依照有关法律规定或者合同约定对非居民企业直接负有支付相关款项义务的单位或者个人，依据《企业所得税法》相关规定对其应缴纳的企业所得税进行扣缴管理的一种征收方法。

为规范和加强非居民企业所得税源泉扣缴管理，对非居民企业取得来源于中国境内的股息、红利等权益性投资收益和利息、租金、特许权使用费所得、转让财产所得以及其他所得应当缴纳的企业所得税，实行源泉扣缴。有关源泉扣缴的规定请参见国家税务总局公告2017年第37号。

一、扣缴义务人

（1）对非居民企业在中国境内未设立机构、场所，或者虽设立机构、场所但取得的所得与其所设机构、场所没有实际联系的，应缴纳的所得税实行源泉扣缴，以支付人为扣缴义务人。税款由扣缴义务人在每次支付或者到期应支付时，从支付或者到期应支付的款项中扣缴。

（2）对非居民企业在中国境内取得工程作业和劳务所得应缴纳的所得税，税务机关可以指定工程价款或者劳务费用的支付人为扣缴义务人。

二、扣缴方法

（1）扣缴义务人在每次向非居民企业支付或者到期应支付应税所得时，应从支付或者到期应支付的款项中扣缴企业所得税。

（2）扣缴义务人应当自扣缴义务发生之日起7日内向扣缴义务人所在地主管税务机关申报和解缴代扣税款。

（3）扣缴义务人在申报和解缴应扣税款时，应填报扣缴企业所得税报告表。扣缴义务人可以在申报和解缴应扣税款前报送有关申报资料；已经报送的，在申报时不再重复报送。

三、税源管理

扣缴义务人应当设立代扣代缴税款账簿和合同资料档案，准确记录非居民企业所得税扣缴情况。

四、征收管理

（1）非居民企业拒绝代扣税款的，扣缴义务人应当暂停支付相当于非居民企业应纳税款的款项，并在一日之内向其主管税务机关报告，同时报送书面情况说明。

（2）扣缴义务人未依法扣缴或者无法履行扣缴义务的，取得所得的非居民企业应当按照《企业所得税法》第三十九条的规定，向所得发生地主管税务机关申报缴纳未扣缴税款，并填报扣缴企业所得税报告表。非居民企业未按照《企业所得税法》第三十九条的规定申报缴纳税款的，税务机关可以责令限期缴纳，非居民企业应当按照税务机关确定的期限申报缴纳税款；非居民企业在税务机关责令限期缴纳前自行申报缴纳税款的，视为已按期缴纳税款。

第十节　特别纳税调整

一、特别纳税调整的概念

企业与其关联方之间的业务往来不符合独立交易原则而减少企业或者其关联方应纳税收入或者所得额的，税务机关有权按照合理方法调整。

（一）关联方的含义

关联方是指与企业有下列关联关系之一的企业、其他组织或者个人：

（1）在资金、经营、购销等方面存在直接或者间接的控制关系。

（2）直接或者间接地同为第三者所控制。

（3）在利益上具有相关联的其他关系。

（二）关联交易的主要类型

（1）购销、转让和使用有形资产。

（2）转让和使用无形资产。

（3）融通资金。

（4）提供劳务。

（三）关联企业之间关联业务的税务处理（国税发〔2009〕2号）

1. 成本分摊

（1）企业与其关联方共同开发、受让无形资产，或者共同提供、接受劳务发生的成本，在计算应纳税所得额时应当按照独立交易原则进行分摊。

（2）企业与其关联方分摊成本时，应当按照成本与预期收益相配比的原则进行，并在税务机关规定的期限内，按照税务机关的要求报送有关资料。

（3）企业与其关联方分摊成本时违反上述规定的，其自行分摊的成本不得在计算应纳税所得额时扣除。

2. 预约定价安排

它是指企业就其未来年度关联交易的定价原则和计算方法，向税务机关提出申请，与税务机关按照独立交易原则协商、确认后达成的协议。

3. 关联申报

企业向税务机关报送年度企业所得税纳税申报表时，应当就其与关联方之间的业务往来，附送年度关联业务往来报告表。

税务机关在进行关联业务调查时，企业及其关联方，以及与关联业务调查有关的其他企业，应按规定提供相关资料。

4. 受控外国企业避税

由居民企业，或者由居民企业和中国居民控制的设立在实际税负低于12.5%的税率水平的国家（地区）的企业，并非由于合理的经营需要而对利润不作分配或者减少分配的，上述利润中应归属于该居民企业的部分，应当计入该居民企业的当期收入。

控制的含义如下：

（1）居民企业或中国居民直接或者间接单一持有外国企业10%以上有表决权股份，且由其共同持有该外国企业50%以上股份。

（2）居民企业，或居民企业和中国居民持股比例没有达到第（1）项规定的标准，但在股份、资金、经营、购销等方面对该外国企业构成实质控制。

【特别提示】

境外所得抵免税额范围中“居民企业从其直接或间接控制的外国企业分得的来自中国境外的股息、红利等权益性投资收益，外国企业在境外实际缴纳的所得税税额中属于该项所得负担的部分”中“控制”的含义与此处不同。

5. 资本弱化

企业从其关联方接受的债权性投资与权益性投资的比例超过规定标准而发生的利息支出，不得在计算应纳税所得额时扣除。

企业间接从关联方获得的债权性投资，包括：

（1）关联方通过无关联第三方提供的债权性投资。

（2）无关联第三方提供的、由关联方担保且负有连带责任的债权性投资。

（3）其他间接从关联方获得的具有负债实质的债权性投资。

6. 母子公司间提供服务支付费用

（1）应遵循独立交易原则，作为企业正常的劳务费用进行税务处理，否则税务机关有权予以调整。

（2）母公司以管理费形式向子公司提取费用，子公司因此支付给母公司的管理费，不得在税前扣除。

二、转让定价方法管理（国税发〔2009〕2号）

具体内容如表5-39所示。

表5-39

合理的转让定价方法	定义	适用情况
可比非受控价格法	以非关联方之间进行的与关联交易相同或类似业务活动所收取的价格作为关联交易的公平成交价格	一般情况下，可以适用于所有类型的关联交易
再销售价格法	以关联方购进商品再销售给非关联方的价格减去可比非关联交易毛利后的金额作为关联方购进商品的公平成交价格	通常适用于再销售者未对商品进行改变外形、性能、结构或更换商标等实质性增值加工的简单加工或单纯购销业务
成本加成法	以关联交易发生的合理成本加上可比非关联交易毛利作为关联交易的公平成交价格	通常适用于有形资产的购销、转让和使用，劳务提供或资金融通的关联交易
交易净利润法	以可比非关联交易的利润率指标确定关联交易的净利润，利润率指标包括资产收益率、销售利润率、完全成本加成率、贝里比率等	通常适用于有形资产的购销、转让和使用，无形资产的转让和使用以及劳务提供等关联交易
利润分割法	根据企业与其关联方对关联交易合并利润的贡献计算各自应该分配的利润额，利润分割法分为一般利润分割法和剩余利润分割法	通常适用于各参与方关联交易高度整合且难以单独评估各方交易结果的情况

【例5-27·可比非受控价格法案例】 中国A公司与甲国B公司关联，2008年4月，A公司以每吨100美元向B公司销售一批钢材100吨，同时，A公司向非关联的C公司销售同类产品的售价为每吨150美元。中国税务部门发现，中国A公司与甲国B公司是关联方，2008年4月的交易违背独立交易原则。请按可比

非受控价格法，对中国A公司的售价进行特别纳税调整。

【答案及解析】根据可比非受控价格法的调整可知，对中国A公司的售价应当按150美元进行特别纳税调整：中国A公司收入调增额=(非受控价格－受控价格)×受控销售数量=(150－100)×100=5 000（美元）。

【例5-28·利润分割法案例】 甲国A公司与乙国B公司是关联企业，A公司的经营资产为5 000万美元，B公司的经营资产为1.5亿美元。A公司的销售成本为1 000万美元，取得的经营利润为200万美元；B公司当期取得的经营利润为300万美元。请根据利润分割法确定A公司向B公司的合理销售价格，并且用经营资产规模作为衡量对利润贡献大小的唯一参数。

【答案及解析】由于A，B公司的经营资产规模之比为1∶3，因此各自取得的利润之比也应为1∶3，这样，A公司的利润就应在两个公司500万美元总利润额中占1/4，即125万美元，而B公司的利润应为375万美元。由于A公司的销售成本为1 000万美元，其向B公司的合理销售价格应为1 125万美元。

三、预约定价安排管理（国税发〔2009〕2号）

具体内容如表5-40所示。

表5-40

要点	主要规定
类型	预约定价安排包括单边、双边和多边三种类型
受理机关	预约定价安排应由设区的市、自治州以上的税务机关受理
适用企业	预约定价安排一般适用于同时满足以下条件的企业：（1）年度发生的关联交易金额在4 000万元以上；（2）依法履行关联申报义务；（3）按规定准备、保存和提供同期资料
适用期间	预约定价安排适用于自企业提交正式书面申请年度的次年起3～5个连续年度的关联交易
预约定价安排磋商	税务机关应自单边预约定价安排形成审核评估结论之日起30日内，与企业进行预约定价安排磋商，磋商达成一致的，层报国家税务总局审定

四、成本分摊协议管理

企业与其关联方签署成本分摊协议，共同开发、受让无形资产，或者共同提供、接受劳务发生的成本，可以按照独立交易原则与其关联方分摊共同发生的成本，达成成本分摊协议。

企业与其关联方签署成本分摊协议，有下列情形之一的，其自行分摊成本不得税前扣除：

（1）不具有合理商业目的和经济实质。

（2）不符合独立交易原则。

（3）没有遵循成本与收益配比原则。

（4）未按有关规定备案或准备、保存和提供有关成本分摊协议的同期资料。

（5）自签署成本分摊协议之日起经营期限少于20年。

自2015年7月16日起，企业应自与关联方签订（变更）成本分摊协议之日起30日内，向主管税务机关报送成本分摊协议副本，并在年度企业所得税纳税申报时，附送《企业年度关联业务往来报告表》（国税发〔2009〕2号、国家税务总局公告2015年第45号）。

五、受控外国企业管理

中国居民企业股东能够提供资料证明其控制的外国企业满足以下条件之一的，可免予将外国企业不作分配或减少分配的利润视同股息分配额，计入中国居民企业股东的当期所得：

（1）设立在国家税务总局指定的非低税率国家（地区）（国税发〔2009〕2号）。

（2）主要取得积极经营活动所得。

（3）年度利润总额低于500万元。

六、一般反避税管理

（1）企业实施其他不具有合理商业目的的安排而减少其应纳税收入或者所得额的，税务机关有权按照合理方法调整。不具有合理商业目的是指以减少、免除或者推迟缴纳税款为主要目的（国税发〔2009〕2号）。

（2）一般反避税调查及调整须层报国家税务总局批准。

（3）对存在以下避税安排的企业，启动反避税调查：

1）滥用税收优惠。

2）滥用税收协定。

3）滥用公司组织形式。

4）利用避税港避税。

5）其他不具有合理商业目的的安排。

七、企业向境外关联方支付费用有关企业所得税问题

自2015年3月18日起，企业向境外关联方支付费用有关企业所得税问题，按照以下要求处理（国家税务总局公告2015年第16号）：

（1）企业向境外关联方支付费用，应当符合独立交易原则，未按照独立交易原则向境外关联方支付的费用，税务机关可以进行调整。

（2）企业向境外关联方支付费用，主管税务机关可以要求企业提供其与关联

方签订的合同或者协议，以及证明交易真实发生并符合独立交易原则的相关资料备案。

（3）企业向未履行功能、承担风险，无实质性经营活动的境外关联方支付的费用，在计算企业应纳税所得额时不得扣除。

（4）企业因接受境外关联方提供劳务而支付费用，该劳务应当能够使企业获得直接或者间接经济利益。否则，在计算企业应纳税所得额时不得扣除。

（5）企业使用境外关联方提供的无形资产需支付特许权使用费的，应当考虑关联各方对该无形资产价值创造的贡献程度，确定各自应当享有的经济利益。企业向仅拥有无形资产法律所有权而未对其价值创造做出贡献的关联方支付特许权使用费，不符合独立交易原则的，在计算企业应纳税所得额时不得扣除。

（6）企业以融资上市为主要目的，在境外成立控股公司或者融资公司，因融资上市活动所产生的附带利益向境外关联方支付的特许权使用费，在计算企业应纳税所得额时不得扣除。

（7）企业向境外关联方支付费用不符合独立交易原则的，税务机关可以在该业务发生的纳税年度起 10 年内，实施特别纳税调整。

第十一节　征收管理

一、纳税地点

（一）居民企业的纳税地点

除税收法律、行政法规另有规定，居民企业以企业登记注册地为纳税地点，但登记注册地在境外的，以实际管理机构所在地为纳税地点（一个是优先标准，一个是附加标准）（主席令 2007 年第 63 号）。

（二）非居民企业的纳税地点

非居民企业在中国境内设立机构、场所的，应当就其所设机构、场所取得的来自中国境内的所得，以及发生在中国境外但与其所设机构、场所有实际联系的所得，以机构、场所所在地为纳税地点。非居民企业在中国境内设立两个或两个以上机构、场所的，经税务机关审核批准，可以选择由其主要机构、场所汇总缴纳企业所得税。

在中国境内未设立机构、场所，或者虽设立机构、场所但取得的所得与其所设机构、场所没有实际联系的非居民企业，以扣缴义务人所在地为纳税地点。

二、纳税期限（主席令 2007 年第 63 号）

企业所得税按年计征，分月或者分季预缴，年终汇算清缴，多退少补。

自年度终了之日起 5 个月内，汇算清缴。

企业在年度中间终止经营活动的，应当自实际经营中止之日起60日内，向税务机关办理当期企业所得税汇算清缴。

三、纳税申报

（1）按月或按季预缴的，应当自月份或者季度终了之日起15日内，向税务机关报送预缴企业所得税纳税申报表，预缴税款。

（2）正常情况下，企业应当自年度终了之日起5个月内，向税务机关报送年度企业所得税纳税申报表，并汇算清缴，结清应缴应退税款（主席令2007年第63号）。

四、跨地区经营汇总纳税企业所得税征收管理办法

（1）居民企业在中国境内跨地区（指跨省、自治区、直辖市和计划单列市）设立不具有法人资格的营业机构、场所的，应当汇总计算并缴纳企业所得税。

（2）母子公司的盈亏不能弥补汇总，总、分公司的盈亏可以汇总进行弥补。

（3）在汇总计算境外应纳税所得额时，企业在境外同一国家（地区）设立不具有独立纳税地位的分支机构的亏损，不得抵减其境内或他国（地区）的应纳税所得额，但可以用同一国家（地区）其他项目或以后年度的所得按规定弥补。

（4）汇总纳税企业按照《企业所得税法》规定汇总计算的企业所得税包括预缴税款和汇算清缴应缴应退税款，50%在各分支机构间分摊，各分支机构根据分摊税款就地办理缴库或退库；50%由总机构分摊缴纳，其中25%就地办理缴库或退库，25%就地全额缴入中央国库或退库。具体的税款缴库或退库程序按照财预〔2012〕40号等相关规定执行。

（5）总、分支机构分摊税款的计算（财预〔2012〕40号）。

1）总机构按以下公式计算分摊税款：

总机构分摊税款＝汇总纳税企业当期应纳所得税额×50%

2）分支机构按以下公式计算分摊税款：

所有分支机构分摊税款总额＝汇总纳税企业当期应纳所得税额×50%

某分支机构分摊税款＝所有分支机构分摊税款总额×该分支机构分摊比例

3）总机构按照上年度分支机构的营业收入、职工薪酬和资产总额三个因素计算各分支机构分摊所得税款的比例；三级及以下分支机构，其营业收入、职工薪酬和资产总额统一计入二级分支机构；三因素的权重依次为0.35，0.35，0.30。

计算公式如下：

某分支机构分摊比例＝（该分支机构营业收入÷各分支机构营业收入之和）×0.35

+(该分支机构职工薪酬÷各分支机构职工薪酬之和)×0.35
+(该分支机构资产总额÷各分支机构资产总额之和)×0.30

【例 5-29·单选题】 在北京的 A 机械制造公司为总机构，在武汉、成都分别设有 B，C 两个二级分支机构，所得税实行按季度预缴。假设 2011 年度 B 机构全年营业收入、职工薪酬、资产总额分别为 8 000 万元、200 万元和 3 000 万元，C 机构全年营业收入、职工薪酬、资产总额分别为 6 000 万元、150 万元和 3 000 万元；2012 年度 B 机构全年营业收入、职工薪酬、资产总额分别为 9 000 万元、220 万元和 3 000 万元，C 机构全年营业收入、职工薪酬、资产总额分别为 5 000 万元、130 万元和 3 000 万元。A，B，C 三家机构的企业所得税税率均为 25%。假设 2013 年第一季度汇总后的实际利润为 1 000 万元，则 B 机构应预缴税款(　　)。

A. 68.75 万元
B. 74.375 万元
C. 125 万元
D. 56.25 万元

【答案】 B

【解析】 2013 年全年 B 机构的分摊比例=0.35×9 000÷(9 000+5 000)+0.35×220÷(220+130)+0.3×3 000÷(3 000+3 000)=0.225+0.22+0.15=0.595。

C 机构的分摊比例=0.35×5 000÷(9 000+5 000)+0.35×130÷(220+130)+0.3×3 000÷(3 000+3 000)=0.125+0.13+0.15=0.405。

B 机构应预缴的税款=1 000×50%×0.595×25%=74.375（万元）。

五、合伙企业所得税的征收管理

自 2008 年 1 月 1 日起，合伙企业缴纳的企业所得税按下列规定处理，此前规定与下列规定有抵触的，以下列规定为准（财税〔2008〕159 号）：

（1）合伙企业以每一个合伙人为纳税人。合伙企业合伙人是自然人的，缴纳个人所得税；合伙人是法人和其他组织的，缴纳企业所得税。

（2）合伙企业生产、经营所得和其他所得采取“先分后税”的原则。具体应纳税所得额的计算按照《财政部、国家税务总局关于个人独资企业和合伙企业投资者征收个人所得税的规定》（财税〔2000〕91 号）及《财政部、国家税务总局关于调整个体工商户个人独资企业和合伙企业个人所得税税前扣除标准有关问题的通知》（财税〔2008〕65 号）的有关规定执行。

生产、经营所得和其他所得包括合伙企业分配给所有合伙人的所得和企业当年留存的所得（利润）。

（3）合伙企业的合伙人按照下列原则确定应纳税所得额：

1）合伙企业的合伙人以合伙企业的生产、经营所得和其他所得，按照合伙协议约定的分配比例确定应纳税所得额。

2）合伙协议未约定或者约定不明确的，以全部生产、经营所得和其他所得，按照合伙人协商决定的分配比例确定应纳税所得额。

3）协商不成的，以全部生产、经营所得和其他所得，按照合伙人实缴出资比例确定应纳税所得额。

4）无法确定出资比例的，以全部生产、经营所得和其他所得，按照合伙人数量平均计算每个合伙人的应纳税所得额。

合伙协议不得约定将全部利润分配给部分合伙人。

（4）合伙企业的合伙人是法人和其他组织的，合伙人在计算缴纳企业所得税时，不得用合伙企业的亏损抵减其盈利。

六、新增企业所得税征管范围调整

自2009年1月1日起，新增企业所得税纳税人中，应缴纳增值税的企业，其企业所得税由国家税务局管理。以2008年为基年，2008年底之前国家税务局、地方税务局各自管理的企业所得税纳税人不作调整。

2009年起，企业所得税全额为中央收入的企业，其企业所得税由国家税务局管理。银行（信用社）、保险公司的企业所得税由国家税务局管理，上述规定以外的其他各类金融企业的企业所得税由地方税务局管理。外商投资企业和外国企业常驻代表机构的企业所得税仍由国家税务局管理（国税发〔2008〕120号）。

第六章 Chapter 6 个人所得税

第一节 概 述

一、个人所得税的概念

个人所得税是以个人（自然人）取得的各项应税所得为征税对象所征收的税种。

我国于 1980 年 9 月通过了《个人所得税法》，开征个人所得税，统一适用于中国公民和在我国取得收入的外籍人员；2011 年 6 月 30 日，第十一届全国人民代表大会常务委员会第二十一次会议通过《全国人民代表大会常务委员会关于修改〈中华人民共和国个人所得税法〉的决定》，对个人所得税法再次进行了修订，国务院相应地对《个人所得税法实施条例》进行了修订，并自 2011 年 9 月 1 日起施行。

二、个人所得税的特点

我国个人所得税主要有以下特点：

（1）实行分类征收。

（2）超额累进税率与比例税率并用。

（3）费用扣除额较宽。

（4）计算简便。

（5）采取源泉扣缴和个人申报两种征纳方法。

三、个人所得税的立法原则

（1）调节收入分配，体现社会公平。

（2）增强纳税意识，树立义务观念。

（3）扩大聚财渠道，增加财政收入。

第二节　征税范围、纳税人和税率

一、征税范围（主席令2007年第85号、国务院令第600号）

个人所得税的征税对象是个人取得的应税所得。《个人所得税法》列举征税的个人所得共有11项，《个人所得税法实施条例》及相关法规具体确定了各项个人所得的征税范围。

（一）工资、薪金所得

工资、薪金所得是指个人因任职或者受雇而取得的工资、薪金、奖金、年终加薪、劳动分红、津贴、补贴以及与任职或者受雇有关的其他所得（国务院令第600号）。

（1）一般来说，工资、薪金所得属于非独立个人劳动所得。除了工资、薪金，奖金、年终加薪、劳动分红、津贴、补贴也被确定为工资、薪金范畴。其中，年终加薪、劳动分红不分种类和取得情况，一律按工资、薪金所得项目课税；津贴、补贴等则有例外。

（2）根据我国目前个人收入的构成情况，规定对于一些不属于工资、薪金性质的补贴、津贴或者不属于纳税人本人工资、薪金所得项目的收入，不予征税。这些项目包括（国税发〔1994〕89号）：

1）独生子女补贴。

2）执行公务员工资制度和纳入基本工资总额的补贴、津贴差额和家属成员的副食品补贴。

3）托儿补助费。

4）差旅费津贴、误餐补助。其中，误餐补助是指按照财政部门的规定，个人因公在城区、郊区工作，不能在工作单位或返回就餐，根据实际误餐顿数，按规定的标准领取的误餐费。单位以误餐补助名义发给职工的补助、津贴不包括在内（财税字〔1995〕82号）。注意，误餐补助不等于午餐补助。

奖金是指所有具有工资性质的奖金，免税奖金的范围在税法中另有规定。

【例6-1·多选题】（2014年注会）下列各项中，应当按工资、薪金所得项目征收个人所得税的有（　　）。

A. 劳动分红

B. 独生子女补贴

C. 差旅费津贴

D. 超过规定标准的误餐费

【答案】 AD

【解析】选项B和选项C是不予征税的项目。

(3) 退休人员再任职取得的收入，在减除按税法规定的费用扣除标准后，按工资、薪金所得项目缴纳个人所得税（国税函〔2005〕382号）。

(4) 对公司职工取得的用于购买企业国有股权的劳动分红，按工资、薪金所得项目计征个人所得税（国税函〔2001〕832号）。

(5) 出租汽车经营单位对出租车驾驶员采取单车承包或承租方式运营，出租车驾驶员从事客货营运取得的收入，按工资、薪金所得项目征税（国税发〔1995〕50号）。

(6) 自2004年1月20日起，对商品营销活动中，企业和单位对营销业绩突出的雇员以培训班、研讨会、工作考察等名义组织旅游活动，通过免收差旅费、旅游费对个人实行的营销业绩奖励（包括实物、有价证券等），应根据所发生费用的全额并入营销人员当期的工资、薪金所得，按工资、薪金所得项目征收个人所得税，并由提供上述费用的企业和单位代扣代缴（财税〔2004〕11号）。

【例6-2·多选题】（2016年税务师）下列各项所得应按工资、薪金所得项目缴纳个人所得税的有（　　）。

A. 退休后的再任职收入

B. 从任职单位取得的集资利息

C. 转让限售股所得

D. 个人独资企业员工每月从该企业取得的劳动所得

E. 股票增值权所得

【答案】ADE

【解析】选项B，按利息所得项目缴纳个人所得税；选项C，按财产转让所得项目缴纳个人所得税。

(二) 个体工商户、个人独资企业和合伙企业的生产、经营所得

1. 个体工商户的生产、经营所得（国家税务总局令第35号）

(1) 个体工商户的生产、经营所得，以每一纳税年度的收入总额减除成本、费用、税金、损失、其他支出以及允许弥补的以前年度亏损后的余额，为应纳税所得额。

(2) 个体工商户从事生产经营以及与生产经营有关的活动（简称生产经营）取得的货币形式和非货币形式的各项收入，为收入总额。包括销售货物收入、提供劳务收入、转让财产收入、利息收入、租金收入、接受捐赠收入、其他收入。

(3) 其他收入包括个体工商户资产溢余收入、逾期一年以上的未退包装物押金收入、确实无法偿付的应付款项、已作坏账损失处理后又收回的应收款项、债务重组收入、补贴收入、违约金收入、汇兑收益等。

(4) 个体工商户包括：

1) 依法取得个体工商户营业执照，从事生产经营的个体工商户。

2）经政府有关部门批准，从事办学、医疗、咨询等有偿服务活动的个人。

3）其他从事个体生产经营的个人。

（5）其他个人从事个体工商业生产经营取得的所得的具体规定有：

1）个体工商户或个人专营种植业、养殖业、饲养业、捕捞业，不征收个人所得税；不属于原农业税、牧业税征税范围的，应对其所得计征个人所得税；同时，对进入各类市场销售自产农产品的农民取得的所得暂不征收个人所得税。兼营上述“四业”并且“四业”的所得单独核算的，比照上述原则办理。对属于征收个人所得税的，应与其他行业的生产、经营所得合并计征个人所得税；对于“四业”的所得不能单独核算的，应就其全部所得计征个人所得税（财税字〔1994〕20号、财税〔2004〕30号）。

【特别提示】

对个人独资企业和合伙企业从事种植业、养殖业、饲养业和捕捞业（简称“四业”），其投资者取得的“四业”所得暂不征收个人所得税（财税〔2010〕96号）。

2）从事个体出租车运营的出租车驾驶员取得的收入，按个体工商户的生产、经营所得项目缴纳个人所得税（国税发〔1995〕50号）。

3）出租车属个人所有，但挂靠出租汽车经营单位或企事业单位，驾驶员向挂靠单位缴纳管理费的，或出租汽车经营单位将出租车所有权转移给驾驶员的，出租车驾驶员从事客货运营取得的收入，比照个体工商户的生产、经营所得项目征税（国税发〔1995〕50号）。

4）个人因从事彩票代销业务而取得的所得，应按个体工商户的生产、经营所得项目计征个人所得税（国税函〔2002〕629号）。

【例6-3·单选题】（2017年注会）对个人代销彩票取得的所得计征个人所得税时，适用的所得项目是（　　）。

A. 劳务报酬所得

B. 工资、薪金所得

C. 对企事业单位的承包经营、承租经营所得

D. 个体工商户的生产、经营所得

【答案】D

【解析】对个人因从事彩票代销业务而取得的所得，应按个体工商户的生产、经营所得项目计征个人所得税。

2. 个人独资企业和合伙企业的生产、经营所得

合伙企业以每一个合伙人为纳税人，合伙企业合伙人是自然人的，缴纳个人所得税，合伙人是法人和其他组织的，缴纳企业所得税。合伙企业生产、经营所得和其他所得采取“先分后税”的原则处理（财税〔2008〕159号、财税〔2008〕65号）。

3. 财产性支出

对个人独资企业、合伙企业和其他企业的个人投资者以资金为本人、家庭成员及其相关人员支付与企业生产经营无关的消费性支出，如购买汽车、住房

等，视为企业对个人投资者利润分配，并入投资者个人的生产、经营所得，按个体工商户的生产、经营所得项目计征个人所得税（财税〔2008〕83 号、财税〔2003〕158 号）。

4. 其他规定

对个体工商户和从事生产经营的个人，取得与生产经营活动无关的其他各项应税所得，应分别按照有关规定，计算征收个人所得税。

（三）对企事业单位的承包经营、承租经营所得

对企事业单位的承包经营、承租经营所得是指个人承包经营、承租经营以及转包、转租取得的所得，还包括个人按月或者按次取得的工资、薪金性质的所得（国务院令第 600 号）。

个人对企事业单位的承包经营、承租经营形式大体上可以分为两类（国税发〔1994〕179 号），如表 6－1 所示。

表 6－1

<table>
<tr><th>个人承包工商登记</th><th>企业所得税</th><th colspan="2">个人所得税所属税目</th></tr>
<tr><td>承包后工商登记改变为个体工商户的</td><td>不缴纳企业所得税</td><td colspan="2">个体工商户的生产、经营所得</td></tr>
<tr><td rowspan="2">承包经营后工商登记仍为企业的</td><td rowspan="2">缴纳企业所得税</td><td>对企业经营成果不拥有所有权，仅按合同（协议）规定取得一定所得</td><td>工资、薪金所得</td></tr>
<tr><td>对企业经营成果拥有所有权</td><td>承包经营、承租经营所得</td></tr>
</table>

【例 6－4 · 多选题】（2014 年税务师）下列各项所得中，应按对企事业单位的承包经营、承租经营所得项目征收个人所得税的有（　　）。

A. 个人承包经营、承租经营所得

B. 承包者本人从被承包企业按月取得的工资性质的所得

C. 企业从业人员（不含承包者本人）按月取得的工薪性质的所得

D. 个人取得的国债利息所得

E. 个人将承包、承租的企业转包、转租取得的所得

【答案】 ABE

【解析】 对企事业单位的承包经营、承租经营所得是指个人承包经营、承租经营以及转包、转租取得的所得，还包括承包、承租者本人按月或者按次取得的工资、薪金性质的所得。

（四）劳务报酬所得

劳务报酬所得是指个人从事设计、装潢、安装、制图、化验、测试、医疗、法律、会计、咨询、讲学、新闻、广播、翻译、审稿、书画、雕刻、影视、录音、录像、演出、表演、广告、展览、技术服务、介绍服务、经济服务、代办服务，以及其他劳务报酬的所得。

【特别提示1】

是否存在雇用与被雇用关系，是判断一种收入属于劳务报酬所得，还是属于工资、薪金所得的重要标准。后者存在雇用与被雇用的关系，前者则不存在这种关系（国税发〔1994〕89号）。

【特别提示2】

在校学生因参与勤工俭学活动（包括参与学校组织的勤工俭学活动）而取得属于《个人所得税法》规定的应税所得项目的所得，应依法缴纳个人所得税。

个人担任董事职务所取得的董事费收入分两种情形：个人担任公司董事、监事，且不在公司任职、受雇的情形，属于劳务报酬性质，按劳务报酬所得项目缴纳个人所得税；个人在公司（包括关联公司）任职、受雇，同时兼任董事、监事的，应将董事费、监事费与个人工资收入合并，统一按工资、薪金所得项目缴纳个人所得税（国税发〔2009〕121号、国税函〔2002〕146号）。

【特别提示3】

个人兼职取得的收入，应按劳务报酬所得项目缴纳个人所得税（国税函〔2005〕382号）。

出租车驾驶员的收入属于工资、薪金所得，还是个体工商户的生产、经营所得，抑或是劳务报酬所得，需要区分界定，如图6-1所示。

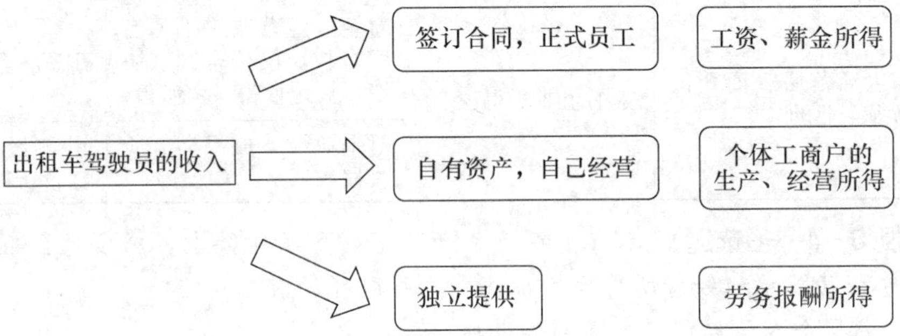

图6-1　出租车驾驶员的收入

【例6-5·多选题】（2014年注会）下列个人收入，属于纳税人应按劳务报酬所得项目缴纳个人所得税的有（　　）。

A. 张某办理内退手续后，在其他单位重新就业取得的收入

B. 王某由任职单位派遣到外商投资企业担任总经理取得的收入

C. 陈某为供货方介绍业务，从供货方取得的佣金

D. 演员江某外地演出取得由当地主办方支付的演出费

【答案】CD

【解析】选项A，退休人员再任职，按工资、薪金所得项目缴纳个人所得税；选项B，按工资、薪金所得项目缴纳个人所得税。

（五）稿酬所得（国税函〔2002〕146号）

稿酬所得是指个人因其作品以图书、报刊形式出版、发表而取得的所得

（国务院令第 600 号）。这里所说的作品包括文学作品、书画作品、摄影作品，以及其他作品。作者去世后，财产继承人取得的遗作稿酬亦应缴纳个人所得税。

对报纸、杂志、出版等所得征税的问题如下：

（1）任职、受雇于报纸、杂志等单位的记者、编辑等专业人员，因在本单位的报纸、杂志上发表作品取得的所得，属于因任职、受雇而取得的所得，应与其当月工资收入合并，按工资、薪金所得项目缴纳个人所得税。

除了上述专业人员，其他人员在本单位的报纸、杂志上发表作品取得的所得，应按稿酬所得项目缴纳个人所得税。

（2）出版社的专业作者撰写、编写或翻译的作品，由本社以图书形式出版而取得的稿费收入，应按稿酬所得项目缴纳个人所得税。

【特别提示】

以是否出版、发表，是否在本单位出版、发表以及作者专业状况和出版、发表作品的形式为标准，辨析稿酬所得、劳务报酬所得和工资、薪金所得三者之间的区别。

【例 6－6 · 多选题】（2012 年注税）下列所得中，应按稿酬所得项目缴纳个人所得税的有（　　）。

A. 书法家为企业题字获得的报酬

B. 杂志社记者在本社杂志发表文章获得的报酬

C. 电视剧制作中心的编剧编写剧本获得的报酬

D. 出版社的专业作者翻译的小说由该出版社出版获得的报酬

E. 报社印刷车间工作人员在该社报纸发表作品获得的报酬

【答案】 DE

【解析】 选项 A，按劳务报酬所得项目缴纳个人所得税；选项 B，按工资、薪金所得项目缴纳个人所得税；选项 C，按特许权使用费所得项目缴纳个人所得税。

（六）特许权使用费所得

特许权使用费所得是指个人提供专利权、商标权、著作权、非专利技术以及其他特许权的使用权取得的所得。

提供著作权的使用权取得的所得不包括稿酬所得。对于作者将自己的文字作品手稿原件或复印件公开拍卖（竞价）取得的所得，属于提供著作权的使用所得，应按特许权使用费所得项目征收个人所得税（国税发〔2007〕38 号）。

个人取得特许权的经济赔偿收入，应按特许权使用费所得项目缴纳个人所得税，税款由支付赔款的单位或个人代扣代缴（国税函〔2000〕257 号）。

自 2002 年 5 月 1 日起，编剧从电视剧的制作单位取得的剧本使用费，不再区分剧本的使用方是否为其任职单位，统一按特许权使用费所得项目计征个人所得税（国税发〔2002〕52 号）。

【特别提示】

劳务报酬、稿酬、特许权使用费的区别如表 6－2 所示。

表 6－2

劳务报酬所得	不以图书、报刊出版、发表的翻译、审稿、书画的所得
稿酬所得	个人因其作品以图书、报刊形式出版、发表取得的所得
特许权使用费所得	提供著作权的使用权取得的所得

【例 6－7·多选题】（2014 年税务师）下列各项中，应按特许权使用费所得项目征收个人所得税的有（　　）。

A. 个人取得的特许权的经济赔偿收入

B. 作家公开拍卖自己的文字作品手稿复印件收入

C. 编剧从其任职的电视剧制作中心获得的剧本使用费收入

D. 某演员自行“走穴”演出取得的收入

E. 出版社专业作者翻译作品后，由本社以图书形式出版而取得的收入

【答案】 ABC

【解析】 选项 D，属于劳务报酬所得；选项 E，属于稿酬所得。

（七）利息、股息、红利所得

利息、股息、红利所得是指个人拥有债权、股权而取得的利息、股息、红利所得。

1. 除国家规定外的其他专户存款（财税〔2008〕132 号）

自 2008 年 10 月 9 日起，对储蓄存款利息所得暂免征收个人所得税。

2. 职工个人取得的量化资产

根据国家有关规定（国税发〔2000〕60 号），允许集体所有制企业在改制为股份合作制企业时，将有关资产量化给职工个人：

（1）对职工个人以股份形式取得的仅作为分红依据、不拥有所有权的企业量化资产，不征收个人所得税。

（2）对职工个人以股份形式取得的企业量化资产参与企业分配而获得的股息、红利，应按利息、股息、红利所得项目征收个人所得税。

3. 个人银行结算账户利息

自 2008 年 10 月 9 日起，个人银行结算账户利息视同储蓄存款利息，暂免征收个人所得税（财税〔2008〕132 号）。

【特别提示】

个人取得国债利息、国家发行的金融债券利息、储蓄存款利息均免征个人所得税。

【例 6－8·多选题】（2015 年税务师）下列各项中，应按利息、股息、红利所得项目征收个人所得税的有（　　）。

A. 法人企业为其股东购买小汽车，将汽车办理在股东名下

B. 个人取得的国债转让所得

C. 个人独资企业业主用企业资金进行个人消费部分

D. 职工因拥有股票期权且在行权后取得的企业税后利润分配利益

E. 个人合伙企业的自有利润

【答案】 AD

【解析】 选项 B，属于资产转让所得；选项 C，E，属于个体工商户的生产、经营所得。

（八）财产租赁所得

财产租赁所得是指个人出租建筑物、土地使用权、机器设备、车船以及其他财产取得的所得。

个人取得的财产转租收入属于财产租赁所得项目的征税范围。在确定纳税人时，应以产权凭证为依据，对无产权凭证的，由主管税务机关根据实际情况确定；产权所有人死亡，在未办理产权继承手续期间，该财产出租而有租金收入的，以领取租金的个人为纳税人（国税发〔1994〕89 号）。

房地产开发企业与商店购买者个人签订协议，以优惠价格出售其开发的商店给购买者个人，购买者个人在一定期限内必须将购买的商店无偿提供给房地产开发企业对外出租使用。根据《个人所得税法》的有关规定，对购买者个人少支出的购房价款，应视同个人财产租赁所得，按财产租赁所得项目征收个人所得税。每次财产租赁所得的收入额按少支出的购房价款和协议规定的租赁月份数平均计算确定（国税函〔2008〕576 号）。

全部购房款＝实际付购房款＋少支出价款(实质租金)

（九）财产转让所得

财产转让所得是指个人转让有价证券、股权、建筑物、土地使用权、机器设备、车船以及其他财产取得的所得。具体规定如下。

1. 股票转让所得

经国务院批准，对个人在上海证券交易所、深圳证券交易所转让从上市公司公开发行和转让市场取得的上市公司股票所得，继续免征个人所得税（财税〔2009〕167 号）。

2. 量化资产股份转让（国税发〔2000〕60 号）

集体所有制企业在改制为股份合作制企业时，对职工个人以股份形式取得的拥有所有权的企业量化资产，暂缓征收个人所得税；待个人将股份转让时，就其转让收入额，减除个人取得该股份时实际支付的费用支出和合理转让费用后的余额，按财产转让所得项目计征个人所得税。

3. 个人出售自有住房

（1）自 2010 年 10 月 1 日起，对出售自有住房并在 1 年内重新购房的纳税人不再减免个人所得税（财税〔2010〕94 号）。

（2）对个人转让自用 5 年以上，并且是家庭唯一生活用房取得的所得，继续免征个人所得税（财税字〔1999〕278号）。

【例6-9·多选题】（2014年税务师）下列各项中，应按财产转让所得项目征收个人所得税的有（　　）。

A. 个人转让公司债券取得的所得

B. 个人在杂志上发表散文取得的所得

C. 个人将收藏多年的古董拍卖取得的所得

D. 个人将自己的文字作品手稿原件拍卖取得的所得

E. 个人将自己的商业用房转让取得的所得

【答案】ACE

【解析】选项B，属于稿酬所得；选项D，属于特许权使用费所得。

（十）偶然所得

偶然所得是指个人得奖、中奖、中彩以及其他偶然性质的所得。其中，得奖是指参加各种有奖竞赛活动，取得名次获得的奖金；中奖、中彩是指参加各种有奖活动，如有奖销售、有奖储蓄或购买彩票，经过规定程序，抽中、摇中号码而取得的奖金。对个人购买社会福利有奖募捐奖券一次中奖收入不超过1万元的，暂免征收个人所得税；超过1万元的，按全额征税（财税字〔1998〕12号）。

企业对累积消费达到一定额度的顾客，给予额外抽奖机会，个人的获奖所得按偶然所得项目全额适用20%的税率缴纳个人所得税（财税〔2011〕50号）。

（十一）其他所得（国务院令第600号）

上述10项个人应税所得是根据所得的不同性质划分的。例如，银行和其他金融机构以超过中国人民银行规定的存款利率和保值贴补率计算的利息额支付给储户的部分，不管是以利息、奖金，还是以其他名义支付，均不属于税法规定的免税利息所得，必须依法征收个人所得税。超过国家利率支付给储户的揽储奖金，应按其他所得项目征收个人所得税。个人为单位或他人提供担保获得报酬，应按其他所得项目缴纳个人所得税。

【例6-10·多选题】（2012年注税）下列各项所得，应按其他所得项目缴纳个人所得税的有（　　）。

A. 个人接受好友无偿赠与房产的所得

B. 个人获得由银行支付的超过国家利率的揽储奖金

C. 个人在广告设计和发布过程中提供名义和形象取得的所得

D. 个人转让专利权过程中获得的违约金

E. 企业对累积消费达到一定额度的顾客给予额外抽奖机会，个人的获奖所得

【答案】AB

【解析】选项C，按劳务报酬所得项目缴纳个人所得税；选项D，按特许权

使用费所得项目缴纳个人所得税；选项E，按偶然所得项目缴纳个人所得税。

（十二）所得来源的确定

对于来自中国境内的所得，是依据所得来源地的判断反映经济活动的，要遵循方便税务机关有效征管的原则，《个人所得税法》及其实施条例做了规定。

（1）工资、薪金所得，以纳税人任职的、受雇的公司、企业、事业单位、机关、团体、部队、学校等单位的所在地为所得来源地。

（2）生产、经营所得，以生产经营活动实现地为所得来源地。

（3）劳务报酬所得，以纳税人实际提供劳务报酬的地点为所得来源地。

（4）不动产转让所得，以不动产坐落地为所得来源地；动产转让所得，以实现转让的地点为所得来源地。

（5）财产租赁所得，以被租赁财产的使用地为所得来源地。

（6）利息、股息、红利所得，以支付利息、股息、红利的企业、机构、组织的所在地为所得来源地。

（7）特许权使用费所得，以特许权的使用地为所得来源地。

下列所得，不论支付地点是否在中国境内，均为来自中国境内的所得：

（1）在中国境内任职、受雇而取得的工资、薪金所得。

（2）在中国境内从事生产经营活动而取得的生产、经营所得。

（3）因任职、受雇、履约等而在中国境内提供各种劳务取得的劳务报酬所得。

（4）将财产出租给承租人在中国境内使用而取得的所得。

（5）转让中国境内的建筑物、土地使用权等财产，以及在中国境内转让其他财产取得的所得。

（6）提供专利权、非专利技术、商标权、著作权，以及其他特许权在中国境内使用的所得。

（7）因持有中国的各种债券、股票、股权而从中国境内的公司、企业或者其他经济组织及个人取得的利息、股息、红利所得。

【例6-11·多选题】（2014年注会）某外籍个人受某外国公司委派于2013年8月开始赴中国担任其驻华代表处首席代表，截至2013年12月31日未离开中国。该外籍个人2013年取得的下列所得中，属于来源于中国境内所得的有（　　）。

A. 9月出席境内某经济论坛做主题发言取得的收入

B. 因在中国境内任职而取得的由境外总公司发放的工资收入

C. 10月将其拥有的境外房产出租给中国境内一公司驻该国常设机构取得的租金收入

D. 11月将其拥有的专利技术许可一境外公司在中国境内的分支机构使用取得的收入

【答案】ABD

【解析】选项C，租赁的财产在境外使用，不属于来源于中国境内的所得。

二、纳税人（主席令2007年第85号、国务院令第600号）

个人所得税的纳税人是指在中国境内有住所，或者虽无住所但在境内居住满1年，以及无住所又不居住或居住不满1年但从中国境内取得所得的个人。包括中国公民、个体工商户、外籍个人，以及香港、澳门、台湾同胞等（主席令2007年第85号）。

（一）居民纳税人与非居民纳税人的判定标准

居民纳税人与非居民纳税人的判定标准如表6-3所示。

表6-3

纳税人类别	承担的纳税义务	判定标准
居民纳税人	无限纳税义务，应就其来自中国境内和境外的所得，向中国政府履行全面纳税义务，依法缴纳个人所得税	住所标准和居住时间标准只要具备一个就为居民纳税人： （1）住所标准：是指因户籍、家庭、经济利益关系而在中国境内习惯性居住 （2）居住时间标准：在中国境内居住满1年是指一个公历的纳税年度，即公历1月1日至12月31日内，在中国居住满365日（临时离境的，不扣减日数；临时离境是指在一个纳税年度内，一次不超过30日或者多次累计不超过90日的离境）
非居民纳税人	有限纳税义务，只就其来自中国境内的所得向中国政府履行有限纳税义务，依法缴纳个人所得税	同时具备以下两个条件为非居民纳税义务人： （1）在中国无住所且不居住的个人 （2）在中国无住所或居住不满1年

（二）居住时间的规定

（1）90日规则。在境内无住所而一个纳税年度内在境内连续或累计居住不超过90日或183日（税收协定）的个人，来自境内的所得，由境外雇主支付且不是由该雇主设在中国境内机构负担的工资、薪金免税，仅就其实际在中国境内工作期间由中国境内企业或个人雇主支付或者由中国境内机构负担的工资、薪金所得纳税（国税发〔1994〕148号）。

（2）在境内无住所而一个纳税年度内在境内连续或累计居住超过90日或183日（税收协定）但不满1年的个人，其来自中国境内的所得，无论是由中国境内企业或个人雇主支付还是由境外企业或个人雇主支付，均应缴纳个人所得税。至于个人在中国境外取得的工资、薪金所得，除担任中国境内企业董事或高层管理人员，并在境外履行职务而由境内企业支付董事费或工资、薪金所得，不缴纳个人所得税（国税发〔1994〕148号）。

（3）5 年规则。在境内居住无住所，但居住满 1 年不满 5 年的个人，其来自中国境内的所得应全部依法缴纳个人所得税。对于其来自中国境外的各种所得，经主管税务机关批准，可以只就由中国境内公司、企业以及其他经济组织或者个人支付的部分缴纳个人所得税。

（4）境内连续居住满 5 年的个人。在中国境内无住所的个人在境内居住满 5 年的，从第 6 年起，以后的各年度中，凡在境内居住满 1 年的，应当就其来自中国境内、境外的全部所得缴纳个人所得税。个人在中国境内居住满 5 年，是指个人在中国境内连续居住满 5 年，即在连续 5 年中的每一个纳税年度内均居住满 1 年；个人从第 6 年起以后各年度中，凡在境内居住满 1 年的，就其境内、境外所得申报纳税。

如该个人在第 6 年起以后的某一纳税年度内在境内居住不足 90 日，可以按税法相关规定确定纳税义务，仅就其境内所得境内支付部分纳税，并从再次居住满 1 年的年度起重新计算 5 年期限。

归纳

具体内容如表 6－4 所示。

表 6－4

居住时间	在中国境内工作		在中国境外工作	
	境内支付	境外支付	境内支付	境外支付
$T\leqslant$ 90（183）日 （国税发〔1994〕148 号）	征税	免税	不征税	不征税
90（183）日$<T\leqslant$ 1 年 （国税发〔1994〕148 号）	征税	征税	不征税	不征税
1 年$<T\leqslant$ 5 年 （国务院令第 600 号）	征税	征税	征税	免税
$T>$5 年 （国务院令第 600 号）	征税	征税	征税	征税

【特别提示 1】

对在中国境内无住所的个人，以该个人实际在华逗留天数计算。上述个人入境、离境、往返或多次往返境内外的当日，均按 1 天计算其在华实际逗留天数。

【特别提示 2】

对在中国境内、境外机构同时担任职务或仅在境外机构任职的境内无住所个人，计算其境内工作期间时，对其入境、离境、往返或多次往返境内外的当日，均按半天计算为在华实际工作天数。

【例6-12·单选题】（2009年注税）琼斯为外籍个人，在中国境内无住所，同时在中国境内、境外机构担任职务，2008年3月6日来华，12月20日离开。期间琼斯因工作原因，曾于6月8日离境，6月14日返回。在计算个人所得税时，琼斯在中国境内的实际工作天数为（　　）。

A. 282天

B. 283天

C. 284天

D. 285天

【答案】B

【解析】3月6日、6月8日、6月14日和12月20日，均按半天计算在华实际工作天数。在中国境内的实际工作天数＝25.5＋30＋31＋7.5＋16.5＋31＋31＋30＋31＋30＋19.5＝283（天）。

三、税率

（一）税率设计的原则

（1）税负从轻。

（2）区别对待，分类调节。

（3）体现国家政策。

（二）适用税率（主席令2011年第48号）

个人所得税区分不同个人所得项目，规定了超额累进税率和比例税率两种形式。

（1）工资、薪金所得。适用3％～45％的7级超额累进税率，如表6-5所示。

表6-5

级数	全月应纳税所得额（含税级距）	税率(%)	速算扣除数
1	不超过1 500元的	3	0
2	超过1 500元至4 500元的部分	10	105
3	超过4 500元至9 000元的部分	20	555
4	超过9 000元至35 000元的部分	25	1 005
5	超过35 000元至55 000元的部分	30	2 755
6	超过55 000元至80 000元的部分	35	5 505
7	超过80 000元的部分	45	13 505

说明：本表所列含税级距为按照税法规定，以每月收入额扣除规定费用3 500元后的余额或者减除有关费用后的所得额。

（2）个体工商户的生产、经营所得，对企事业单位的承包经营、承租经营所得，个人独资企业和合伙企业的生产、经营所得适用5%～35%的5级超额累进税率，如表6-6所示。

表6-6

级数	全年应纳税所得额	税率(%)	速算扣除数
1	不超过15 000元的	5	0
2	超过15 000元至30 000元的部分	10	750
3	超过30 000元至60 000元的部分	20	3 750
4	超过60 000元至100 000元的部分	30	9 750
5	超过100 000元的部分	35	14 750

说明：本表所称全年应纳税所得额，对个体工商户的生产、经营所得来源，是指以每一纳税年度的收入总额减除成本、费用以及损失后的余额；对企事业单位的承包经营、承租经营所得来源，是指以每一纳税年度的收入总额减除必要费用后的余额。

（3）稿酬所得。对稿酬所得，规定在适用20%税率征税时，按应纳税额减征30%，即只征收70%的税额，故其实际税负为14%。

（4）劳务报酬所得。对劳务报酬所得一次收入畸高的，规定在适用20%税率征税的基础上，实行加成征税办法。

所谓劳务报酬所得一次收入畸高的，是指个人一次取得劳务报酬，其应纳税所得额超过20 000元。劳务报酬所得加成征税采取超额累进税率的计算办法，对应纳税所得额超过20 000元至50 000元的部分，依照税法规定计算应纳税额后，再按应纳税额加征五成；对超过50 000元的部分，按应纳税额加征十成（国务院令第600号），这等于对应纳税所得额超过20 000元至50 000元的部分和超过50 000元的部分分别适用30%和40%的税率，如表6-7所示。

表6-7

级数	每次应纳税所得额	税率(%)	速算扣除数（元）
1	不超过20 000元的	20	0
2	超过20 000元至50 000元的部分	30	2 000
3	超过50 000元的部分	40	7 000

说明：本表所称每次应纳税所得额，是指每次收入额减除费用800元（每次收入额不超过4 000元）或者减除20%的费用（每次收入额超过4 000元）后的余额。

（5）特许权使用费所得，财产转让所得，财产租赁所得，利息、股息、红利所得，偶然所得和其他所得均适用20%的比例税率。

【特别提示】

对个人出租住房取得的所得，自2008年3月1日起，减按10%税率征收个人所得税。

归纳

不同个人所得项目适用税率归纳如图6-2所示。

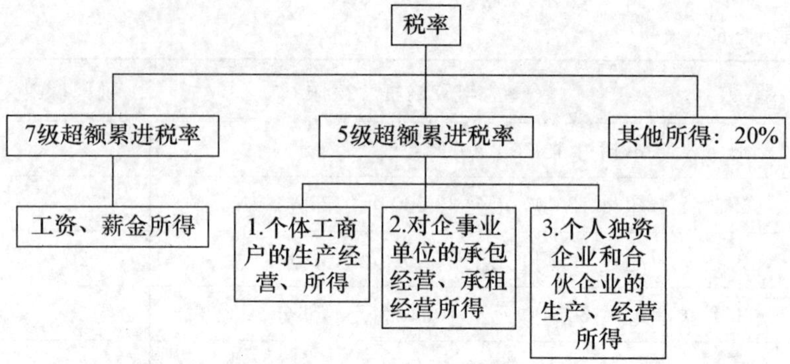

图6-2 税率适用项目

第三节 计税依据和应纳税所得额的计算

一、一般规定

（一）每次收入的确定

1. 劳务报酬所得

根据不同劳务的特点，分别规定为：

（1）只有一次性收入的，以取得该项收入为一次。

（2）属于同一事项连续取得收入的，以一个月内取得的收入为一次；不能以每天取得的收入为一次。

2. 稿酬所得

以每次出版、发表取得的收入为一次，具体细分如表6-8所示。

表6-8

细分项目	收入确定
同一作品再版取得所得的	应视为另一次稿酬所得计征个人所得税
同一作品出版、发表后，因添加印数而追加稿酬的	应与以前出版、发表时取得的稿酬合并计算为一次计征个人所得税
同一作品先在报刊上连载，再出版，或者先出版，再在报刊上连载的	应视为两次稿酬所得征税，即连载作为一次，出版作为另一次
同一作品在报刊上连载取得收入的	以连载完成后取得的所有收入合并为一次计征个人所得税
同一作品在出版和发表时，以预付稿酬或分次支付稿酬等形式取得稿酬收入的	应合并为一次

3. 其他项目每次收入的确定

具体细分如表 6－9 所示。

表 6－9

应税所得	收入确定
特许权使用费所得	以某项使用权的一次转让所取得的收入为一次；如果该次转让取得的收入是分笔支付的，则应将各笔收入相加为一次的收入，计征个人所得税
财产租赁所得	以一个月内取得的收入为一次
利息、股息、红利所得	以支付利息、股息、红利时取得的收入为一次
偶然所得	以每次的收入为一次
其他所得	

【例 6－13·单选题】（2016 年注会）某作家的一部长篇小说从 2016 年 3 月 1 日起在某报纸副刊上连载，每日刊出一期，到 5 月 31 日结束，共刊出 92 期，每期稿酬 500 元。2016 年 2 月 10 日，该作家取得该社预付稿酬 3 000 元，开始连载后报社每周支付一次稿酬，至 5 月 31 日已结清全部稿酬。下列关于报社代扣代缴稿酬个人所得税表述中正确的是（　）。

A. 应以每周支付稿酬作为一次稿酬据以代扣代缴个人所得税

B. 应以每周实际支付的稿酬作为一次稿酬据以代扣代缴个人所得税

C. 应以实际支付的全部稿酬作为一次稿酬据以代扣代缴个人所得税

D. 应以预付稿酬作为一次稿酬据以代扣代缴个人所得税

【答案】 C

【解析】 同一作品在报刊上连载取得收入的，以连载完成后取得的所有收入合并为一次，计征个人所得税。支付该作家稿酬所得，报社为扣缴义务人。

（二）费用减除标准

应纳税所得额＝各项收入－税法规定的扣除项目或扣除金额

我国个人所得税采取分项确定、分类扣除，根据其所得的不同情况分别实行定额、定率和会计核算三种扣除办法（见表 6－10）。

表 6－10

11 类应税所得	费用扣除方法
工资、薪金所得	定额扣除（3 500 元/月或 4 800 元/月）
稿酬所得	定额或定率扣除（每次 800 元或 20%）
特许权使用费所得	
劳务报酬所得	
财产租赁所得	

续前表

11类应税所得	费用扣除方法
对企事业单位的承包经营、承租经营所得	会计核算或规定的必要费用（3 500元/月）
个体工商户（个人独资企业、合伙企业）的生产、经营所得	
财产转让所得	
利息、股息、红利所得	无费用扣除，以每次收入为应纳税所得额
偶然所得	
其他所得	

【特别提示】

个人取得的收入一般是货币形式。除了现金，纳税人所得为实物的，则应以凭证、票面价格及参照市场价格核定应纳税所得额（国务院令第600号）。

【例6-14·多选题】（2017年注会）对个体工商户的生产、经营所得在计算个人所得税时，允许对一些支出项目按一定标准予以税前扣除。下列关于税前扣除项目和标准的表述中，正确的有（　　）。

A. 个体工商户业主的工资、薪金可以据实扣除

B. 实际支付给从业人员合理的工资、薪金和缴纳的“五险一金”可以税前扣除

C. 在经营过程中发生的业务招待费可据实扣除

D. 以经营租赁方式租入固定资产发生的租赁费支出，按照租赁期限均匀扣除

【答案】BD

【解析】个体工商户业主的工资、薪金所得税前不可以扣除。对个体工商户业主、个人独资企业和合伙企业自然人投资者的生产、经营所得依法计征个人所得税时，个体工商户业主、个人独资企业和合伙企业是自然人投资者本人的费用扣除标准统一确定为42 000元/年（3 500元/月）。业务招待费按照实际发生额的60%和收入的5‰孰低原则扣除。

【例6-15·计算题】（2017年注会）张某承揽一项房屋装潢工程，工程3个月完工。房主第一个月支付给张某10 000元，第二个月支付15 000元，第三个月支付30 000元。计算张某共计应缴纳多少个人所得税。

【答案及解析】适用税目：劳务报酬所得。次数的规定：只有一次性收入的，以取得该项收入为一次。应纳税所得额=(10 000+15 000+30 000)×(1-20%)=44 000（元）。应纳税所得额超过20 000元，适用加成征收办法。应纳税额=44 000×30%-2 000=11 200（元）。

二、特殊规定

（1）个人将其所得通过中国境内的社会团体、国家机关向教育和其他社会公益事业以及遭受严重自然灾害地区、贫困地区的捐赠，捐赠额未超过纳税人申报

的应纳税所得额30%的部分，可以从应纳税所得额中扣除，超过部分不得扣除（国务院令第600号）。

(2) 自2000年开始，财政部、国家税务总局陆续放宽公益救济性捐赠限额，出台了全额税前扣除的规定，允许个人通过非营利性的社会团体和政府部门，对下列机构的捐赠准予在个人所得税税前100%（全额）扣除：红十字事业，福利性、非营利性老年服务机构，农村义务教育，公益性青少年活动场所（其中包括新建），教育事业，宋庆龄基金会等6家单位，中国医药卫生事业发展基金会、中国教育发展基金会、中国老龄事业发展基金会等8家单位，中华快车基金会等5家单位以及地震灾区等（财税〔2000〕21号、财税〔2000〕30号、财税〔2000〕97号、财税〔2001〕103号、财税〔2004〕39号、财税〔2004〕172号、财税〔2006〕66号、财税〔2006〕67号、财税〔2006〕68号、财税〔2003〕204号、国税发〔2008〕55号）。自2017年7月12日起，个人捐赠北京2022年冬奥会、冬残奥会、测试赛的资金和物资支出可在计算个人应纳税所得额时予以全额扣除（财税〔2017〕60号）。

归纳

特殊可以全额扣除的项目归纳如图6-3所示。

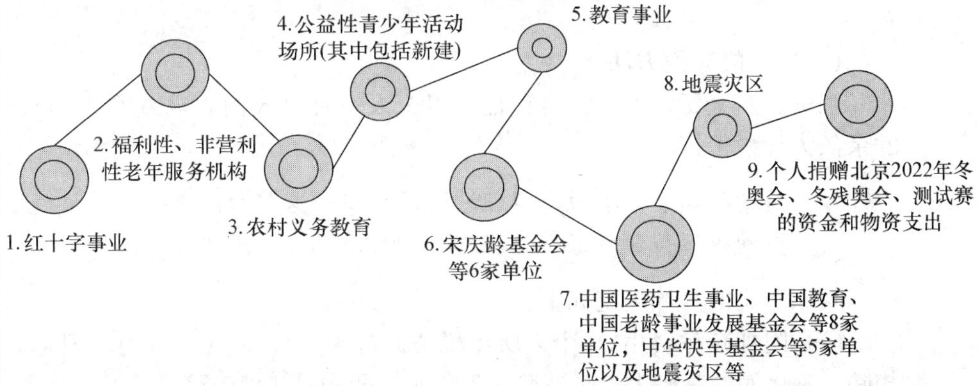

图6-3 特殊可以全额扣除的项目

(3) 自2018年1月1日起，有限合伙制创业投资企业（简称合伙创投企业）采取股权投资方式直接投资于初创科技型企业满2年的，该合伙创投企业的合伙人按以下方式处理：个人合伙人可以按照对初创科技型企业投资额的70%抵扣个人合伙人从合伙创投企业分得的经营所得；当年不足抵扣的，可以在以后纳税年度结转抵扣。

自2018年7月1日起，天使投资个人采取股权投资方式直接投资于初创科技型企业满2年的，可以按照投资额的70%抵扣转让该初创科技型企业股权取得的应纳税所得额；当期不足抵扣的，可以在以后取得转让该初创科技型企业股权的应纳税所得额时结转抵扣。天使投资个人投资多个初创科技型企业的，对其中办理注销清算的初创科技型企业，天使投资个人对其投资额的70%尚未抵扣完的，可自注销清算之日起36个月内抵扣天使投资个人转让其他初创科技型企业股权取得的应纳税所得额（财税〔2018〕55号）。

【例6-16·单选题】（2013年注税）郑某为某上市公司独立董事（未在该公司任职），2012年12月取得董事费8万元，向中国教育发展基金会捐款3万元。2012年12月郑某应缴纳个人所得税（　　）。

A. 8 200元

B. 10 000元

C. 11 440元

D. 13 000元

【答案】A

【解析】向中国教育发展基金会捐款可以全额扣除。应缴纳的个人所得税＝[80 000×(1－20%)－30 000]×30%－2 000＝8 200（元）。

第四节　应纳税额的计算

一、工资、薪金所得的计税方法

（一）一般计税方法

工资、薪金所得实行按月计征，以个人每月收入额固定减除3 500元费用后的余额为计税依据。

应纳税额＝应纳税所得额×适用税率－速算扣除数

应纳税所得额＝每月工资、薪金收入－3 500或4 800

减除费用的具体规定如下：

(1) 附加减除费用。《个人所得税法》规定，自2011年9月1日起，在每月扣除3 500元的基础上，再减除1 300元，即扣除4 800元。

附加减除费用所适用的具体范围是（国务院令第600号）：在中国境内的外商投资企业和外国企业中工作的外籍人员；应聘在中国境内企事业单位、社会团体、国家机关中工作的外籍专家；在中国境内有住所而在中国境外任职或受雇取得工资、薪金所得的个人；财政部确定的其他人员。

此外，附加减除费用也适用于华侨和香港、澳门、台湾同胞。

【例6-17·多选题】（2017年注会）下列人员取得的工资、薪金所得中，适用个人所得税附加减除费用的有（　　）。

A. 在中国境内事业单位工作的外籍雇员

B. 在中国境内有住所而在境外任职的个人

C. 在中国境内的外商投资企业和外国企业中工作的外籍人员

D. 在中国境内的外商投资企业和外国企业中工作的中方人员

【答案】 BC

（2）雇用和派遣单位分别支付工资、薪金（从两处以上取得工资、薪金收入的情况）的费用扣除原则是，采取由支付者一方减除费用的办法（国税发〔1994〕89号）。

【例6-18·单选题】（2017年税务师）中国公民刘某2016年由甲公司派往与其公司有业务关系的乙公司进行技术指导，甲公司向刘某支付工资2 000元/月，乙公司向刘某支付工资6 500元/月，刘某每月应缴纳个人所得税（　　）。

A. 195元

B. 295元

C. 445元

D. 290元

【答案】 C

【解析】 应缴纳的个人所得税＝(2 000＋6 500－3 500)×20%－555＝445（元）。

（3）对于外商投资企业、外国企业和外国驻华机构发放给中方工作人员的工资、薪金所得，应全额计税。但对于可以提供有效合同或有关凭证，能够证明其工资、薪金所得的一部分按有关规定上缴派遣（介绍）单位的，可以扣除其实际上缴的部分，按其余额计征个人所得税（国税发〔1994〕89号）。

【例6-19·计算题】（2014年税务师）王某为一外商投资企业雇用的中方人员，假定2013年5月，该外商投资企业支付给王某的薪金为7 200元，同月，王某还收到其所在的派遣单位发给的工资1 900元。请问：该外商投资企业、派遣单位应如何扣缴个人所得税？王某实际应缴纳的个人所得税为多少？

【答案及解析】 该外商投资企业应为王某扣缴的个人所得税为：扣缴税额＝(每月收入额－3 500)×适用税率－速算扣除数＝(7 200－3 500)×10%－105＝265（元）。

派遣单位应为王某扣缴的个人所得税为：扣缴税额＝每月收入额×适用税率－速算扣除数＝1 900×10%－105＝85（元）。

王某实际应缴纳的个人所得税为：应纳税额＝(每月收入额－3 500)×适用税率－速算扣除数＝(7 200＋1 900－3 500)×20%－555＝565（元）。因此，在王某到某税务机关申报时，还应补缴215元（565－265－85）。

（4）如果纳税人因任职、受雇、履约等而在中国境内提供劳务取得所得，无论支付地点是否在中国境内，均为来自中国境内的所得（国税发〔1994〕89号）。

（5）为了照顾采掘业、远洋运输业、远洋捕捞业因受季节、产量等因素的影响，职工的工资、薪金收入呈现较大幅度波动的实际情况，对这三个特定行业的职工取得的工资、薪金所得采取按年计算、分月预缴的方式计征个人所得税。年度终了后30日内，合计其全年工资、薪金所得，再按12个月平均并计算实际应纳税款，多退少补。用公式表示为：

年应纳所得税额＝[(全年工资、薪金收入÷12－费用扣除标准)×税率－速算扣除数]×12

考虑到远洋运输具有跨国流动的特性，因此，对远洋运输船员每月的工资、薪金收入在统一扣除 3 500 元费用标准的基础上，准予再扣除税法规定的附加减除费用标准。由于船员的伙食费统一用于集体用餐，不发给个人，故特案允许该项补贴不计入船员个人的应纳税工资、薪金所得（国税发〔1999〕202 号、主席令 2011 年第 48 号）。

（6）个人因公务用车和通信制度改革而取得的公务用车、通信补贴收入，按月发放的，并入当月工资、薪金所得计征个人所得税；不按月发放的，分解到所属月份并与该月份工资、薪金所得合并后计征个人所得税。因公务用车制度改革而以现金、报销等形式向个人支付的收入，均应视为个人取得公务用车补贴收入，按工资、薪金所得项目计征个人所得税（国税函〔2006〕245 号）。

（二）特殊计税方法

（1）全年一次性奖金是指行政机关、企事业单位等扣缴义务人根据其全年经济效益和对雇员全年工作业绩的综合考核情况，向雇员发放的一次性奖金。上述一次性奖金也包括年终加薪、实行年薪制和绩效工资办法的单位根据考核情况兑现的年薪和绩效工资。纳税人取得全年一次性奖金，单独作为一个月工资、薪金所得计算纳税，自 2005 年 1 月 1 日起由扣缴义务人发放时代扣代缴（国税发〔2005〕9 号）。应纳税额的计算方法如表 6－11 所示（国税发〔2005〕9 号）。

表 6－11

项目	确定税率和速算扣除数	计算应纳税额
当月工资超过费用扣除额	商数＝全年一次性奖金÷12，按其商数确定适用税率和速算扣除数	应纳税额＝雇员当月取得全年一次性奖金×适用税率－速算扣除数
当月工资未超过费用扣除额	商数＝(全年一次性奖金—雇员当月工资、薪金所得与费用扣除额的差额)÷12，按其商数确定适用税率和速算扣除数	应纳税额＝(雇员当月取得全年一次性奖金－雇员当月工资、薪金所得与费用扣除额的差额)×适用税率－速算扣除数

【特别提示】

一个纳税年度内，对每一个纳税人，上述计税办法只允许采用一次。

雇员取得除全年一次性奖金以外的其他各种名目奖金，如半年奖、季度奖、加班奖、先进奖、考勤奖等，一律与当月工资、薪金收入合并，按税法规定缴纳个人所得税。

【例 6－20·计算题】（2017 年注会）李丽为中国公民，2013 年 12 月的工资为 3 300 元，12 月 31 日又一次性领取年终奖 24 200 元。请计算李丽取得该笔奖金应缴纳的个人所得税。

【答案及解析】 商数＝[24 200－(3 500－3 300)]÷12＝2 000（元），适用的税率为 10%，速算扣除数为 105。应纳税额＝[24 200－(3 500－3 300)]×10%－105＝2 295（元）。

（2）雇主为雇员负担个人所得税的计算。

1）雇主全额为雇员负担税款，应将雇员取得的不含税收入换算成应纳税所得额后，计算单位或个人应当代扣代缴税款，计算公式为：

应纳税所得额=(不含税收入额−费用扣除标准−速算扣除数)÷(1−税率)

应纳税额=应纳税所得额×适用税率−速算扣除数

2）雇主为雇员负担部分税款。

第一，雇主定额负担部分税款时应将雇员取得的不含税收入换算成应纳税所得额后，计算单位或个人应当代扣代缴税款。计算公式为：

应纳税所得额=雇员取得的工资+雇主代雇员负担的税款−费用扣除标准

应纳税额=应纳税所得额×适用税率−速算扣除数

第二，雇主定率负担部分税款是指雇主为雇员负担一定比例的工资应纳税款或负担一定比例的实际应纳税款。计算公式为：

$$\text{应纳税所得额}=\frac{\text{未含雇主负担的税款的收入额}-\text{费用扣除标准}-\text{速算扣除数}\times\text{负担比例}}{1-\text{税率}\times\text{负担比例}}$$

应纳税额=应纳税所得额×适用税率−速算扣除数

【例6－21·计算题】（2014年税务师）中国境内某公司代其雇员（中国居民）缴纳个人所得税。2012年10月支付陈某的不含税工资为6 000元。计算该公司为陈某代付的个人所得税。

【答案及解析】代付个人所得税的应纳税所得额=(6 000−3 500−105)÷(1−10%)=2 661.11（元），应代付的个人所得税=2 661.11×10%−105=161（元）。

3）雇主为雇员负担全年一次性奖金部分个人所得税税款，属于雇员又额外增加了收入，应将雇主负担的这部分税款并入雇员的全年一次性奖金，换算为应纳税所得额后，按规定方法计征个人所得税（国家税务总局2011年第28号公告）。

【例6－22·计算题】（2014年注会）张某为中国公民，2014年1月取得2013年不含税全年一次性奖金收入64 800元和1月工资4 000元。张某取得的全年一次性奖金应缴纳多少个人所得税？

【答案及解析】由于1月的工资超过费用扣除标准，可直接用不含税奖金除以12的商数来确定适用税率和速算扣除数。每月的不含税奖金=64 800÷12=5 400（元），查找表中的不含税税率级次，适用税率和速算扣除数分别为20%和555元。含税的全年一次性奖金收入=(64 800−555)÷(1−20%)=80 306.25（元）。每月的含税奖金=80 306.25÷12=6 692.19（元），适用税率和速算扣除数分别为20%和555元。应缴纳的个人所得税=80 306.25×20%−555=15 506.25（元）。

【特别提示】

实行年薪制和绩效工资的单位，个人取得年终兑现的年薪和绩效工资比照全年一次性奖金处理。

（3）双薪的计税方法。就机关而言，相当于全年一次性奖金，应按全年一次性奖金政策规定计征个人所得税；就企业而言，如果当月既有年终加薪，又有全年一次性奖金，可合并按全年一次性奖金政策规定计征个人所得税，否则，应并入当月的工资按规定计征个人所得税。

（4）在中国境内无住所的个人，凡在中国境内不满一个月，并仅就满一个月期间的工资、薪金所得申报纳税的，均应以全月工资、薪金所得为依据计算实际应纳税额（国税发〔1994〕148号）。

（5）对个人因解除劳动合同取得经济补偿金的，根据《财政部、国家税务总局关于个人与用人单位解除劳动关系取得的一次性补偿收入征免个人所得税问题的通知》和《国家税务总局关于国有企业职工因解除劳动合同取得一次性补偿收入征免个人所得税问题的通知》的精神按规定处理。

【例6-23·计算题】（2014年税务师）杨某2011年12月31日与企业解除劳动合同。其在企业工作年限为10年，领取经济补偿金80 000元，其所在地区上年职工平均工资为12 000元，杨某应缴纳多少个人所得税？

【答案及解析】应税部分＝80 000－3×12 000＝44 000（元），折成月工资＝44 000÷10＝4 400（元），应缴纳的个人所得税＝[(4 400－3 500)×3%]×10＝270（元）。

（6）自2011年1月1日起个人因办理提前退休手续取得的一次性补贴收入的个人所得税按照国家税务总局公告2011年第6号的规定处理。

【例6-24·单选题】（2012年注会）某国有企业职工张某于2012年2月因健康原因办理了提前退休手续（至法定退休年龄尚有18个月），取得单位按照统一标准支付的一次性补贴72 000元。当月张某仍按原工资标准从单位领取工资4 500元。则张某2012年2月应缴纳的个人所得税合计（　　）。

A. 30元

B. 270元

C. 300元

D. 320元

【答案】C

【解析】个人因办理提前退休手续而取得的一次性补贴收入，应按照办理提前退休手续至法定退休年龄之间所属月份平均分摊计算个人所得税。张某取得的一次性补贴应纳税额＝(72 000÷18－3 500)×3%×18＝270（元）；张某当月取得的工资应纳税额＝(4 500－3 500)×3%＝30（元）；张某2012年2月应缴纳的个人所得税合计＝270＋30＝300（元）。

（7）对非居民个人不同纳税义务计算应纳税额的适用公式。自2004年7月1日起，以前规定与以下规定不一致的，按以下规定执行：

1）在中国境内无住所而在一个纳税年度中在中国境内连续或累计居住不超过90日或在税收协定规定的期间在中国境内连续或累计居住不超过183日的个人，适用下述公式：

$$\text{应纳税额}=\left(\text{当月境内外工资、薪金应纳税所得额}\times\text{适用税率}-\text{速算扣除数}\right)\times\text{当月境内支付工资}\div\text{当月境内外支付工资总额}\times\text{当月境内工作天数}\div\text{当月天数}$$

2）在中国境内无住所而在一个纳税年度中在中国境内连续或累计居住超过90日或在税收协定规定的期间在中国境内连续或累计居住超过183日但不满1年的个人，适用下述公式：

$$\text{应纳税额}=\left(\text{当月境内外工资、薪金应纳税所得额}\times\text{适用税率}-\text{速算扣除数}\right)\times\text{当月境内工作天数}\div\text{当月天数}$$

3）在中国境内无住所但在境内居住满1年而不超过5年的个人，负有纳税义务的，适用下述公式：

$$\text{应纳税额}=\left(\text{当月境内外工资、薪金应纳税所得额}\times\text{适用税率}-\text{速算扣除数}\right)\times\left(1-\text{当月境外支付工资}\div\text{当月境内外支付工资总额}\times\text{当月境外工作天数}\div\text{当月天数}\right)$$

如果上述各类个人取得的是日工资、薪金或者不满一个月的工资、薪金，仍应以日工资、薪金乘以当月天数换算成月工资、薪金后，按照上述公式计算其应纳税额。

【例6-25·计算题】（2014年税务师）美国人杰克在一家外资公司担任部门经理，同时在美国公司担任顾问，2012年在华工作时间为120天，2012年12月工资为80 000元，其中有30 000元为中国境内的外资公司支付，50 000元为中国境外雇主支付，12月在华时间为15天，此人12月应缴纳多少个人所得税？

【答案及解析】应缴纳的个人所得税＝[(80 000－4 800)×35%－5 505]×(30 000÷ 80 000)×(15÷30)＝3 902.81（元）。

（8）对非居民个人企业高管人员工资、薪金应缴纳个人所得税的计算方法。高管人员执行职务期间，中国境内支付的所得，不分其实际居住在中国境内或境外，均应在中国申报纳税。境外支付的所得按表6-12衡量是否在中国纳税。

表6-12

居住时间	在中国境内工作		在中国境外工作	
	境内支付	境外支付	境内支付	境外支付
$T\leqslant 90$（183）日	征税	免税	征税	不在中国纳税
90（183）日$<T<$1年	征税	征税	征税	不在中国纳税
1年$\leqslant T\leqslant$5年	征税	征税	征税	免税
$T>$5年	征税	征税	征税	征税

外籍高管取得工资、薪金所得个人所得税的计算方法有三类。

1）不超过90（183）日的，适用下列计算公式（国税发〔2004〕97号、国税发〔1994〕148号）：

$$\text{应纳税额}=\left(\text{当月境内外工资、薪金应纳税所得额}\times\text{适用税率}-\text{速算扣除数}\right)\times\frac{\text{当月境内支付工资}}{\text{当月境内外支付工资总额}}$$

2）超过 90（183）日不满 5 年的，适用下列计算公式（财税字〔1995〕98 号、国税发〔2004〕97 号）：

$$\text{应纳税额}=\left(\text{当月境内外工资、薪金应纳税所得额}\times\text{适用税率}-\text{速算扣除数}\right)\times\left(1-\text{当月境外支付工资}\div\text{当月境内外支付工资总额}\times\text{当月境外工作天数}\div\text{当月天数}\right)$$

3）在中国境内连续居住满 5 年后的纳税年度中，仍在中国境内居住满 1 年的，适用下列计算公式（财税字〔1995〕98 号）：

应纳税额＝当月境内外的工资、薪金应纳税所得额×适用税率－速算扣除数

二、个体工商户、个人独资企业和合伙企业的生产、经营所得的计税方法（国家税务总局令第 35 号）

（一）个体工商户的生产、经营所得

个体工商户应纳税所得额的计算以权责发生制为原则，但财政部、国家税务总局另有规定的除外。

（1）应纳税所得额计算公式如下。

$$\text{应纳税所得额}=\text{收入总额}-\text{成本}-\text{费用}-\text{税金}-\text{损失}-\text{其他支出}-\text{允许弥补的以前年度亏损}$$

应纳税额＝应纳税所得额×适用税率－速算扣除数

1）个体工商户从事生产经营活动取得的货币形式和非货币形式的各项收入，为收入总额。

2）成本是指个体工商户在生产经营活动中发生的销售成本、销货成本、业务支出以及其他耗费。

3）费用是指个体工商户在生产经营活动中发生的销售费用、管理费用和财务费用，已经计入成本的有关费用除外。

4）税金是指个体工商户在生产经营活动中发生的除个人所得税和允许抵扣的增值税以外的各项税金及其附加。

5）损失是指个体工商户在生产经营活动中发生的固定资产和存货的盘亏、毁损、报废损失、转让财产损失、坏账损失、自然灾害等不可抗力因素造成的损失以及其他损失。

6）其他支出是指除成本、费用、税金、损失，个体工商户在生产经营活动中发生的与生产经营活动有关的合理支出。

7）个体工商户发生的支出应当区分收益性支出和资本性支出。收益性支出在发生当期直接扣除；资本性支出应当分期扣除或者计入有关资产成本，不得在

发生当期直接扣除。

（2）个体工商户的下列支出不得扣除：

1）个人所得税税款；

2）税收滞纳金；

3）罚金、罚款和被没收财物的损失；

4）不符合扣除规定的捐赠支出；

5）赞助支出；

6）用于个人和家庭的支出；

7）与取得生产经营收入无关的其他支出；

8）国家税务总局规定不准扣除的支出。

所称赞助支出，是指个体工商户发生的与生产经营活动无关的各种非广告性质支出。

（3）个体工商户的生产经营活动中，应当分别核算生产经营费用和个人、家庭费用。对于生产经营与个人、家庭生活混用难以分清的费用，其40%视为与生产经营有关费用，准予扣除。

（4）个体工商户纳税年度发生的亏损，准予向以后年度结转，用以后年度的生产、经营所得弥补，但结转年限最长不得超过5年。

（5）个体工商户使用或者销售存货，按照规定计算的存货成本，准予在计算应纳税所得额时扣除。

（6）个体工商户转让资产，该项资产的净值，准予在计算应纳税所得额时扣除。

（7）上述所称亏损，是指个体工商户依照规定计算的应纳税所得额小于零的数额。

（8）扣除项目及标准。

1）个体工商户实际支付给从业人员的合理的工资、薪金支出，准予扣除。个体工商户业主的费用扣除标准（3 500元/人/月）可扣除，个体工商户业主的工资、薪金支出不得税前扣除。

2）个体工商户按照国务院有关主管部门或者省级人民政府规定的范围和标准为其业主和从业人员缴纳的基本养老保险费、基本医疗保险费、失业保险费、生育保险费、工伤保险费和住房公积金，准予扣除。

个体工商户缴纳的补充养老保险费、补充医疗保险费，扣除标准如表6-13所示。

表6-13

缴纳人员	扣除标准
为从业人员缴纳	分别在不超过从业人员工资总额5%标准内的部分据实扣除；超过部分，不得扣除
为个体工商户业主本人缴纳	以当地（地级市）上年度社会平均工资的3倍为计算基数，分别在不超过该计算基数5%标准内的部分据实扣除；超过部分，不得扣除

3）除个体工商户依照国家有关规定为特殊工种从业人员支付的人身安全保

险费和财政部、国家税务总局规定可以扣除的其他商业保险费，个体工商户业主本人或者为从业人员支付的商业保险费，不得扣除。

4）个体工商户在生产经营活动中发生的合理的不需要资本化的借款费用，准予扣除。

个体工商户为购置、建造固定资产、无形资产和经过12个月以上的建造才能达到预定可销售状态的存货发生借款的，在有关资产购置、建造期间发生的合理的借款费用，应当作为资本性支出计入有关资产的成本，并依照规定扣除。

5）个体工商户在生产经营活动中发生的下列利息支出，准予扣除：第一，向金融企业借款的利息支出；第二，向非金融企业和个人借款的利息支出，不超过按照金融企业同期同类贷款利率计算的数额的部分。

6）个体工商户在货币交易中，以及纳税年度终了时将人民币以外的货币性资产、负债按照期末即期人民币汇率中间价折算为人民币时产生的汇兑损失，除已经计入有关资产成本的部分，准予扣除。

7）个体工商户向当地工会组织拨缴的工会经费，实际发生的职工福利费支出，职工教育经费支出分别在工资、薪金总额的2%，14%，2.5%的标准内据实扣除。工资、薪金总额是指允许在当期税前扣除的工资、薪金支出数额。职工教育经费的实际发生数额超出规定比例当期不能扣除的数额，准予在以后纳税年度结转扣除。个体工商户业主本人向当地工会组织缴纳的工会经费、实际发生的职工福利费支出、职工教育经费支出，以当地（地级市）上年度社会平均工资的3倍为计算基数，在上述规定比例内据实扣除。

8）个体工商户发生的与生产经营活动有关的业务招待费，按照实际发生额的60%扣除，但最高不得超过当年销售（营业）收入的5‰。业主自申请营业执照之日起至开始生产经营之日止所发生的业务招待费，按照实际发生额的60%计入个体工商户的开办费。

9）个体工商户每一纳税年度发生的与其生产经营活动直接相关的广告费和业务宣传费不超过当年销售（营业）收入15%的部分，可以据实扣除；超过部分，准予在以后纳税年度结转扣除。

10）个体工商户代其从业人员或者他人负担的税款，不得税前扣除。

11）个体工商户按照规定缴纳的摊位费、行政性收费、协会会费等，按实际发生数额扣除。

12）个体工商户根据生产经营活动的需要租入固定资产支付的租赁费，按照以下方法扣除：以经营租赁方式租入固定资产发生的租赁费支出，按照租赁期限均匀扣除；以融资租赁方式租入固定资产发生的租赁费支出，按照规定构成融资租入固定资产价值的部分应当提取折旧费用，分期扣除。

13）个体工商户参加财产保险，按照规定缴纳的保险费，准予扣除。

14）个体工商户发生的合理的劳动保护支出，准予扣除。

15）个体工商户自申请营业执照之日起至开始生产经营之日止所发生符合规定的费用，除为取得固定资产、无形资产的支出，以及应计入资产价值的汇兑损益、利息支出，作为开办费，个体工商户可以选择在开始生产经营的当年一次性扣除，也可自生产经营月份起在不短于3年期限内摊销扣除，但一经选定，不得改变。开始生产经营之日为个体工商户取得第一笔销售（营业）收入的日期。

16）个体工商户通过公益性社会团体或者县级以上人民政府及其部门，用于《公益事业捐赠法》规定的公益事业的捐赠，捐赠额不超过其应纳税所得额30%的部分可以据实扣除。财政部、国家税务总局规定可以全额在税前扣除的捐赠支出项目，按有关规定执行。个体工商户直接对受益人的捐赠不得扣除。公益性社会团体的认定，按照财政部、国家税务总局、民政部有关规定执行。

17）个体工商户研究开发新产品、新技术、新工艺所发生的开发费用，以及为研究开发新产品、新技术而购置单台价值在10万元以下的测试仪器和试验性装置的购置费准予直接扣除；单台价值在10万元以上（含10万元）的测试仪器和试验性装置，按固定资产管理，不得在当期直接扣除。

(9) 个体工商户资产的税务处理，参照企业所得税相关法律、法规和政策规定实施。

(10) 个体工商户有两处或两处以上经营机构的，选择并固定向一处经营机构所在地主管税务机关申报缴纳个人所得税。

(11) 个体工商户终止生产经营的，应当在注销工商登记或者向政府有关部门办理注销前向主管税务机关结清有关纳税事宜。

归纳

应付职工薪酬等相关费用的扣除归纳如表6-14所示。

表6-14

项目	从业人员	业主
工资、薪金支出	实际支付可以据实扣除	不得税前扣除，按3 500元/月标准扣除
五险一金	按规定的范围和标准缴纳的可以扣除	
补充养老保险费和补充医疗保险费	分别在不超过从业人员工资总额5%标准内的部分据实扣除；超过部分，不得扣除	以当地（地级市）上年度社会平均工资的3倍为计算基数，分别在不超过该计算基数5%标准内的部分据实扣除；超过部分，不得扣除
商业保险	除了按规定为特殊工种从业人员支付的人身安全保险费和按规定可以扣除的其他商业保险费，业主本人或为从业人员支付的商业保险费不得扣除	
工会经费、职工福利费和职工教育经费支出	分别在工资、薪金总额的2%，14%和2.5%的标准内据实扣除	以当地（地级市）上年度社会平均工资的3倍为计算基数，在规定比例内据实扣除

【例6-26·计算题】 某小型运输公司系个体工商户，账证健全，2017年12月取得经营收入320 000元，准予扣除的当月成本、费用（不含业主工资）及相关税金共计250 600元。1～11月累计应纳税所得额为88 400元（未扣除业主费用

减除标准），1～11月累计已预缴个人所得税10 200元。请计算该个体工商户2017年度应补缴的个人所得税。

【答案及解析】 按照税收法律、法规和文件规定，先计算全年应纳税所得额，再计算全年应纳税额。全年应纳税所得额＝320 000－250 600＋88 400－3 500×12＝116 400（元）。全年应缴纳的个人所得税＝116 400×35%－14 750＝25 990（元）。该个体工商户2017年度应补缴的个人所得税＝25 990－10 200＝15 790（元）。

（二）对个人独资企业和合伙企业投资者征收个人所得税的相关规定

根据国务院的决定，自2000年1月1日起，个人独资企业和合伙企业不再缴纳企业所得税，只对投资者个人取得的生产、经营所得征收个人所得税；根据国发〔2000〕16号、财税字〔1994〕20号和财税〔2004〕30号等有关规定，对个人独资企业和合伙企业投资者取得的种植业、养殖业、饲养业、捕捞业所得暂不征收个人所得税。

（1）税率比照个体工商户的生产、经营所得，适用5%～35%的五级超额累进税率。

（2）个人独资企业和合伙企业的计税依据等于每一纳税年度的收入总额减除成本、费用以及损失后的余额。收入总额是指企业从事生产经营以及与生产经营有关的活动所取得的各项收入，包括商品（产品）销售收入、营运收入、劳务服务收入、工程价款收入、财产出租或转让收入、利息收入、其他业务收入和营业外收入。

1）合伙企业的合伙人以合伙企业的生产、经营所得和其他所得，按照合伙协议约定的分配比例确定应纳税所得额。

2）合伙协议未约定或者约定不明确的，以全部生产、经营所得和其他所得，按照合伙人协商决定的分配比例确定应纳税所得额。

3）协商不成的，以全部生产、经营所得和其他所得，按照合伙人实缴出资比例确定应纳税所得额。

4）无法确定出资比例的，以全部生产、经营所得和其他所得，按照合伙人数量平均计算每个合伙人的应纳税所得额。

5）合伙协议不得约定将全部利润分配给部分合伙人。

合伙人是法人和其他组织的，缴纳企业所得税。合伙企业的合伙人是法人和其他组织的，合伙人在计算其应缴纳企业所得税时，不得用合伙企业的亏损抵减其盈利。

（3）扣除项目。扣除项目比照《个体工商户个人所得税计税办法》（国家税务总局令第35号）的规定执行。但下列项目的扣除例外：

1）投资者的工资不得在税前直接扣除，但可按规定的标准扣除费用。自2011年9月1日起，投资者费用扣除标准为3 500元/月，具体计算方法比照个体工商户全年应纳税额的计算方法。

需要注意的是，投资者兴办两个或两个以上企业的，其费用扣除标准由投资者选择在其中一个企业的生产、经营所得中扣除。

2）投资者及其家庭发生的生活费用不允许在税前扣除。投资者及其家庭发生的生活费用与企业生产经营费用混合在一起，并且难以划分的，全部视为投资者个人及其家庭发生的生活费用，不允许在税前扣除（财税〔2000〕91号）。

3）企业生产经营和投资者及其家庭生活共用的固定资产，难以划分的，由主管税务机关根据企业的生产经营类型、规模等具体情况，核定准予在税前扣除的折旧费用的数额或比例（财税〔2000〕91号）。

4）计提的各种准备金不得扣除。

5）企业与其关联企业之间的业务往来，应当按照独立企业之间的业务往来收取或者支付价款、费用。不按照独立企业之间的业务往来收取或者支付价款、费用，而减少其应纳税所得额的，主管税务机关有权进行合理调整。所称关联企业，其认定条件及税务机关调整其价款、费用的方法，按照《税收征收管理法》及其实施细则的有关规定执行。

（4）个人独资企业和合伙企业核定征收应纳税额的计算。

1）投资兴办两个或两个以上企业：

应纳税所得额$=\sum$各个企业的经营所得

应纳税额＝应纳税所得额×税率－速算扣除数

本企业应纳税额＝应纳税额×本企业的经营所得÷$\sum$各个企业的经营所得

本企业应补缴的税额＝本企业应纳税额－本企业预缴税额

2）核定征收方式。

第一，核定征收的范围。有下列情形之一的，主管税务机关应采取核定征收方式征收个人所得税：企业依照国家有关规定应当设置但未设置账簿的；企业虽设置账簿，但账目混乱或者成本资料、收入凭证、费用凭证残缺不全，难以查账的；纳税人发生纳税义务，未按照规定的期限办理纳税申报，经税务机关责令限期申报，逾期仍不申报的。

第二，核定征收方式。核定征收方式包括定额征收、核定应税所得率征收以及其他合理的征收方式。实行核定应税所得率征收方式的，应纳税额的计算公式如下：

应纳税所得额＝收入总额×应税所得率

＝成本费用支出额÷(1－应税所得率)×应税所得率

应纳税额＝应纳税所得额×适用税率

各行业的应税所得率如表6-15所示。

表6-15

行业	应税所得率
工业、商业、交通运输业	5%～20%
建筑业、房地产开发业	7%～20%
饮食服务业	7%～25%
娱乐业	20%～40%
其他行业	10%～30%

【特别提示】

投资者兴办两个或两个以上企业的，企业的年度经营亏损不能跨企业弥补。

【例6-27·多选题】（2016年注会）下列关于个人投资者的所得税征收管理说法，正确的有（　　）。

A. 个人投资者兴办的企业全部是个人独资性质的，分别向各企业的实际经营管理所在地主管税务机关办理纳税申报

B. 个人独资企业投资者的生产经营费用与家庭生活费用难以划分的，费用的40%视为与生产经营有关，准予扣除

C. 投资者兴办两个或两个以上企业的，如果都属于个人独资性质，企业的年度经营亏损不能跨企业弥补

D. 以合伙企业名义对外投资分回的股息、红利应按比例确定各个投资者的份额，分别按股息、红利所得项目计算缴纳个人所得税

E. 实行核定征收方式的投资者，不能享受个人所得税的优惠

【答案】 ACDE

【解析】 选项B，个人独资企业投资者及其家庭发生的生活费用与企业生产经营费用混合在一起，并且难以划分的，全部视为投资者个人及其家庭发生的生活费用，不允许在税前扣除。

三、对企事业单位承包经营、承租经营所得的计税方法

对企事业单位承包经营、承租经营所得，以每一纳税年度的收入总额减除必要费用后的余额为计税依据。其中，收入总额是指纳税人按照承包经营、承租经营合同规定分得的经营利润和工资、薪金性质的所得。税法规定的减除必要费用是指按月减除3 500元，实际减除的是相当于个人的生计及其他费用。

$$\text{应纳税所得额}=\text{个人承包经营、承租经营收入总额}-\text{每月费用扣除标准}\times\text{实际承包或承租月数}$$

$$\text{应纳税额}=\text{应纳税所得额}\times\text{适用税额}-\text{速算扣除数}$$

实行承包经营、承租经营的纳税人应以每一纳税年度的承包经营、承租经营所得计算纳税。纳税人在一个年度内分次取得承包经营、承租经营所得的，应在每次取得承包经营、承租经营所得后预缴税款，年终汇算清缴，多退少补。

如果纳税人的承包期、承租期在一个纳税年度内经营不足12个月，应以其实际承包经营、承租经营的期限为一个纳税年度计算纳税。

【例6-28·计算题】（2014年税务师）2013年1月1日，张欣与其所在的事业单位签订承包经营合同经营招待所。2013年招待所实现承包经营利润150 000元（含张欣工资），按合同规定张欣每年应上缴承包费30 000元。请计算张欣2013年应缴纳的个人所得税。

【答案及解析】 张欣应纳税所得额＝150 000－30 000－3 500×12＝78 000

（元），应缴纳的个人所得税＝78 000×30％－9 750＝13 650（元）。

四、劳务报酬所得的计税方法

（一）应纳税所得额的计算

（1）每次收入不超过 4 000 元：

应纳税所得额＝每次收入额－800

（2）每次收入在 4 000 元以上：

应纳税所得额＝每次收入额×(1－20％)

税法规定，凡属于一次性收入的，以取得该项收入为一次，按次确定计税依据；凡属于同一项目连续性收入的，以一个月内取得的收入为一次，据以确定计税依据。考虑属地管辖与时间规定有交叉的特殊情况，统一规定以县（含县级市、区）为一地，其管辖内的一个月内同一项目的劳务服务为一次；当月跨县地域的，则应分别计算（国税函发〔1996〕602 号）。

上述劳务报酬所得中的同一项目是指劳务报酬所得列举 29 项具体劳务项目中的某一单项，如果个人兼有不同的劳务报酬所得，应当分别按不同的项目所得定额或定率减除费用（国税发〔1994〕89 号）。

此外，获得劳务报酬所得的纳税人从其收入中支付给中介人和相关人员的报酬，除另有规定，在定率扣除 20％ 的费用后，一律不再扣除。对中介人和相关人员取得的报酬，应分别计征个人所得税（国税函发〔1996〕602 号）。

（二）应纳税额的计算

如果纳税人的每次应税劳务报酬应纳税所得额超过 20 000 元，应实行加成征税，其应纳税额应依据相应税率和速算扣除数计算（国务院令第 600 号）。

应纳税额＝应纳税所得额×适用税率－速算扣除数

表 6－16 为劳务报酬所得适用的税率表。

表 6－16

级数	每次应纳税所得额	税率（％）	速算扣除数
1	不超过 20 000 元	20	0
2	超过 20 000～50 000 元的部分	30	2 000
3	超过 50 000 元的部分	40	7 000

【例 6－29・单选题】 歌星刘某一次取得表演收入 40 000 元，扣除 20％的费用后，应纳税所得额为 32 000 元。请计算其应缴纳的个人所得税。

【答案及解析】 应缴纳的个人所得税＝每次收入额×(1－20％)×适用税率－速算扣除数＝40 000×(1－20％)×30％－2 000＝7 600（元）。

如果单位或个人为纳税人代付税款，应当将单位或个人支付给纳税人的不含税支付额（或称纳税人取得的不含税收入额）换算为应纳税所得额，然后按规定计算应代付的个人所得税税款（国税发〔1996〕161号）。计算公式为：

（1）不含税收入额不超过3 360元：

应纳税所得额＝(不含税收入额－800)÷(1－税率)

应纳税额＝应纳税所得额×适用税率

（2）不含税收入额在3 360元以上：

应纳税所得额＝[(不含税收入额－速算扣除数)×(1－20%)]÷[1－税率×(1－20%)]

＝[(不含税收入额－速算扣除数)×(1－20%)]÷当级换算系数

应纳税额＝应纳税所得额×适用税率－速算扣除数

上述公式中，税率是指不含税劳务报酬收入所对应的税率，如表6-17所示；适用税率是指应纳税所得额按含税级距所对应的税率（国税发〔2000〕192号）。

表6-17

级数	不含税劳务报酬收入额	税率（%）	速算扣除数	换算系数
1	未超过3 360元的部分	20	0	无
2	超过3 360元至21 000元的部分	20	0	84
3	超过21 000元至49 500元的部分	30	2 000	76
4	超过49 500元的部分	40	7 000	68

【例6-30·计算题】（2014年注会）高级工程师赵某为泰华公司进行一项工程设计，按照合同规定，泰华公司应支付赵某劳务报酬48 000元，与其报酬相关的个人所得税由泰华公司代付。不考虑其他税收的情况下，计算泰华公司应代付的个人所得税税额。

【答案及解析】含税收入额＝(48 000－2 000)÷76%＝60 526.32（元）。应纳税所得额＝60 526.32×80%＝48 421.05（元）。应代付的个人所得税＝48 421.05×30%－2 000＝12 526.32（元），或应代付的个人所得税＝含税收入额－不含税收入额＝60 526.32－48 000＝12 526.32（元）。

五、稿酬所得的计税方法

（一）应纳税额的确定

稿酬所得应纳税额的计算公式如下：

（1）每次收入不超过4 000元：

应纳税所得额＝每次收入额－800

应纳税额=应纳税所得额×20%×(1−30%)

（2）每次收入在 4 000 元以上：

应纳税所得额=每次收入额×(1−20%)

应纳税额=应纳税所得额×20%×(1−30%)

【例 6-31·计算题】 某作家取得一次未扣除个人所得税的稿酬收入 20 000 元，请计算其应缴纳的个人所得税。

【答案及解析】 应缴纳的个人所得税=应纳税所得额×适用税率×(1−30%)=20 000×(1−20%)×20%×(1−30%)=2 240（元）。

（二）每次收入的确定

所谓每次取得的收入，是指以每次出版、发表作品取得的收入为一次，确定应纳税所得额。稿酬的每次收入特殊规定如下：

（1）个人每次以图书、报刊方式出版、发表同一作品，不论出版单位是预付还是分笔支付稿酬或者加印该作品后再付稿酬，均应合并为一次征税。

（2）在两处或两处以上出版、发表或再版同一作品而取得的稿酬，应就各处取得的所得或再版所得分次征税。

（3）个人的同一作品在报刊上连载，应合并其因连载而取得的所得为一次。连载之后又出书取得稿酬的，或先出书后连载取得稿酬的，应视同再版稿酬分次征税。

（4）作者去世后，对取得其遗作稿酬的个人，按稿酬所得征税。

六、特许权使用费所得的计税方法

特许权使用费所得应纳税额的计算公式如下：

（1）每次收入不超过 4 000 元：

应纳税所得额=每次收入额−800

应纳税额=应纳税所得额×20%

（2）每次收入在 4 000 元以上：

应纳税所得额=每次收入额×(1−20%)

应纳税额=应纳税所得额×20%

对个人从事技术转让中所支付的中介费，若能提供有效合法凭证，允许从其所得中扣除。

【例 6-32·单选题】（2011 年注税）2010 年中国公民刘某出版长篇小说，2 月收到预付稿酬 10 000 元，4 月小说正式出版收到稿酬 20 000 元；10 月将小说手稿在某国公开拍卖，拍卖收入折合人民币 90 000 元，并已按该国税法规定缴纳了个人所得税折合人民币 10 000 元。刘某以上收入在中国境内应缴纳个人所得税（　　）。

A. 4 480 元

B. 4 560 元

C. 6 080 元

D. 7 760 元

【答案】D

【解析】稿酬所得应缴纳的个人所得税＝(10 000＋20 000)×(1－20%)×20%×(1－30%)＝3 360（元），特许权使用费在中国应缴纳的个人所得税＝90 000×(1－20%)×20%－10 000＝4 400（元），应缴纳的个人所得税合计＝3 360＋4 400＝7 760（元）。

七、利息、股息、红利所得的计税方法

（一）应纳税额的确定

利息、股息、红利所得应纳税额的计算公式为：

应纳税额＝应纳税所得额×适用税率＝每次收入额×20%

利息、股息、红利所得以个人每次取得的收入额为计税依据，不得从收入额中扣除任何费用。其中，每次收入是指支付单位或个人每次支付利息、股息、红利时，个人所取得的收入。

对于股份制企业在分配股息、红利时，以股票形式向股东个人支付应得的股息、红利（即派发红股）的，应以派发红股的股票票面金额为收入额，征收个人所得税（国税发〔1994〕89号）。

（二）实施上市公司股息、红利差别化个人所得税政策（财税〔2012〕85号）

(1) 个人从公开发行或转让市场取得的上市公司股票，持股期限在1个月以内（含）的，其股息、红利所得全额计入计税依据；持股期限在1个月以上至1年（含）的，暂减按50%计入应纳税所得额；持股期限超过1年的，股息、红利所得暂免征收个人所得税（财税〔2015〕101号）。

此处所称上市公司，是指在上海证券交易所、深圳证券交易所挂牌交易的上市公司；持股期限是指个人从公开发行和转让市场取得上市公司股票之日至转让交割股票之日前一日的持有时间。

(2) 对个人持股1年以内（含1年）的，上市公司暂不扣缴个人所得税；待个人转让股票时，证券登记结算公司根据其持股期限计算应纳税额。

(3) 个人转让股票时按照先进先出的原则计算持股期限，其证券账户中先取得的股票视为先转让。

(4) 对个人持有的上市公司限售股，解禁后取得的股息、红利，按照财税〔2012〕85号规定计算纳税，持股时间自解禁日起计算；解禁前取得的股息、红利继续暂减按50%计入计税依据，适用20%的税率计征个人所得税（财税〔2009〕167号、财税〔2010〕70号）。

(5) 证券投资基金从上市公司取得的股息、红利所得，按照财税〔2012〕85

号规定计征个人所得税。

（三）中小企业股份转让系统挂牌公司股息、红利征税规定

个人持有全国中小企业股份转让系统挂牌公司的股票，持股期限在1个月以内（含1个月）的，其股息、红利所得全额计入应纳税所得额；持股期限在1个月以上至1年（含1年）的，暂减按50%计入应纳税所得额。

（四）沪港股票市场交易互联互通机制、深港股票市场交易互联互通机制试点涉及的有关税收政策规定（财税〔2014〕81号、财税〔2016〕127号、财税〔2017〕78号）

（1）对内地个人投资者通过沪港通、深港通投资香港联交所上市H股股票取得的股息、红利，H股公司应向中国证券登记结算有限责任公司提出申请，由中国证券登记结算有限责任公司向H股公司提供内地个人投资者名册，H股公司按照20%的税率代扣个人所得税。内地个人投资者通过沪港通、深港通投资香港联交所上市的非H股股票取得的股息、红利，由中国证券登记结算有限责任公司按照20%的税率代扣个人所得税。个人投资者在国外已缴纳的预提税，可持有效扣税凭证到中国证券登记结算有限责任公司的主管税务机关申请税收抵免。对内地证券投资基金通过沪港通、深港通投资香港联交所上市股票取得的股息、红利所得，按照上述规定征收个人所得税。

（2）对香港市场投资者（包括企业和个人）投资上海证券交易所、深圳证券交易所上市A股股票取得的股息、红利所得，在香港中央结算有限公司不具备向中国证券登记结算有限责任公司提供投资者的身份及持股时间等明细数据的条件之前，暂不执行按持股时间实行差别化征税政策，由上市公司按照10%的税率代扣所得税，并向其主管税务机关办理扣缴申报。对于香港市场投资者中属于其他国家税收居民且其所在国与中国签订的税收协定规定股息、红利所得税率低于10%的，企业或个人可以自行或委托代扣代缴义务人，向上市公司主管税务机关提出享受税收协定待遇退还多缴税款的申请，主管税务机关查实后，对符合退税条件的，应按已征税款和根据税收协定税率计算的应纳税款的差额予以退税。

归纳

沪港股票市场交易互联互通机制试点有关税收政策归纳如表6-18所示。

表6-18

<table>
<tr><th>项目</th><th>香港投资者投资沪市A股股票</th><th>内地投资者投资香港联交所股票</th></tr>
<tr><td rowspan="2">股息、红利所得</td><td rowspan="2">暂不执行按持股时间的差别化征税政策，由上市公司按照10%的税率代扣</td><td>上市H股股票，H股公司按照20%的税率代扣</td></tr>
<tr><td>上市的非H股股票，中国证券登记结算有限责任公司按照20%的税率代扣</td></tr>
<tr><td>股票转让差价所得</td><td colspan="2">暂免</td></tr>
</table>

【例6-33·单选题】（2016年注会）某内地个人投资者2015年6月通过沪港通投资在香港联交所上市的H股股票，取得股票转让差价所得和股息、红利所得。下列有关对该投资者股票投资所得征收个人所得税的表述中，正确的是（　　）。

A. 股票转让差价所得按照10%的税率征收个人所得税

B. 股息、红利所得由H股公司按照10%的税率代扣代缴个人所得税

C. 取得的股息、红利由中国证券登记结算有限责任公司按照20%的税率代扣代缴个人所得税

D. 股票转让差价所得免予征收个人所得税

【答案】D

【解析】股票转让差价所得暂免征收个人所得税；内地个人投资者通过沪港通交易市场H股股票取得的股息、红利，H股公司向中国证券登记结算有限责任公司申请，按照20%的税率代扣个人所得税。

【特别提示1】

对个人投资者持有2016—2018年发行的铁路债券取得的利息收入，减按50%计入应纳税所得额计算征收个人所得税。税款由兑付机构在向个人投资者兑付利息时代扣代缴。

铁路债券是指以中国铁路总公司为发行和偿还主体的债券，包括中国铁路建设债券、中期票据、短期融资券等债务融资工具（财税〔2016〕30号）。

【特别提示2】

国债、地方政府债券利息和国家发行的金融债券利息免征个人所得税。

【特别提示3】

个人从上市公司取得的股息、红利，个人持有全国中小企业股份转让系统挂牌公司股票分得的股息、红利按表6-19确定应纳税所得额。

表6-19

类型	应纳税所得额的确定
持股期限≤1个月	股息、红利所得全额计入应纳税所得额
1个月＜持股期限≤1年	暂减按50%计入应纳税所得额
持股期限＞1年	暂免征收个人所得税

八、财产租赁所得的计税方法

财产租赁所得应纳税额的计算公式如下：

第一，每次（月）收入不超过4 000元：

应纳税额＝(每次收入－准予扣除项目－修缮费用－800)×20%

第二，每次收入在4 000元以上：

应纳税额＝(每次收入－准予扣除项目－修缮费用－800)×(1－20%)×20%

个人出租财产取得的财产租赁收入，在计算缴纳个人所得税时，应依次扣除以下费用（国税函〔2009〕639 号）：

（1）财产租赁过程中缴纳的税费。

（2）向出租方支付的租金。

（3）由纳税人负担的该出租财产实际开支的修缮费用。

（4）税法规定的费用扣除标准。

财产租赁所得以一个月内取得的收入为一次。

允许扣除的修缮费用，以每次 800 元为限。一次扣除不完的，准予在下一次继续扣除，直到扣完为止（国税发〔1994〕89 号）。

个人将承租房屋转租取得的租金收入，属于个人所得税应税所得，应按财产租赁所得项目计算缴纳个人所得税。取得转租收入的个人向房屋出租方支付的租金，凭房屋租赁合同和合法支付凭据允许从该项转租收入中税前扣除。

个人出租住房，减按 10%的税率征收个人所得税。

自 2016 年 5 月 1 日起，个人出租房屋的个人所得税应税收入不含增值税，计算房屋出租所得可扣除的税费不包括本次出租缴纳的增值税。个人转租房屋的，其向房屋出租方支付的租金及增值税税额，在计算转租所得时予以扣除（财税〔2016〕43 号）。

【例 6－34·计算题】（2014 年税务师）中国公民王某自 1 月 1 日起将其位于市区的一套公寓住房按市价出租，每月收取租金 3 800 元。1 月因卫生间漏水发生修缮费用 1 200 元，已取得合法有效的支出凭证。计算前两个月应纳税额（不考虑其他税费）。

【答案及解析】应纳税额＝(3 800－800－800)×10%＋(3 800－400－800)×10%＝480（元）。

九、财产转让所得的计税方法

财产转让所得应纳税额的计算公式如下：

应纳税额＝(收入总额－财产原值－合理税费)×20%

（1）财产转让所得以个人每次转让财产取得的收入额减除财产原值和相关税费后的余额为计税依据。其中，每次是指以一件财产的所有权一次转让取得的收入为一次。

财产转让所得中允许减除的财产原值是指：

1）有价证券。其原值为买入价及买入时按规定缴纳的有关费用。一般，转让债权采用加权平均法确定其应减除的财产原值和合理费用。

2）建筑物。其原值为建造费或者购进价格以及其他有关税费。

3）土地使用权。其原值为取得土地使用权所支付的金额、开发土地的费用以及其他有关税费。

4）机器设备、车船。其原值为购进价格、运输费、安装费，以及其他有关费用。

5）其他财产。其原值参照以上方法确定。如果纳税人未提供完整、准确的财产原值凭证，不能正确计算财产原值，由主管税务机关核定其财产原值。

财产转让所得中允许减除的合理费用是指卖出财产时按照规定支付的有关费用。

6）个人因购买和处置债权所得按照国税函〔2005〕655号有关规定征收个人所得税。

7）自2016年5月1日起，个人转让房屋的个人所得税应税收入不含增值税，其取得房屋时所支付价款中包含的增值税计入财产原值，计算转让所得时可扣除的税费不包括本次转让缴纳的增值税（财税〔2016〕43号）。

（2）个人取得“打包”债券，只处置部分债券的，其应纳税所得额按以下方式确定：

1）以每次处置部分债券的所得，作为一次财产转让所得征税。其应税收入按照个人取得的货币资产和非货币资产的评估价值或市场价值的合计数额确定。

2）所处置债券成本费用（即财产原值），按照下列公式计算：

$$\text{当次处置债券成本费用}=\text{个人购置“打包”债券实际支出}\times\text{当次处置债券账面价值（或拍卖机构公布价值）}\div\text{“打包”债券账面价值（或拍卖机构公布价值）}$$

【例6－35·计算题】（2014年注会）某人建房一幢，造价36 000元，支付费用2 000元。该人转让房屋，售价60 000元，在卖房过程中按规定支付交易费等有关费用2 500元，请计算其应缴纳的个人所得税。

【答案及解析】应纳税所得额＝财产转让收入－财产原值－合理费用＝60 000－(36 000＋2 000)－2 500＝19 500（元）。应纳税额＝19 500×20%＝3 900（元）。

十、偶然所得和其他所得的计税方法

偶然所得和其他所得以个人每次取得的收入额为计税依据，不扣除任何费用。除非有特殊规定，每次收入额就是应纳税所得额，以每次取得该项收入为一次。

偶然所得和其他所得应纳税额的计算公式如下：

$$\text{应纳税额}=\text{应纳税所得额}\times\text{适用税率}=\text{每次收入额}\times 20\%$$

【例6－36·计算题】（2014年注会）陈某在参加商场的有奖销售过程中，中奖所得共计价值20 000元。陈某领奖时告知商场，从中奖收入中拿出4 000元通过教育部门向某希望小学捐赠。请计算商场代扣代缴个人所得税后，陈某实际可得中奖金额。

【答案及解析】 捐赠扣除限额＝20 000×30％＝6 000（元），陈某的捐赠额可以全部从应纳税所得额中扣除。应纳税所得额＝20 000－4 000＝16 000（元）。应纳税额（即商场代扣税款）＝16 000×20％＝3 200（元）。实际可得中奖金额＝20 000－4 000－3 200＝12 800（元）。

十一、特殊情形下个人所得税的计税方法

（一）扣除捐赠款的计税方法

个人将其所得对教育事业和其他公益事业捐赠的部分，允许从应纳税所得额中扣除。上述捐赠是指个人将其所得通过中国境内的社会团体、国家机关向教育和其他社会公益事业以及遭受严重自然灾害地区、贫困地区的捐赠。

一般捐赠额的扣除以不超过纳税人申报应纳税所得额的30％为限。

（二）境外缴纳税额抵免的计税方法

在中国境内有住所，或者虽无住所但在中国境内居住满1年的个人，从中国境内和境外取得的所得都应缴纳个人所得税。实际上，纳税人的境外所得一般均已缴纳或负担了有关国家的所得税额。为了避免发生国家间对同一所得的重复征税，同时维护中国的税收权益，税法规定，纳税人从中国境外取得的所得，准予其在应纳税额中扣除已在境外实缴的个人所得税税款，但扣除额不得超过该纳税人境外所得依照税法规定计算的应纳税额。

分国限额抵免法下多不退少要补，具体实施方法如图6－4所示。

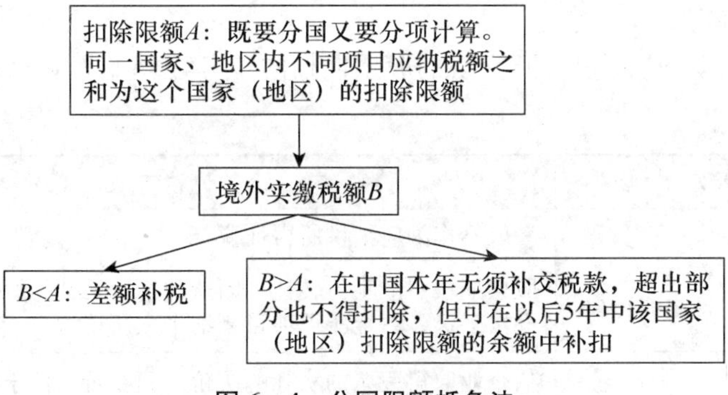

图6－4 分国限额抵免法

【例6－37·单选题】（2013年注税）2012年张某将其一项专利权转让给A国一家企业，取得转让收入120 000元，按A国税法缴纳了个人所得税15 000元；同年在A国提供劳务，取得劳务报酬200 000元，按A国税法缴纳了个人所得税55 000元。2012年张某应就来自A国所得在国内缴纳个人所得税（　　）。

A. 2 800元

B. 4 200 元

C. 6 200 元

D. 7 000 元

【答案】C

【解析】专利权转让的抵免限额＝120 000×(1－20%)×20%＝19 200（元）。劳务报酬所得的抵免限额＝200 000×(1－20%)×40%－7 000＝57 000（元）。来自A国所得在国内应缴纳的个人所得税＝(19 200＋57 000)－(15 000＋55 000)＝6 200（元）。

（三）两个及两个以上的个人共同取得同一项目收入的计税方法

两个及两个以上的个人共同取得同一项目收入的，如编著同一本书、参加同一场演出等，应当对每个人取得的收入分别按照税法规定减除费用后计算纳税，即实行“先分、后扣、再税”的办法。

【例6-38·计算题】（2014年税务师）某高校5位教师共同编写出版一本50万字的教材，共取得稿酬收入21 000元。其中主编一人得主编费1 000元，其余稿酬5人平分。计算各教师应缴纳的个人所得税。

【答案及解析】扣除主编费后所得＝21 000－1 000＝20 000（元）。平均每人所得＝20 000÷5＝4 000（元）。主编应纳税额＝[(1 000＋4 000)×(1－20%)]×20%×(1－30%)＝560（元）。其余4人每人应纳税额＝(4 000－800)×20%×(1－30%)＝448（元）。

（四）个人股票期权所得征收个人所得税的方法

（1）股票期权所得性质的确认及其具体征税规定如下（财税〔2005〕35号、国税函〔2006〕902号）。

1）员工接受不可公开交易的股票期权的税务处理如表6-20所示。

表6-20

行为	计税方法
施权日	一般不作为应纳税所得征税
员工在行权日之前行权	股票期权一般不得转让；因特殊情况转让，股票期权的转让净收入按工资、薪金所得项目缴纳个人所得税
行权日	从企业取得股票的实际购买价（施权价）低于购买日公平市场价（指该股票当日的收盘价，下同）的差额，应按工资、薪金所得项目缴纳个人所得税
出售日	获得的高于购买日公平市场价的差额，应按财产转让所得项目的征免规定征税或免税
分配日	按利息、股息、红利所得项目缴纳个人所得税

2）员工接受可公开交易的股票期权的税务处理如表6-21所示。

表 6－21

行为	计税方法
施权日	按授权日股票期权市场价格或市场价格扣除折价购入股票期权时实际支付的价款后的余额，作为员工授权日所在月份的工资、薪金所得
员工在行权日之前行权	属于财产转让所得项目，按其规定处理
行权日	不计算缴纳个人所得税
出售日	按财产转让所得项目的征免规定征税或免税
分配日	按利息、股息、红利所得项目缴纳个人所得税

（2）对员工因参加企业股票期权计划而取得的工资、薪金所得确定境内或境外来源的，应按照该员工据以取得上述工资、薪金所得的境内外工作期间月份数比例计算划分（国税函〔2000〕190号、财税〔2005〕35号）。

【例6－39·单选题】（2014年注会）孟波所在的公司2012年实行雇员股票期权计划。2012年3月25日，该公司授予孟波股票期权90 000股，施权价为3元/股，约定自2013年11月25日起可以行权，行权前不得转让。2013年11月25日孟波以施权价购买股票90 000股，当日该股票的公开市场价格为5元/股。孟波股票期权行权所得应缴纳个人所得税（　　）。

A. 0

B. 28 000元

C. 28 875元

D. 32 940元

【答案】 D

【解析】 孟波股票期权形式的工资、薪金应纳税所得额＝(5－3)×90 000＝180 000元；工作期间月份数为20个月≥12个月，按12个月计算，应缴纳的个人所得税＝(180 000÷12×25%－1 005)×12＝32 940（元）。

（五）关于股权转让所得个人所得税的征收办法（国家税务总局公告2014年第67号）

（1）股权转让收入是指转让方因股权转让而获得的现金、实物、有价证券和其他形式的经济利益。

（2）转让方取得与股权转让相关的各种款项，包括违约金、补偿金以及其他名目的款项、资产、权益等，均应当并入股权转让收入。

（3）纳税人按照合同约定，在满足约定条件后取得的后续收入，应当作为股权转让收入。

（4）股权转让收入应当按照公平交易原则确定。

（5）符合下列情形之一的，主管税务机关可以核定股权转让收入：

1）申报的股权转让收入明显偏低且无正当理由的。

2）未按照规定期限办理纳税申报，经税务机关责令限期申报，逾期仍不申报的。

3）转让方无法提供或拒不提供股权转让收入的有关资料的。

4）其他应核定股权转让收入的情形。

（6）主管税务机关应依次按照下列方法核定股权转让收入：

1）净资产核定法。股权转让收入按照每股净资产或股权对应的净资产份额核定。

被投资企业的土地使用权、房屋、房地产企业未销售房产、知识产权、探矿权、采矿权、股权等资产占企业总资产比例超过20%的，主管税务机关可参照纳税人提供的具有法定资质的中介机构出具的资产评估报告核定股权转让收入。

6个月内再次发生股权转让且被投资企业净资产未发生重大变化的，主管税务机关可参照上一次股权转让时被投资企业的资产评估报告核定此次股权转让收入。

2）类比法。一是参照相同或类似条件下同一企业同一股东或其他股东股权转让收入核定；二是参照相同或类似条件下同类行业企业股权转让收入核定。

3）其他合理方法。主管税务机关采用以上方法核定股权转让收入存在困难的，可以采取其他合理方法核定。

【例6-40·多选题】（2016年税务师）根据《个人所得税法》的规定，下列转让行为应被视为股权转让收入明显偏低的有（　　）。

A. 申报的股权转让收入低于股权对应的净资产份额的

B. 申报的股权转让收入低于取得该股权所支付的价款和相关税费的

C. 不具有合理性的无偿转让股权

D. 申报的股权转让收入低于相同或相似条件下同类行业企业的股权转让收入的

E. 被投资企业拥有土地使用权等资产的个人申报的股权转让收入低于股权对应的净资产公允价值份额20%的

【答案】ABCD

【解析】符合下列情形之一，视为股权转让收入明显偏低：

（1）申报的股权转让收入低于股权对应的净资产份额的；

（2）申报的股权转让收入低于初始投资成本或低于取得该股权所支付的价款和相关税费的；

（3）申报的股权转让收入低于相同或类似条件下同一企业同一股东或其他股东股权转让收入的；

（4）申报的股权转让收入低于相同或相似条件下同类行业企业股权转让收入的；

（5）不具有合理性的无偿让渡股权或股份；

（6）主管税务机关认定的其他情形。

（六）关于股权激励所得个人所得税的征收方法

（1）股权激励所得项目和计税方法的确定（财税〔2009〕5号）。个人因任职、受雇从上市公司取得的股票增值权所得和限制性股票所得，由上市公司或其境内公司按照工资、薪金所得项目和股票期权所得个人所得税计税方法，依法扣缴个人所得税。

（2）股票增值权计税依据的确定（国税函〔2009〕461号）。上市公司应于向股票增值权被授权人兑现时依法扣缴个人所得税。其计算公式为：

$$\text{股票增值权某次行权计税依据}=(\text{行权日股票价格}-\text{授权日股票价格})\times\text{行权股票份数}$$

（3）限制性股票计税依据的确定（国税函〔2009〕461号）。上市公司实施限制性股票计划时，应以激励对象限制性股票在中国证券登记结算有限责任公司（境外为证券登记托管机构）进行股票登记日期的股票市价（指当日收盘价，下同）和本批次解禁股票当日市价（指当日收盘价，下同）的平均价格乘以本批次解禁股票份数，减去激励对象本批次解禁股份数所对应的为获取限制性股票实际支付的资金数额，其差额为计税依据。

$$\text{应纳税所得额}=\left(\text{股票登记日股票市价}+\text{本批次解禁股票当日市价}\right)\div 2\times\text{本批次解禁股票份数}-\text{激励对象实际支付的资金总额}\times\text{本批次解禁股票份数}\div\text{激励对象获取的限制性股票总份数}$$

（4）非上市公司授予本公司员工的股票期权、股权期权、限制性股票和股权奖励，符合规定条件的，经向主管税务机关备案，可实行递延纳税政策，即员工在取得股权激励时可暂不纳税，递延至转让该股权时纳税；股权转让时，按照股权转让收入减除股权取得成本以及合理税费后的差额，适用财产转让所得项目，按照20%的税率计算缴纳个人所得税（财税〔2016〕100号）。

（5）非上市公司实施符合条件的股权激励，个人选择递延纳税的，非上市公司应于股票（权）期权行权、限制性股票解禁、股权奖励获得之次月15日内，向主管税务机关报送非上市公司股权激励个人所得税递延纳税备案表、股权激励计划、董事会或股东大会决议、激励对象任职或从事技术工作情况说明等（财税〔2016〕101号）。

（6）上市公司授予个人的股票期权、限制性股票和股权奖励，经向主管税务机关备案，个人可自股票期权行权、限制性股票解禁或取得股权奖励之日起，在不超过12个月的期限内缴纳个人所得税（财税〔2016〕101号）。

（7）个人从任职受雇企业以低于公平市场价格取得股票（权），凡不符合递延纳税条件的，应在获得股票（权）时，对实际出资额低于公平市场价格的差额，按照有关规定（财税〔2005〕35号）计算缴纳个人所得税（财税〔2016〕101号）。

（8）企业实施股权激励或个人以技术成果投资入股，以实施股权激励或取得技术成果的企业为个人所得税扣缴义务人。递延纳税期间，扣缴义务人应在每个纳税年度终了后向主管税务机关报告递延纳税有关情况（财税〔2016〕101号）。

【例6-41·单选题】（2010年注税）2009年2月，中国公民孙某从其任职的公司取得限制性股票50 000股，在获得限制性股票时支付了50 000元，该批股票进行股票登记日的收盘价为4元/股。按照约定的时间，2010年2月28日解禁10 000股，当天该股票收盘价为7.5元/股。在不考虑其他费用的情况下，解禁时孙某的应纳税所得额为（　　）。

A. 35 000元

B. 47 500元

C. 50 000元

D. 57 500元

【答案】 B

【解析】 应纳税所得额=（股票登记日股票市价+本批次解禁股票当日市价）÷2×本批次解禁股票份数－激励对象实际支付的资金总额×（本批次解禁股票份数÷激励对象获取的限制性股票总份数）=（4+7.5）÷2×10 000－50 000×（10 000÷50 000）=47 500（元）。

（七）个人转让上市公司限售股所得征收个人所得税的计算（财税〔2009〕167号）

自2010年1月1日起，个人转让限售股取得所得，按财产转让所得项目适用20%的比例税率征收个人所得税。即

应纳税所得额=限售股转让收入－（限售股原值+合理税费）

应纳税额=应纳税所得额×20%

限售股转让收入是指转让限售股股票实际取得的收入。限售股原值是指限售股买入时的买入价及按照规定缴纳的有关费用。合理税费是指转让限售股过程中发生的印花税、佣金、过户费等与交易相关的税费。

纳税人未能提供完整、真实的限售股原值凭证，不能准确计算限售股原值的，主管税务机关一律按限售股转让收入的15%核定限售股原值及合理税费。

【例6-42·单选题】（2013年注税）钱某在某上市公司任职，任职期间该公司授予钱某限售股3万股，该批限售股已于2012年初解禁，钱某在8月之前陆续买进该公司股票2万股，股票平均买价为5.4元/股，但限售股授予价格不明确。2012年8月钱某以8元/股的价格卖出该公司股票4万股。在不考虑股票买卖过程中其他相关税费的情况下，钱某转让4万股股票应缴纳个人所得税（　　）。

A. 27 200元

B. 32 400元

C. 37 600元

D. 40 800元

【答案】 D

【解析】 应缴纳的个人所得税=30 000×8×（1－15%）×20%=40 800（元）。

（八）单位低价向职工售房有关个人所得税的计算方法（财税〔2007〕13号）

自2007年2月8日起，单位低价向职工售房有关个人所得税的计算方法按以下规定执行：

（1）国家机关、企事业单位及其他组织（统称单位）在住房制度改革期间，按照所在地县级以上人民政府规定的房改成本价格向职工出售公有住房、职工因支付的房改成本价格低于房屋建造成本价格或市场价格而取得的差价收益，免征个人所得税。

（2）除上述情形，单位按低于购买或建造成本价格出售住房给职工，职工因此而少支出的差价部分，属于个人所得税应税所得，应按工资、薪金所得项目缴纳个人所得税。

所称差价部分，是指职工实际支付的购房价款低于该房屋的购置或建造成本价格的差额。

（3）对职工取得的上述应税所得，比照国税发〔2005〕9号规定的全年一次性奖金的征税办法计算征收个人所得税。

【例6-43·单选题】（2012年注税）2012年4月田某作为人才被引入某公司，该公司将购置价800 000元的一套住房以500 000元的价格出售给田某。田某取得该住房应缴纳个人所得税（　　）。

A. 21 500元

B. 37 500元

C. 52 440元

D. 73 995元

【答案】D

【解析】低价售房按全年一次奖金的办法计算缴纳个人所得税，(800 000－500 000)÷12＝25 000（元），税率为25%，速算扣除数为1 005。应缴纳的个人所得税＝300 000×25%－1 005＝73 995（元）。

（九）个人取得拍卖收入征收个人所得税的计算方法（国税发〔2007〕38号）

自2007年5月1日起，个人取得拍卖收入应纳税额的计算方法如表6-22所示。

表6-22

情形	适用税目	应纳税额的计算
作者将自己的文字作品手稿原件或复印件拍卖取得的所得	特许权使用费所得	（转让收入额－800或20%）×20%
个人拍卖除文字作品手稿原件及复印件外的其他财产	财产转让所得	（转让收入额－财产原值－合理费用）×20%
纳税人如不能提供合法、完整、准确的财产原值凭证，不能正确计算财产原值的		转让收入额×3%征收率
		拍卖品为经文物部门认定是海外回流文物的：转让收入额×2%

【特别提示】

通过祖传收藏的，财产原值为其收藏该拍卖品而发生的费用。

通过赠送取得的，财产原值为其受赠该拍卖品时发生的相关税费。

（十）个人无偿受赠房屋产权的个人所得税处理（财税〔2009〕78号）

（1）以下情形的房屋产权无偿赠与，对当事双方不征收个人所得税：

1）房屋产权所有人将房屋产权无偿赠与配偶、父母、子女、祖父母、外祖父母、孙子女、外孙子女、兄弟姐妹。

2）房屋产权所有人将房屋产权无偿赠与对其承担直接抚养或者赡养义务的抚养人或者赡养人。

3）房屋产权所有人死亡，依法取得房屋产权的法定继承人、遗嘱继承人或受馈赠人。

（2）除上述规定情形，房屋产权所有人将房屋产权无偿赠与他人的，受赠人因无偿受赠房屋取得的受赠所得，按照经国务院财政部门确定征税的其他所得项目缴纳个人所得税，税率为20%。

（3）对受赠人无偿受赠房屋计征个人所得税时，其计税依据为房地产合同上标明的赠与房屋价值减除赠与过程中受赠人支付的相关税费后的余额。赠与合同标明的房屋价值明显低于市场价值或房地产合同未标明赠与房屋价值的，税务机关可依据受赠房屋的市场评估价格或采取其他合理方式确定受赠人的应纳税所得额。

（4）受赠人转让受赠房屋的，以其转让受赠房屋的收入减除原捐赠人取得该房屋的实际购置成本以及赠与和转让过程中受赠人支付的相关税费后的余额，为受赠人的计税依据，依法计征个人所得税。受赠人转让受赠房屋的价格明显偏低且无正当理由的，税务机关可以依据该房屋的市场评估价格或其他合理方式确定的价格核定其转让收入。

【例6-44·单选题】（2012年注税）2011年8月方某取得好友赠送的房产，赠送合同注明房产价值100万元，方某缴纳了相关税费5万元并办理了产权证。方某取得该房产应缴纳个人所得税（　　）。

A. 9.5万元

B. 10万元

C. 19万元

D. 20万元

【答案】C

【解析】应缴纳的个人所得税=(100－5)×20%=19（万元）。

（十一）个人转让离婚析产房屋的征税问题（国税发〔2009〕121号）

（1）通过离婚析产的方式分割房屋产权是夫妻双方对共同共有财产的处置，个人因离婚办理房屋产权过户手续，不征收个人所得税。

（2）个人转让离婚析产房屋所取得的收入，允许扣除其相应的财产原值和合理费用后，余额按照规定的税率缴纳个人所得税。其相应的财产原值为房屋初次购置全部原值和相关税费之和乘以转让者占房屋所有权的比例。

（3）个人转让离婚析产房屋所取得的收入，符合家庭生活自用5年以上唯一住房的，可以申请免征个人所得税（国税发〔2005〕172号）。

（十二）企业年金个人所得税的计算方法（财税〔2013〕103号）

企业年金是指企业及其职工按照规定，在依法参加基本养老保险的基础上，自愿建立的补充养老保险制度。企业年金主要由个人缴费、企业缴费和年金基金投资运营收益三部分组成。税法对个人缴费和企业缴费的个人所得税处理做出了规范，如表6-23所示。

表6-23

形成和支配环节	核心政策规定
个人负担标准	比例标准：不超过本人缴费工资计税基数的4% 基数标准：个人缴费工资计税基数为本人上一年度月平均工资。月平均工资按照国家统计局规定列入工资总额统计的项目计算。月平均工资超过职工工作地所在设区城市上一年度职工月平均工资300%以上的部分，不计入个人缴费的工资计税基数
年金缴费环节	对单位根据国家有关政策规定为职工缴付的企业年金或职业年金缴费，在计入个人账户时，个人暂不缴纳个人所得税，个人根据国家有关政策规定缴付年金个人缴费部分，在不超过本人缴费工资计税基数4%标准内的部分，暂从个人当期的应纳税所得额中扣除，但对超过上述规定的标准缴付的年金单位缴费和个人缴费部分，应并入个人当期的工资、薪金所得，依法计征个人所得税
年金基金投资运营收益	企业年金或职业年金基金投资运营收益分配计入个人账户时，暂不征收个人所得税
年金领取环节	对个人达到国家规定的退休年龄领取的企业年金或职业年金，按工资、薪金所得项目计征个人所得税
年金具体计税方法	按月领取的年金，全额按工资、薪金所得项目计征个人所得税
	按年或按季领取的年金，平均分摊计入各月，每月领取额全额按工资、薪金所得项目计征个人所得税
	个人因出境定居而一次性领取的年金个人账户资金，或个人死亡后，其指定的受益人或法定继承人一次性领取的年金个人账户余额，允许领取人将一次性领取的年金个人账户资金或余额按12个月分摊到各月，就其每月分摊额按规定计算缴纳个人所得税
	个人除上述特殊原因外一次性领取年金个人账户资金或余额的，不允许采取分摊的方法，而是就其一次性领取的总额，单独作为一个月的工资、薪金所得，计算缴纳个人所得税

【例6-45·单选题】（2015年税务师）中国公民孙某就职于一家外资企业，2014年月平均工资为8 000元，2015年月平均工资为7 000元，孙某所在地职工月平均工资2014年为4 200元，2015年为4 800元。2015年孙某缴纳个人所得税时，允许税前扣除的企业年金个人缴费部分限额为（　　）。

A. 3 360 元

B. 6 048 元

C. 6 912 元

D. 3 840 元

【答案】 D

【解析】 企业年金个人缴费工资计税基数为本人上一年度月平均工资。允许扣除的年金＝8 000×4%×12＝3 840（元）。

（十三）个人投资者收购企业股权后将原盈余积累转增股本个人所得税的问题（国家税务总局公告2013年第23号）

（1）一名或多名个人投资者以股权收购方式取得被收购企业100%股权，股权收购前，被收购企业原账面金额中的资本公积、盈余公积、未分配利润等盈余积累未转增股本，而在股权交易时将其一并计入股权转让价格并履行了所得税纳税义务。股权收购后，企业将原账面金额中的盈余积累向个人投资者（新股东，下同）转增股本，有关个人所得税问题区分以下情形处理（见图6－5）：

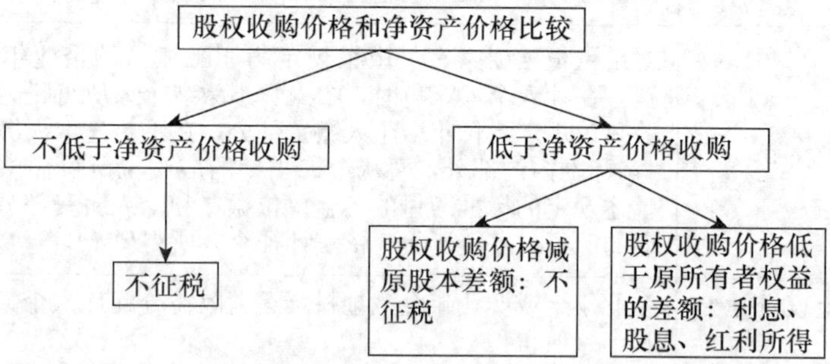

图6－5 区分情形处理个人所得税

1）新股东以不低于净资产价格收购股权的，企业原盈余积累已全部计入股权交易价格，新股东取得盈余积累转增股本的部分，不征收个人所得税。

2）新股东以低于净资产价格收购股权的，企业原盈余积累中，对于股权收购价格减去原股本的差额部分已经计入股权交易价格，新股东取得盈余积累转增股本的部分，不征收个人所得税；对于股权收购价格低于原所有者权益的差额部分未计入股权交易价格，新股东取得盈余积累转增股本的部分，应按利息、股息、红利所得项目征收个人所得税。新股东以低于净资产价格收购企业股权后转增股本，应按照下列顺序进行，即先转增应税的盈余积累部分，然后转增免税的盈余积累部分。

（2）新股东将所持股权转让时，其财产原值为其收购企业股权实际支付的对价及相关税费。

（3）企业发生股权交易及转增股本等事项后，应在次月15日内，将股东及其变化情况、股权交易前原账面记载的盈余积累数额、转增股本数额及扣缴税款情况报告主管税务机关。

【例6-46·案例】 甲企业原账面资产总额8 000万元，负债3 000万元，所有者权益5 000万元，其中：实收资本（股本）1 000万元，资本公积、盈余公积、未分配利润等盈余积累合计4 000万元。假定多名自然人投资者（新股东）向甲企业原股东购买该企业100%股权，股权收购价格为4 500万元，新股东收购企业后，甲企业将资本公积、盈余公积、未分配利润等盈余积累4 000万元向新股东转增实收资本。

【案例分析】 在新股东4 500万元股权收购价格中，除了实收资本1 000万元，实际上相当于以3 500万元的价格购买了原股东4 000万元的盈余积累，即4 000万元盈余积累中，有3 500万元计入了股权收购价格，剩余500万元未计入股权收购价格。甲企业向新股东转增实收资本时，其中所转增的3 500万元不缴纳个人所得税，所转增的500万元应按利息、股息、红利所得项目缴纳个人所得税。

（十四）非货币性资产投资的个人所得税政策（财税〔2015〕41号）

自2015年4月1日起，非货币性资产投资有关个人所得税政策如下：

（1）个人以非货币性资产投资，属于个人转让非货币性资产和投资同时发生。对个人转让非货币性资产的所得，应按财产转让所得项目，依法计算缴纳个人所得税。

（2）个人以非货币性资产投资，应按评估后的公允价值确认非货币性资产转让收入。非货币性资产转让收入减除该资产原值及合理税费后的余额为应纳税所得额。

个人以非货币性资产投资，应于非货币性资产转让、取得被投资企业股权时，确认非货币性资产转让收入的实现。

（3）个人应在发生上述应税行为的次月15日内向主管税务机关申报纳税。纳税人一次性缴税有困难的，可合理确定分期缴纳计划并报主管税务机关备案后，自发生上述应税行为之日起不超过5个公历年度内（含）分期缴纳个人所得税。

（4）个人以非货币性资产投资交易过程中取得现金补价的，现金部分应优先用于缴税；现金不足以缴纳的部分，可分期缴纳。

个人在分期缴税期间转让其持有的上述全部或部分股权，并取得现金收入的，该现金收入应优先用于缴纳尚未缴清的税款。

（5）非货币性资产是指现金、银行存款等货币性资产以外的资产，包括股权、不动产、技术发明成果以及其他形式的非货币性资产。

非货币性资产投资包括以非货币性资产出资设立新的企业，以及以非货币性资产出资参与企业增资扩股、定向增发股票、股权置换、重组改制等投资行为。

（6）对2015年4月1日之前发生的个人非货币性资产投资，尚未进行税收处理且自发生上述应税行为之日起期限未超过5年的，可在剩余的期限内分期缴纳其应纳税款。

（十五）商业健康保险的个人所得税政策（财税〔2015〕56号）

（1）对试点地区个人购买符合规定的商业健康保险产品的支出，允许在当年（月）计算应纳税所得额时予以税前扣除，扣除限额为2 400元/年（200元/月）。试点地区企事业单位统一组织并为员工购买符合规定的商业健康保险产品的支出，应分别计入员工个人工资、薪金，视同个人购买，按上述限额予以扣除。2 400元/年（200元/月）的限额扣除为《个人所得税法》规定减除费用标准之外的扣除。

（2）适用商业健康保险税收优惠政策的纳税人是指试点地区取得工资、薪金所得，连续性劳务报酬所得的个人，以及取得个体工商户的生产、经营所得，对企事业单位的承包经营、承租经营所得的个体工商户业主，个人独资企业投资者，合伙企业合伙人和承包经营、承租经营者（财税〔2015〕56号）。

（3）取得工资、薪金所得或连续性劳务报酬所得的个人，自行购买符合规定的健康保险产品的，应当及时向代扣代缴单位提供保单凭证。扣缴单位自个人提交保单凭证的次月起，在不超过200元/月的标准内按月扣除。一年内保费金额超过2 400元的部分，不得税前扣除。次年或以后年度续保时，按上述规定执行（财税〔2015〕126号）。

（4）个体工商户业主、企事业单位承包承租经营者、个人独资和合伙企业投资者自行购买符合条件的健康保险产品的，在不超过2 400元/年的标准内据实扣除。一年内保费金额超过2 400元的部分，不得税前扣除。次年或以后年度续保时，按上述规定执行（财税〔2015〕126号）。

自2017年7月1日起，将商业健康保险个人所得税试点政策推广到全国范围实施（财税〔2017〕38号）。

（十六）商业养老保险的个人所得税政策（财税〔2018〕22号、国家税务总局公告2018年第21号）

（1）自2018年5月1日起，在上海市、福建省（含厦门市）和苏州工业园区实施个人税收递延型商业养老保险试点。试点期限暂定一年。

（2）对试点地区个人通过个人商业养老资金账户购买符合规定的商业养老保险产品的支出，允许在一定标准内税前扣除；计入个人商业养老资金账户的投资收益，暂不征收个人所得税，个人达到规定条件领取商业养老金时再征收个人所得税。

（3）适用商业养老保险试点税收政策的纳税人，是指在试点地区取得工资、薪金所得，连续性劳务报酬所得的个人，以及取得个体工商户的生产、经营所得，对企事业单位的承包经营、承租经营所得的个体工商户业主，个人独资企业投资者，合伙企业自然人合伙人和承包承租经营者，其工资、薪金所得，连续性劳务报酬的个人所得税扣缴单位，或者个体工商户、承包承租单位、个人独资企业、合伙企业的实际经营地均位于试点地区内（财税〔2018〕22号）。

取得连续性劳务报酬所得，是指纳税人连续6个月以上（含6个月）为同一单位提供劳务而取得的所得。

（4）取得工资、薪金所得，连续性劳务报酬所得的个人，其购买符合规定商业养老保险产品的支出享受税前扣除优惠时，应及时将税延养老扣除凭证提供给扣缴单位，扣缴单位应当按照规定在个人申报扣除当月计算扣除限额并办理税前扣除，扣除限额按照当月工资、薪金所得，连续性劳务报酬所得的 6%和 1 000 元孰低办法确定（财税〔2018〕22 号、国家税务总局公告 2018 年第 21 号）。

个人因未及时提供税延养老扣除凭证而造成往期未扣除的，扣缴单位可追补至应扣除月份扣除，并按规定重新计算应扣缴税款，在收到扣除凭证的当月办理抵扣或申请退税。个人缴费金额发生变化、未续保或退保的，应当及时告知扣缴义务人重新计算或终止税延养老保险税前扣除。除了个人提供资料不全、信息不实等情形，扣缴单位不得拒绝为纳税人办理税前扣除（国家税务总局公告 2018 年第 21 号）。

个人在试点地区范围内从两处或者两处以上取得所得的，只能选择在其中一处享受试点政策（财税〔2018〕22 号）。

（5）取得个体工商户的生产、经营所得，对企事业单位的承包经营、承租经营所得的个体工商户业主，个人独资企业投资者，合伙企业自然人合伙人和承包承租经营者，其缴纳的保费准予在申报扣除当年计算应纳税所得额时予以限额据实扣除，扣除限额按照不超过当年应税收入的 6%和 12 000 元孰低办法确定（财税〔2018〕22 号）。

计算扣除限额时，个体工商户业主、个人独资企业投资者和承包承租经营者应税收入按照个体工商户、个人独资企业、承包承租的收入总额确定；合伙企业自然人合伙人应税收入按照合伙企业收入总额乘以合伙人分配比例确定（国家税务总局公告 2018 年第 21 号）。

实行核定征收的，应当向主管税务机关报送个人税收递延型商业养老保险税前扣除情况明细表和税延养老扣除凭证，主管税务机关按程序相应调减其应纳税所得额或应纳税额。纳税人缴费金额发生变化、未续保或退保的，应当及时告知主管税务机关，重新核定应纳税所得额或应纳税额（国家税务总局公告 2018 年第 21 号）。

（6）计入个人商业养老资金账户的投资收益，在缴费期间暂不征收个人所得税。对个人达到规定条件时领取的商业养老金收入，其中 25%的部分予以免税，其余 75%的部分按照 10%的比例税率征收个人所得税，税款计入其他所得项目，由保险公司代扣代缴其应缴纳的个人所得税，并在个人购买税延养老保险的机构所在地办理全员全额扣缴申报（财税〔2018〕22 号、国家税务总局公告 2018 年第 21 号）。

个人达到国家规定的退休年龄时，可按月或按年领取商业养老金，领取期限原则上为终身或不少于 15 年。个人身故、发生保险合同约定的全残或罹患重大疾病的，可以一次性领取商业养老金（财税〔2018〕22 号）。

（十七）关于内地投资者通过基金互认买卖香港基金份额的个人所得税问题（财税〔2015〕125 号）

（1）对内地个人投资者通过基金互认买卖香港基金份额取得的转让差价所

得，自2015年12月18日至2018年12月17日，3年内暂免征收个人所得税。

（2）内地个人投资者通过基金互认从香港基金分配取得的收益，由该香港基金在内地的代理人按照20%的税率代扣代缴个人所得税。

（十八）科技人员取得职务科技成果转化现金奖励有关个人所得税政策（财税〔2018〕58号）

自2018年7月1日起，非营利性研究开发机构和高等学校根据《促进科技成果转化法》规定，从职务科技成果转化收入中给予科技人员的现金奖励，可减按50%计入科技人员当月工资、薪金所得，依法缴纳个人所得税。

第五节 减免税优惠

一、免税项目

根据《个人所得税法》（主席令2007年第85号），对下列各项个人所得，免征个人所得税：

（1）省级人民政府、国务院部委和中国人民解放军军以上单位，以及外国组织、国际组织颁发的科学、教育、技术、文化、卫生、体育、环境保护等方面的奖金。

（2）国债和国家发行的金融债券利息（国务院令第600号）。

（3）个人取得的教育储蓄存款利息（国税发〔2005〕148号）。

（4）按照国家统一规定发给的补贴、津贴（国务院令第600号）。

（5）福利费、抚恤金、救济金（国务院令第600号）。

（6）保险赔款。

（7）军人的转业安置费、复员费。

（8）按照国家统一规定发给干部、职工的安家费、退职费、退休工资、离休工资、离休生活补助费。其中，退职费是指符合《国务院关于工人退休、退职的暂行办法》规定的退职条件，并按该办法规定的退职费标准所领取的退职费。

离退休人员除了按规定领取离退休工资或养老金，另从原任职单位取得的各类补贴、奖金、实物，不属于免税的退休工资、离休工资、离休生活补助费，应按工资、薪金所得项目的规定缴纳个人所得税。

（9）依照我国有关法律规定应予免税的各国驻华使馆、领事馆的外交代表、领事官员和其他人员的所得（国务院令第600号）。

（10）中国政府参加的国际公约、签订的协议中规定免税的所得。

（11）受北京冬奥组委邀请，在北京2022年冬奥会、冬残奥会、测试赛期间临时来华，从事奥运相关工作的外籍顾问以及裁判员等外籍技术官员取得的由北京冬奥组委、测试赛赛事组委会支付的劳务报酬（财税〔2017〕60号）。

（12）参赛运动员因北京2022年冬奥会、冬残奥会、测试赛比赛获得的奖金和其他奖赏收入（财税〔2017〕60 号）。

（13）经国务院财政部门批准免税的所得。

二、减税项目（主席令 2011 年第 48 号）

有下列情形之一的，经批准可以减征个人所得税：

（1）残疾、孤老人员和烈属的所得。

（2）因严重自然灾害造成重大损失的。

（3）自主就业退役士兵从事个体经营的（具体请参见财税〔2017〕46 号）。

（4）持《就业创业证》或《就业失业登记证》的人员从事个体经营的（具体请参见财税〔2017〕49 号）。

（5）其他经国务院财政部门批准减税的。

上述减税项目的减征幅度和期限，由省、自治区、直辖市人民政府规定（国务院令第 600 号）。

对残疾人个人取得的劳动所得适用减税规定，具体项目为：工资、薪金所得，个体工商户的生产、经营所得，对企事业单位的承包经营、承租经营所得，劳务报酬所得，稿酬所得和特许权使用费所得（国税函〔1999〕329 号）。

【例 6-47·单选题】（2017 年注会）国内某大学教授取得的下列所得中，免于征收个人所得税的是（　　）。

A. 因任某高校兼职教授取得的课酬

B. 按规定取得原提存的住房公积金

C. 因持有期不足 1 年的某上市公司股票取得的股息

D. 被学校评为校级优秀教师获得的奖金

【答案】 B

【解析】 选项 A，需要按劳务报酬所得缴纳个人所得税。选项 B，企业和个人按照省级以上人民政府规定的比例提取并缴付的住房公积金、医疗保险金、基本养老保险金、失业保险金，不计入个人当期的工资、薪金所得，免予征收个人所得税。超过规定的比例缴付的部分计征个人所得税。个人领取原提存的住房公积金、医疗保险金、基本养老保险金时，免予征收个人所得税。选项 C，个人从公开发行和转让市场取得的上市公司股票，持股期限超过 1 年的，股息、红利所得暂免征收个人所得税。个人从公开发行和转让市场取得的上市公司股票，持股期限在 1 个月以内（含 1 个月）的，其股息、红利所得全额计入应纳税所得额；持股期限在 1 个月以上至 1 年（含 1 年）的，暂减按 50%计入应纳税所得额；上述所得统一适用 20%的税率计征个人所得税。本规定自 2015 年 9 月 8 日起施行。选项 D，省级人民政府、国务院部委和中国人民解放军军以上单位，以及外国组织、国际组织颁发的科学、教育、技术、文化、卫生、体育、环境保护等方面的奖金。因此，被学校评为校级优秀教师获得的奖金不属于免税范围，需要缴纳个人所得税。

三、暂免征税项目（财税字〔1994〕20号）

（1）外籍个人以非现金形式或实报实销形式取得的住房补贴、伙食补贴、搬迁费、洗衣费，免征个人所得税。

（2）外籍个人按合理标准取得的境内、境外出差补贴，免征个人所得税。

（3）外籍个人取得的探亲费、语言训练费、子女教育费等，经当地税务机关审核批准为合理的部分，免征个人所得税。

（4）外籍个人从外商投资企业取得的股息、红利所得，免征个人所得税。

（5）凡符合下列条件之一的外籍专家取得的工资、薪金所得，可免征个人所得税：

1）根据世界银行专项贷款协议，由世界银行直接派往我国工作的外国专家。

2）联合国组织直接派往我国工作的专家。

3）为联合国援助项目来华工作的专家。

4）援助国派往我国专为该国援助项目工作的专家。

5）根据两国政府签订的文化交流项目来华工作2年以内的文教专家，其工资、薪金所得由该国负担的。

6）根据我国大专院校校际交流项目来华工作2年以内的文教专家，其工资、薪金所得由该国负担的。

7）通过民间科研协定来华工作的专家，其工资、薪金所得由该国政府机构负担的。

（6）个人举报、协查各种违法、犯罪行为而获得的奖金，免征个人所得税。

（7）个人办理代扣代缴手续，按规定取得的扣缴手续费，免征个人所得税。

（8）个人转让自用5年以上，并且是唯一的家庭生活用房取得的所得，免征个人所得税。

（9）对个人购买体育彩票，一次中奖收入在1万元以下的（含1万元）暂免征收个人所得税；超过1万元的，全额征收个人所得税（财税字〔1998〕12号）。

【例6-48·单选题】（2014年注会）韩国居民崔先生受其供职的境外公司委派，来华从事设备安装调试工作，在华停留60天，期间取得境外公司支付的工资40 000元，取得中国体育彩票中奖收入20 000元。崔先生应在中国缴纳个人所得税（　　）。

A. 4 000元

B. 5 590元

C. 9 590元

D. 11 805元

【答案】 A

【解析】 中国境内无住所的个人在中国境内连续或累计居住不超过90日，境内所得境外支付部分免税，应缴纳的个人所得税＝20 000×20%＝4 000（元）。

（10）达到离休、退休年龄，但确因工作需要，适当延长离休、退休年龄的高级专家（指接受国家发放的政府特殊津贴的专家、学者），其在延长离休、退休期间的工资、薪金所得，视同离休、退休工资，免征个人所得税。

（11）符合条件的社会保险费（金）和住房公积金，免征个人所得税。

1）城镇企事业单位及其职工个人按照《失业保险条例》规定的比例，实际缴付的失业保险费均不计入职工个人当期的工资、薪金所得，免征个人所得税（国务院令第 258 号）。

2）企业和个人按照国家或地方政府规定的比例，提取并向指定金融机构实际缴付的住房公积金、医疗保险金、基本养老保险金，免征个人所得税。

（12）个人领取原提存的住房公积金、医疗保险金、基本养老保险金，以及符合《失业保险条例》规定的失业人员领取的失业保险金，免征个人所得税。

（13）按照国家或省级地方政府规定的比例缴付的住房公积金、医疗保险金、基本养老保险金、失业保险金存入银行个人账户所取得的利息所得，免征个人所得税。

（14）生育妇女按照县级以上人民政府根据国家有关规定制定的生育保险办法，取得的生育津贴、生育医疗费或其他属于生育保险性质的津贴、补贴，免征个人所得税（财税〔2008〕8 号）。

（15）对内地个人投资者通过沪港通投资香港联交所上市股票取得的转让差价所得，自 2014 年 11 月 17 日至 2019 年 2 月 4 日，暂免征收个人所得税；对香港市场投资者（包括企业和个人）投资上海证券交易所上市 A 股股票取得的转让差价所得，暂免征收所得税（财税〔2014〕81 号、财税〔2017〕78 号）。

（16）对企业投资者从投保基金公司取得的行政和解金，应计入企业当期收入，依法征收企业所得税；对个人投资者从投保基金公司取得的行政和解金，暂免征收个人所得税（财税〔2016〕100 号）。

（17）自 2016 年 1 月 1 日至 2018 年 12 月 31 日，对符合地方政府规定条件的低收入住房保障家庭从地方政府领取的住房租赁补贴，免征个人所得税（财税〔2015〕139 号）。

（18）对内地个人投资者通过深港通投资香港联交所上市股票取得的转让差价所得，自 2016 年 12 月 5 日至 2019 年 12 月 4 日，暂免征收个人所得税。对香港市场投资者（包括企业和个人）投资深圳证券交易所上市 A 股股票取得的转让差价所得，暂免征收所得税（财税〔2016〕127 号）。

【例 6－49·多选题】（2016 年税务师）下列各项行为，应征收个人所得税的有（　　）。

A. 取得财产转租收入

B. 离婚析产分割房屋产权

C. 领取企业年金

D. 转让境外上市公司股票

E. 外籍个人从外商投资企业取得股息

【答案】 ACD

【解析】 选项 B，E，免征个人所得税。

【例6-50·计算题】（2017年注会）国内某高校张教授2016年取得部分收入项目如下：

（1）5月出版了一本书稿，获得稿酬15 000元，后因出版社添加印数，获得追加稿酬5 000元。

（2）9月教师节期间获得全国教学名师奖，获得教育部颁发的奖金50 000元。

（3）10月取得5年期国债利息收入8 700元，1年期储蓄存款利息收入500元，某上市公司发行的企业债利息收入1 500元。

（4）11月因持有2年前购买的某上市公司股票10 000股，取得该公司年中股票分红所得2 000元，随后将该股票卖出，获得股票转让所得50 000元。

要求：根据上述资料，计算回答下列问题，如有计算需计算出合计数。

（1）计算张教授5月稿酬所得应缴纳的个人所得税。

（2）9月张教授获得的全国教学名师奖奖金是否需要纳税，说明理由。如需要，计算其应纳税额。

（3）10月张教授取得的利息收入是否需要纳税，说明理由。如需要，计算其应纳税额。

（4）11月张教授取得的股息和股票转让所得是否需要纳税，说明理由。如需要，计算其应纳税额。

【答案及解析】

（1）同一作品出版、发表后，因添加印数而追加稿酬的，应与以前出版、发表时取得的稿酬合并计算为一次，征收个人所得税。稿酬所得，减征30%。应缴纳的个人所得税=(15 000+5 000)×(1−20%)×20%×(1−30%)=2 240（元）。

（2）不需要纳税。因为税法规定，省级人民政府、国务院部委和中国人民解放军军以上单位，以及外国组织、国际组织颁发的科学、教育、技术、文化、卫生、体育、环境保护等方面的奖金，免征个人所得税。所以对教育部颁发的全国教学名师奖奖金免征个人所得税。

（3）需要纳税。10月取得的企业债券利息收入应缴纳的个人所得税=1 500×20%=300（元）。税法规定，对个人取得的国债利息免征个人所得税，对居民储蓄存款利息暂免征收个人所得税。

（4）不需要纳税。因为税法规定，个人转让境内上市公司的股票所得，暂免征收个人所得税。个人从公开发行和转让市场取得的上市公司股票，持股期限超过1年的，股息、红利所得暂免征收个人所得税。

第六节 申报和缴纳

一、源泉扣缴（国务院令第600号）

（一）扣缴义务人

税法规定，个人所得税以取得应税所得的个人为纳税人，以支付所得的单位或者个人为扣缴义务人，包括企业（公司）、事业单位、机关、社团组织、军队、驻华机构（不包括外国驻华使领馆和联合国其他依法享受外交特权和豁免权的国际组织驻华机构）、个体工商户等单位或个人。按照税法规定代扣代缴个人所得税，是扣缴义务人的法定义务，必须依法执行（主席令 2011 年第 48 号）。

（二）应扣缴税款的所得项目

扣缴义务人在向个人支付下列所得时，应代扣代缴个人所得税：工资、薪金所得；对企事业单位的承包经营、承租经营所得；劳务报酬所得；稿酬所得；特许权使用费所得；利息、股息、红利所得；财产租赁所得；财产转让所得；偶然所得；经国务院财政部门确定征税的其他所得。

（三）扣缴义务人的法定义务

扣缴义务人在向个人支付应纳税所得时，不论纳税人是否属于本单位人员，均应代扣代缴其应缴纳的个人所得税。扣缴义务人依法履行代扣代缴税款义务，纳税人不得拒绝。

（四）法律责任

（1）属于 2001 年 5 月 1 日后发生的应税行为，扣缴义务人应扣未扣、应收未收税款的，税务机关向纳税人追缴税款，对扣缴义务人处应扣未扣、应收未收税款 50% 以上 3 倍以下的罚款；纳税人、扣缴义务人逃避、拒绝或者以其他方式阻挠税务机关检查的，由税务机关责令改正，可以处 1 万元以下的罚款；情节严重的，处 1 万元以上 5 万元以下的罚款。

（2）扣缴义务人的法人代表（或单位主要负责人）、财会部门的负责人及具体办理代扣代缴税款的有关人员，共同对依法履行代扣代缴义务负法律责任。根据税法的规定，扣缴义务人有偷税或者抗税行为的，除依法追缴税款、处以罚款（罚金），对情节严重的还应追究直接责任人的刑事责任。

（五）代扣代缴税款的手续费

税务机关应根据扣缴义务人所扣缴的税款，付给 2%的手续费，由扣缴义务人用于代扣代缴费用开支和奖励代扣代缴工作做得较好的办税人员。

【例 6－51 · 多选题】（2011 年注税）下列关于个人所得税的说法中，符合个人所得税相关规定的有（　　）。

A. 核定征收仅适用于应设置账簿但未设置账簿的个人独资企业

B. 实行核定征收的个人独资企业，不能享受个人所得税的优惠政策

C. 个人独资企业对外投资取得的股息收入，应按利息、股息、红利所得项目缴纳个人所得税

D. 无论账册是否健全，个体工商户的生产、经营所得均应在取得收入次月

3日内申报预缴个人所得税

E. 扣缴义务人应扣未扣个人所得税税款的，应由扣缴义务人向纳税人追缴税款，并对扣缴义务人处以应扣未扣税款50%以上5倍以下的罚款

【答案】BC

【解析】选项A，有下列情形之一的，主管税务机关应采取核定征收方式征收个人所得税：(1) 企业依照国家有关法规应当设置但未设置账簿的；(2) 企业虽设置账簿，但账目混乱或者成本资料、收入凭证、费用凭证残缺不全，难以查账的；(3) 纳税人发生纳税义务，未按照法律规定的期限办理纳税申报，经税务机关责令限期申报，逾期仍不申报的。选项D，对于账册健全的个体工商户，其生产、经营所得应纳税款实行按年计算、分月预缴，由纳税人在次月15日内申报预缴，年度终了后3个月汇算清缴，多退少补。对账册不健全的个体工商户，其生产、经营所得应纳税款由税务机关依据《税收征收管理法》自行确定征收方式。选项E，扣缴义务人应扣而不扣、应收而不收税款的，由税务机关向纳税人追缴税款，对扣缴义务人处应扣未扣、应收未收税款50%以上3倍以下的罚款。

二、自行申报纳税

（一）申报纳税的所得项目（国务院令第600号）

凡有下列情形之一的，纳税人必须自行向税务机关申报所得并缴纳税款：

(1) 年所得12万元以上的。

(2) 在两处或两处以上取得工资、薪金所得的。

(3) 从中国境外取得所得的。

(4) 取得应纳税所得没有扣缴义务人的，如个体工商户的生产、经营所得。

(5) 国务院规定的其他情形。

【例6-52·多选题】（2015年税务师）下列中国公民应进行个人所得税自行申报的有（　　）。

A. 从中国境内取得专利权转让所得的李某

B. 每月从中国境内两家企业分别取得工资所得的张某

C. 2014年取得股票转让所得16万元的王某

D. 取得年经营所得12万元的个体工商户赵某

【答案】ABCD

（二）申报纳税地点（国税发〔2006〕162号）

申报纳税地点一般应为收入来源地的税务机关。但是，纳税人在两处或两处以上取得工资、薪金所得的，可选择并固定在一地税务机关申报纳税；从境外取得所得的，应向境内户籍所在地或经常居住地税务机关申报纳税。

对在中国境内几地工作或提供劳务的临时来华人员，应以税法所规定的申报

纳税日期为准，在某一地区达到申报纳税的日期，即在该地申报纳税。但为了方便纳税，也可准予个人提出申请，经批准后固定在一地申报纳税。对由在华企业或办事机构发放工资、薪金的外籍纳税人，在华企业或办事机构集中向当地税务机关申报纳税。个体工商户有两处或两处以上经营机构的，选择并固定向其中一处经营机构所在地主管税务机关申报缴纳个人所得税。

纳税人要求变更申报纳税地点的，须报原主管税务机关备案。

【例 6－53·单选题】（2011 年注税）个人在中国境内两处或两处以上取得应税所得的，个人所得税自行申报的纳税地点是（　　）。

A. 收入来源地

B. 税务局指定地点

C. 纳税人户籍所在地

D. 纳税人选择并固定一地

【答案】 D

【解析】 个人在中国境内两处或两处以上取得应税所得的，可选择并固定在一地税务机关申报纳税。

（三）申报纳税期限（国税发〔2006〕162 号）

除特殊情况，纳税人应在取得应纳税所得的次月 15 日内向主管税务机关申报所得并缴纳税款。

（四）申报纳税方式（国税发〔2006〕162 号）

个人所得税的申报纳税方式主要有三种，即由本人直接申报纳税、委托他人代为申报纳税以及采用邮寄方式在规定的申报期内申报纳税。其中，采取邮寄方式申报纳税的，以寄出地的邮戳日期为实际申报日期。

【例 6－54·单选题】（2013 年注会）年所得在 12 万元以上的个人自行申报纳税时，应当填写个人所得税纳税申报表，填写该表时应对各项所得计算年所得。下列关于年所得计算的表述中，正确的是（　　）。

A. 股票转让所得不计算年所得

B. 工资、薪金所得按照已减除费用及附加费用后的收入额计算年所得

C. 劳务报酬所得允许减除纳税人在提供劳务时缴纳的有关税费后余额计算年所得

D. 纳税人一次取得跨年度财产租赁所得，应全部视为实际取得所得年度的所得

【答案】 D

【解析】 选项 A，股票转让所得是暂免征税项目，照样计算年所得；选项 B，工资、薪金所得按毛收入计算年所得；选项 C，劳务报酬所得按毛收入计算年所得。

三、个人财产对外转移提交税收证明或完税证明的规定（国税发〔2005〕13号）

（1）税务机关对申请人缴纳税款情况进行证明。税务机关在为申请人开具税收证明时，应当按其收入或财产不同类别、来源，由收入来源地或者财产所在地国家税务局、地方税务局分别开具。

（2）申请人拟转移的财产已取得完税凭证的，可直接向外汇管理部门提供完税凭证，无须向税务机关另外申请税收证明。申请人拟转移的财产总价值在人民币15万元以下的，无须向税务机关申请税收证明。

第Ⅳ篇

财产税

第七章

Chapter 7 土地增值税

第一节 概 述

一、土地增值税的概念

土地增值税是对有偿转让国有土地使用权及地上建筑物和其他附着物产权并取得增值性收入的单位和个人所征收的一种税。现行《土地增值税暂行条例》自1994年1月1日起施行。

二、土地增值税的特点

(1) 以转让房地产取得的增值额为征税对象，作为征税对象的增值额是纳税人转让房地产的收入减除税法规定准予扣除项目金额后的余额。

(2) 征税面比较广，凡在中国境内转让房地产并取得增值收入的单位和个人，除了税法规定免税的，均应按照税法规定缴纳。

(3) 采用扣除法和评估法计算增值额，以纳税人转让房地产取得的收入减除法定扣除项目金额后的余额作为计税依据。对旧房及建筑物的转让，以及对纳税人转让房地产申报不实、成交价格偏低的，采用评估价格法确定增值额，计征土地增值税。

(4) 实行超率累进税率。增值率高的，适用的税率高；增值率低的，适用的税率低。

(5) 实行按次征收和按期征收相结合，纳税时间、缴纳方法根据房地产转让情况而定。

三、土地增值税的立法原则

(1) 适度加强国家对房地产开发、交易行为的宏观调控。

（2）抑制土地炒买炒卖，保障国家的土地收益。

（3）规范国家参与土地增值收益的分配方式，增加财政收入。

第二节　征税范围、纳税人和税率

一、征税范围

土地增值税的课税对象是有偿转让国有土地使用权、地上建筑物及其他附着物产权所取得的增值额（国务院令第138号）。

相关链接

转让房地产过程中税款的缴纳如表7-1所示。

表7-1

转让方	增值税、城市维护建设税、教育费附加、印花税、土地增值税、所得税
承受方	契税、印花税

（一）征税范围的一般规定（财法字〔1995〕6号）

（1）土地增值税只对转让国有土地使用权的行为课税，转让非国有土地和出让国有土地的行为均不征税。

所谓国有土地使用权，是指土地使用人根据国家法律、合同的规定，对国家所有的土地享有的使用权利。对属于集体所有的土地按现行规定须先由国家征用后才能转让。自行转让集体土地是一种违法行为，应由相关部门依照相关法律处理，而不应纳入土地增值税的征税范围。

国有土地出让是指国家以土地所有者的身份将土地使用权在一定年限内让与土地使用者，并由土地使用者向国家支付土地出让金的行为。由于土地使用权的出让方是国家，出让收入在性质上属于政府凭借所有权在土地一级市场上收取的租金，不应纳入土地增值税的征税范围。

（2）土地增值税既对转让土地使用权课税，也对转让地上建筑物和其他附着物的产权征税。

【特别提示】

土地增值税的征税范围具有“国有”“转让”两个关键特征。

（3）存量房地产的买卖。

（4）土地增值税只对有偿转让的房地产征税，对以继承、赠与等方式无偿转让的房地产不予征税。

1）房地产的继承。房地产的继承是指房产的原产权所有人、依照法律规定取得土地使用权的土地使用人死亡以后，由其继承人依法承受死者房产产权和土地使用权的民事法律行为。

2）房地产的赠与。房地产的赠与是指房产所有人、土地使用权所有人将自己所拥有的房地产无偿地交给其他单位与个人的行为。不征收土地增值税的房地产赠与行为只包括以下两种情况：

第一，房产所有人、土地使用权所有人将房屋产权、土地使用权赠与直系亲属或承担直接赡养义务人的行为。

第二，房产所有人、土地使用权所有人通过中国境内非营利性社会团体、国家机关将房屋产权、土地使用权赠与教育、民政和其他社会福利、公益事业的行为。

是否属于土地增值税征税范围的三个判断标准如表 7-2 所示。

表 7-2

转让的土地使用权是否为国家所有	
土地使用权、地上建筑物及其附着物的产权是否发生转让	征税范围不包括未转让土地使用权、房产产权的行为，是否发生转让行为主要以房地产权属的变更为标准。凡土地使用权、房产产权未转让的（如房地产的出租），不征收土地增值税
	征税范围不包括国有土地使用权出让所取得的收入
转让房地产是否取得收入	征税范围不包括房地产的权属虽转让但未取得收入的行为，如房地产的继承

（二）征税范围的若干具体规定

（1）合作建房（财税字〔1995〕48 号）。对于一方出地，一方出资金，双方合作建房，建成后分房自用的，暂免征收土地增值税。但是建成后转让的，属于土地增值税的征税范围。

（2）交换房地产（财税字〔1995〕48 号）。交换房地产行为既发生了房产产权、土地使用权的转移，交换双方又取得了实物形态的收入。按照规定属于土地增值税的征税范围，但对个人之间互换自有居住用房地产的，经当地税务机关核实，可以免征土地增值税。

（3）房地产抵押。在抵押期间不征收土地增值税，待抵押期满后，视该房地产是否再转移产权来确定是否征收土地增值税。以房地产抵债而发生房地产产权转让的，属于土地增值税的征税范围。

（4）房地产出租（国税发〔2006〕187 号）。房地产出租，出租人取得了收入，但没有发生房地产产权的转让，不属于土地增值税的征税范围。

（5）房地产评估增值。房地产评估增值，没有发生房地产权属的转让，不属于土地增值税的征税范围。

（6）国家收回国有土地使用权、征用地上建筑物及其附着物。国家收回或征用，虽然发生了权属的变更，原房地产所有人也取得了收入，但按照《土地增值税暂行条例》的有关规定，可以免征土地增值税。

（7）房地产的代建房行为。对于房地产开发公司而言，虽然取得了收入，但没有发生房地产权属的转移，其收入属于劳务收入性质，故不属于土地增值税的征税范围。

（8）土地使用者转让、抵押或置换土地，无论其是否取得了该土地的使用权属证书，无论其在转让、抵押或置换土地过程中是否与对方当事人办理了土地使用权属证书变更登记手续，只要土地使用者享有占有、使用、收益或处分该土地的权利，且有合同等证据表明其实质转让、抵押或置换了土地并取得了相应的经济利益，土地使用者及其对方当事人就应当依照税法规定缴纳土地增值税等相关税款（国税函〔2007〕645号）。

归纳

具体内容如表7-3所示。

表7-3

有关事项	是否属于征税范围
出售	征税包括三种情况：（1）出售国有土地使用权；（2）取得国有土地使用权后进行房屋开发建造后出售；（3）存量房地产买卖
继承、赠与	继承不征（无收入）。赠与中公益性赠与、赠与直系亲属或承担直接赡养义务人，不征；非公益性赠与，征税
出租	不征（无权属转移）；征收增值税、城市维护建设税和教育费附加
房地产抵押	抵押期不征；抵押期满偿还债务本息不征；抵押期满不能偿还债务，而以房地产抵债，征税
房地产交换	单位之间换房，征税
	对个人之间互换自有居住用房地产（商业用地不行）的，经当地税务机关核实，可以免征（不是不征）
合作建房	建成后自用，暂免征收
	建成后转让（包括合作建房双方之间的转让），征税
房地产的代建房行为	没有发生房地产权属的转移，其收入属于劳务收入性质，故不属于土地增值税的征税范围
房地产评估增值	不征（权属未转移，无收入）
国家收回或征用	免征
企业改制重组	免征（除房地产企业）

小结：

1. 属于土地增值税征税范围的情况（征税）

（1）转让国有土地使用权。

（2）取得土地使用权进行房屋开发建造后出售。

（3）存量房地产买卖。

（4）抵押期满以房地产抵债（发生权属转让）。

（5）单位之间交换房地产（有实物形态收入）。

（6）合作建房建成后转让。

(7) 非公益性赠与、直系亲属和直接赡养人以外的赠与。

2. 不属于土地增值税征税范围的情况（不征）

(1) 房地产继承（无收入）。

(2) 房地产有条件的赠与（特定人群、特定公益）。

(3) 房地产出租（权属未变）。

(4) 房地产抵押期内（权属未变）。

(5) 房地产的代建房行为（无权属转移）。

(6) 房地产评估增值（无权属转移）。

3. 免征土地增值税的情况（免征或暂免征收）

(1) 个人互换自有居住用房地产，经当地税务机关核实。

(2) 合作建房建成后按比例分房自用。

(3) 企事业单位、社会团体以及其他组织转让旧房作为公租房、改造安置住房房源，增值额未超过扣除项目金额的20%。

(4) 国家收回或征用。

(5) 个人转让住房。

(6) 建造普通标准住宅出售，增值额未超过扣除项目金额的20%。

(7) 房地产企业以外企业的改制重组中房地产的转移、变更。

【例7-1·多选题】（2017年税务师）下列事项中，属于土地增值税征税范围的有（　　）。

A. 美国人凯文将中国境内的一处房产赠送给好友

B. 企业为办理银行贷款将厂房进行抵押

C. 房地产开发公司受托对某企业闲置厂房进行改造

D. 居民个人之间交换非居民房产

E. 企业持有房产期间发生评估增值

【答案】 AD

【解析】 选项B，抵押期内的房地产，权属未发生转移，不征收土地增值税。选项C，对闲置厂房进行改造，权属未发生转移，不征收土地增值税。选项E，房地产评估增值不征收土地增值税。

二、纳税人

《土地增值税暂行条例》规定，土地增值税的纳税人是转让国有土地使用权、地上建筑物及其附着物产权，并取得收入的单位和个人，包括机关、团体、部队、企事业单位、个体工商业户及国内其他单位和个人，还包括外商投资企业、外国企业及外国机构、华侨、港澳台同胞及外国公民等（国务院令第138号）。

三、税率

税率设计的基本原则是：增值多的多征，增值少的少征，无增值的不征。按照这个原则，土地增值税采用4级超率累进税率（见表7-4）（国务院令第138号）。

表7-4

级数	增值额与扣除项目金额的比率	税率（%）	速算扣除系数（%）
1	不超过50%的部分	30	0
2	50%～100%的部分	40	5
3	100%～200%的部分	50	15
4	超过200%的部分	60	35

【例7-2·单选题】 某房地产公司转让商品楼获得收入8 000万元，计算增值额时准允扣除项目金额3 500万元，则适用税率为（　　）。

A. 30%

B. 40%

C. 50%

D. 60%

【答案】C

【解析】增值额＝8 000－3 500＝4 500（万元），增值额占扣除项目金额的比例＝4 500÷3 500×100%＝128.57%，适用第3级税率，即50%，速算扣除系数为15%。

第三节　转让房地产增值额的确定

土地增值税的计税依据是转让房地产所取得的增值额，即转让房地产的收入减去税法规定的扣除项目金额后的余额，取决于转让房地产的收入和扣除项目金额两个因素（国务院令第138号）。

一、转让收入的确定

纳税人转让房地产取得的收入是指转让房地产所取得的各种收入，即包括货币收入、实物收入和其他收入在内的全部价款及有关经济利益（国务院令第138号）。

（1）取得的实物收入要按照取得时的市场价格折算成货币收入。

（2）取得的无形资产收入要进行专门的评估，在确定其价值后折算成货币收入。

（3）取得的收入是外国货币的，应当以取得收入的当天或者当月1日国家公布的市场汇价折合成人民币。当月以分期收款方式取得的外币收入，也应按照实际收款日或收款当月 1 日国家公布的市场汇价折合成人民币。

（4）对于县级及县级以上人民政府要求房地产开发企业在售房时代收的各项费用，如果代收费用计入房价中向购买方一并收取，应作为转让房地产所取得的收入计税；如果代收费用未计入房价，而是在房价之外单独收取，可以不作为转让房地产的收入。

（5）营业税改征增值税后，纳税人转让房地产的土地增值税应税收入不含增值税。适用增值税一般计税方法的纳税人，其转让房地产的土地增值税应税收入不含增值税销项税额；适用增值税简易计税方法的纳税人，其转让房地产的土地增值税应税收入不含增值税应纳税额（国家税务总局公告 2016 年第 70 号）。

二、扣除项目金额的确定

（一）取得土地使用权所支付的金额

取得土地使用权所支付的金额是指纳税人为取得土地使用权支付的地价款和按国家统一规定缴纳的有关费用之和。取得土地使用权支付的地价款可以有三种形式：以出让方式取得的土地使用权，是支付的土地出让金；以行政划拨方式取得的土地使用权，是转让土地使用权时按规定补缴的出让金；以转让方式取得的土地使用权，是支付的转让地价款。按国家统一规定缴纳的有关费用是指纳税人在取得土地使用权过程中办理有关手续，按国家统一规定缴纳的有关登记、过户手续费和契税（国务院令第 138 号、财法字〔1995〕6 号）。

（二）开发土地和新建房以及配套设施的成本（简称房地产开发成本）

房地产开发成本是指纳税人在开发房地产项目时实际发生的成本，这些成本允许按照实际发生数扣除，主要包括土地征用及拆迁补偿费、前期工程费、建筑安装工程费、基础设施费、公共配套设施费、开发间接费等（国务院令第 138 号、财法字〔1995〕6 号）。

（1）土地征用及拆迁补偿费包括土地征用费、耕地占用税、劳动力安置费及有关地上地下附着物拆迁补偿的净支出、安置动迁用房支出等。

（2）前期工程费包括规划、设计、项目可行性研究和水文、地质、勘察、测绘、三通一平等支出。

（3）建筑安装工程费是指以出包方式支付给承包单位的建筑安装工程费和以自营方式发生的建筑安装工程费。营业税改征增值税后，土地增值税纳税人接受建筑安装服务取得的增值税发票，应在发票的备注栏注明建筑服务发生地县（市、区）名称及项目名称，否则不得计入土地增值税扣除项目金额（国家税务总局公告 2016 年第 70 号）。

（4）基础设施费包括开发小区内的道路、供水、供电、供气、排污、排洪、通信、照明、环卫、绿化等工程发生的支出。

（5）公共配套设施费包括不能有偿转让的开发小区内公共配套设施发生的支出。

（6）开发间接费是指直接组织、管理开发项目所发生的费用，包括工资、职工福利费、折旧费、修理费、办公费、水电费、劳动保护费、周转房摊销等。

（三）开发土地和新建房及配套设施的费用（简称房地产开发费用）

房地产开发费用是指与房地产开发项目有关的销售费用、管理费用、财务费用。根据会计制度的规定，与房地产开发有关的费用直接计入当年损益，不按房地产项目进行归集或分摊（国务院令第138号、财法字〔1995〕6号）。

对于利息支出以外的其他房地产开发费用，按取得土地使用权支付的金额和房地产开发成本金额之和，在5%以内计算扣除。相关内容如表7-5所示。

表7-5

情形	允许扣除的利息支出	允许扣除的开发费用
能按转让房地产项目计算分摊利息并提供金融机构证明的	据实扣除	利息+(取得土地使用权所支付的金额+房地产开发成本)×5%以内
不能按转让房地产项目计算分摊利息支出或不能提供金融机构证明的	利息支出不得单独计算，而应并入房地产开发费用中一并计算扣除	(取得土地使用权所支付的金额+房地产开发成本)×10%以内

计算扣除的具体比例由省、自治区、直辖市人民政府规定。

【特别提示1】

财政部、国家税务总局还对扣除项目金额中利息支出的计算问题作了两点专门规定（国税函〔2010〕220号）：一是利息的上浮幅度按国家的有关规定执行，超过上浮幅度的部分不允许扣除；二是对于超过贷款期限的利息部分和加罚的利息不允许扣除。

此外，全部使用自有资金，没有利息支出的，按照规定扣除。

房地产开发企业既向金融机构借款，又有其他借款的，其房地产开发费用计算扣除时不能同时适用上述两种办法。

【特别提示2】

土地增值税清算时，已经计入房地产开发成本的利息支出应调整至财务费用中计算扣除。

【例7-3·计算题】 某企业开发房地产取得土地使用权所支付的金额为1 000万元；房地产开发成本为6 000万元；向金融机构借入资金发生利息支出400万元（能提供贷款证明且可以合理分摊），其中超过国家规定上浮幅度的金额为100万元；该省规定能提供金融机构贷款证明且可以合理分摊利息支出的，其他房地产开发费用的计算扣除比例为5%。该企业允许扣除的房地产开发费用为多少万元？

【答案及解析】 该企业允许扣除的房地产开发费用＝(400－100)＋(1 000＋6 000)×5%＝650（万元）。

（四）与转让房地产有关的税金

在转让房地产时缴纳的印花税、城市维护建设税、教育费附加也可视同税金扣除。允许扣除的印花税是指在转让房地产时缴纳的印花税，房地产开发企业将其缴纳的印花税列入管理费用的，印花税不再单独扣除。房地产开发企业以外的其他纳税人允许扣除在转让房地产环节缴纳的印花税（国务院令第 138 号、财法字〔1995〕6 号）。对于个人购入房地产再转让的，其在购入环节缴纳的契税，由于已经包含在旧房及建筑物的评估价格之中，因此，计征土地增值税时，不另作为与转让房地产有关的税金予以扣除。

相关内容如表 7－6 所示。

表 7－6

企业状况	可扣除税金	详细说明
房地产开发企业	城市维护建设税和教育费附加	由于印花税（产权转移书据，0.5‰）包含在管理费用中，故不能在此单独扣除
		营业税改征增值税后，企业实际缴纳的城市维护建设税、教育费附加，凡能够按清算项目准确计算的，允许据实扣除；凡不能按清算项目准确计算的，则按该清算项目预缴增值税时实际缴纳的城市维护建设税、教育费附加扣除（国家税务总局公告 2016 年第 70 号）
非房地产开发企业	印花税	印花税税率为 0.5‰（产权转移书据）
	城市维护建设税和教育费附加	

（五）财政部确定的其他扣除项目

财政部确定的一项重要扣除项目是，对从事房地产开发的纳税人允许按取得土地使用权时支付的金额和房地产开发成本之和，加计 20% 的扣除（国务院令第 138 号、财法字〔1995〕6 号）。

【特别提示 1】

此项加计扣除仅对从事房地产开发的纳税人有效，非从事房地产开发的纳税人不享受此项政策。

【特别提示 2】

对取得土地使用权后未进行开发即转让的，在计算应纳土地增值税时不得加计扣除。

【特别提示 3】

对取得土地使用权后投入资金，将生地变为熟地转让的，计算其增值额时允许扣除取得土地使用权时支付的地价款、缴纳的有关费用和开发土地所需成本再加计开发成本的 20% 以及在转让环节缴纳的税金（国税函发〔1995〕110 号）。

（六）旧房及建筑物的评估价格

转让旧房的，应按房屋及建筑物的评估价格、取得土地使用权所支付的地价款和按国家统一规定缴纳的有关费用以及在转让环节缴纳的税金作为扣除项目金额计征土地增值税（国务院令第138号、财法字〔1995〕6号）。

（1）旧房及建筑物的评估价格是指转让使用过的房屋及建筑物时，由政府批准设立的房地产评估机构评定的重置成本乘以成新度折扣率后的价格，评估价格须经当地税务机关确认。

（2）对取得土地使用权时未支付地价款或不能提供已支付的地价款凭据的，不允许扣除取得土地使用权时支付的金额。

三、评估价格及有关规定

评估价格是指由政府批准设立的房地产评估机构根据相同地段、同类房地产进行综合评定的价格，评估价格需要经过当地税务机关的审核确认。

纳税人有下列情况之一的，需要对房地产进行评估，并据评估价格确定转让房地产价格收入和扣除项目金额（国税函发〔1995〕110号）：

（1）出售旧房及建筑物的。由政府批准设立的房地产评估机构评定的房地产重置成本乘以成新度折扣率的价格即为旧房地产的评估价格。计算公式为：

旧房地产的评估价格＝房地产重新构建价格×成新度折扣率

营业税改征增值税后，纳税人转让旧房及建筑物，凡不能取得评估价格，但能提供购房发票的，《土地增值税暂行条例》第六条第一项（取得土地使用权支付的金额）、第三项（评估价格）规定的扣除项目的金额按照下列方法计算：提供的购房凭据为营业税改征增值税前取得的营业税发票的，按照发票所载金额（不扣减营业税）并从购买年度起至转让年度止每年加计5%计算；提供的购房凭据为营业税改征增值税后取得的增值税普通发票的，按照发票所载价税合计金额从购买年度起至转让年度止每年加计5%计算；提供的购房发票为营业税改征增值税后取得的增值税专用发票的，按照发票所载不含增值税金额加上不允许抵扣的增值税进项税额之和，并从购买年度起至转让年度止每年加计5%计算（国家税务总局公告2016年第70号）。

对于转让旧房及建筑物，既没有评估价格，又不能提供购房发票的，地方税务机关可以根据《税收征收管理法》第三十五条的规定，实行核定征收。对纳税人在购房时缴纳的契税，凡能提供契税完税凭证的，准予扣除，但不作为加计5%的基数。

【特别提示1】

房地产的重置成本是指评估时点重新取得或者重新开发全新状况的待评估房地产所必要的支出和应获得利润之和。

【特别提示2】

房屋的成新度折扣率不同于会计核算中的折旧，应根据房屋的使用时间、使用程度和保养情况，综合确定房屋的新旧比例，一般用几成新来表示。

【特别提示3】

对于个人购入房地产再转让的，其在购入环节缴纳的契税，由于已经包含在旧房及建筑物的评估价格之中，因此，计征土地增值税时，不另作为与转让房地产有关的税金予以扣除。

(2) 隐瞒或虚报房地产成交价格的。对隐瞒和虚报房地产成交价格的，应由房地产评估机构参照同类房地产的市场成交价格进行评估，作为转让房地产收入的确定依据。

【特别提示】

同类房地产是指与被评估房地产的地理位置、外观形状、面值大小、建筑材料、内在结构、性质功能、使用年限、转让时间等诸多因素相同或相似的房地产。

(3) 提供扣除项目金额不实的。即纳税人在纳税申报时，不据实提供扣除项目金额，而是虚增被转让房地产扣除项目的内容或金额，以达到通过虚增成本偷税的目的。

(4) 转让房地产的成交价格低于房地产评估价格，又无正当理由的。

【例7-4·多选题】（2012年注会）下列情形中，应按评估价格计征土地增值税的有（　　）。

A. 提供扣除项目金额不实的

B. 隐瞒、虚报房地产成交价格的

C. 房地产开发项目全部竣工完成销售需要进行清算的

D. 转让房地产的成交价格低于房地产评估价格，又无正当理由的

【答案】 ABD

第四节　应纳税额的计算

土地增值税以转让房地产的增值额为税基，依据超率累进税率，计算应纳税额。计算的方法是（财法字〔1995〕6号）：首先，以出售房地产的总收入减除扣除项目金额，求得增值额；其次，以增值额同扣除项目相比，其比值即为土地增值率；最后，根据土地增值率的高低确定适用税率。相关内容如表7-7所示。

土地增值税应纳税额＝增值额×适用税率－扣除项目金额×速算扣除系数

表7-7

转让项目的性质	扣除项目	具体内容
转让土地（卖地）	扣除项目为（1）～（2）项	（1）取得土地使用权所支付的金额 （2）与转让房地产有关的税款

续前表

转让项目的性质	扣除项目	具体内容
新建房屋（卖新房）	房地产企业为（1）～（5）项	（1）取得土地使用权所支付的金额 （2）房地产开发成本 （3）房地产开发费用 （4）与转让房地产有关的税款 （5）财政部规定的其他扣除项目
	非房地产企业为（1）～（4）项	
存量房屋（卖旧房）	扣除项目为（1）～（3）项	（1）房屋及建筑物的评估价格，评估价格＝重置成本×成新度折扣率 （2）取得土地使用权所支付的地价款和按国家统一规定缴纳的有关费用 （3）转让环节缴纳的税款

【例7-5·单选题】（2017年税务师）某房地产开发公司开发一住宅项目，取得该土地使用权所支付的金额为3 000万元，房地产开发成本为4 000万元，利息支出为500万元（能提供金融机构贷款证明），所在省人民政府规定，能提供金融机构贷款证明的，其他房地产开发费用扣除比例为4%，该公司计算土地增值税时允许扣除的房地产开发费用为（　　）。

A. 700万元

B. 780万元

C. 500万元

D. 850万元

【答案】 B

【解析】 税法规定，纳税人能够按转让房地产项目计算分摊利息支出，并能提供金融机构贷款证明的，其允许扣除的房地产开发费用为：利息＋(取得该土地使用权所支付的金额＋房地产开发成本)×5%以内。允许扣除的房地产开发费用＝500＋(300＋400)×4%＝780（万元）。

【例7-6·单选题】（2011年注会改）位于县城的某商贸公司2016年12月销售一栋旧办公楼，取得收入1 000万元，缴纳印花税0.5万元，因无法取得评估价格，公司提供了购房发票，该办公楼购于2013年1月，购价为600万元，缴纳契税18万元。该公司销售办公楼计算土地增值税时，可扣除项目金额的合计数为（　　）。

A. 639.6万元

B. 640.1万元

C. 760.5万元

D. 740.4万元

【答案】 D

【解析】 因无法取得评估价格，所以按照购房发票所载金额从购买年度起至转让年度止每年加计5%扣除，600×(1＋4×5%)＝720（万元）；销售旧办公楼需要缴纳城市维护建设税及教育费附加＝(1 000－600)÷(1＋5%)×5%×

(5%+3%+2%)=1.9(万元)；转让办公楼需要缴纳印花税0.5万元；对纳税人购房时缴纳的契税，凡能提供契税完税凭证的，准予作为与转让房地产有关的税费予以扣除，但不作为加计5%的基数。可以扣除的金额=720+1.9+0.5+18=740.4(万元)。

【例7-7·计算题】 A公司开发的普通住宅商品房于2016年5月1日全部完工，正在陆续出售。5月16日，A公司出售其中的普通住宅一幢，总面积91 000平方米，该房屋支付土地出让金7 000万元，房地产开发成本为12 050万元，管理费用为500万元，销售费用为600万元，利息支出为1 000万元(符合税法规定)，其中40万元为银行罚息(不能按收入项目准确分摊)。A公司适用的城市维护建设税税率为7%，教育费附加征收率为3%。当地政府规定，允许扣除的其他房地产开发费用扣除比例为10%。销售价格为3 500元/平方米。

要求：根据上述资料，计算回答下列问题。

(1) 该房地产开发公司出售该套住宅应缴纳的增值税是多少?

(2) 该房地产开发公司出售该套住宅应缴纳的城市维护建设税和教育费附加是多少?

(3) 计算该房地产开发公司出售该套住宅的土地增值税时应扣除的土地成本是多少?

(4) 计算该房地产开发公司出售该套住宅的土地增值税时应扣除的房地产开发成本是多少?

(5) 计算该房地产开发公司出售该套住宅的土地增值税时应扣除的房地产开发费用是多少?

(6) 计算该房地产开发公司出售该套住宅的土地增值税时增值额是多少?

(7) 该房地产开发公司出售该套住宅应缴纳的土地增值税是多少?

【答案及解析】

(1) A公司的销售收入=91 000×35 000÷(1+5%)÷10 000=30 333.33(万元)；应缴纳的增值税=30 333.33×5%=1 516.67(万元)。

(2) 应缴纳的城市维护建设税及教育费附加=1 516.67×(7%+3%)=151.67(万元)。

(3) 取得土地使用权所支付的金额=7 000(万元)。

(4) 房地产开发成本=12 050(万元)。

(5) 房地产开发费用=(7 000+12 050)×10%=1 905(万元)。

(6) 房地产开发企业加计扣除金额=(7 000+12 050)×20%=3 810(万元)；扣除项目金额合计=7 000+12 050+1 905+151.67+3 810=24 916.67(万元)；增值额=30 333.33−24 916.67=5 416.66(万元)。

(7) 增值率=5 416.66÷24 916.67=21.74%<50%，适用税率为30%，速算扣除系数为0。应缴纳的土地增值税=5 416.66×30%−24 916.67×0=1 625(万元)。

第五节 减免税优惠

（1）建造普通标准住宅出售，其增值额未超过扣除项目金额20%的予以免税，超过20%的按全部增值额纳税（财法字〔1995〕6号）。

【特别提示】

普通标准住宅是指按所在地一般民用住宅标准建造的居住用住宅，自2005年6月1日起，普通标准住宅应同时满足：住宅小区面积容积率在1.0以上，单套建筑面积在120平方米以下，实际成交价格低于同级别土地上住房平均交易价格1.2倍以下。高级公寓、别墅、度假村等不属于普通标准住宅。

（2）对于纳税人既建造普通标准住宅，又建造其他房地产开发项目的，应分别核算增值额。不分别核算增值额或者不能准确核算增值额的，其建造的普通标准住宅不能适用这一免税规定。

（3）因国家建设需要而被政府征收、收回的房地产，免税（财法字〔1995〕6号）。由于上述原因，纳税人自行转让房地产的，亦给予免税。

（4）居民个人拥有的普通住宅，在转让时暂免征收土地增值税。个人因工作调动或改善居住条件而转让原自用住房（非普通住宅），经向税务机关申报核准，凡居住满5年的，免征土地增值税；居住满3年未满5年的，减半征收土地增值税；居住未满3年的，按规定计征土地增值税（财法字〔1995〕6号）。

（5）企事业单位、社会团体以及其他组织转让旧房作为改造安置住房房源且增值额未超过扣除项目金额20%的，免征土地增值税（财税〔2013〕101号、财税〔2015〕139号）。

2018年1月1日至2020年12月31日，企业改制土地增值税政策如下（财税〔2018〕57号）：

（1）按照《公司法》的规定，非公司制企业整体改制为有限责任公司或者股份有限公司，有限责任公司（股份有限公司）整体改制为股份有限公司（有限责任公司），对改制前的企业将国有土地使用权、地上的建筑物及其附着物（统称房地产）转移、变更到改制后的企业，暂不征土地增值税。

整体改制是指不改变原企业的投资主体，并承继原企业权利、义务的行为。

（2）按照法律规定或者合同约定，两个或两个以上企业合并为一个企业，且原企业投资主体存续（即原企业出资人必须存在于改制重组后的企业，出资人的出资比例可以发生变动）的，对原企业将房地产转移、变更到合并后的企业，暂不征土地增值税。

（3）按照法律规定或者合同约定，企业分设为两个或两个以上与原企业投资主体相同（即企业改制重组前后出资人不发生变动，出资人的出资比例可以发生变动）的企业，对原企业将房地产转移、变更到分立后的企业，暂不征土地增值税。

（4）单位、个人在改制重组时以房地产作价入股进行投资，对其将房地产转移、变更到被投资的企业，暂不征土地增值税。

（5）上述改制重组有关土地增值税政策不适用于房地产转移任意一方为房地产开发企业的情形。

（6）企业改制重组后再转让国有土地使用权并申报缴纳土地增值税时，应以改制前取得该宗国有土地使用权所支付的地价款和按国家统一规定缴纳的有关费用，作为该企业取得土地使用权所支付的金额扣除。企业在改制重组过程中经省级以上（含省级）国土管理部门批准，国家以国有土地使用权作价出资入股的，再转让该宗国有土地使用权并申报缴纳土地增值税时，应以该宗土地作价入股时省级以上（含省级）国土管理部门批准的评估价格，作为该企业取得土地使用权所支付的金额扣除。办理纳税申报时，企业应提供该宗土地作价入股时省级以上（含省级）国土管理部门的批准文件和批准的评估价格，不能提供批准文件和批准的评估价格的，不得扣除。

【例7-8·多选题】（2006年注会）下列项目中，按规定无须缴纳土地增值税的有（　　）。

A. 国家机关转让自用的房产

B. 税务机关拍卖欠税单位的房产

C. 对国有企业进行评估增值的房产

D. 因国家建设需要而被政府征用的房产

【答案】CD

【解析】选项A，B，需要缴纳土地增值税，除非有明确的免税和不征税规定；选项C，只是进行评估增值，产权没有转移，故无须缴纳；选项D，无须缴纳。

第六节　申报和缴纳

一、申报纳税程序（财法字〔1995〕6号、国税函〔2004〕938号）

根据《土地增值税暂行条例》的规定，纳税人应自转让房地产合同签订之日起7日内向房地产所在地的主管税务机关办理纳税申报，同时向税务机关提交房屋及建筑物产权、土地使用权证书、土地转让合同、房产买卖合同、房地产评估报告及其他与转让房地产有关的资料，然后在税务机关核定的期限内缴纳土地增值税。

纳税人经常发生转让房地产行为而难以在每次转让后申报的，可按月或按各省、自治区、直辖市和计划单列市地方税务局规定的期限缴纳。纳税人选择定期申报方式的，应向纳税所在地的地方税务机关备案，定期申报方式确定后，一年之内不得变更。纳税人按规定办理纳税手续后，持纳税凭证到房产、土地管理部门办理产权变更手续。

二、纳税时间和缴纳方法（财法字〔1995〕6号、财税字〔1995〕48号）

（1）一次性交割、付清价款方式转让房地产。应在办理过户、登记手续前数日内一次性缴纳全部土地增值税。

（2）分期收款方式转让房地产。应在合同规定的每次收款日期后的数日内，按照应纳税额＝土地增值税总额÷房地产总收入×收到价款，缴纳土地增值税。

（3）项目全部竣工结算前转让房地产。项目全部竣工结算前转让房地产的情况包括：一部分房地产项目先行开发并已转让出去，但小区内的部分配套设施在转让后才建成；预售方式转让房地产。在项目全部竣工之前取得的收入，可采用预征的方法征收土地增值税，在项目全部竣工办理结算后再进行清算，多退少补。

三、纳税地点（财法字〔1995〕6号）

土地增值税由房地产所在地的税务机关负责征收。所谓房地产所在地，是指房地产的坐落地，不论纳税人的机构所在地、经营所在地、居住所在地在何处，均在转让的房地产所在地申报纳税。

四、房地产开发项目土地增值税的清算管理

（一）土地增值税清算的定义（国税发〔2009〕91号）

土地增值税清算是指纳税人在符合土地增值税清算条件后，依照税收法律、法规及土地增值税有关政策规定，计算房地产开发项目应缴纳的土地增值税税额，并填写土地增值税清算申报表，向主管税务机关提供有关资料，办理土地增值税清算手续，结清该房地产项目应缴纳土地增值税税款的行为。

（二）土地增值税的清算单位（国税发〔2006〕187号）

（1）取得预售收入时，按照预征率预缴土地增值税；达到清算条件时进行清算。

（2）以国家有关部门审批的房地产开发项目为单位进行清算，对于分期开发的项目，以分期项目为单位进行清算。

（3）开发项目中同时包含普通住宅和非普通住宅的，应分别计算增值额。

【例7-9·单选题】（2010年注会）对房地产开发公司进行土地增值税清算时，可作为清算单位的是（　　）。

A. 规划申报项目

B. 审批备案项目

C. 商业推广项目

D. 设计建筑项目

【答案】B

（三）土地增值税的清算条件（国税发〔2006〕187号）

具体内容如表7-8所示。

表7-8

应进行清算	主管税务机关可要求纳税人进行清算
（1）房地产开发项目全部竣工、完成销售的 （2）整体转让未竣工决算房地产开发项目的 （3）直接转让土地使用权的	（1）已竣工验收的房地产开发项目，已转让的房地产建筑面积占整个项目可售建筑面积的比例在85%以上，或该比例虽未超过85%，但剩余的可售建筑面积已经出租或自用的 （2）取得销售（预售）许可证满3年仍未销售完毕的 （3）纳税人申请注销税务登记但未办理土地增值税清算手续的，应在办理注销登记前进行土地增值税清算 （4）省（自治区、直辖市、计划单列市）税务机关规定的其他情况

【例7-10·多选题】（2009年注会）下列情形中，纳税人应当进行土地增值税清算的有（　　）。

A. 直接转让土地使用权的

B. 整体转让未竣工决算房地产开发项目的

C. 房地产开发项目全部竣工并完成销售的

D. 取得销售（预售）许可证2年仍未销售完的

【答案】ABC

（四）清算时相关问题的处理

（1）收入的确认。土地增值税清算时已全额开具商品房销售发票的，按照发票所载金额确认收入；未开具发票或者未全额开具发票的，以交易双方签订的销售合同所载的售房金额及其他收益确认收入。销售合同所载的商品房面积和有关部门实际测量不一致，在清算前已发生补、退房款的，应在计算土地增值税时予以调整。

（2）房地产开发企业未支付的质量保证金，其扣除项目金额的确定如下：房地产开发企业在工程竣工验收后，根据合同约定，扣留建筑安装企业一定比例的工程款，作为开发项目的质量保证金，在计算土地增值税时，建筑安装施工企业就质量保证金对房地产开发企业开具发票。按发票所载金额予以扣除，未开具发票的，扣留的质量保证金不得计算扣除。

（3）房地产企业逾期开发缴纳的土地闲置费不得扣除。

（4）拆迁安置土地增值税的计算如表7-9所示（（1）～（4）条来自国税函〔2010〕220号）。

表 7-9

安置类型	税务处理
房地产企业用建造的该项目房地产安置回迁户的	安置用房视同销售处理，同时将此确认为房地产开发项目的拆迁补偿费
	房地产开发企业支付给回迁户的补差价款，计入拆迁补偿费；回迁户支付给房地产开发企业的补差价款，应抵减本项目的拆迁补偿费
开发企业采取异地安置的	异地安置的房屋属于自行开发建造的，房屋价值按视同销售处理，计入本项目的拆迁补偿费
	异地安置的房屋属于购入的，以实际支付的购房支出计入拆迁补偿费
货币安置拆迁的	房地产开发企业凭合法有效凭据计入拆迁补偿费

（5）属于多个房地产项目共同的成本费用，应按清算项目可售建筑面积占多个项目可售总建筑面积的比例或其他合理的方法，计算确定清算项目的扣除金额（国税发〔2006〕187号）。

（6）纳税人转让旧房及建筑物时，因计算纳税需要对房地产进行评估，其支付的评估费用允许在计算土地增值税时予以扣除。但是，对纳税人隐瞒、虚报房地产成交价格等，而按房地产评估价格计算征收土地增值税时所发生的评估费用，不允许在计算土地增值税时予以扣除（财税字〔1995〕48号）。

（7）非直接销售和自用房地产的收入确定（国税发〔2006〕187号）。

1）房地产开发企业将开发产品用于职工福利、奖励、对外投资、分配给股东或投资人、抵偿债务、换取其他单位和个人的非货币性资产等，发生所有权转移时应视同销售房地产，其收入按下列方法和顺序确认：按本企业在同一地区、同一年度销售的同类房地产的平均价格确定；由主管税务机关参照当地当年同类房地产的市场价格或评估价格确定。

（8）对于县级以上人民政府要求房地产开发企业在收房时代收的各项费用，审核其代收费用是否计入房价并向购买方一并收取；当代收费用计入房价时，审核有无将代收费用计入加计扣除以及房地产开发费用计算基数的情形（财税字〔1995〕48号）。

（9）房地产开发企业开发建造的与清算项目配套的居委会和派出所用房、会所、停车场、物业管理场所、变电站、热力站、水厂、文体场馆、学校、幼儿园、托儿所、医院、邮电通信等公共设施，按表7-10中所示原则进行处理。

表 7-10

用途	收入	成本费用
建成后产权属于全体业主所有的	无须确认收入	可以扣除
建成后无偿移交给政府、公用事业单位用于非营利性社会公共事业的	无须确认收入	可以扣除
建成后有偿转让的	计算收入	可以扣除

（10）关于营业税改征增值税前后土地增值税清算的计算问题。房地产开发企业在营业税改征增值税后进行房地产开发项目土地增值税清算时，按以下方法确定相关金额：土地增值税应税收入＝营业税改征增值税前转让房地产取得的收入＋营业税改征增值税后转让房地产取得的不含增值税收入；与转让房地产有关的税费＝营业税改征增值税前实际缴纳的营业税、城市维护建设税、教育费附加＋营业税改征增值税后允许扣除的城市维护建设税、教育费附加（国家税务总局公告 2016 年第 70 号）。

（11）房地产开发企业销售已装修的房屋，其装修费用可以计入房地产开发成本。房地产开发企业的预提费用除另有规定，不得扣除。

（12）在土地增值税清算时未转让的房地产，清算后销售或有偿转让的，纳税人应按规定进行土地增值税的纳税申报，扣除项目金额按清算时的单位建筑面积成本费用乘以销售或转让面积计算（(9)、(11)、(12) 条来自国税发〔2006〕187 号）。

【例 7－11·单选题】（2014 年注会）房地产开发企业进行土地增值税清算时，下列各项中，允许在计算增值额时扣除的是（　　）。

A. 加罚的利息

B. 已售精装修房屋的装修费用

C. 逾期开发土地缴纳的土地闲置费

D. 未取得建筑安装施工企业开具发票的扣留质量保证金

【答案】 B

【解析】 加罚的利息不允许扣除；逾期开发土地缴纳的土地闲置费不允许扣除；施工企业扣留的质量保证金取得发票的可以扣除，未取得发票的不可以扣除。

（五）核定征收（国税发〔2006〕187 号）

在土地增值税清算过程中，发现纳税人符合核定征收条件的，应按核定征收率不低于 5% 对房地产项目进行清算。各省级税务机关会结合本地实际，区分不同房地产类型制定核定征收率。

（1）在土地增值税清算中符合以下条件之一的，可实行核定征收：

1）依照法律、行政法规的规定应当设置但未设置账簿的。

2）擅自销毁账簿或者拒不提供纳税资料的。

3）虽设置账簿，但账目混乱或者成本资料、收入凭证、费用凭证残缺不全，难以确定转让收入或扣除项目金额的。

4）符合土地增值税清算条件，企业未按照规定的期限办理清算手续，经税务机关责令限期清算，逾期仍不清算的。

5）申报的计税依据明显偏低，又无正当理由的。

（2）对于分期开发的房地产项目，各期清算的方式应保持一致。

【例 7－12·多选题】（2017 年税务师）关于房地产开发企业土地增值税税务处理，下列说法正确的有（　　）。

A. 房地产开发企业逾期缴纳的土地闲置费不得计入扣除项目进行扣除

B. 土地增值税清算时已经计入房地产开发成本的利息支出，应调整至财务费用中计算扣除

C. 土地增值税清算时未开具销售发票或未全额开具销售发票的，未开具部分可以不计入转让房地产的收入

D. 房地产开发企业为取得土地使用权所支付的契税，应计入土地使用权所支付的金额予以扣除

E. 房地产开发企业同一项目在营业税改征增值税前后都有收入，进行土地增值税清算时以全部含增值税金额作为转让房地产的收入

【答案】ABD

【解析】选项C，未开具销售发票或未全额开具销售发票的，以交易双方签订的销售合同所载的售房金额及其他收益确认收入。选择E，营业税改征增值税后的收入，应该按照不含增值税金额作为转让房地产的收入。

第八章 Chapter 8 房产税

第一节 概 述

一、房产税的概念

房产税是以房屋为征税对象，以房屋的计税余值或租金收入为计税依据，向房屋产权所有人征收的一种财产税。现行《房产税暂行条例》自 1986 年 10 月 1 日起施行。

二、房产税的特点

房产税的特点主要有以下几点：

（1）房产税属于财产税中的个别财产税（有房有车的人，才需缴纳财产税）。

（2）限于征税范围内的经营性房屋（下列情况除外：农村，非营业）。

（3）区别房屋的经营使用方式规定不同的计税依据。

第二节 征税范围、纳税人和税率

征收房产税的房产，是以房屋形态表现的房产。房屋是指有房面和围护结构（有墙或两边有柱），能够遮风挡雨，可供人们在其中生产、工作、学习、娱乐、居住或储藏物资的场所。独立于房屋之外的建筑物，如围墙、烟囱、水塔、变电塔、油池油柜、酒窖菜窖、酒精池、糖蜜池、室外游泳池、玻璃暖房、砖瓦石灰窑以及各种油气罐等，不属于房产。

一、征税范围（国发〔1986〕90 号）

《房产税暂行条例》规定，房产税在城市、县城、建制镇和工矿区征收。

【特别提示1】

开征房产税的工矿区须经省级人民政府批准。

【特别提示2】

房产税与城镇土地使用税的征税范围相同。

【例8-1·单选题】（2014年注会）下列房屋及建筑物中，属于房产税征税范围的是（　　）。

A. 农村的居住用房

B. 建在室外的露天游泳池

C. 个人拥有的市区经营性用房

D. 尚未使用或出租而待售的商品房

【答案】C

【解析】选项A，房产税的征税范围不包括农村；选项B，建在室外的露天游泳池不属于房产，不征收房产税；选项D，房地产开发企业建造的商品房，在出售前不征收房产税，但对出售前房地产开发企业已使用或出租、出借的商品房应按规定征收房产税。

二、纳税人（国发〔1986〕90号）

房产税以在征税范围内的房屋产权所有人为纳税人。相关情形及其纳税人如表8-1所示。

表8-1

情形	纳税人
产权属国家所有的	由经营管理单位纳税
产权属集体和个人所有的	由集体单位和个人纳税
产权出典的	由承典人纳税
产权所有人、承典人不在房屋所在地的；产权未确定或者租典纠纷未解决的	由房产代管人或者使用人纳税
纳税单位和个人无租使用房产管理部门、免税单位及纳税单位的房产的（财税〔2009〕128号）	由使用人代为缴纳房产税
自2009年1月1日起，外商投资企业、外国企业和组织以及外籍个人缴纳房产税	
人保投资控股有限公司在全国各地拥有房产的，应向其在全国各地的房产所在地主管税务机关申报办理税务登记	

所谓产权出典，是指产权所有人将房屋、生产资料等的产权在一定期限内典当给他人使用而取得资金的一种融资业务。

【特别提示1】

无租使用具体规定如：军队无租出借的房产，由使用人代缴房产税（财税字〔1987〕32号）。

【特别提示2】

以人民币以外的货币为记账本位币的外资企业及外籍个人在缴纳房产税时，

均应将其根据记账本位币计算的税款按照缴款上月最后一日的人民币汇率中间价折合成人民币。

三、税率

税率及其适用情况如表 8-2 所示。

表 8-2

税率	适用情况
1.2%的规定税率（国发〔1986〕90号）	自有房产用于生产经营
12%的规定税率（国发〔1986〕90号）	出租非居住的房产取得租金收入
4%的优惠税率（财税〔2000〕125号）	个人出租住房（不分出租后用途）
	企事业单位、社会团体以及其他组织按市场价格向个人出租用于居住的住房

【特别提示 1】

个人出租住房，应缴纳的税种及对应税率如表 8-3 所示（未考虑城市维护建设税及教育费附加、地方教育费附加，免征印花税和城镇土地使用税）：

表 8-3

税种	税率
增值税	5%的征收率减按 1.5%
房产税	4%
个人所得税	10%

【特别提示 2】

房产出租的，计征房产税的租金收入不含增值税（财税〔2016〕43号）。

第三节 计税依据和应纳税额的计算

一、计税依据

房产税采用从价计征。计税办法分为按房产余值计税和按租金收入计税两种。

（1）对经营自用的房屋，以房产的计税余值作为计税依据。所谓计税余值，是指依照税法规定按房产原值一次减除 10%～30%的损耗价值以后的余额。

1）房产原值是指纳税人按照会计制度规定，在账簿“固定资产”科目中记载的房屋原价。因此，凡按会计制度规定在账簿中记载有房屋原价的，应以房屋原价按规定减除一定比例后的房产余值计征房产税；没有记载房屋原价的，按照上述原则，并参照同类房屋确定房产原值，按规定计征房产税（财税地字〔1986〕8号）。

2）房产原值应包括与房屋不可分割的各种附属设备或一般不单独计算价值

的配套设施（财税地字〔1987〕3号）。

3）纳税人对原有房屋进行改建、扩建的，要相应增加房屋的原值（国发〔1986〕90号）。

【例8-2·单选题】（2012年注会）某上市公司2011年以5 000万元购得一处高档会所，然后加以改建，支出500万元在后院新建一露天泳池，支出500万元新增中央空调系统，拆除200万元的照明设施，再支付500万元安装智能照明和楼宇声控系统，会所于2011年底改建完毕并对外营业。当地规定计算房产余值扣除比例为30%，2012年该会所应缴纳房产税（　　）。

A. 42万元

B. 48.72万元

C. 50.4万元

D. 54.6万元

【答案】 B

【解析】 应缴纳的房产税＝(5 000＋500－200＋500)×(1－30%)×1.2%＝48.72（万元）。

4）对于更换房屋附属设备和配套设施的，在将其价值计入房产原值时，可扣减原来相应设备和设施的价值；对附属设备和配套设施中易损坏、需要经常更换的零配件，更新后不再计入房产原值，原零配件的原值也不扣除（国税发〔2005〕173号）。

5）自2006年1月1日起，凡在房产税征税范围内的具备房屋功能的地下建筑，包括与地上房屋相连的地下建筑以及完全建在地面以下的建筑、地下人防设施等，均应当依照有关规定征收房产税（财税〔2005〕181号）。

6）对出租房产，租赁双方签订的租赁合同约定有免收租金期限的，免收租金期间由产权所有人按照房产原值缴纳房产税（财税〔2010〕121号）。

无租使用其他单位房产的应税单位和个人，依照房产余值代为缴纳房产税（财税〔2009〕128号）。

7）对按照房产原值计税的房产，无论会计上如何核算，房产原值均应包含地价，包括为取得土地使用权支付的价款、开发土地发生的成本费用等。容积率（建筑面积/土地面积）低于0.5的，按房产建筑面积的2倍计算土地面积并据此确定计入房产原值的地价（财税〔2010〕121号）。

【例8-3·单选题】（2017年注会）某企业2016年3月投资1 500万元取得5万平方米的土地使用权，用于建造面积3万平方米的厂房，建筑成本和费用为2 000万元，2016年底竣工验收并投入使用。对该厂房征收房产税时所确定的房产原值是（　　）。

A. 2 900万元

B. 3 500万元

C. 5 000万元

D. 3 800万元

【答案】 B

【解析】 容积率大于 0.5（3÷5=0.6），按地价全额计入房产原值，因此所确定的房产原值=1 500+2 000=3 500（万元）。

8）产权出典的房产，由承典人依照房产余值缴纳房产税（财税〔2009〕128 号）。

对于与地上房屋相连的地下建筑，如房屋的地下室、地下停车场、商场的地下部分等，应将地下部分与地上房屋视为一个整体，按照地上房屋建筑的有关规定计算征收房产税。出租的地下建筑按照出租地上房屋建筑的有关规定计算征收房产税（财税〔2005〕181 号）。

9）在确定计税余值时，房产原值的具体减除比例，由省、自治区、直辖市人民政府在税法规定的减除幅度内自行确定（财税地字〔1986〕7 号）。

(2) 对于出租的房屋，以租金收入为计税依据，具体内容如表 8-4 所示（国发〔1986〕90 号）。

表 8-4

计税依据	税率	计算公式
租金收入（包括实物收入和货币收入）以劳务或其他形式抵付房租收入的，按当地同类房产租金水平确定	12%	应纳税额=租金收入×12%
出租的地下建筑，按出租地上房屋建筑的有关规定计税		
个人按市场价格出租的居民用房（出租后不论是否用于居住）	4%	应纳税额=租金收入×4%

免税单位非自用房产应该按法律规定缴纳房产税，例如，武警、军队将房产出租，应按出租房租金收入的 12%缴纳房产税（国税函〔2000〕466 号）。

【例 8-4·单选题】（2017 年税务师）下列出租住房的行为中，不分用途一律减按 4%的税率征收房产税的是（　　）。

A. 个人出租在城市的住房

B. 企业出租在农村的住房

C. 事业单位出租在县城的住房

D. 社会团体出租在工矿区的住房

【答案】 A

【解析】 对个人出租住房，不区分用途，按 4%的税率征收房产税。农村居民住房不属于房产税的征税范围。

(3) 投资联营及融资租赁房产的计税依据如表 8-5 所示。

表 8-5

投资联营（国税函发〔1993〕368 号）	以房产投资联营，投资者参与投资利润分红，共担风险的	从价计征：以房产余值作为计税依据计征房产税
	以房产投资联营，收取固定收入，不承担风险的	从租计征：由出租方按租金收入计算缴纳房产税

融资租赁（财税〔2009〕128号）	计税依据	以房产余值计征房产税
	纳税人	承租人自融资租赁合同约定开始日的次月起或自合同签订的次月起从价计税

【例8-5·单选题】（2016年税务师）某公司2014年购进一处房产，2015年5月1日用于投资联营，投资期3年，当年取得固定收入160万元，房产原值为3 000万元，扣除比例为30%，2015年应缴纳房产税（　　）。

A. 27.6万元

B. 29.7万元

C. 21.2万元

D. 44.4万元

【答案】 A

【解析】 以房产投资联营，收取固定收入，不承担风险的，视同出租。应缴纳的房产税＝3 000×(1－30%)×1.2%×4÷12＋160×12%＝27.6（万元）。

（4）居民住宅区内业主共有的经营性房产的计税依据如表8-6所示（财税〔2006〕186号）。

表8-6

情形	税务处理
自营的	依照房产原值减除10%～30%后的余值计征；没有房产原值或不能将业主共有房产与其他房产的原值准确划分开的，由房产所在地地方税务机关参照同类房产核定房产原值
出租的	依照租金收入计征

二、应纳税额的计算

（1）地上建筑物房产税应纳税额的计算公式如表8-7所示（国发〔1986〕90号）。

表8-7

计税方法	计税依据	税率	计算公式
从价计征	基本规定： （1）按照房产原值（包括地价）一次减除10%～30%损耗后的余值 （2）扣除比例由省、自治区、直辖市人民政府确定 （3）独立地下建筑物进行原值调整 （4）原值明显不合理的应予评估，没有原值的由所在地税务机关参考同类房屋的价值核定	年税率1.2%	应纳税额＝应税房产原值×(1－扣除比例)×1.2%（这样计算出的是年应纳税额）

续前表

计税方法	计税依据	税率	计算公式
从租计征	租金收入（包括实物收入和货币收入）： （1）以劳务或其他形式抵付房租收入的，按当地同类房产租金水平确定 （2）出租的地下建筑，按出租地上房屋建筑的有关规定计税	12%	应纳税额＝租金收入×12%
	个人按市场价格出租的居民住房（出租后不论是否用于居住）	4%	应纳税额＝租金收入×4%

【例8-6·单选题】（2013年注税）甲企业2012年初拥有厂房原值2 000万元，仓库原值500万元。2012年5月20日，将仓库以1 000万元的价格转让给乙企业，当地政府规定房产税减除比例为30%。甲企业当年应缴纳房产税（　　）。

A. 17.65万元

B. 18.2万元

C. 18.55万元

D. 20.3万元

【答案】C

【解析】应缴纳的房产税＝2 000×(1－30%)×1.2%＋500×(1－30%)×1.2%×5÷12＝18.55（万元）。

（2）独立地下建筑物房产税应纳税额的计算如表8-8所示（财税〔2005〕181号）。

表8-8

房产用途	应税原值	计算公式
工业用房产	房屋原价的50%～60%作为应税房产原值	应纳税额＝应税房产原值×[1－(10%～30%)]×1.2%
商业和其他用房产	房屋原价的70%～80%作为应税房产原值	应纳税额＝应税房产原值×[1－(10%～30%)]×1.2%
出租的地下建筑，按照出租地上房屋建筑的有关规定计算征收房产税		
地下建筑物的原价折算为房产原值的比例，由各省、自治区、直辖市和计划单列市财政和地方税务部门在幅度内自行确定		

【例8-7·单选题】（2013年注税）某企业2012年有一处地下建筑物，为商业用途房产（房产原值80万元），10月底将其出售。当地政府规定房产税减除比例为30%，商业用途地下建筑房产以原价的70%作为应税房产原值。2012年该企业应缴纳房产税（　　）。

A. 3 920元

B. 4 312元

C. 4 704元

D. 4 820元

【答案】A

【解析】应缴纳的房产税＝80×70%×(1－30%)×1.2%×10÷12×10 000＝3 920（元）。

第四节 减免税优惠

一、减免税基本规定（国发〔1986〕90号）

依据《房产税暂行条例》及有关规定，下列房产免征房产税：

(1) 国家机关、人民团体、军队自用的房产。

【特别提示】

上述免税单位的出租房产以及非自身业务使用的生产、营业用房，不属于免税范围。

(2) 国家财政部门拨付事业经费单位自用的房产。实行差额预算管理的事业单位，也属于由国家财政部门拨付事业经费的单位，对其本身自用的房产免征房产税（财税地字〔1986〕8号）。

免税单位非自用房产应该按法律规定缴纳房产税，如军队、武警部队出租的房产，应征收房产税；无租出借的房产，由使用人代缴（财税字〔1987〕32号、财税地字〔1987〕12号）。高等学校附属的招待所，属于营业用房，应照章征收房产税（财税地字〔1987〕14号）。

(3) 宗教寺庙、公园、名胜古迹自用的房产（财税地字〔1986〕8号）。宗教寺庙自用的房产是指举行宗教仪式等的房屋和宗教人员使用的生活用房屋。公园、名胜古迹自用的房产是指供公共参观游览的房屋及其管理单位的办公用房屋。公园、名胜古迹中附设的营业单位，如影剧院、饮食部、茶社、照相馆、索道公司（财税〔2008〕152号）等所使用的房产及出租的房产，应征收房产税。

(4) 个人所有的非营业用的房产。

(5) 经财政部批准免税的其他房产。

二、减免税特殊规定

经财政部和国家税务总局批准，下列房产可免征房产税：

(1) 对企业办的各类学校、医院、托儿所、幼儿园自用的房产，免征房产税（财税地字〔1986〕8号）。

(2) 经有关部门鉴定，对毁损不堪居住的房屋和危险房屋，在停止使用后，可免征房产税（财税〔2008〕62号）。

(3) 凡是在基建工地为基建工地服务的各种工棚、材料棚、休息棚和办公室、食堂、茶炉房、汽车房等临时性房屋，不论是施工企业自行建造还是由基建单位出资建造交施工企业使用的，在施工期间，一律免征房产税。但是，如果在基建工程结束以后，施工企业将这种临时性房屋交还或者估价转让给基建单位，应当从基建单位接收的次月起，依照规定征收房产税（财税地字〔1986〕8号）。

【例8-8·单选题】（2016年税务师）下列房产中，应缴纳房产税的是（　）。

A. 房地产开发企业建造的尚未出售的商品房

B. 某社区医疗服务中心自用的房产

C. 某公园的办公用房

D. 某大学出租的房屋

【答案】 D

【解析】 选项A，B，C，免征房产税。

（4）自2004年7月1日起，纳税人因房屋大修导致连续停用半年以上的，在房屋大修期间免征房产税，免征税额由纳税人在申报缴纳房产税时自行计算扣除，并在申报表附表或备注栏中作相应说明（国税函〔2004〕839号、财税〔2008〕62号）。

（5）对纳税单位与免税单位共同使用的房屋，按各自使用的部分划分，分别征收或免征房产税（财税地字〔1986〕8号）。

（6）对老年服务机构自用的房产暂免征收房产税。

（7）对国家机关、军队、人民团体、财政补助事业单位、居民委员会、村民委员会拥有的体育场馆，用于体育活动的房产、土地，免征房产税。

对企业拥有并运营管理的大型体育场馆，其用于体育活动的房产、土地，减半征收房产税（财税〔2015〕130号）。

（8）自2001年1月1日起，对按政府规定价格出租的公有住房和廉租住房，包括企业和自收自支事业单位向职工出租的单位自有住房、房管部门向居民出租的公有住房、落实私房政策中带户发还产权并以政府规定租金标准向居民出租的私有住房等，暂免征收房产税（财税〔2000〕125号、财税〔2013〕94号）。

（9）对房地产开发企业建造的商品房，在出售前不征收房产税。但对出售前房地产开发企业已使用或出租、出借的商品房应按规定征收房产税（国税发〔2003〕89号）。

（10）自2011年1月1日至2020年12月31日，对天然林资源保护工程的房产继续免征房产税（财税〔2011〕90号）。

（11）对饮水工程运营管理单位自用的生产、办公用房产、土地，自2011年1月1日至2018年12月31日，免征房产税（财税〔2012〕30号、财税〔2016〕19号）。

（12）自2013年1月1日至2018年12月31日，对专门经营农产品的农产品批发市场、农贸市场使用的房产、土地，免征房产税。对同时经营其他产品的农产品批发市场和农贸市场使用的房产、土地，按其他产品与农产品交易场地面积的比例确定征免房产税（财税〔2012〕68号、财税〔2016〕1号）。

（13）对农林牧渔业用地和农民居住用房屋及土地，不征收房产税（国税发

〔1999〕44号）。

（14）对公共租赁住房免征房产税（财税〔2015〕139号）。

（15）自2016年1月1日至2018年12月31日，对高校学生公寓免征房产税（财税〔2016〕82号）。

（16）自2016年1月1日至2018年12月31日，对向居民供热而收取采暖费的供热企业，为居民供热所使用的厂房及土地免征房产税；对供热企业其他厂房及土地，应当按规定征收房产税（财税〔2016〕94号）。

【例8-9·多选题】（2017年税务师）下列关于房产税的说法中，正确的有（　　）。

A. 对非营利性老年服务机构自用房产暂免征收房产税

B. 对外商投资企业的自用房产免征房产税

C. 对企业办的计税培训学校自用的房产免征房产税

D. 对高校学生公寓免征房产税

E. 对中国铁路总公司所属铁路运输企业自用房产免征房产税

【答案】 ACDE

【解析】 外商投资企业自用的房产应缴纳房产税，没有免税规定。

第五节　申报和缴纳

一、纳税义务发生时间及截止时间

具体内容如表8-9所示。

表8-9

房产用途变化	纳税义务发生时间
将原有房产用于生产经营（财税地字〔1986〕8号）	自生产经营之月起
自建房屋用于生产经营（财税地字〔1986〕8号）	自建成之日的次月起
委托施工企业建设的房屋（财税地字〔1986〕8号）	自办理验收手续之次月起
特例：对于验收前已使用或出租、出借的新建房屋，应自使用或出租、出借当月起计征房产税（财税地字〔1986〕8号）	
纳税人购置新建商品房（国税发〔2003〕89号）	自房屋交付使用之次月起
购置存量房（国税发〔2003〕89号）	自办理房屋权属转移，登记机关签发房屋权属证书之次月起
纳税人出租、出借房产（国税发〔2003〕89号）	自交付出租、出借房产之次月起
房地产开发企业自用、出租、出借本企业建造商品房（财税〔2006〕186号）	自房屋使用或交付之次月起
自2009年1月1日起，纳税人因房产的实物或权利状态发生变化而依法终止房产税纳税义务的，其应纳税款的计算应截至房产的实物或权利状态发生变化的当月末（财税〔2008〕152号）	

【特别提示】

融资租赁的房产，由承租人自融资租赁合同约定开始日的次月起依照房产余值缴纳房产税。合同未约定开始日的，由承租人自合同签订当日的次月起依照房产余值缴纳房产税（财税〔2009〕128号）。

【例8-10·多选题】（2016年税务师）下列关于房产税纳税人及缴纳税款，说法正确的有（　　）。

A. 租赁合同约定有免收租金期限的出租房产，免收租金期间无须缴纳房产税

B. 融资租赁的房产未约定开始日的，由承租人自合同签订当日起缴纳房产税

C. 无租使用其他单位房产的应税单位和个人，由使用人代为缴纳房产税

D. 产权出典的，由承典人缴纳房产税

E. 产权出租的，由出租人缴纳房产税

【答案】CDE

【解析】选项A，免收租金期间由产权所有人缴纳房产税；选项B，融资租赁的房产未约定开始日的，由承租人自合同签订当日的次月起缴纳房产税。

二、纳税期限（财税地字〔1986〕7号）

房产税实行按年征收，分期缴纳。纳税期限由省、自治区、直辖市人民政府规定。各地一般按季或半年征收。

三、纳税申报

房产税的纳税申报是房屋产权所有人或纳税人缴纳房产税必须履行的法定手续。纳税人应根据税法要求，将现有房屋的坐落地点、结构、面积、原值、出租收入等情况，据实向当地税务机关办理纳税申报，并按规定纳税。纳税人住址发生变更、产权发生转移，以及出现新建、改建、扩建、拆除房屋等情况，而引起房产原值发生变化或者租金收入变化的，都要按规定及时向税务机关办理变更登记。

四、纳税地点

房产税在房产所在地缴纳。房产不在同一地方的纳税人，应按房产的坐落地点分别向房产所在地的税务机关缴纳房产税（财税地字〔1986〕8号）。

第九章

Chapter 9 车船税

第一节　概　述

车船税是对在中华人民共和国境内的应税车辆、船舶（简称车船）的所有人或者管理人征收的一种税。现行《车船税法》自2012年1月1日起施行。车船税具有涉及面广、税源流动性强、纳税人多为个人等特点。

第二节　征税范围、纳税人和适用税额

一、征税对象及范围

车船税的征税范围是指在中华人民共和国境内属于《车船税法》所附《车船税税目税额表》（主席令2011年第43号）规定的车辆、船舶。车辆、船舶是指（国务院令第611号）：

（1）依法应当在车船管理部门登记的机动车辆和船舶。

（2）依法不需要在车船管理部门登记、在单位内部场所行驶或者作业的机动车辆和船舶。

境内单位和个人租入外国籍船舶的，不征收车船税。境内单位将船舶出租到境外的，应依法征收车船税（国家税务总局公告2013年第42号）。

二、纳税人

在中华人民共和国境内属于《车船税法》所附《车船税税目税额表》规定的车辆、船舶的所有人或者管理人，为车船税的纳税人，应当依照《车船税法》缴纳车船税（主席令2011年第43号）。

三、税目、税额

车船的适用税额，依照《车船税法》所附《车船税税目税额表》执行（主席令 2011 年第 43 号）。

车船税的税额如表 9－1 所示。

表 9－1

税目		计量单位	年基准税额	备注
乘用车［按发动机汽缸容量（排气量）分档］	1.0 升（含）以下的	每辆	60～360 元	核定载客人数 9 人（含）以下
	1.0 升以上至 1.6 升（含）的		300～540 元	
	1.6 升以上至 2.0 升（含）的		360～660 元	
	2.0 升以上至 2.5 升（含）的		660～1 200 元	
	2.5 升以上至 3.0 升（含）的		1 200～2 400 元	
	3.0 升以上至 4.0 升（含）的		2 400～3 600 元	
	4.0 升以上的		3 600～5 400 元	
商用车	客车	每辆	480～1 440 元	核定载客人数 9 人以上，包括电车
	货车	整备质量每吨	16～120 元	包括半挂牵引车、三轮汽车和低速载货汽车等
挂车		整备质量每吨	按照货车税额的 50%计算	
其他车辆	专用作业车	整备质量每吨	16～120 元	不包括拖拉机
	轮式专用机械车		16～120 元	
摩托车		每辆	36～180 元	
船舶	机动船舶	净吨位每吨	3～6 元	船舶、非机动驳船均按照机动船舶税额的 50%计算
				拖船按照发动机功率每 1 千瓦折合净吨位 0.67 吨计算征收车船税
	游艇	艇身长度每米	600～2 000 元	

【特别提示】

整备质量、净吨位、艇身长度等计税单位，有尾数的一律按照含尾数的计税单位计算车船税应纳税额。计算得出的应纳税额小数点后超过两位的可四舍五入保留两位小数。

【例9-1·单选题】（2014年注会）某机械制造厂2013年拥有货车3辆，每辆货车的整备质量均为1.499吨；挂车1部，其整备质量为1.2吨；小汽车2辆。已知货车车船税税率为整备质量每吨年基准税额16元，小汽车车船税税率为每辆年基准税额360元。该厂2013年度应缴纳车船税（　　）。

A. 441.6元

B. 792元

C. 801.55元

D. 811.2元

【答案】C

【解析】挂车按照货车税额的50%计算纳税。《车船税法》及其实施条例涉及的整备质量、净吨位等计税单位，有尾数的一律按照含尾数的计税单位据实计算车船税应纳税额。该机械制造厂2013年应缴纳的车船税=1.499×3×16+1.2×16×50%+2×360=801.55（元）。

《车船税法》及其实施条例所涉及的排气量、整备质量、核定载客人数、净吨位、千瓦、艇身长度，以车船管理部门核发的车船登记证书或者行驶证相应项目所载数据为准。

自2013年9月1日起，车船税的具体处理按以下规定执行（国家税务总局公告2013年第42号）：

(1) 专用作业车的认定。对于在设计和技术特性上用于特殊工作，并装置有专用设备或器具的汽车，应认定为专用作业车，如汽车起重机、消防车、混凝土泵车、清障车、高空作业车、洒水车、扫路车等。以载运人员或货物为主要目的的专用汽车，如救护车，不属于专用作业车。

(2) 税务机关核定客货两用车的征税问题。客货两用车依照货车的计税单位和年基准税额计征车船税。

(3) 车船税应纳税额计算的其他规定。乘用车以车辆登记管理部门核发的机动车登记证书或者行驶证书所载的排气量毫升数确定税额区间。

(4) 境内外租赁船舶征收车船税的问题。境内单位和个人租入外国籍船舶的，不征收车船税。境内单位和个人将船舶出租到境外的，应依法征收车船税。

【例9-2·单选题】（2017年税务师）下列关于车船税的表述中，正确的是（　　）。

A. 挂车按照货车税额的50%计算车船税

B. 非机动驳船按照机动船舶税额的60%计算车船税

C. 拖船按照船舶税额的70%计算车船税

D. 车辆整备质量尾数在0.5吨以下的不计车船税

【答案】A

【解析】 选项 B，C，拖船及非机动驳船均按照机动船舶税额的 50%计算。选项 D，没有此项优惠。

第三节　应纳税额的计算和代收代缴

一、应纳税额的计算（国务院令第 611 号）

纳税人按照纳税地点所在的省、自治区、直辖市人民政府确定的具体适用税额缴纳车船税。车船税由地方税务机关负责征收。

（1）购置的新车船，购置当年的应纳税额自纳税义务发生的当月起按月计算。计算公式为：

应纳税额＝(年应纳税额÷12)×应纳税月份数

应纳税月份数＝12－纳税义务发生时间(取月份)＋1

（2）在一个纳税年度内，已完税的车船被盗抢、报废、灭失的，纳税人可以凭有关管理机关出具的证明和完税证明，向纳税所在地的主管税务机关申请退还自被盗抢、报废、灭失月份起至该纳税年度终了期间的税款。

（3）已办理退税的被盗抢车船失而复得的，纳税人应当从公安机关出具相关证明的当月起计算缴纳车船税。

（4）在一个纳税年度内，纳税人在非车辆登记地由保险机构代收代缴机动车车船税，且能够提供合法有效完税证明的，纳税人不再向车辆登记地的地方税务机关缴纳车船税。

（5）已缴纳车船税的车船在同一纳税年度内办理转让过户的，不另纳税，也不退税。

【例 9－3・单选题】（2015 年注会）某企业 2015 年 1 月缴纳了 5 辆客车车船税，其中 1 辆 9 月被盗，已办理车船税退还手续；11 月由公安机关找回并出具证明，企业补缴了车船税，假定该类型客车年基准税额为 480 元/辆，该企业 2015 年实际缴纳的车船税总计（　　）。

A. 1 920 元

B. 2 400 元

C. 3 250 元

D. 2 320 元

【答案】 D

【解析】 该企业 2015 年实际缴纳的车船税总计＝4×480＋480÷12×10＝2 320（元）。

二、保险机构代收代缴（国务院令第611号）

（1）从事机动车第三者责任强制保险业务的保险机构为机动车车船税的扣缴义务人，应当在收取保险费时依法代收车船税，并出具代收税款凭证（主席令2011年第43号）。

（2）扣缴义务人应当及时解缴代收代缴的税款，并向地方税务机关申报。

第四节　减免税优惠

一、法定减免（主席令2011年第43号）

（1）捕捞、养殖渔船。

（2）军队、武装警察部队专用的车船。

（3）警用车船。

（4）依照法律规定应当予以免税的外国驻华使领馆、国际组织驻华代表机构及其有关人员的车船。

（5）对节约能源的车船减半征收车船税，对使用新能源的车船免征车船税（具体标准参见财税〔2015〕51号）。

节约能源、使用新能源的车辆包括纯电动汽车、燃料电池汽车和混合动力汽车。纯电动汽车、燃料电池汽车和插电式混合动力汽车免征车船税，其他混合动力汽车按照同类车辆适用税额减半征税。

对节约能源的车辆——其他混合动力汽车，减半征收车船税。

对使用新能源的车辆——纯电动汽车、燃料电池汽车，免征车船税。

【例9-4·单选题】（2017年注会）下列车船中，享受减半征收车船税优惠的是（　　）。

A. 纯电动汽车

B. 使用新能源的混合动力汽车

C. 燃烧电池汽车

D. 符合规定标准的节约能源乘用车

【答案】D

【解析】对节约能源的车船，减半征收车船税；对使用新能源的车船，免征车船税。

（6）省、自治区、直辖市人民政府根据当地实际情况，可以对公共交通车船，农村居民拥有并主要在农村地区使用的摩托车、三轮汽车和低速载货汽车定期减征或者免征车船税。

【例 9-5·多选题】（2016 年税务师）下列车船中，免征车船税的有（　　）。

A. 纯电动汽车

B. 警用车辆

C. 捕捞养殖渔船

D. 救护车

E. 财政拨款事业单位的办公用车

【答案】ABC

【解析】选项 D，E，不免征车船税。

二、特定减免（国务院令第 611 号）

经批准临时入境的外国车船和香港特别行政区、澳门特别行政区、台湾地区的车船，不征收车船税。

第五节　申报和缴纳

一、纳税期限

车船税纳税义务发生时间为取得车船所有权或者管理权的当月，即为购买车船的发票或者其他证明文件所载日期的当月。对于在国内购买的机动车，购买日期以机动车销售统一发票所载日期为准；对于进口机动车，购买日期以海关关税专用缴款书所载日期为准；对于购买的船舶，以购买船舶的发票或者其他证明文件所载日期的当月为准（主席令 2011 年第 43 号）。

二、纳税地点

车船税的纳税地点为车船的登记地或者车船税扣缴义务人所在地。依法不需要办理登记的车船，车船税的纳税地点为车船的所有人或者管理人所在地（主席令 2011 年第 43 号）。

三、纳税申报

车船税按年申报，分月计算，一次性缴纳。纳税年度为公历 1 月 1 日至 12 月 31 日。车船税按年申报缴纳。具体申报纳税期限由省、自治区、直辖市人民政府规定（国务院令第 611 号）。

对于依法不需要购买机动车交通事故责任强制保险的车辆，纳税人应当向主管税务机关申报缴纳车船税（主席令 2011 年第 43 号）。

归纳

具体内容如表 9－2 所示。

表 9－2

基本要素	主要规定
纳税期限	车船税纳税义务发生时间为取得车船所有权或者管理权的当月
	取得车船所有权或者管理权的当月，应当以购买车船的发票或者其他证明文件所载日期的当月为准
纳税地点	纳税人自行申报缴纳车船税的，纳税地点为车船登记地的主管税务机关所在地
	扣缴义务人代收代缴车船税的，纳税地点为扣缴义务人所在地
	依法不需要办理登记的车船，纳税地点为车船的所有人或者管理人所在地
纳税申报	车船税按年申报，分月计算，一次性缴纳；纳税年度为公历 1 月 1 日至 12 月 31 日
征收机关	车船税由地方税务机关负责征收
年度税不重征	纳税人在购买交强险时，由扣缴义务人代收代缴车船税的，凭注明已收税款信息的交强险保险单，车辆登记地的主管税务机关不再征收该纳税年度的车船税；再次征收的，车辆登记地主管税务机关应予退还（国家税务总局公告 2013 年第 42 号）
	已经缴纳车船税的船舶在同一纳税年度内办理转让过户的，在原登记地不予退税，在新登记地凭完税凭证不再纳税，新登记地海事管理机构应记录上述船舶的完税凭证号和出具该凭证的税务机关或海事管理机构名称，并将完税凭证的复印件存档备查（国家税务总局公告 2013 年第 1 号）

第十章 Chapter 10 资源税

第一节 概 述

一、资源税的概念

资源税是以部分自然资源为课税对象，对在中国领域及管辖海域开采应税矿产品及生产盐的单位和个人，就其应税产品销售额或销售数量为计税依据而征收的一种税。

二、资源税的特点

（1）只对特定资源征税。
（2）具有受益税的性质。
（3）具有级差收入税的特点。

三、立法原则

普遍征收，级差调整。

第二节 纳税人和扣缴义务人

一、纳税人

在中华人民共和国境内开采应税矿产品或者生产盐的单位和个人，为资源税的纳税人（国务院令第 139 号）。

【特别提示】

开采海洋或陆上油气资源的中外合作油气田，在2011年11月1日前已签订的合同继续缴纳矿区使用费，不缴纳资源税；自2011年11月1日起新签订的合同缴纳资源税，不再缴纳矿区使用费。开采海洋油气资源的自营油气田，自2011年11月1日起缴纳资源税，不再缴纳矿区使用费（财税〔2014〕73号）。

二、扣缴义务人

独立矿山、联合企业及其他收购未税矿产品的单位为扣缴义务人（财政部、国家税务总局令第66号）。

第三节 征税范围

《资源税暂行条例》只将原油、天然气、煤炭、其他非金属矿原矿、黑色金属矿原矿、有色金属矿原矿和盐列入了征税范围，可以分为矿产品和盐两大类。

一、矿产品

（一）原油

原油是指开采的天然原油，不包括人造石油（财政部、国家税务总局令第66号）。

（二）天然气

天然气是指专门开采或与原油同时开采的天然气（财政部、国家税务总局令第66号）。

（三）煤炭

煤炭是指原煤，不包括洗煤、选煤及其他煤炭制品（财政部、国家税务总局令第66号）。

（四）其他非金属矿原矿

其他非金属矿原矿是指上列产品和井矿盐以外的非金属矿原矿（财政部、国家税务总局令第66号）。财政部未列举名称且未确定具体适用税率的其他非金属矿原矿和有色金属矿原矿，由省、自治区、直辖市人民政府根据实际情况确定，报财政部和国家税务总局备案（国务院令第605号）。

矿泉水是含有符合国家标准的矿物质元素的一种水气矿产，可供饮用或医用等，矿泉水等水气矿产属于其他非金属矿原矿（国家税务总局公告2011年第 63 号）。

（五）黑色金属矿原矿和有色金属矿原矿

黑色金属矿原矿和有色金属矿原矿是指纳税人开采后自用或销售的，用于直接入炉冶炼或作为主产品先入选精矿、制造人工矿，再最终入炉冶炼的金属矿原矿（国家税务总局公告 2011 年第 63 号）。

二、盐

（一）固体盐

固体盐是指海盐原盐、湖盐原盐和井矿盐（财政部、国家税务总局令第 66 号）。

（二）液体盐

液体盐俗称卤水，是指氯化钠含量达到一定浓度的溶液，是用于生产碱和其他产品的原料。

以上内容归纳为表 10－1。

表 10－1

<table>
<tr><th colspan="3">征税范围</th><th>不征或暂不征收的项目</th></tr>
<tr><td rowspan="6">矿产品</td><td colspan="2">原油（天然原油）</td><td>不包括人造石油</td></tr>
<tr><td colspan="2">天然气（专门开采或与原油同时开采的天然气）</td><td>煤矿生产的天然气和煤矿瓦斯暂不征收资源税</td></tr>
<tr><td colspan="2">煤炭（原煤和以未税原煤加工的洗选煤）</td><td>以已税原煤加工的洗选煤、其他煤炭制品</td></tr>
<tr><td>其他非金属矿原矿</td><td rowspan="3">一般在《资源税税目税率表》上列举了名称</td><td rowspan="3"></td></tr>
<tr><td>黑色金属矿原矿</td></tr>
<tr><td>有色金属矿原矿</td></tr>
<tr><td rowspan="2">盐</td><td colspan="2">固体盐（海盐原盐、湖盐原盐和井矿盐）</td><td></td></tr>
<tr><td colspan="2">液体盐（卤水）</td><td></td></tr>
</table>

【特别提示 1】

煤矿生产的天然气不征收资源税，对煤层气抽采企业的增值税一般纳税人抽采销售煤层气实行增值税先征后退政策。先征后退税款由企业专项用于煤层气技术的研究和扩大再生产，不征收企业所得税。

【特别提示 2】

自 2014 年 12 月 1 日起，我国实施煤炭资源税改革，煤炭资源税由从量计征改为从价计征，并对征税范围进行了调整：将用于洗选的自采原煤，由按原煤征税调整为按未税原煤加工的洗选煤征税。但以非自采的外购已税原煤加工的洗选煤不重复征收资源税。因此，纳税人同时以自采未税原煤和外购已税原煤加工洗选煤的，应当分别核算；未分别核算的，按自采未税原煤加工的洗选煤计算缴纳资源税。上述内容归纳为表10－2。

表10－2

<table>
<tr><td>自采原煤销售</td><td rowspan="2">属于资源税征税范围</td></tr>
<tr><td>自采未税原煤加工成洗选煤销售</td></tr>
<tr><td>外购已税原煤销售</td><td rowspan="2">不属于资源税征税范围</td></tr>
<tr><td>外购已税原煤加工成洗选煤销售</td></tr>
</table>

【例10－1·多选题】（2011年注税）下列资源中，属于资源税征税范围的有（　）。

A. 天然原木，不包括加工的板材

B. 天然原油，不包括人造石油

C. 固体盐，包括井矿盐

D. 铁矿石、原矿，包括伴生的钒钛磁铁矿石

E. 天然气，包括煤矿生产的天然气

【答案】BCD

【解析】资源税的征税范围主要分为矿产品和盐两大类，具体分为原油、天然气、盐、黑色金属矿原矿、有色金属矿原矿、煤炭和其他非金属矿原矿7个税目。煤矿生产的天然气和煤层瓦斯不征资源税。

第四节 税目和税额

一、资源税的税目（财政部、国家税务总局令第66号）

资源税的税目反映征收资源税的具体范围，是资源税课征对象的具体表现形式。《资源税暂行条例实施细则》采取列举法，即按照各种课税的产品类别设置7个税目，如表10－3所示。

表10－3

原油	开采的天然原油征税，人造石油不征税
天然气	专门开采和与原油同时开采的天然气征税，煤矿生产的天然气不征税
煤炭	原煤和以未税原煤加工的洗选煤征税，以已税原煤加工的洗选煤及其他煤炭制品不征税
其他非金属矿原矿	原油、天然气、煤炭和井矿盐以外的非金属矿原矿
黑色金属矿原矿	
有色金属矿原矿	
盐	包括固体盐、液体盐。固体盐包括海盐原盐、湖盐原盐和井矿盐，液体盐是指卤水

二、资源税的税额

纳税人具体适用的税率，根据纳税人所开采或者生产应税产品的资源品位、开采条件等情况，由财政部和国务院有关部门确定；财政部未列举名称且未确定具体适用税率的其他非金属矿原矿和有色金属矿原矿，由省、自治区、直辖市人民政府根据实际情况确定，报财政部和国家税务总局备案。

纳税人开采或者生产不同税目应税产品的，应当分别核算不同应税产品的销售额或者销售数量；未分别核算或者不能准确提供不同税目应税产品的销售额或者销售数量，从高适用税率。《资源税税目税率幅度表》如表 10－4 所示（详情请参见财税〔2016〕53 号附件）。

自 2016 年 7 月 1 日起，实施矿产资源税从价计征改革（财税〔2016〕53 号）。

对《资源税税目税率幅度表》中列举名称的 21 种资源品目和未列举名称的其他金属矿实行从价计征，计税依据由原矿销售量调整为原矿、精矿（或原矿加工品）、氯化钠初级产品或金锭的销售额。列举名称的 21 种资源品目包括铁矿、金矿、铜矿、铝土矿、铅锌矿、镍矿、锡矿、石墨、硅藻土、高岭土、萤石、石灰石、硫铁矿、磷矿、氯化钾、硫酸钾、井矿盐、湖盐、提取地下卤水晒制的盐、煤层（成）气、海盐。

对经营分散、多为现金交易且难以控管的粘土、砂石，按照便利征管原则，仍实行从量定额计征。

对《资源税税目税率幅度表》中未列举名称的其他非金属矿产品，按照从价计征为主、从量计征为辅的原则，由省级人民政府确定计征方式。

表 10－4

序号	税目		征税对象	税率幅度
1	原油			6%
2	天然气			6%
3	煤炭			销售额的 2%～10%
4	金属矿	铁矿	精矿	1%～6%
5		金矿	金锭	1%～4%
6		铜矿	精矿	2%～8%
7		铝土矿	原矿	3%～9%
8		铅锌矿	精矿	2%～6%
9		镍矿	精矿	2%～6%
10		锡矿	精矿	2%～6%
11		未列举名称的其他金属矿产品	原矿或精矿	税率不超过 20%

续前表

序号	税目		征税对象	税率幅度
12	非金属矿	石墨	精矿	3%～10%
13		硅藻土	精矿	1%～6%
14		高岭土	原矿	1%～6%
15		萤石	精矿	1%～6%
16		石灰石	原矿	1%～6%
17		硫铁矿	精矿	1%～6%
18		磷矿	原矿	3%～8%
19		氯化钾	精矿	3%～8%
20		硫酸钾	精矿	6%～12%
21		井矿盐	氯化钠初级产品	1%～6%
22		湖盐	氯化钠初级产品	1%～6%
23		提取地下卤水晒制的盐	氯化钠初级产品	3%～15%
24		煤层（成）气	原矿	1%～2%
25		粘土、砂石	原矿	每吨或立方米0.1～5元
26		未列举名称的其他非金属矿产品	原矿或精矿	从量税率每吨或立方米不超过30元，从价税率不超过20%
27	海盐		氯化钠初级产品	1%～5%

说明：

（1）铝土矿包括耐火级矾土、研磨级矾土等高铝粘土。

（2）氯化钠初级产品是指井矿盐、湖盐原盐、提取地下卤水晒制的盐和海盐原盐，包括固体和液体形态的初级产品。

（3）海盐是指海水晒制的盐，不包括提取地下卤水晒制的盐。

【特别提示】

（1）经国务院批准，自2015年5月1日起，稀土、钨、钼的资源税由从量定额计征改为从价定率计征。稀土、钨、钼应税产品包括原矿和以自采原矿加工的精矿。轻稀土按地区执行不同的适用税率（财税〔2015〕52号）。

（2）对《资源税税目税额明细表》中未列举名单的纳税人（指在已列举的部分纳税人名单中，尚未列举到的纳税人）适用的税额，由各省、自治区、直辖市人民政府根据纳税人的资源状况，参照该表中确定的邻近矿山的税额标准，在上下浮动30%的幅度内核定，并报财政部和国家税务总局备案（财政部、国家税务总局令66号）。

第五节　应纳税额的计算

一、一般计税方法

资源税的应纳税额按照应税资源产品的课税数量和规定的税率计算。

（一）从价定率征收

应纳税额＝(不含增值税)销售额×比例税率

（二）从量定额征收

应纳税额＝课税数量×定额税率

归纳

具体内容如表10－5所示。

表10－5

计税方法	计算公式	适用范围
从量定额征收	应纳税额＝课税数量×定额税率	其他非金属矿原矿、黑色金属矿原矿、有色金属矿原矿、盐
从价定率征收	应纳税额＝(不含增值税)销售额×比例税率	原油、天然气、煤炭、稀土、钨、钼

【特别提示】

（1）在税额计算过程中还要注意有无减征、免征规定。

（2）资源税具有单一环节一次课征的特点，只在开采后出厂销售或移送自用环节纳税。

（3）要关注资源税与增值税、所得税的关系。

（三）销售额的确定

1. 基本规定（财政部、国家税务总局令第66号）

销售额为纳税人销售应税产品（原油、天然气）向购买方收取的全部价款和价外费用，不包括增值税销项税额。

对同时符合以下条件的运杂费用，纳税人在计算应税产品计税销售额时，可予以扣减：

（1）包含在应税产品销售收入中。

（2）属于纳税人销售应税产品环节发生的运杂费用，具体是指运送应税产品从坑口或者洗选（加工）地到车站、码头或者购买方指定地点的运杂费用。

（3）取得相关运杂费用发票或者其他合法有效凭据。

（4）将运杂费用与计税销售额分别进行核算。

纳税人扣减的运杂费用明显偏高导致应税产品价格偏低且无正当理由的，主管税务机关可以合理调整计税价格（国家税务总局公告2018年第13号）。

【例10－2·单选题】（2016年注会）某油田开采企业2016年3月销售天然气90万立方米，取得不含增值税收入1 350 000元，另向购买方收取手续费1 695元，延期付款利息2 260元。假设天然气的资源税税率为10%，该企业2016年3

月销售天然气应缴纳资源税（　　）。

A. 135 150 元

B. 135 338.03 元

C. 135 359.55 元

D. 135 000 元

【答案】 C

【解析】 本题考查的知识点是资源税的计税依据。手续费和延期付款利息应该作为价外费用计算纳税，并且是含税收入，要换算成不含税收入。应纳税额＝[1 350 000＋(1 695＋2 260)÷(1＋10%)]×10%＝135 359.55（元）。

【例10-3·单选题】（2017年税务师）某油田为增值税一般纳税人，2017年2月销售自产原油1 000吨，取得含税收入2 340万元，同时向购买方收取赔偿金3.51万元，储备费2.34万元，支付运输费用1万元，取得增值税专用发票，原油资源税税率为6%，该油田当月应缴纳资源税（　　）。

A. 140.61 万元

B. 120.35 万元

C. 140.75 万元

D. 121.34 万元

【答案】 D

【解析】 向购买方收取的赔偿金和储备费属于价外费用，要换算为不含税金额并入销售额中征收资源税。当月应缴纳的资源税＝(2 340＋3.51＋2.34)÷(1＋16%)×6%＝121.34（万元）。

2. 特殊情形（财政部、国家税务总局令第66号）

(1) 纳税人开采应税产品由其关联单位对外销售，按关联单位销售额征收资源税；既有对外销售应税产品，又有将应税产品用于连续生产应税产品以外其他方面的，则对自用的这部分应税产品，按纳税人对外销售应税产品的平均价格计算销售额征收资源税。

(2) 纳税人有视同销售应税产品行为而无销售价格的，或者申报的应税产品销售价格明显偏低且无正当理由的，应按下列顺序确定其应税产品计税价格：

1）按纳税人最近时期同类产品的平均销售价格确定。

2）按其他纳税人最近时期同类产品的平均销售价格确定。

3）按组成计税价格确定：

$$\begin{aligned}\text{组成计税价格} &= \text{成本}\times(1+\text{成本利润率})+\text{资源税}\\ &= \text{成本}\times(1+\text{成本利润率})\div(1-\text{税率})\end{aligned}$$

式中，成本为应税产品的实际生产成本；成本利润率由省、自治区、直辖市税务机关确定。

4）按后续加工非应税产品销售价格，减去后续加工环节的成本利润后确定。

5）按其他合理方法确定（国家税务总局公告2018年第13号）。

(四) 课税数量的确定 (国务院令第 139 号)

(1) 各种应税产品，凡直接对外销售的，均以实际销售数量为课税数量。

(2) 各种应税产品，凡自产自用的，均以自用数量为课税数量。

(3) 纳税人不能准确提供应税产品销售数量或移送使用数量的，以应税产品的产量或主管税务机关确定的折算比换算成的数量为课税数量。

二、应纳税额计算的特殊规定

应纳税额计算的特殊情形如下：

(1) 纳税人开采或者生产不同税目应税产品的，应当分别核算不同税目应税产品的课税数量。未分别核算或者不能准确提供不同税目应税产品的课税数量的，从高适用税额计税 (国务院令第 605 号)。

(2) 纳税人自产自用应税产品，因无法准确提供移送使用量而采取折算比换算课税数量办法的，具体规定如下 (国家税务总局公告 2011 年第 63 号)：

1) 煤炭。对于连续加工前无法正确计算原煤移送使用量的，可按加工产品的综合回收率，将加工产品实际销量和自用量折算成原煤数量作为课税数量。

原煤数量＝加工量÷综合回收率

2) 金属和非金属矿产品原矿。无法准确掌握纳税人移送使用原矿数量的，可将其精矿按选矿比折算成原矿数量作为课税数量。

耗用原矿数量＝精矿数量÷选矿比

(3) 原油中的稠油、高凝油与稀油划分不清或不易划分的，一律按原油稀油的数量课税。

(4) 以液体盐加工固体盐的。纳税人以自产的液体盐加工固体盐，按固体盐税额征税，以加工的固体盐数量为课税数量。如果纳税人以外购的液体盐加工固体盐，其加工固体盐所耗用液体盐的已纳税额准予在其应纳固体盐税额中抵扣。

(5) 开采海洋或陆上油气资源的中外合作油气田，按实物量计算缴纳资源税，以该油气田开采的原油、天然气扣除作业用量和损耗量之后的原油、天然气产量作为课税数量 (财税〔2014〕73 号)。

(6) 提取液体盐制取化工产品的，要严格按照提取的液体盐数量作为课税数量计征资源税 (财税〔2013〕109 号)。

(7) 关于原矿销售额与精矿销售额的换算或折算。为公平原矿与精矿之间的税负，对同一种应税产品，征税对象为精矿的，纳税人销售原矿时，应将原矿销售额换算为精矿销售额缴纳资源税；征税对象为原矿的，纳税人销售自采原矿加工的精矿，应将精矿销售额折算为原矿销售额缴纳资源税。换算比或折算率原则上应通过原矿售价、精矿售价和选矿比计算，也可通过原矿销售额、加工环节平均成本和利润计算。金矿以标准金锭为征税对象，纳税人销售金原矿、金精矿的，应比照上述规定将其销售额换算为金锭销售额缴纳资源税。换算比或折算率应按简便可行、公平合理的原则，由省级财税部门确定，并报财政部、国家税务总局备案（财税〔2016〕54 号）。

（8）纳税人用已缴纳资源税的应税产品进一步加工应税产品销售的，不再缴纳资源税。纳税人以自采未税产品和外购已税产品混合销售或者混合加工为应税产品销售的，应当准确核算已税产品的购进金额，在计算加工后的应税产品销售额时，准予扣减已税产品的购进金额；未分别核算的，一并计算缴纳资源税。已税产品购进金额当期不足扣减的可结转下期扣减。外购原矿或者精矿形态的已税产品与本产品征税对象不同的，在计算应税产品计税销售额时，应对混合销售额或者外购已税产品的购进金额进行换算或者折算（国家税务总局公告 2018 年第 13 号）。

（9）纳税人在 2016 年 7 月 1 日前开采原矿或以自采原矿加工精矿，在 2016 年 7 月 1 日后销售的，按规定缴纳资源税；2016 年 7 月 1 日前签订的销售应税产品的合同，在 2016 年 7 月 1 日后收讫销售款或者取得索取销售款凭据的，按规定缴纳资源税；在 2016 年 7 月 1 日后销售的精矿（或金锭），其所用原矿（或金精矿）如已按从量定额的计征方式缴纳了资源税，并与应税精矿（或金锭）分别核算，不再缴纳资源税（财税〔2016〕54 号）。

（10）对在 2016 年 7 月 1 日前已按原矿销量缴纳过资源税的尾矿、废渣、废水、废石、废气等实行再利用，从中提取的矿产品，不再缴纳资源税（财税〔2016〕54 号）。

【例 10－4·计算题】（2016 年税务师改）某稀土矿开采企业为增值税一般纳税人，20×6 年 5 月发生下列业务：

（1）开采稀土原矿并生铁矿石，开采总量为 1 000 吨，其中稀土原矿为 550 吨。本月对外销售稀土原矿 200 吨，每吨不含税价格为 0.5 万元。

（2）将开采的部分稀土原矿连续加工为精矿，本月对外销售稀土精矿 100 吨，每吨不含税价格为 1.5 万元，向购买方一并收取从矿区到指定运达地客运费 1 万元。

（3）本月将开采的铁矿石全部销售，每吨不含税价格为 0.04 万元，由于购货方延期付款，收到延期付款利息 2 万元。

（4）以部分稀土原矿作价 70.2 万元（含税）抵偿所欠供应商货款。

已知：按照市场法计算资源税，稀土原矿与精矿换算比为 2，稀土原矿、稀土精矿资源税税率为 11.5%，铁矿石资源税税率为 20 元/吨。

要求：根据上述资料，回答下列问题。

1. 该企业业务（1）应缴纳资源税（　　）。

A. 11.5 万元

B. 17.25 万元

C. 7.76 万元

D. 23 万元

2. 该企业业务（2）应缴纳资源税（　　）。

A. 17.35 万元

B. 17.37 万元

C. 17.25 万元

D. 25.88 万元

3. 该企业业务（3）应缴纳资源税（　　）。

A. 2.08 万元

B. 46 万元

C. 0.9 万元

D. 46.2 万元

4. 该企业业务（4）应缴纳资源税（　　）。

A. 8.07 万元

B. 13.9 万元

C. 6.9 万元

D. 16.15 万元

【答案】 DCCB

【解析】

1. 业务（1）应缴纳的资源税$=200\times0.5\times2\times11.5\%=23$（万元）。

2. 业务（2）应缴纳的资源税$=100\times1.5\times11.5\%=17.25$（万元）。

3. 业务（3）应缴纳的资源税$=(1\,000-550)\times20=9\,000$（元）$=0.9$（万元）。

4. 业务（4）应缴纳的资源税$=70.2\div1.16\times2\times11.5\%=13.9$（万元）。

三、代扣代缴（国税发〔1998〕49号）

（1）目前资源税代扣代缴的适用范围是指收购的原油、天然气、煤炭以外的资源税未税矿产品。

（2）代扣代缴资源税适用的单位税额规定如下：

1）独立矿山、联合企业收购与本单位矿种相同的未税矿产品，按照本单位相同矿种应税产品的单位税额，依据收购数量代扣代缴资源税。

2）独立矿山、联合企业收购与本单位矿种不同的未税矿产品，以及其他收购单位收购的未税矿产品，按照收购地相应矿种规定的单位税额，依据收购数量代扣代缴资源税。

3）收购地没有相同品种矿产品的，按照收购地主管税务机关核定的单位税额，依据收购数量代扣代缴资源税。

4）其他收购单位收购未税矿产品，按照主管税务机关核定的税额（率），依据收购数量代扣代缴资源税。

【例10-5·多选题】（2017年税务师）根据资源税有关规定，下列说法正确的有（　　）。

A. 独立矿山收购未税矿产品的，按照本单位应税产品税额、税率标准，依据收购数量或金额代扣代缴资源税

B. 联合企业收购未税矿产品的，按照税务机关核定的应税产品税额、税率标准，依据收购数量或金额代扣代缴资源税

C. 在中华人民共和国领域及管辖海域开采或生产应税产品的单位和个人是资源税的纳税人

D. 非矿山企业收购未税矿产品的，按照税务机关核定的应税产品税额、税率标准，依据收购数量或金额代扣代缴资源税

E. 收购未税矿产品的独立矿山、联合企业以及其他单位是资源税的扣缴义务人

【答案】ACDE

【解析】选项B，独立矿山、联合企业收购未税资源税应税产品，按照本单位应税产品的税额、税率标准，依据收购数量或金额代扣代缴资源税。

四、减免税规定

（1）纳税人开采或生产应税产品，自用于连续生产应税产品的，不缴纳资源税；自用于其他方面的，视同销售缴纳资源税（国务院令第605号）。

（2）有下列情形之一的，减征或免征资源税（国务院令第605号）：

1）开采原油过程中用于加热、修井的原油，免税。

2）纳税人开采或者生产应税产品过程中，因意外事故或者自然灾害等原因遭受重大损失的，由省、自治区、直辖市人民政府酌情决定减税或者免税。

3）国务院规定的其他减税、免税项目。

（3）为促进页岩气开发利用，自2018年4月1日至2021年3月31日，对页岩气资源税（按6%的规定税率）减征30%（财税〔2018〕26号）。

（4）自2015年5月1日起，将铁矿石资源税由减按规定税额标准的80%征收调整为减按规定税额标准的40%征收（国家税务总局、国家能源局公告2015年第21号）。

（5）关于原油、天然气的资源税优惠政策如下（财税〔2014〕73号）。

1）对油田范围内运输稠油过程中用于加热的原油、天然气，免征资源税。

2）对稠油、高凝油和高含硫天然气，资源税减征40%。

3）对三次采油，资源税减征30%。

4）对低丰度油气田，资源税暂减征20%。

5）对深水油气田，资源税减征30%

（6）对依法在建筑物下、铁路下、水体下通过充填开采方式采出的矿产资源，资源税减征50%（财税〔2016〕54号）。

（7）对实际开采年限在15年以上的衰竭期矿山开采的矿产资源，资源税减征30%（财税〔2016〕54号）。

（8）对鼓励利用的低品位矿、废石、尾矿、废渣、废水、废气等提取的矿产品，由省级人民政府根据实际情况确定是否给予减税或免税（财税〔2016〕54号）。

为促进共伴生矿的综合利用，纳税人开采销售共伴生矿，共伴生矿与主矿产品销售额分开核算的，对共伴生矿暂不计征资源税；没有分开核算的，共伴生矿按主矿产品的税目和适用税率计征资源税。财政部、国家税务总局另有规定的，从其规定（财税〔2016〕54 号）。

【例 10-6·多选题】（2016 年注会）企业生产或开发的下列资源产品中，应当征收资源税的有（　　）。

A. 人造石油

B. 深水油气田开采的天然气

C. 地面抽采的煤层气

D. 充填开采置换出来的煤炭

【答案】 BD

【解析】 本题考查资源税的征税范围和税收优惠问题，选项 A，C 暂免征收资源税。

第六节　申报和缴纳

一、纳税义务发生时间

纳税义务发生时间是指纳税人发生应税行为应当承担纳税义务的起始时间。根据纳税人的生产经营、货款结算方式和资源税征收的几种情况，其纳税义务的发生时间可分以下几种情况，如表 10-6 所示（财政部、国家税务总局令第 66 号）。

表 10-6

具体情形	纳税义务发生时间
分期收款	销售合同规定的收款日期的当天
预收货款	发出应税产品的当天
其他结算方式	收讫销售款或者取得索取销售款凭据的当天
自产自用应税产品应征资源税的	移送使用应税产品的当天
扣缴义务人代扣代缴税款	支付首笔货款或首次开具支付货款凭据的当天

二、纳税地点

纳税人应缴纳的资源税，应当向应税产品的开采或者生产所在地主管税务机关缴纳。纳税人在本省、自治区、直辖市范围内开采或者生产应税产品，其纳税地点需要调整的，由省、自治区、直辖市税务机关决定（国务院令第 605 号）。

扣缴义务人代扣代缴的资源税，应当向收购地主管税务机关缴纳（财政部令第66号）。

跨省、自治区、直辖市开采或者生产资源税应税产品的纳税人，其下属生产单位与核算单位不在同一省、自治区、直辖市的，对其开采或者生产的应税产品，一律在开采地或者生产地纳税。实行从量计征的应税产品，其应纳税款一律由独立核算的单位按照每个开采地或者生产地的销售量及适用税率计算划拨；实行从价计征的应税产品，其应纳税款一律由独立核算的单位按照每个开采地或者生产地的销售量、单位销售价格及适用税率计算划拨（财政部、国家税务总局令第66号）。

【例10-7·多选题】（2017年税务师）下列关于资源税纳税地点的说法中，正确的有（　　）。

A. 扣缴义务人代扣代缴资源税应当向收购地主管税务机关缴纳

B. 海洋原油资源税向国家税务总局海洋石油税务管理机构缴纳

C. 煤矿资源税在开采地缴纳

D. 煤矿资源税在销售地缴纳

E. 煤矿资源税在消费地缴纳

【答案】ABC

【解析】煤矿资源税在开采地缴纳。

三、纳税期限（国务院令第605号）

资源税的纳税期限由主管税务机关根据纳税人应纳税额的多少，分别核定为1日、3日、5日、10日、15日或者1个月。不能按固定期限计算纳税的，可以按次计算纳税。

对资源税的报税期限规定为：以1个月为一个纳税期的，自期满之日起10日内申报纳税；以1日、3日、5日、10日或15日为一个纳税期的，自期满之日起5日内预缴税款，于次月1日起10日内申报纳税并结清上月税款。

四、纳税环节（财税〔2016〕54号）

资源税在应税产品的销售或自用环节计算缴纳。以自采原矿加工精矿产品的，在原矿移送使用时不缴纳资源税，在精矿销售或自用时缴纳资源税。

纳税人以自采原矿加工金锭的，在金锭销售或自用时缴纳资源税。纳税人销售自采原矿或者自采原矿加工的金精矿、粗金的，在原矿或者金精矿、粗金销售时缴纳资源税，在移送使用时不缴纳资源税。

以应税产品投资、分配、抵债、赠与、以物易物等，视同销售，依照有关规定计算征收资源税。

第七节 水资源税改革试点实施办法

一、纳税义务人

为全面贯彻落实党的十九大精神，推进资源全面节约和循环利用，推动形成绿色发展方式和生活方式，根据财税〔2017〕80号，自2017年12月1日起在北京、天津、山西、内蒙古、山东、河南、四川、陕西、宁夏等9个省（自治区、直辖市）扩大水资源税改革试点，由征收水资源费改为征收水资源税。

除了规定情形，水资源税的纳税人为直接取用地表水、地下水的单位和个人，包括直接从江、河、湖泊（含水库）和地下取用水资源的单位和个人。

下列情形不缴纳水资源税：

（1）农村集体经济组织及其成员从本集体经济组织的水塘、水库中取用水的。

（2）家庭生活和零星散养、圈养畜禽饮用等少量取用水的。

（3）水利工程管理单位为配置或者调度水资源取水的。

（4）为保障矿井等地下工程施工安全和生产安全必须进行临时应急取用（排）水的。

（5）为消除对公共安全或者公共利益的危害临时应急取水的。

（6）为农业抗旱和维护生态与环境必须临时应急取水的。

【特别提示】

按照不增加城镇公共供水企业负担的原则，在水资源费改税试点期间，城镇公共供水企业缴纳的水资源税所对应的水费收入，不计征增值税，按不征税自来水项目开具增值税普通发票（国家税务总局公告2017年第47号）。

二、税额及应纳税额

（1）除了中央直属和跨省（区、市）水力发电取用水，由试点省份省级人民政府统筹考虑本地区水资源状况、经济社会发展水平和水资源节约保护要求，在《试点省份水资源税最低平均税额表》（见表10－7）规定的最低平均税额基础上，分类确定具体适用税额。

表10－7

省（区、市）	地表水最低平均税额	地下水最低平均税额
北京	1.6	4
天津	0.8	4
山西	0.5	2
内蒙古	0.5	2

续前表

省（区、市）	地表水最低平均税额	地下水最低平均税额
山东	0.4	1.5
河南	0.4	1.5
四川	0.1	0.2
陕西	0.3	0.7
宁夏	0.3	0.7

（2）为发挥水资源税的调控作用，按不同取水性质实行差别税额。

1）地下水税额要高于地表水，超采区地下水税额要高于非超采区，严重超采区地下水税额要大幅高于非超采区，具体适用税额由试点省份省级人民政府按非超采地区税额的2～5倍确定。

2）城镇公共供水管网覆盖地区地下水税额高于城镇公共供水管网未覆盖地区。

3）特种行业取用水，从高确定税额。特种行业取用水是指洗车、洗浴、高尔夫球场、滑雪场等取用水。

4）对超过水行政主管部门规定的计划（定额）取用水，从高确定税额。

5）对超过规定限额的农业生产取用水，以及主要供农村人口生活用水的集中式饮水工程取用水，从低确定税额。

6）对回收利用的疏干排水和地源热泵取用水，从低确定税额。

（3）水资源税实行从量计征，不同类型用水应纳税额计算如下：

1）一般取用水按实际用水量征税。

应纳税额＝实际用水量×适用税额

2）疏干排水（在采矿和工程建设过程中破坏地下水层、发生地下涌水的活动）按排水量征税。

应纳税额＝排水量×适用税额

3）水力发电和火力发电贯流式（不含循环式）冷却取用水按实际发电量征税。

应纳税额＝实际发电量×适用税额

试点省份的中央直属和跨省（区、市）水力发电取用水税额为每千瓦时0.005元。跨省（区、市）界河水电站水力发电取用水水资源税税额，与涉及的非试点省份水资源费征收标准不一致的，按较高一方标准执行。

三、减免税规定

下列情形，予以免征或者减征水资源税：

（1）规定限额内的农业生产取用水，免征水资源税。

（2）取用污水处理再生水的，免征水资源税。

（3）除了接入城镇公共供水管网，军队、武警部队通过其他方式取用水的，免征水资源税。

（4）抽水蓄能发电取用水的，免征水资源税。

（5）采油排水经分离净化后在封闭管道回注的，免征水资源税。

（6）财政部、国家税务总局规定的其他免征或者减征水资源税的情形。

四、申报和缴纳

（1）水资源税的纳税义务发生时间为纳税人取用水资源的当日。除了农业生产取用水，水资源税按季或者按月征收，由主管税务机关根据实际情况确定。对超过规定限额的农业生产取用水，水资源税可按年征收。不能按固定期限计算纳税的，可以按次申报纳税。纳税人应当自纳税期满或者纳税义务发生之日起 15 日内申报纳税。

（2）纳税人应当向生产经营所在地的税务机关申报缴纳水资源税，在试点省份内取用水，其纳税地点需要调整的，由省级财政、税务部门决定。跨省（区、市）调度的水资源，由调入区域所在地的税务机关征收水资源税。

第十一章 Chapter 11 契　税

第一节　概　述

一、契税的概念

契税是以所有权发生转移的不动产为征税对象，向产权承受人征收的一种财产税。现行《契税暂行条例》自 1997 年 10 月 1 日起施行。

二、契税的特点

契税与其他税种相比，具有如下特点：

(1) 契税属于财产转移税。

(2) 契税由财产承受人缴纳。

第二节　征税范围、纳税人和税率

一、征税范围

契税的征税对象为发生土地使用权和房屋所有权权属转移的土地和房屋，具体征税范围包括：国有土地使用权出让；土地使用权转让，包括出售、赠与和交换；房屋买卖、赠与、交换。即以货币为媒介，出卖者向购买者过渡房产所有权的交易行为（国务院令第 224 号）。

（一）国有土地使用权出让

国有土地使用权出让是指国家以土地所有者的身份将土地使用权在一定年限内让渡给土地使用者，并由土地使用者向国家支付土地使用权出让金的行为（财法字〔1997〕52号）。出让可以使用拍卖、招标、双方协议的方式。

（二）土地使用权转让

土地使用权转让是指土地使用者将土地使用权再转移的行为。转让可以使用出售、交换、赠与的方式（财法字〔1997〕52号）。土地使用权转让不包括农村集体土地承包（国务院令第224号）。

（三）房屋买卖

（1）房产抵债或实物交换房屋。经当地政府和有关部门批准，以房抵债和实物交换房屋，均视同房屋买卖，应由产权承受人按房屋现值缴纳契税（财法字〔1997〕52号）。

以补偿征地款的方式转移产权，实质上是一种以征地款购买房产的行为，应依法缴纳契税（国税函〔1999〕737号）。

（2）以房产作投资或作股权转让（财法字〔1997〕52号）。这种交易业务属房屋产权转移，应根据国家房地产管理的有关规定，办理房屋产权交易和产权变更登记手续，视同房屋买卖，由产权承受方按投资房产价值或房产买价缴纳契税。

以自有房产作股投入本人经营企业，免纳契税。因为以自有的房地产投入本人独资经营的企业，房屋产权所有人和土地使用权人未发生变化，无须办理房产变更手续，也不办理契税手续。

对以国家作价出资（入股）方式转移国有土地使用权的行为，应视同土地使用权转让，由土地使用权的承受方按规定缴纳契税（财税〔2008〕129号）。

（四）房屋赠与

房屋赠与是指房屋产权所有人将房屋无偿转让给他人所有。房屋赠与的前提必须是产权无纠纷，赠与人和受赠人双方自愿。

以获奖方式取得房屋产权的，其实质是接受赠与房产，应照章缴纳契税（财法字〔1997〕52号）。

居民个人根据国家房改政策购买公有住房并取得房改房产权证后，将名下的房屋产权转移给其子女，属于赠与行为，应依照《契税暂行条例》及其有关规定征收契税（国税函〔2008〕718号）。

【特别提示】

具体内容如表11-1所示。

表11-1

特殊行为	具体情况	契税政策
继承土地房屋权属的（国税函〔2004〕1036号）	法定继承人（包括配偶、子女、父母、兄弟姐妹、祖父母、外祖父母）继承土地房屋权属的	不征
	非法定继承人根据遗嘱承受死者生前土地房屋权属，属于赠与行为的	征收

（五）房屋交换（财法字〔1997〕52号）

房屋交换是指房屋住户、用户、所有人为了生活、工作方便，互相之间交换房屋的使用权或所有权的行为。交换的标的性质有公房、私房，标的种类有住宅、店面及办公用房等。

行为的内容是：

（1）房屋使用权交换。经房屋所有人同意，使用者可以通过变更租赁合同，办理过户手续，交换房屋使用权。

（2）房屋所有权交换。房屋产权相互交换，双方交换价值相等的，免纳契税，办理免征契税手续；其价值不相等的，按超出部分由支付差价方缴纳契税。

【特别提示1】

对承受国有土地使用权应支付的土地出让金，要征收契税。不得因减免土地出让金而减免契税。

【特别提示2】

买房者不论其购买目的是拆用材料还是得到旧房后翻建成新房，都要办理产权转移手续。只要房屋权属发生变化，就要照章缴纳契税。

【特别提示3】

以某些特殊方式转移土地、房屋权属也视为土地使用权转让、房屋买卖缴纳契税：

（1）以房屋抵债或实物交换房屋，视同房屋买卖，由产权承受人按房屋现值缴纳契税。

（2）以房产作投资或入股，应按规定办理房屋产权交易和产权变更登记手续，视同房屋买卖，由产权承受方按入股房产现值缴纳契税。

特例：以自有房产作股投入本人独资经营的企业，因未发生权属变化，不需要办理房产变更手续，故免纳契税。

（3）对以国家作价出资（入股）方式转移国有土地使用权的行为，应视同土地使用权转让，由土地使用权的承受方按规定缴纳契税。

（六）企业改制重组中的契税政策（财税〔2018〕17号）

具体内容如表11-2所示。

表11-2

特殊行为	具体情况	契税政策
企业改制	非公司制企业改制为有限责任公司或股份有限公司，有限责任公司变更为股份有限公司，股份有限公司变更为有限责任公司，原企业投资主体存续并在改制（变更）后的公司中所持股权（股份）比例超过75%，且改制（变更）后公司承继原企业权利、义务，对改制（变更）后公司承受原企业土地、房屋权属的	免征
事业单位改制	原投资主体存续并在改制后企业中出资（股权、股份）比例超过50%，对改制后企业承受原事业单位土地、房屋权属的	免征

续前表

特殊行为	具体情况	契税政策
企业合并	原投资主体存续，对合并后的企业承受各方的土地、房屋权属的	免征
企业分立	分立为两个或两个以上与原公司投资主体相同的公司，对分立后公司承受原公司土地、房屋权属的	免征
企业破产	债权人承受破产企业土地、房屋权属以抵偿债务的	免征
	非债权人承受破产企业土地、房屋权属，与原企业30%以上职工签订服务年限不少于3年的劳动用工合同的	减半征收
	非债权人承受破产企业土地、房屋权属，与原企业全部职工签订服务年限不少于3年的劳动用工合同的	免征
资产划转	承受县级以上人民政府或国有资产管理部门按规定进行行政性调整、划转国有土地、房屋权属的	免征
	企业改制重组，同一投资主体内部企业之间土地、房屋权属划拨的（母公司以土地、房屋权属向其全资子公司增资，视同划转）	免征
债权转股权	国务院批准债转股企业，债转股后新设公司承受原企业土地、房屋权属的	免征
划拨用地出让或作价出资	以出让方式或国家作价出资（入股）方式承受原改制重组企业、事业单位划拨用地的，不属上述规定的免税范围	对承受方征收契税
企业股权转让	单位、个人承受企业股权，企业土地、房屋权属不发生转移的	不征

【例11-1·多选题】（2015年税务师）下列各项应征收契税的有（　　）。

A. 以获奖方式取得房屋产权

B. 买房拆料

C. 个人购买属于家庭唯一住房的普通住房

D. 合伙企业的合伙人将其名下的房屋产权转移至合伙企业名下

E. 以拍卖方式取得国有土地使用权

【答案】 ABCE

【解析】 选项D，合伙企业的合伙人将其名下的房屋、土地权属转移至合伙企业名下，或合伙企业将其名下的房屋、土地权属转回原合伙人名下，免征契税。

（七）房屋附属设施有关契税政策

（1）对于承受与房屋相关的附属设施（包括停车位、汽车库、自行车库、顶层阁楼以及储藏室，下同）所有权或土地使用权的行为，按照契税法律、法规的规定征收契税；对于不涉及土地使用权和房屋所有权转移变动的，不征收契税（财税〔2004〕126号）。具体如表11-3所示。

表11-3

特殊行为	具体情况	契税政策
房屋的附属设施	承受附属设施所有权或土地使用权的	征收
	不涉及土地使用权和房屋所有权变动的	不征

（2）采取分期付款方式购买房屋附属设施土地使用权、房屋所有权的，应按合同规定的总价款计征契税（财税〔2004〕126号）。

（3）承受的房屋附属设施权属单独计价的，按照当地确定的适用税率征收契税；与房屋统一计价的，适用与房屋相同的契税税率（财税〔2004〕126号）。

（4）对纳税人因改变土地用途而签订土地使用权出让合同变更协议或者重新签订土地使用权出让合同的，应征收契税（国税函〔2008〕662号）。

（5）土地使用者转让、抵押或置换土地，无论其是否取得了该土地的使用权属证书，无论其在转让、抵押或置换土地过程中是否与对方当事人办理了土地使用权属证书变更登记手续，只要土地使用者享有占有、使用、收益或处分该土地的权利，且有合同等证据表明其实质转让、抵押或置换了土地并取得了相应的经济利益，土地使用者及其对方当事人就应当依照税法规定缴纳契税（国税函〔2007〕645号）。

二、纳税人（国务院令第224号）

在中华人民共和国境内转移土地、房屋权属，承受的单位和个人为契税的纳税人，包括城镇、乡村居民个人，私营组织和个体工商户，华侨、港澳台同胞，外商投资企业和外国企业，以及外国人等五大类，还包括国有经济单位。

三、税率

契税实行幅度比例税率，税率幅度为3%～5%。具体执行税率由各省、自治区、直辖市人民政府在规定的幅度内，根据本地区的实际情况确定。

第三节 计税依据和应纳税额的计算

一、计税依据（国务院令第224号）

契税的计税依据按照土地、房屋交易的不同情况确定。

（1）土地使用权出售、房屋买卖，其计税依据为成交价格（国税农函〔1997〕12号）。

（2）土地使用权赠与、房屋赠与，其计税依据由征收机关参照土地使用权出售、房屋买卖的市场价格核定（国税农函〔1997〕12号）。

（3）土地使用权交换、房屋交换，其计税依据是所交换的土地使用权、房屋的价格差额。对于成交价格明显低于市场价格且无正当理由的，或者所交换的土地使用权、房屋的价格差额明显不合理且无正当理由的，由征收机关参照市场价格核定（国税农函〔1997〕12号）。

（4）国有土地使用权出让，其契税计税价格为承受人为取得该土地使用权而支付的全部经济利益（财税〔2004〕134 号）。

1）以协议方式出让的，其契税计税价格为成交价格。成交价格包括土地出让金、土地补偿费、安置补偿费、地上附着物和青苗补偿费、拆迁补偿费、市政建设配套费等承受者应支付的货币、实物、无形资产及其他经济利益。

没有成交价格或者成交价格明显偏低的，征收机关可依次按下列两种方式确定：

第一，评估价格：由政府批准设立的房地产评估机构根据相同地段、同类房地产进行综合评定，并经当地税务机关确认的价格。

第二，土地基准地价：由县以上人民政府公示的土地基准地价。

2）以竞价方式出让的，其契税计税价格一般应确定为竞价的成交价格，土地出让金、市政建设配套费以及各种补偿费用应包括在内。

3）先以划拨方式取得土地使用权，后经批准改为出让方式取得该土地使用权的，应依法缴纳契税，其计税依据为应补缴的土地出让金和其他出让费用。

4）对通过招、拍、挂方式承受国有土地使用权的，应按照土地成交总价款计征契税，其中的土地前期开发成本不得扣除（国税函〔2009〕603 号）。

（5）房屋买卖的契税计税价格为房屋买卖合同的总价款，买卖装修的房屋，装修费用应包括在内（国税函〔2007〕606 号）。

（6）土地使用者将土地使用权及所附建筑物、构筑物等（包括在建的房屋、其他建筑物、构筑物和其他附着物）转让给他人的，应按照转让的总价款计征契税（财税〔2007〕162 号）。

（7）对纳税人因改变土地用途而签订土地使用权出让合同变更协议或者重新签订土地使用权出让合同的，计税依据为因改变土地用途应补缴的土地收益金及应补缴政府的其他费用（国税函〔2008〕662 号）。

（8）企业承受土地使用权用于房地产开发，并在该土地上代政府建设保障性住房的，计税价格为取得全部土地使用权的成交价格（财税〔2012〕82 号）。

（9）计征契税的成交价格不含增值税（财税〔2016〕43 号）。

归纳 1

契税纳税人及计税依据一览表如表 11 - 4 所示。

表 11 - 4

征税对象	纳税人	计税依据
国有土地使用权出让	承受方	成交价格（不含增值税）
土地使用权转让	受让方	
房屋买卖	买方	
房屋赠与	受赠方	征收机关参照市场价核定
房屋交换	付出差价方	等价交换，免征契税；不等价交换，依交换价格差额征收契税

归纳2

计税依据如表11-5所示。

表11-5

具体情形	计税依据
国有土地使用权出让、出售、房屋买卖（财税〔2004〕134号、国税农函〔1997〕12号）	成交价格；买卖装修的房屋，装修费用应包括在内（国税函〔2007〕606号）
土地使用权赠与、房屋赠与（国税农函〔1997〕12号）	由征收机关参照土地使用权出售、房屋买卖的市场价格核定
土地使用权交换、房屋交换（国税农函〔1997〕12号）	所交换的土地使用权、房屋的价格差额
	交换价格相等时，免征契税
	交换价格不等时，由多交付货币、货物、无形资产或其他经济利益的一方缴纳契税
以划拨方式取得土地使用权，经批准转让房地产时	由房地产转让者补交契税，计税依据为补交的土地使用权出让费用或者土地收益
房屋附属设施征收契税的依据	采取分期付款方式购买房屋附属设施土地使用权、房屋所有权的，按照合同规定的总价款计算征收契税
	承受的房屋附属设施权属如果单独计价，按照当地适用的税率征收；如果与房屋统一计价，适用与房屋相同的税率
对于个人无偿赠与不动产行为（法定继承人除外）	应对受赠人全额征收契税

【例11-2·单选题】（2016年注会）2016年1月因无力偿还乙企业已到期的债务3 000万元，经双方协商甲企业同意以自有房产偿还债务，该房产的原值为5 000万元，净值为2 000万元，评估现值为9 000万元，乙企业支付差价款6 000万元，双方办理了产权过户手续，则乙企业计缴契税的计税依据是（　　）。

A. 5 000万元

B. 6 000万元

C. 9 000万元

D. 2 000万元

【答案】 C

【解析】 本题考查的知识点是契税的计税依据。以房产抵偿债务，按照房屋的折价款作为计税依据缴纳契税，本题的折价款为9 000万元。

二、应纳税额的计算

应纳税额的计算公式为：

应纳税额＝计税依据×税率

应纳税额以人民币计算。转移土地、房屋权属以外汇结算的，按照纳税义务发生之日中国人民银行公布的人民币市场汇率中间价，折合成人民币计算（国务院令第 224 号)。

【例 11－3·单选题】(2017 年税务师)某公司 2017 年 1 月以 1 200 万元(不含增值税)购入一幢旧写字楼作为办公用房,该写字楼原值 2 000 万元,已计提折旧 800 万元。当地适用的契税税率为 3%,该公司购入写字楼应缴纳契税(　　)。

A. 60 万元

B. 36 万元

C. 30 万元

D. 24 万元

【答案】B

【解析】应缴纳的契税＝1 200× 3%＝36(万元)。

第四节　减免税优惠

一、契税减免的基本规定

(1)国家机关、事业单位、社会团体、军事单位承受土地、房屋用于办公、教学、医疗、科研和军事设施的,免征契税(国务院令第 224 号)。

(2)城镇职工按规定第一次购买公有住房的,免征契税(国务院令第 224 号)。

(3)自 2016 年 2 月 22 日起,对个人购买家庭唯一住房(家庭成员范围包括购房人、配偶以及未成年子女,下同),面积为 90 平方米及以下的,减按 1%的税率征收契税;面积为 90 平方米以上的,减按 1.5%的税率征收契税。对个人购买家庭第二套改善性住房,面积为 90 平方米及以下的,减按 1%的税率征收契税;面积为 90 平方米以上的,减按 2%的税率征收契税(财税〔2016〕23 号)。

归纳

具体内容如表 11－6 所示。

表 11－6

个人购买住房	契税优惠政策
城镇职工按规定第一次购买公有住房(含按政策经批准的集资房、房改房)	免征
个人购买普通住房,且该住房属于家庭(成员包括购房人、配偶以及未成年子女,下同)唯一住房的	减半征收
个人购买 90 平方米及以下普通住房,且该住房属于家庭唯一住房的	减按 1%的税率征收
个人购买 90 平方米以上普通住房,且该住房属于家庭唯一住房的	减按 1.5%的税率征收
个人购买家庭第二套改善性住房,面积为 90 平方米及以下的	减按 1%的税率征收
个人购买家庭第二套改善性住房,面积为 90 平方米以上的	减按 2%的税率征收

提示:纳税人在申请办理家庭唯一普通住房契税优惠时,无须提供原民政部门开具的(无)婚姻登记记录证明(国家税务总局公告 2015 年第 71 号)。

（4）因不可抗力丧失住房而重新购买住房的，酌情准予减征或者免征契税（国务院令第224号）。

（5）土地、房屋被县级以上人民政府征用、占用后，重新承受土地、房屋权属的，由省级人民政府确定是否减免（财法字〔1997〕52号）。

（6）承受荒山、荒沟、荒丘、荒滩土地使用权，并用于农、林、牧、植业生产的，免征契税（财法字〔1997〕52号）。

【例11-4·多选题】（2013年注税）2011年张先生购置家庭第一套住房，面积为90平方米，成交价格为70万元；2012年因工作调动，张先生用家庭唯一住房换取赵先生一套85平方米房屋，赵先生支付张先生10万元，当地契税税率为3%。下列关于契税纳税义务的说法，正确的有（　　）。

A. 赵先生需要缴纳契税24 000元

B. 张先生购置第一套住房需要缴纳契税7 000元

C. 张先生换取赵先生的住房需要缴纳契税3 000元

D. 张先生换取房屋的行为应在90平方米房屋所在地缴纳契税

E. 赵先生换取房屋的行为契税纳税义务发生时间是签订房屋权属转移合同的当天

【答案】BE

【解析】张先生购置住房应缴纳的契税＝700 000×1%＝7 000（元）；赵先生应缴纳的契税＝100 000×3%＝3 000（元）。

二、财政部规定的其他减征、免征契税的项目

（1）售后回租及相关事项的契税政策如表11-7所示（财税〔2012〕82号）。

表11-7

特殊行为	具体情况	契税政策
金融租赁公司售后回租业务	对金融租赁公司开展售后回租业务，承受承租人房屋、土地权属的	征收
	对售后回租合同期满，承租人回购原房屋、土地权属的	免征
房屋被征收的居民重置住房	居民因个人房屋被征收而选择货币补偿用以重新购置房屋，并且购房成交价格不超过货币补偿的	免征
	居民因个人房屋被征收而选择房屋产权调换，并且不缴纳房屋产权调换差价的	
	选择货币补偿用以重新购置房屋，购房成交价格超过货币补偿的差价部分	征收
	选择房屋产权调换，缴纳房屋产权调换差价的	

续前表

<table>
<tr><th>特殊行为</th><th>具体情况</th><th>契税政策</th></tr>
<tr><td rowspan="3">无实质性权属转移的房地产交易</td><td>单位、个人以房屋、土地以外的资产增资，相应扩大其在被投资公司的股权持有比例，无论被投资公司是否变更工商登记，其房屋、土地权属均不发生转移的</td><td>不征</td></tr>
<tr><td>个体工商户的经营者将其个人名下的房屋、土地权属转移至个体工商户名下，或个体工商户将其名下的房屋、土地权属转回原经营者个人名下的</td><td rowspan="2">免征</td></tr>
<tr><td>合伙企业的合伙人将其名下的房屋、土地权属转移至合伙企业名下，或合伙企业将其名下的房屋、土地权属转回原合伙人名下的</td></tr>
<tr><td colspan="3">以招、拍、挂方式出让国有土地使用权的，纳税人为最终与土地管理部门签订出让合同的土地使用权承受人</td></tr>
<tr><td colspan="3">企业承受土地使用权用于房地产开发，并在该土地上代政府建设保障性住房的，计税价格为取得全部土地使用权的成交价格</td></tr>
</table>

（2）棚户区改造的契税政策（财税〔2013〕101 号）。对经营管理单位回购已分配的改造安置住房继续作为改造安置房源的，免征契税。

个人首次购买 90 平方米以下改造安置住房，按 1%的税率计征契税；购买超过 90 平方米，但符合普通住房标准的改造安置住房，按法定税率减半计征契税。

（3）婚姻关系存续期间，房屋、土地权属原归夫妻一方所有，变更为夫妻双方共有或另一方所有的，或者房屋、土地权属原归夫妻双方共有，变更为其中一方所有的，或者房屋、土地权属原归夫妻双方共有，双方约定、变更共有份额的，免征契税（财税〔2014〕4 号）。

（4）对已缴纳契税的购房单位和个人，在未办理房屋权属变更登记前退房的，退还已缴纳契税；在办理房屋权属变更登记后退房的，不予退还已缴纳契税（财税〔2011〕32 号）。

（5）对社会保险费（基本养老保险、基本医疗保险、失业保险）征收机构承受用以抵缴社会保险费的土地、房屋权属，免征契税（国税函〔2001〕483 号）。

（6）对被撤销的金融机构在清算过程中催收债权时，接收债务方土地使用权、房屋所有权所发生的权属转移，免征契税（财税〔2003〕141 号）。

（7）对已购公有住房经补缴土地出让金和其他出让费用成为完全产权住房的，免征土地权属转移的契税（财税〔2004〕134 号）。

（8）对公共租赁住房经营管理单位购买住房作为公共租赁住房的，免征契税（财税〔2014〕52 号）。

（9）自 2016 年 1 月 1 日至 2018 年 12 月 31 日，对饮水工程运营管理单位为建设饮水工程而承受土地使用权的，免征契税（财税〔2016〕19 号）。

【例 11-5 · 多选题】（2017 年注会）以下选项中获取的房屋权属中，可以免征契税的有（ ）。

A. 因房屋拆迁取得的房屋

B. 以实物交换取得的房屋

C. 全资公司的母公司划转的房屋

D. 债权人承受破产企业抵偿债务的房屋

【答案】CD

【解析】选项C，D属于契税优惠的特殊规定，免征契税。

第五节 申报和缴纳

一、纳税义务发生时间

契税的纳税义务发生时间是纳税人签订土地、房屋权属转移合同的当天，或者纳税人取得其他具有土地、房屋权属转移合同性质凭证的当天（国务院令第224号）。

纳税人因改变土地、房屋用途应当补缴已经减征、免征契税的，其纳税义务发生时间为改变有关土地、房屋用途的当天（财法字〔1997〕52号）。

二、纳税期限

纳税人应当自纳税义务发生之日起10日内，向土地、房屋所在地的契税征收机关办理纳税申报，并在契税征收机关核定的期限内缴纳税款（国务院令第224号）。

三、纳税地点

契税在土地、房屋所在地征收机关缴纳（国务院令第224号）。

归纳

契税纳税人及计税依据一览表如表11－8所示。

表11－8

基本要点	主要规定
纳税义务发生时间	签订合同的当天，或者取得其他具有土地、房屋权属转移合同性质凭证的当天
申报纳税期限	合同签订10日内
申报地点	土地、房屋所在地征收机关

四、征收管理

纳税人办理完纳税事宜后，征收机关应向纳税人开具契税完税凭证。纳税人持契税完税凭证和其他规定的文件资料，依法向土地管理部门、房地产管理部门办理有关土地、房屋的权属变更登记手续（国务院令第 224 号）。

根据人民法院、仲裁委员会的生效法律文书发生土地、房屋权属转移，纳税人不能取得销售不动产发票的，可持人民法院的裁定书原件及相关材料办理契税纳税申报，税务机关应予受理。

购买新建商品房的纳税人在办理契税纳税申报时，由于销售新建商品房的房地产开发企业已办理注销税务登记或者被税务机关列为非正常户等原因，致使纳税人不能取得销售不动产发票的，税务机关在核实有关情况后应予受理（国家税务总局公告 2015 年第 67 号）。

【例 11－6 · 多选题】（2016 年税务师）下列关于契税征收的说法正确的有（　　）。

A. 纳税人不能取得销售不动产发票的，可持人民法院的裁定书原件及相关资料办理契税纳税申报

B. 纳税人因房地产开发企业被税务机关列为非正常户，不能取得销售不动产发票的，无法办理契税纳税申报

C. 纳税人应当自纳税义务发生之日起 10 日内向征收机关办理申报

D. 纳税义务发生时是纳税人签订土地、房屋权属转移合同的当天

E. 契税应向土地、房屋的承受人住宅地或单位注册地所在地缴纳

【答案】 ACD

【解析】 选项 B，纳税人因房地产开发企业被税务机关列为非正常户，不能取得销售不动产发票的，税务机关在核实有关情况后应予受理。选项 E，契税应向土地、房屋所在地的征收机关缴纳。

第十二章 城镇土地使用税

Chapter 12

第一节　概　述

一、城镇土地使用税的概念

城镇土地使用税是以开征范围内的土地为征税对象，以实际占用的土地面积为计税依据，按规定税额对拥有土地使用权的单位和个人征收的一种税。现行《城镇土地使用税暂行条例》自 2007 年 1 月 1 日起施行。

二、城镇土地使用税的特点

(1) 现行的城镇土地使用税实质上是对占用土地资源或行为的课税，属于准财产税，而非严格意义上的财产税。

(2) 征税对象是土地。开征城镇土地使用税，实质上是运用国家政治权力，将纳税人获取的本应属于国家的土地收益集中到国家手中。

(3) 征税范围有所限定。现行城镇土地使用税征税限定在城市、县城、建制镇、工矿区。

(4) 实行差别幅度税额。不同城镇适用不同税额，对同一城镇的不同地段，根据市政建设状况和经济繁荣程度确定不等的负担水平。

第二节　征税范围、纳税人和应纳税额的计算

一、征税范围

城镇土地使用税的征税范围是城市、县城、建制镇和工矿区（国税地字〔1988〕15 号）。

相关链接

城市是指经国务院批准设立的市，其征税范围包括市区和郊区；县城是指县人民政府所在地，其征税范围为县人民政府所在地的城镇；建制镇是指经省、自治区、直辖市人民政府批准设立的，符合国务院规定的建制镇标准的镇，其征税范围一般为镇人民政府所在地；工矿区是指工商业比较发达、人口比较集中的大中型工矿企业所在地，工矿区的设立必须经省、自治区、直辖市人民政府批准。

二、纳税人

凡在城市、县城、建制镇、工矿区范围内使用土地的单位和个人，为城镇土地使用税的纳税人。单位包括国有企业、集体企业、私营企业、股份制企业、外商投资企业、外国企业以及其他企业和事业单位、社会团体、国家机关、军队以及其他单位。个人包括个体工商户及其他个人（国务院令第483号）。税法根据用地者的不同情况，对纳税人作了如下具体规定（国税地字〔1988〕15号）：

（1）城镇土地使用税由拥有土地使用权的单位或个人缴纳。

（2）土地使用权未确定或权属纠纷未解决的，由实际使用人纳税。

（3）土地使用权共有的，由共有各方分别纳税。

【特别提示】

在城镇土地使用税征税范围内，承租集体所有建设用地的，由直接从集体经济组织承租土地的单位和个人缴纳城镇土地使用税（财税〔2017〕33号）。

三、适用税额

城镇土地使用税实行分级幅度税额（财税〔2007〕9号）。每平方米土地年税额规定如下：

（1）大城市1.5～30元。

（2）中等城市1.2～24元。

（3）小城市0.9～18元。

（4）县城、建制镇、工矿区0.6～12元。

相关链接

大、中、小城市的划分以登记在册的非农业正式户口人数为依据。其中，市区及郊区非农业人口在50万以上的称为大城市，市区及郊区非农业人口在20万至50万的称为中等城市，市区及郊区非农业人口在20万以下的称为小城市。

根据《城镇土地使用税暂行条例》的规定，市、县人民政府应当根据实际情况，将本地区土地划分为若干等级，在省、自治区、直辖市人民政府确定的税额幅度内，制定适用税额标准，报省、自治区、直辖市人民政府批准执行。经省、自治区、直辖市人民政府批准，经济落后地区的城镇土地使用税适用税额标准可以适当降低，但降低额不得超过规定的最低税额的30%。经济发达地区城镇土地使用税的适用税额标准可以适当提高，但须报经财政部批准。

四、计税依据

城镇土地使用税以纳税人实际占用的土地面积（平方米）为计税依据。纳税人实际占用的土地面积，以房地产管理部门核发的土地使用证书与确认的土地面积为准；尚未核发土地使用证书的，应由纳税人据实申报土地面积，据以纳税，待核发土地使用证后再作调整（国务院令第483号）。

对在城镇土地使用税征税范围内单独建造的地下建筑用地，按规定征收城镇土地使用税。其中，已取得地下土地使用权证的，按土地使用权证确认的土地面积计算应征税款；未取得地下土地使用权证或地下土地使用权证上未标明土地面积的，按地下建筑垂直投影面积计算应征税款，对地下建筑用地暂按应征税款的50%征收城镇土地使用税（财税〔2009〕128号）。

【例12-1·单选题】（2017年注会）某企业2016年度拥有位于市郊的一宗地块，其地上面积为10 000平方米，单独建造的地下建筑面积为4 000平方米（已取得地下土地使用权证）。该市规定的城镇土地使用税税额为2元/平方米。则该企业2016年度就此地块应缴纳的城镇土地使用税为（　　）。

A. 0.8万元

B. 2万元

C. 2.8万元

D. 2.4万元

【答案】 D

【解析】 应缴纳的城镇土地使用税＝1×2＋0.4×2×50%＝2.4（万元）。

五、应纳税额的计算

城镇土地使用税的应纳税额依据纳税人实际占用的土地面积和适用单位税额计算。计算公式如下：

年应纳税额＝计税土地面积(平方米)×适用税额

土地使用权由几方共有的，由共有各方按照各自实际使用的土地面积占总面积的比例，分别计算缴纳城镇土地使用税（先分后税）。

单独建造的地下建筑物的税额计算公式如下：

$$年应纳税额=\frac{证书确认应税土地面积或}{地下建筑物垂直投影面积(平方米)}\times 适用税额\times 50\%$$

【例 12－2·单选题】（2015 年注会）某企业在市区拥有一块地，尚未由有关部门组织测量面积，但持有政府部门核发的土地使用证书。下列关于该企业履行城镇土地使用税纳税义务的表述中，正确的是（　　）。

A. 暂缓履行纳税义务

B. 自行测量土地面积并履行纳税义务

C. 待将来有关部门测定完土地面积后再履行纳税义务

D. 以证书确认的土地面积作为计税依据履行纳税义务

【答案】 D

【解析】 尚未组织测量，但纳税人持有政府部门核发的土地使用证书的，以证书确认的土地面积为准。

第三节　减免税优惠

一、减免税优惠的基本规定

城镇土地使用税的免税项目（国务院令第 483 号）如下：

（1）国家机关、人民团体、军队自用的土地。

【特别提示】

人民团体是指经国务院授权的政府部门批准设立或登记备案，并由国家拨付行政事业费的各种社会团体。

（2）由国家财政部门拨付事业经费的单位自用的土地。

【特别提示】

企业办的学校、医院、托儿所、幼儿园，其用地能与企业其他用地明确区分的，可以比照由国家财政部门拨付事业经费的单位自用的土地，免征城镇土地使用税。

（3）宗教寺庙、公园、名胜古迹自用的土地。

【特别提示 1】

宗教寺庙自用的土地是指举行宗教仪式等的用地和寺庙内的宗教人员生活用地。

【特别提示 2】

公园、名胜古迹自用的土地是指供公共参观游览的用地及其管理单位的办公用地。公园、名胜古迹附设的营业场所，如影剧院、饮食部、茶社、照相馆等用地，应征收城镇土地使用税。

（4）市政街道、广场、绿化用地等公共用地。非社会性质的公共用地不能免税，如企业内的广场、道路、绿化等占用的土地。

（5）直接用于农林牧渔业的生产用地。指直接从事种植、养殖、饲养的专业用地。农副产品加工厂占地和从事农林牧渔业生产单位的生活办公用地不包括在内。

(6) 开山填海整治的土地。自行开山填海整治的土地和改造的废弃土地，从使用的月份起免缴城镇土地使用税5～10年。

(7) 由财政部另行规定免税的能源、交通、水利用地和其他用地。

(8) 省、自治区、直辖市地方税务局确定减免城镇土地使用税的优惠。个人所有的居住房屋及院落用地，房产管理部门在房租改革前经租的居民住房用地，免税单位职工家属的宿舍用地，集体和个人举办的各类学校、医院、托儿所、幼儿园用地等的征免税，由各省、自治区、直辖市税务机关确定。

二、减免税优惠的特殊规定

(1) 城镇土地使用税与耕地占用税的衔接（国务院令第483号）。为避免对一块土地同时征收耕地占用税和城镇土地使用税，凡是缴纳了耕地占用税的，从批准之日起满1年后缴纳城镇土地使用税；征收非耕地因不需要缴纳耕地占用税，应从批准征收之次月起缴纳城镇土地使用税。

【例12-3·单选题】（2013年注税）位于某县城的化工厂，2012年1月土地使用证书记载占用土地的面积为80 000平方米，8月新征用耕地10 000平方米，已缴纳耕地占用税，适用的城镇土地使用税税额为10元/平方米。该化工厂2012年应缴纳城镇土地使用税（　　）。

A. 720 000元

B. 800 000元

C. 820 000元

D. 900 000元

【答案】 B

【解析】 纳税人新征用的耕地，自批准征用之日起满1年时开始缴纳城镇土地使用税。应缴纳的城镇土地使用税＝80 000×10＝800 000（元）。

(2) 免税单位与纳税单位之间无偿使用的土地（国税地字〔1989〕140号）。对免税单位无偿使用纳税单位的土地（如公安、海关等单位使用铁路、民航等单位的土地）免征城镇土地使用税；对纳税单位无偿使用免税单位的土地，纳税单位应照章缴纳城镇土地使用税。

(3) 房地产开发公司开发建造商品房的用地（国税发〔2004〕100号）。房地产开发公司开发建造商品房的用地，除经批准开发建造经济适用房的用地，对各类房地产开发用地一律不得减免城镇土地使用税。

(4) 城镇内的集贸市场（农贸市场）用地（国税地字〔1989〕140号、财税〔2012〕68号、财税〔2016〕1号）。自2013年1月1日至2018年12月31日，对专门经营农产品的农产品批发市场、农贸市场使用的房产、土地，免征城镇土地使用税。对同时经营其他产品的农产品批发市场和农贸市场使用的房产、土地，按其他产品与农产品交易场地面积的比例确定征免城镇土地使用税。

(5) 国家机关、军队、人民团体、财政补助事业单位、居民委员会、村民委员会拥有的体育场馆，用于体育活动的房产、土地，免征城镇土地使用税。

企业拥有并运营管理的大型体育场馆，其用于体育活动的房产、土地，减半征收城镇土地使用税。

(6) 企业的绿化用地（国税地字〔1989〕140 号）。对企业厂区（包括生产、办公及生活区）以内的绿化用地，应照章征收城镇土地使用税，厂区以外的公共绿化用地和向社会开放的公共用地，暂免征收城镇土地使用税。

(7) 盐场、盐矿用地（国税地字〔1989〕141 号）。

1）对盐场、盐矿的生产厂房、办公、生活区用地，应照章征收城镇土地使用税。

2）盐场的盐滩、盐矿的矿井用地，暂免征收城镇土地使用税。

3）对盐场、盐矿的其他用地，由各省、自治区、直辖市税务机关根据实际情况确定征收城镇土地使用税或给予定期减征、免征的照顾。

【例 12-4·单选题】（2009 年注会）某盐场 2008 年度占地 200 000 平方米，其中办公楼占地 20 000 平方米，盐场内部绿化占地 50 000 平方米，盐场附属幼儿园占地 10 000 平方米，盐滩占地 120 000 平方米。盐场所在地城镇土地使用税单位税额为每平方米 0.7 元。该盐场 2008 年应缴纳城镇土地使用税（　　）。

A. 14 000 元

B. 49 000 元

C. 56 000 元

D. 140 000 元

【答案】 B

【解析】 应缴纳的城镇土地使用税＝(200 000－10 000－120 000)×0.7＝70 000×0.7＝49 000（元）。

(8) 民航机场用地（国税地字〔1989〕32 号）。机场飞行区（包括跑道、滑行道、停机坪、安全带、夜航灯光区）用地、场内外通信导航设施用地和飞行区四周排水防洪设施用地，免征城镇土地使用税。在机场道路中，场外道路用地免征城镇土地使用税；场内道路用地依照规定征收城镇土地使用税。

机场工作区（包括办公、生产、维修用地及候机楼、停车场）用地、生活区用地、绿化用地，均须依照规定征收城镇土地使用税。

【例 12-5·单选题】（2012 年注税）某民用机场占地 100 万平方米，其中飞行区用地 90 万平方米，场外道路用地 7 万平方米，场内道路用地 0.5 万平方米，工作区用地 2.5 万平方米，城镇土地使用税税额为 5 元/平方米。每年该机场应缴纳城镇土地使用税（　　）。

A. 125 000 元

B. 150 000 元

C. 475 000 元

D. 500 000 元

【答案】 B

【解析】 机场飞行区用地、场外道路用地，免征城镇土地使用税。应缴纳的城镇土地使用税＝(0.5＋2.5)×5×10 000＝150 000（元）。

（9）供热企业自用土地（财税〔2009〕11号、财税〔2016〕94号）。自2016年1月1日至2018年12月31日，对向居民供热而收取采暖费的供热企业，为居民供热所使用的厂房及土地免征城镇土地使用税；对供热企业其他厂房及土地，应当按规定征收城镇土地使用税。

（10）自2017年1月1日起至2019年12月31日止，对物流企业自有（包括自用和出租）的大宗商品仓储设施用地，减按所属土地等级适用税额标准的50％计征城镇土地使用税（财税〔2017〕33号）。

（11）自2018年5月1日起至2019年12月31日止，对物流企业承租用于大宗商品仓储设施的土地，减按所属土地等级适用税额标准的50％计征城镇土地使用税（财税〔2018〕62号）。

（12）自2016年1月1日至2018年12月31日，对商品储备管理公司及其直属库承担商品储备业务自用的房产、土地，免征城镇土地使用税（财税〔2016〕28号）。

（13）自2016年1月1日至2018年12月31日，对符合条件的科技园自用以及无偿或通过出租等方式提供给孵化企业使用的房产、土地，免征城镇土地使用税（财税〔2016〕89号、财税〔2016〕98号）。

（14）通过招、拍、挂方式取得土地（国家税务总局公告2014年第74号）。通过招标、拍卖、挂牌方式取得的建设用地，不属于新征用的耕地，纳税人应从合同约定交付土地时间的次月起缴纳城镇土地使用税；合同未约定交付土地时间的，从合同签订的次月起缴纳城镇土地使用税。

（15）对公共租赁住房建设期间用地及公共租赁住房建成后占地免征城镇土地使用税。在其他住房项目中配套建设公共租赁住房，依据政府部门出具的相关材料，按公共租赁住房建筑面积占总建筑面积的比例免征建设、管理公共租赁住房涉及的城镇土地使用税（财税〔2014〕52号、财税〔2015〕139号）。

【特别提示】

开发商在经济适用住房、商品住房项目中配套建造廉租住房，在商品住房项目中配套建造经济适用住房，如能提供政府部门出具的相关材料，可按廉租住房、经济适用住房建筑面积占总建筑面积的比例免征开发商应缴纳的城镇土地使用税。

【例12－6·单选题】（2016年税务师）下列关于城镇土地使用税减免税优惠的说法中，正确的是（　　）。

A. 企业的绿化用地免征城镇土地使用税

B. 港口的码头用地免征城镇土地使用税

C. 事业单位的业务用地免征城镇土地使用税

D. 农业生产单位的办公用地免征城镇土地使用税

【答案】B

【解析】选项A，对企业厂区（包括生产、办公及生活区）以内的绿化用地，应照章征收城镇土地使用税，厂区以外的公共绿化用地和向社会开发的公园用地，暂免征收城镇土地使用税；选项B，对港口的码头（即泊位，包括岸边码头、伸入水中的浮码头、堤岸、堤坝、栈桥等）用地，免征城镇土地使用税；选项C，对事业单位本身的业务用地，免征城镇土地使用税；选项D，直接用于农、林、牧、渔业的生产用地免税，对农业生产单位的办公用地不免税，应照章征税。

【例12-7·单选题】（2017年税务师）某公司2016年3月通过挂牌方式取得一宗土地，土地出让合同约定2016年4月交付。土地使用证记载占地面积为6 000平方米。该土地年税额为4元/平方米，该公司应缴纳城镇土地使用税（　　）。

A. 24 000元

B. 20 000元

C. 18 000元

D. 16 000元

【答案】D

【解析】税法规定，通过招标、拍卖、挂牌方式取得的建设用地，不属于新征用的耕地。纳税人应按照规定从合同约定交付土地时间的次月起缴纳城镇土地使用税。该公司应缴纳的城镇土地使用税＝6 000×4×8÷12＝16 000（元）。

第四节　申报和缴纳

一、纳税义务发生时间（国务院令第483号）

使用城镇土地，一般是从次月起发生纳税义务，只有新征用耕地是在批准使用之日起满1年时开始纳税。具体如表12-1所示。

表12-1

情况	纳税义务发生时间
购置新建商品房	自房屋交付使用之次月起
购置存量房	自房地产权属登记机关签发房屋权属证书之次月起
出租、出借房产	自交付出租、出借房产之次月起
出让或转让有偿取得土地使用权	自合同约定交付土地时间的次月起或合同签订的次月起
新征用耕地	自批准征用之日起满1年时
新征用非耕地	自批准征用之次月起

【例12-8·多选题】（2017年注会）下列关于城镇土地使用税纳税义务发生时间的表述中，正确的有（　　）。

A. 纳税人新征用的非耕地，自批准征用之次月起缴纳城镇土地使用税

B. 纳税人出租房产，自合同约定应付租金日期之次月起缴纳城镇土地使用税

C. 纳税人购置新建商品房，自房屋交付使用之次月起缴纳城镇土地使用税

D. 纳税人新征用的耕地，自批准征用之日起满6个月时开始缴纳城镇土地使用税

【答案】 AC

【解析】 城镇土地使用税的纳税义务发生时间如下：纳税人购置新建商品房，自房屋交付使用之次月起缴纳城镇土地使用税。纳税人出租、出借房产，自交付出租、出借房产之次月起缴纳城镇土地使用税。纳税人新征用耕地，自批准征用之日起满1年时开始缴纳城镇土地使用税。纳税人新征用非耕地，自批准征用之次月起缴纳城镇土地使用税。

二、纳税期限（国务院令第483号）

城镇土地使用税按年计算，分期缴纳。缴纳期限由省、自治区、直辖市人民政府确定。各省、自治区、直辖市税务机关结合当地情况，一般分别确定按月、季、半年或1年等不同的期限缴纳。

三、纳税申报

纳税人应依照当地税务机关规定的期限，填写城镇土地使用税纳税申报表，将其占用土地的权属、位置、用途、面积和税务机关规定的其他内容，据实向当地税务机关办理纳税申报登记，并提供有关的证明文件资料。

纳税人新征用的土地必须于批准新征用之日起30日内申报登记。纳税人如有地址变更、土地使用权属转换等情况，从转移之日起按规定期限办理申报变更登记。

四、纳税地点

城镇土地使用税的纳税地点为土地所在地，由土地所在地的税务机关负责征收（国务院令第483号）。纳税人使用的土地不属于同一省、自治区、直辖市管辖范围内的，由纳税人分别向土地所在地的税务机关申报缴纳。在同一省、自治区、直辖市内，纳税人跨地区使用的土地，由各省、自治区、直辖市税务局确定纳税地点（国税地〔1988〕15号）。

【例12-9·多选题】（2013年注税）下列关于城镇土地使用税征收管理的说法中，正确的有（　　）。

A. 城镇土地使用税按年计算、年终缴纳

B. 纳税人新征用的土地，自批准征用之日起 60 日内申报登记

C. 纳税人新征用的非耕地，自批准征用之次月起缴纳城镇土地使用税

D. 房地产开发企业自用本企业建造的商品房，自房屋使用的次月起缴纳城镇土地使用税

E. 购置存量房，自房地产权属登记机关签发房屋权属证书之次月起缴纳城镇土地使用税

【答案】CDE

【解析】选项 A，城镇土地使用税按年计算，分期缴纳；选项 B，纳税人新征用的土地，自批准征用之日起 30 日内申报登记。

第V篇

行为税

第十三章 Chapter 13 印花税

第一节 概 述

一、印花税的概念

印花税是对经济活动和经济交往中书立、领受、使用的应税经济凭证所征收的一种税。现行《印花税暂行条例》自 1988 年 10 月 1 日起施行。

二、印花税的特点

印花税与其他税种相比，具有如下特点：

（1）兼有凭证税和行为税性质。

（2）征税范围广泛。

（3）税率低，税负轻。

（4）由纳税人自行履行纳税义务。

第二节 征税范围、纳税人和税率

一、征税范围

我国经济活动中发生的经济凭证种类繁多，数量巨大，现行印花税只对《印花税暂行条例》中列举的凭证征收，没有列举的凭证不征税；列举的凭证分为五类：经济合同，产权转移书据，营业账簿，权利、许可证照和经财政部门确定征税的其他凭证（国务院令第 11 号）。

（一）经济合同

以经济业务活动作为内容的合同，通常称为经济合同。我国印花税只对依法订立的经济合同征收，在税目税率表中列举了十大类合同。它们是：

（1）购销合同。包括供应、预购、采购、购销结合及协作、调剂、补偿、易货等合同，还包括各出版单位与发行单位（不包括订阅单位和个人）之间订立的图书、报刊、音像征订凭证（国务院令第11号）。

对于工业、商业、物资、外贸等部门经销和调拨商品，物资供应的调拨单（或其他名称的单、卡、书、表等），应当区分其性质和用途，看其是作为部门内执行计划使用的，还是代替合同使用的，以确定是否贴花。凡属于明确双方供需关系，据以供货和结算，具有合同性质的凭证，应按规定缴纳印花税（国税发〔1991〕155号）。

对纳税人以电子形式签订的各类应税凭证按规定征收印花税（财税〔2006〕162号）。

对发电厂与电网之间、电网与电网之间（国家电网公司系统、南方电网公司系统内部各级电网互供电量除外）签订的购售电合同按购销合同征收印花税。电网与用户之间签订的供用电合同不属于印花税列举征税的凭证，不征收印花税（财税〔2006〕162号）。

（2）加工承揽合同。包括加工、定做、修缮、印刷、广告、测绘、测试等合同（国务院令第11号）。

（3）建设工程勘察设计合同。包括勘察、设计合同的总包合同、分包合同和转包合同（国务院令第11号）。

（4）建筑安装工程承包合同。包括建筑、安装工程承包合同的总包合同、分包合同和转包合同（国务院令第11号）。

（5）财产租赁合同。包括租赁房屋、船舶、飞机、机动车辆、机械、器具、设备等合同，还包括企业、个人出租门店、柜台等所签订的合同，但不包括企业与主管部门签订的租赁承包合同（国务院令第11号、国税地字〔1988〕25号）。

（6）货物运输合同。包括民用航空运输、铁路运输、海上运输、内河运输、公路运输和联运合同（国务院令第11号）。

（7）仓储保管合同。包括仓储、保管合同或作为合同使用的仓单、栈单（或称入库单）。对某些使用不规范的凭证不便计税的，可就其结算单据作为计税贴花的凭证（国务院令第11号）。

（8）借款合同。包括银行及其他金融组织和借款人（不包括银行同业拆借）所签订的借款合同（国务院令第11号）。

银行同业拆借是指按国家信贷制度规定，银行、非银行金融机构之间相互融通短期资金的行为。同业拆借合同不属于列举征税的凭证，不贴印花（国税发〔1991〕155号）。

（9）财产保险合同。包括财产、责任、保证、信用等保险合同（国务院令第11号）。

（10）技术合同。包括技术开发、转让、咨询、服务等合同（国务院令第11号）。其中，技术转让合同包括专利申请转让、非专利技术转让所书立的合同，不包括专利权转让、专利实施许可所书立的合同。后者适用于产权转移书据合同

(国税地字〔1989〕34号)。

技术咨询合同是合同当事人就有关项目的分析、论证、评价、预测和调查订立的技术合同，而一般的法律、会计、审计等方面的咨询不属于技术咨询，其所立合同不贴花（国税地字〔1989〕34号）。

技术服务合同的征税范围包括技术服务合同、技术培训合同和技术中介合同（国税地字〔1989〕34号）。

此外，在确定应税经济合同的范围时，特别需要注意以下三个问题：

首先，具有合同性质的凭证应视同合同征税（国务院令第11号）。对于企业集团内具有平等法律地位的主体之间自愿订立、明确双方购销关系、据以供货和结算、具有合同性质的凭证，应按规定征收印花税（国税函〔2009〕9号）。

其次，未按期兑现合同亦应贴花（国税地字〔1988〕25号）。印花税既是凭证税，又具有行为税性质。纳税人签订应税合同，就发生了应税经济行为，必须依法贴花，履行完税手续。所以，不论合同是否兑现或能否按期兑现，都应当缴纳印花税。

最后，同时书立合同和开立单据的贴花方法（国税地字〔1988〕25号）。办理一项业务（如货物运输、仓储保管、财产保险、银行借款等），如果既书立合同，又开立单据，只就合同贴花；凡不书立合同，只开立单据，以单据作为合同适用的，其使用的单据应按规定贴花。

【例13-1·单选题】（2017年注会）下列合同中，应按照技术合同税目征收印花税的是（　　）。

A. 工程合同

B. 会计制度咨询合同

C. 税务筹划咨询合同

D. 经济法律咨询合同

【答案】A

【解析】技术咨询合同是当事人就有关项目的分析、论证、预测和调查订立的技术合同。但一般的法律、会计、审计等方面的咨询不属于技术咨询，其所立合同不贴印花。

（二）产权转移书据

产权转移书据是在产权的买卖、交换、继承、赠与、分割等产权主体变更过程中，由产权出让人与受让人之间所订立的民事法律文书（财税字〔1988〕255号）。

产权转移书据包括财产所有权、版权、商标专用权、专利权、专有技术使用权五项（国务院令第11号）。

其中，财产所有权转移书据是指经政府管理机关登记注册的不动产、动产的所有权转移所书立的书据，包括股份制企业向社会公开发行的股票，因购买、继承、赠与所书立的产权转移书据（国税发〔1991〕155号）。其他四项则属于无形资产的产权转移书据。

另外，土地使用权出让合同、土地使用权转让合同、商品房销售合同按照产权转移书据征收印花税（财税〔2006〕162号）。

【特别提示】

具体内容如表13-1所示。

表13-1

类别	行为	适用税目
专利类	转让专利权、专利实施许可	产权转移书据
	专利申请权转让	技术合同
非专利类	转让专有技术使用权	产权转移书据
	非专利技术转让	技术合同

【例13-2·多选题】（2017年注会）下列合同中，按照印花税产权转移书据税目征收印花税的有（　　）。

A. 土地使用权出让合同

B. 土地使用权转让合同

C. 非专利技术转让合同

D. 版权转移书据出让合同

【答案】 ABD

【解析】 产权转移书据包括财产所有权和版权、商标专用权、专利权、专有技术使用权等转移书据和专利实施许可合同、土地使用权出让合同、土地使用权转让合同、商品房销售合同等权利转移合同。选项C，属于技术合同，包括技术开发、转让、咨询、服务等合同，以及作为合同使用的单据。技术转让合同包括专利申请权转让和非专利技术转让。

（三）营业账簿（财税字〔1988〕255号）

印花税税目中的营业账簿归属于财务会计账簿，是按照财务会计制度的要求设置的，反映生产经营活动的账册。按照营业账簿反映的内容不同，在税目中分为记载资金的账簿（简称资金账簿）和其他营业账簿两类，以便于分别采用按金额计税和按件计税两种计税方法。

（1）资金账簿是指载有固定资产原值和自有流动资金的总分类账簿，或者专门设置的记载固定资产原值和自有流动资金的账簿。

（2）其他营业账簿是指反映资金资产以外的其他生产经营活动内容的账簿，即资金账簿以外的归属于财务会计体系的生产经营用账册，包括日记账簿和各明细分类账簿。

（3）有关营业账簿征免范围应明确的若干问题如表13-2所示。

表13-2

核算形式（国税地字〔1988〕25号）	一级核算形式的单位	财会部门设置的账簿贴花
	分级核算形式的单位	财会部门和设置在其他部门和车间的明细分类账均贴花

事业单位（国税地字〔1988〕25号）	实行差额预算管理	记载经营业务的账簿，按其他账簿定额贴花；不记载经营业务的账簿不贴花
	经费来源自收自支	对其营业账簿，应就记载资金的账簿和其他账簿分别按规定贴花
跨地区经营的分支机构（由各分支机构在其所在地缴纳）（国税地字〔1988〕25号）	上级单位核拨资金的	记载资金的账簿按核拨的账面资金数额计税贴花
	上级单位不核拨资金的	只就其他账簿按定额贴花
增量贴花的几种情形（凡原已贴花的部分可不再贴花，未贴花的部分和以后新增加的资金按规定贴花）（财税〔2003〕183号）	实行公司制改造并经县以上政府和有关部门批准的企业在改制过程中成立的新企业（重新办理法人登记的），其新启用的资金账簿记载的资金或因企业建立资本纽带关系而增加的资金	
	以合并或分立方式成立的新企业	
	企业债权转股权新增加的资金	
	企业改制中经评估增加的资金	
	企业其他会计科目记载的资金转为实收资本或资本公积的资金	
其他（国税地字〔1988〕25号）	车间、门市部、仓库设置的不属于会计核算范围或虽属于会计核算范围但不记载金额的登记簿、统计簿、台账等，不贴花	
	对会计核算采用单页表式记载资金活动情况，以表代账的，在未形成账簿（账册）前，暂不贴花，待装订成册时，按册贴花	

（四）权利、许可证照（国务院令第11号）

权利、许可证照是政府授予单位、个人某种法定权利和准予从事特定经济活动的各种证照的统称，包括政府部门发给的房屋产权证、工商营业执照、商标注册证、专利证、土地使用证等。

【例13-3·单选题】（2013年注会）下列合同中，属于印花税征税范围的是（　　）。

A. 供用电合同

B. 融资租赁合同

C. 人寿保险合同

D. 法律咨询合同

【答案】B

【解析】电网与用户之间签订的供用电合同、人寿保险合同、法律咨询合同不属于印花税列举征税的凭证，不征收印花税。

（五）经财政部门确定征税的其他凭证

除了税法列举的以上五大类应税经济凭证，在确定经济凭证的征免税范围时，需要注意以下三点：

（1）由于目前同一性质的凭证名称各异，不够统一，因此，各类凭证不论以何种形式或名称书立，只要其性质属于《印花税暂行条例》中列举征税范围内的凭证，均应照章纳税（国务院令第11号）。

（2）应税凭证均是指在中国境内具有法律效力，受中国法律保护的凭证（财税字〔1988〕255号）。

（3）适用于中国境内并在中国境内具备法律效力的应税凭证，无论在中国境内或者境外书立，均应依照印花税的规定贴花（财税字〔1988〕255号）。

二、纳税人

凡在我国境内书立、领受、使用属于征税范围内所列凭证的单位和个人，都是印花税的纳税人（国务院令第11号），包括各类企业、事业单位、机关、团体、部队，以及中外合资经营企业、合作经营企业、外资企业、外国公司企业和其他经济组织及其在华机构等单位和个人（财税字〔1988〕255号）。按照征税项目划分的具体纳税人如表13－3所示（国务院令第11号）。

表13－3

<table>
<tr><th>纳税人</th><th>具体情况</th><th>注意问题</th></tr>
<tr><td rowspan="2">立合同人</td><td>指各类合同的当事人，即对凭证有直接权利义务关系的单位和个人，但不包括合同的担保人、证人、鉴定人</td><td rowspan="7">凡由两方或两方以上当事人共同书立的应税凭证，其当事人各方都是印花税的纳税人，应各就其所持凭证的计税金额履行纳税义务</td></tr>
<tr><td>当事人的代理人有代理纳税的义务</td></tr>
<tr><td>立据人</td><td>订立产权转移书据的单位和个人</td></tr>
<tr><td>立账簿人</td><td>设立并使用营业账簿的单位和个人</td></tr>
<tr><td>领受人</td><td>领取或接受并持有权利、许可证照的单位和个人</td></tr>
<tr><td>使用人（财税字〔1988〕255号）</td><td>在国外书立、领受但在国内使用应税凭证的单位和个人</td></tr>
<tr><td>电子凭证签订人（财税〔2006〕162号）</td><td>纳税人以电子形式签订的各类应税凭证按规定征收</td></tr>
</table>

【例13－4·多选题】（2016年税务师）下列单位中，属于印花税纳税人的有（　　）。

A. 技术合同的签订单位

B. 贷款合同的担保单位

C. 电子应税凭证的签订单位

D. 签订运输合同的承运单位

E. 发放商标注册证的商标局

【答案】 ACD

【解析】 选项B，担保单位不属于印花税纳税人；选项E，发放商标注册证的商标局不属于印花税纳税人。

三、税率

现行印花税采用比例税率和定额税率两种税率（国务院令第11号），如表

13－4所示。

表13－4

税率形式	应税凭证	税率
比例税率	借款合同	0.05‰
	购销合同、建筑安装工程承包合同、技术合同	0.3‰
	加工承揽合同、建设工程勘察设计合同、货物运输合同、产权转移书据、记载资金的营业账簿	0.5‰
	财产租赁合同、仓储保管合同、财产保险合同、股权转让书据（自2008年9月19日起单边征收）	1‰
定额税率	其他营业账簿，权利、许可证照	每件5元

【特别提示】

自2008年9月19日起，根据国家税务总局等的规定，股份制企业向社会公开发行的股票，对买卖、继承、赠与所书立的A股、B股股权转让书据实行单边收取，对出让方按1‰的税率征收证券（股票）交易印花税，对受让方不再征税（财税明电〔2008〕2号）。

自2014年6月1日起，在上海证券交易所、深圳证券交易所、全国中小企业股份转让系统买卖、继承、赠与优先股所书立的股权转让书据，均依书立时实际成交金额，由出让方按1‰的税率计算缴纳证券（股票）交易印花税（财税〔2014〕46号）。

自2014年6月1日起，在全国中小企业股份转让系统买卖、继承、赠与股票所书立的股权转让书据，依书立时实际成交金额，由出让方按1‰的税率计算缴纳证券（股票）交易印花税（财税〔2014〕47号）。

自2014年11月17日（2016年12月5日）起，香港市场投资者通过沪港通（深港通）买卖、继承、赠与上海证券交易所（深圳证券交易所）上市A股股票，按照内地现行税制规定缴纳证券（股票）交易印花税。内地投资者通过沪港通（深港通）买卖、继承、赠与香港联交所上市股票，按照香港特别行政区现行税法规定缴纳印花税（财税〔2014〕81号、财税〔2016〕127号）。

自2016年1月1日起，将证券交易印花税由现行按中央97%、地方3%比例分享全部调整为中央收入（国发明电〔2015〕3号）。

第三节　计税依据和应纳税额的计算

一、计税依据

印花税根据不同征税项目，分别实行从价计征和从量计征两种征收方法。

（一）从价计税情况下计税依据的确定

实行从价计税的凭证，以凭证所载金额为计税依据。具体规定如下：

（1）各类经济合同，以合同上所记载的金额、收入或费用为计税依据（国务院令第11号）。

1）购销合同的计税依据为购销金额，不得作任何扣除，特别是调剂合同和易货合同，应包括调剂、易货的全额。

在商品购销活动中，采用以货换货方式进行商品交易签订的合同，是反映既购又销双重经济行为的合同。对此，应按合同所载的购、销金额合计数计税贴花。合同未列明金额的，应按合同所载购、销数量，依照国家牌价或市场价格计算应纳税额（国税发〔1991〕155号）。

【例13-5·单选题】（2012年注会）甲汽车轮胎厂与乙汽车制造厂签订了一份货物交换合同，甲以价值65万元的轮胎交换乙的2辆汽车，同时甲再支付给乙3万元差价。对此项交易，甲应缴纳印花税（　　）。

A. 195元

B. 390元

C. 399元

D. 408元

【答案】 C

【解析】 甲应缴纳的印花税＝(65×2＋3)×0.3‰×10 000＝399（元）。

2）加工承揽合同的计税依据是加工或承揽收入的金额。相关内容总结如表13-5所示。

表13-5

<table>
<tr><th colspan="2">情形</th><th>计税规定</th></tr>
<tr><td rowspan="3">由受托方提供原材料（国税地字〔1988〕25号）</td><td rowspan="2">在合同中分别记载加工费金额与原材料金额的</td><td>加工费金额按加工承揽合同0.5‰计税</td></tr>
<tr><td>原材料金额按购销合同0.3‰计税</td></tr>
<tr><td>合同中未分别记载的</td><td>就全部金额依照加工承揽合同计税贴花，税率0.5‰</td></tr>
<tr><td rowspan="2">由委托方提供原材料</td><td colspan="2">对委托方提供的主要材料或原料金额不计税贴花</td></tr>
<tr><td colspan="2">无论加工费和辅助材料金额是否分别记载，均以辅助材料与加工费的合计数，依照加工承揽合同计税贴花，税率0.5‰</td></tr>
</table>

【例13-6·单选题】（2011年注会）某中学委托一服装厂加工校服，合同约定布料由学校提供，价值50万元，学校另支付加工费10万元，下列各项关于计算印花税的表述中，正确的是（　　）。

A. 学校应以50万元的计税依据，按销售合同的税率计算印花税

B. 服装厂应以50万元的计税依据，按销售合同的税率计算印花税

C. 服装厂应以10万元加工费为计税依据，按加工承揽合同的税率计算印花税

D. 服装厂和学校均应以60万元为计税依据，按照加工承揽合同的税率计算印花税

【答案】C

【解析】对委托方提供的主要材料或原料金额不计税贴花，以加工费依照加工承揽合同计税贴花。

3）建设工程勘察设计合同的计税依据为勘察、设计收取的费用（即勘察、设计收入）。

4）建筑安装工程承包合同的计税依据为承包金额，不得剔除任何费用。如果施工单位将自己承包的建设项目再分包或转包给其他施工单位，其所签订的分包或转包合同，仍应按所载金额另行贴花（财税字〔1988〕255号）。

【例13-7·计算题】（2006年注会）地处县城的某建筑工程公司具备建筑业施工（安装）资质，2005年发生经营业务如下：总承包一项工程，承包合同记载总承包额9 000万元，其中建筑劳务费3 000万元，建筑、装饰材料6 000万元。又将总承包额的1/3转包给某安装公司，转包合同记载劳务费1 000万元，建筑、装饰材料2 000万元。建筑工程公司签订合同应缴纳多少印花税？

【答案及解析】建筑工程公司签订合同应缴纳的印花税=9 000×0.3‰+3 000×0.3‰=3.6（万元）。

5）财产租赁合同的计税依据为租赁金额（即租金收入）。

【例13-8·单选题】（2007年注会）2007年1月，甲公司将闲置厂房出租给乙公司，合同约定每月租金2 500元，租期未定。签订合同时，预收租金5 000元，双方已按定额贴花。5月底合同解除，甲公司收到乙公司补交租金7 500元。甲公司5月应补缴印花税（　　）。

A. 7.5元

B. 8元

C. 9.5元

D. 12.5元

【答案】A

【解析】合同在签订时无法确定计税金额的，可在签订时先按定额5元贴花，以后结算时再按实际金额计税，应补缴的印花税=(5 000+7 500)×1‰−5=7.5（元）。

6）货物运输合同的计税依据为取得的运输费金额（即运费收入），不包括所运货物的金额、装卸费和保险费等（见表13-6）。

表13-6

情形		计税依据
国内各种形式的货物联运（国税发〔1990〕173号）	在起运地统一结算全程运费	以全程运费为计税依据，由起运地运费结算双方缴纳印花税
	分程结算运费	以分程运费为计税依据，分别由办理运费结算的各方缴纳印花税

续前表

情形		计税依据
国际货运（国税发〔1990〕173号）	由我国运输企业运输的	运输企业所持的运费结算凭证，以本程运费为计税依据计算应纳税额
		托运方所持的运费结算凭证，以全程运费为计税依据计算应纳税额
	由外国运输企业运输进出口货物的	运输企业所持的运费结算凭证免纳印花税
		托运方所持的运费结算凭证应计算应纳税额
	国际货运运费结算凭证在国外办理的	应在凭证转回我国境内时按规定缴纳印花税

【例13-9·单选题】（2017年税务师）甲公司进口一批货物，由境外的乙公司负责承运，双方签订的运输合同注明所运输货物价值1 000万元，运输费用25万元和保险费5 000元，下列关于印花税的税务处理中，正确的是（　　）。

A. 甲公司应缴纳印花税75元

B. 甲公司应缴纳印花税125元

C. 对甲公司和乙公司免征印花税

D. 乙公司应缴纳印花税125元

【答案】B

【解析】由外国运输企业运输进出口货物的，运输企业所持的运费结算凭证免纳印花税，托运方所持的运费结算凭证，应以运费金额为计税依据缴纳印花税。所以乙公司不缴纳印花税，甲公司应缴纳的印花税＝25×10 000×0.5‰＝125（元）。

7）仓储保管合同的计税依据为仓储保管的费用（即保管费收入）。

8）借款合同的计税依据为借款金额。针对实际借贷活动中不同的借款形式，税法规定了不同的计税方法（国税地字〔1988〕30号），如表13-7所示。

表13-7

具体形式	计税方法
一项信贷业务既签整体借款合同，又一次或分次填开借据	以借款合同所载金额为依据计税贴花
一项信贷业务只填开借据作为合同使用	以借据所载金额为依据计税贴花
流动资金周转性借款合同，规定最高限额，借款人在规定期限和最高限额内随借随还，该合同一般按年（期）签订	以其规定的最高限额为依据，在签订时贴花一次；期限及限额内不签订新合同的，不再另贴印花
借款方以财产做抵押，取得抵押贷款的合同	按借款合同贴花
借款方因无力偿还借款而将抵押财产转移给贷款方	就双方签订的产权转移书据，按产权转移书据的规定计税贴花

续前表

具体形式	计税方法
银行及其他金融组织融资租赁业务签订的融资租赁合同	按合同所载租金总额，暂按借款合同计税（在融资性售后回租业务中，对承租人、出租人因出售租赁资产及购回租赁资产所签订的合同，不征收印花税（财税〔2015〕144号））
银团借款	各方分别在所执正本上，按各自的借款金额计税贴花
基建贷款按年度用款计划分年签订借款合同，最后一年签订包含分合同的总借款合同	按分合同分别贴花，最后签订的总合同只就借款总额扣除分合同借款金额后的余额计税贴花

【例 13－10·单选题】（2012 年注税）2011 年 7 月甲公司开业，实收资本 500 万元；与银行签订一份融资租赁合同，合同注明金额 1 000 万元；当月受乙公司委托加工产品，合同约定由乙公司提供原材料 200 万元，甲公司收取加工费 10 万元。2011 年 7 月甲公司应缴纳印花税（　　）。

A. 2 050 元

B. 3 030 元

C. 3 050 元

D. 3 550 元

【答案】 C

【解析】 对银行及其他金融组织的融资租赁业务签订的融资租赁合同，应按合同所载租金总额，暂按借款合同贴花。应缴纳的印花税＝500×0.5‰×10 000＋1 000×0.05‰×10 000＋10×0.5‰×10 000＝3 050（元）。

9）财产保险合同的计税依据为支付（收取）的保险费金额，不包括所保财产的金额。

10）技术合同的计税依据为合同所载的价款、报酬或使用费。

为了鼓励技术研究开发，对技术开发合同，只就合同所载的报酬金额计税，研究开发经费不作为计税依据。但对合同约定按研究开发经费一定比例作为报酬的，应按一定比例的报酬金额贴花（国税地字〔1989〕34 号）。

【例 13－11·单选题】（2012 年注税）2011 年 9 月甲公司作为受托方签订技术开发合同一份，合同约定技术开发金额共计 1 000 万元，其中研究开发费用与报酬金额之比为 4∶1。另外，作为承包方签订建筑安装工程承包合同一份，承包总金额 300 万元，将其中的 100 万元工程分包给另一单位，并签订分包合同。甲公司 2011 年 9 月应缴纳印花税（　　）。

A. 1 500 元

B. 1 800 元

C. 2 600 元

D. 3 000 元

【答案】 B

【解析】对合同约定按研究开发经费一定比例作为报酬的，应按一定比例的报酬贴花。应缴纳的印花税＝200×0.3‰×10 000＋(300＋100)×0.3‰×10 000＝1 800（元）。

（2）产权转移书据以书据中所载的金额为计税依据（国务院令第11号）。

（3）记载资金的营业账簿以实收资本和资本公积的两项合计金额为计税依据（国务院令第11号），如表13－8所示。

表13－8

<table>
<tr><td colspan="2">记载资金的营业账簿以实收资本和资本公积的两项合计金额为计税依据，凡资金账簿在次年度的实收资本和资本公积未增加的（国税发〔1994〕25号）</td><td>对其不再计税贴花</td></tr>
<tr><td colspan="2">实收资本和资本公积两项的合计金额大于原已贴花资金的（国税发〔1994〕25号）</td><td>就增加的部分补贴印花</td></tr>
<tr><td colspan="2">其他营业账簿（国务院令第11号）</td><td>计税依据为应税凭证件数</td></tr>
<tr><td rowspan="2">对有经营收入的事业单位，凡属由国家财政部门拨付事业经费，实行差额预算管理的单位（国税地字〔1988〕25号）</td><td>记载经营业务的账簿</td><td>按每件5元贴花</td></tr>
<tr><td>不记载经营业务的账簿</td><td>不贴花</td></tr>
</table>

【例13－12·单选题】（2012年注会）下列关于印花税计税依据的表述中，正确的是（　　）。

A. 技术合同的计税依据包括研究开发经费

B. 财产保险合同的计税依据包括所保财产的金额

C. 货物运输合同的计税依据包括货物装卸费和保险费

D. 记载资金账簿的计税依据为“实收资本”账户和“资本公积”账户的合计金额

【答案】D

对跨地区经营的分支机构的营业账簿在计税贴花时，为了避免对同一资金重复计税，规定上级单位记载资金的账簿，应按扣除拨给下属机构资金数额后的其余部分计算贴花（国税地字〔1988〕25号）。

（4）确定合同计税依据时应当注意的一个问题是，有些合同在签订时无法确定计税金额，如技术转让合同中的转让收入，是按销售收入的一定比例收取或是按实现利润分成；财产租赁合同只是规定了月（天）租金标准而无期限。对于这类合同，可在签订时先按定额5元贴花，以后结算时再按实际金额计税，补贴印花（国税地字〔1988〕25号）。

（二）从量计税情况下计税依据的确定

实行从量计税的其他营业账簿和权利、许可证照，以计税数量为计税依据（国务院令第11号）。

二、印花税应纳税额的计算

（一）应纳税额的计算方法

具体内容如表 13－9 所示。

表 13－9

税率形式	适用范围	应纳税额计算
定额税率	其他营业账簿；权利、许可证照	应纳税额＝凭证件数×固定税额（5 元）
比例税率	其他税目	应纳税额＝计税金额×比例税率

【特别提示】

计税依据及税率的一般规定如表 13－10 所示。

表 13－10

合同或凭证	计税依据	税率
购销合同	购销金额	0.3‰
加工承揽合同	受托方提供原材料的加工、定做合同，材料和加工费分开记载的，分别按购销合同和加工承揽合同贴花；未分别记载的，按全部金额依照加工承揽合同贴花	0.5‰
	委托方提供原料或主要材料的加工合同，按照合同中规定的受托方的加工费收入和提供的辅助材料金额之和，按加工承揽合同贴花	
建设工程勘察设计合同	收取的费用	0.5‰
建筑安装工程承包合同	承包金额	0.3‰
财产租赁合同	租赁金额，如果经计算税额不足 1 元，按 1 元贴花	1‰
货物运输合同	运输费用，但不包括所运货物的金额以及装卸费用和保险费用等	0.5‰
借款合同	借款金额，有具体规定	0.05‰
财产保险合同	保险费收入	1‰
仓储合同	仓储保管的费用（即保管费收入）	1‰
技术合同	合同所载金额（不含研究开发经费）	0.3‰
产权转移书据	所载金额	0.5‰
营业账簿	记载资金的账簿的计税依据为“实收资本”账户与“资本公积”账户的合计金额	0.5‰
	其他账簿按件计税	每件 5 元
权利、许可证照	按件计税	每件 5 元

（二）计算印花税应纳税额时应当注意的问题

（1）按金额比例贴花的应税凭证，未标明金额的，应按照凭证所载数量及市场价格计算金额，依适用税率贴足印花（财税字〔1988〕255 号）。

（2）应税凭证所载金额为外国货币的，按凭证书立当日国家外汇管理局公布的外汇牌价折合人民币，计算应纳税额（财税字〔1988〕255号）。

（3）同一凭证由两方或者两方以上当事人签订并各执一份的，应当由各方所执的一份全额贴花（国务院令第11号）。

（4）同一凭证因载有两个或两个以上经济事项而适用不同税率，如分别载有金额，应分别计算应纳税额，相加后按合计税额贴花；如未分别记载金额，按税率高的计税贴花（财税字〔1988〕255号）。

（5）已贴花的凭证，修改后所载金额增加的，其增加部分应当补贴印花税票（国务院令第11号）。

（6）按比例税率计算纳税而应纳税额又不足1角的，免纳印花税；应纳税额在1角以上的，其税额尾数不满5分的不计，满5分的按1角贴花。对财产租赁合同的应纳税额超过1角但不足1元的，按1元贴花（国务院令第11号）。

【例13-13·单选题】（2011年注税）甲公司2009年8月开业，实收资本6 000万元。2010年增加资本公积200万元；3月与乙公司签订受托加工合同，约定由甲公司提供原材料100万元，并向乙公司收取加工费20万元；5月与丙公司签订技术开发合同记载金额100万元。2010年甲公司应缴纳印花税（　　）。

A. 1 200元

B. 1 400元

C. 1 700元

D. 1 900元

【答案】 C

【解析】 应缴纳的印花税＝(200×0.05%＋100×0.03%＋20×0.05%＋100×0.03%)×10 000＝1 700（元）。

第四节　减免税优惠

一、基本优惠

根据《印花税暂行条例》及其实施细则和其他有关税法的规定，下列凭证免纳印花税：

（1）已缴纳印花税的凭证副本或抄本。由于这种副本或抄本属于备查性质，不是正式文本，对外不发生法律效力，因此对其不应再征收印花税。但副本或者抄本作为正本使用的，应另行贴花（国务院令第11号、财税字〔1988〕255号）。

（2）财产所有人将财产赠给政府、社会福利单位、学校所立的书据。其中，社会福利单位是指扶养孤老伤残的社会福利单位（国务院令第11号）。

（3）国家指定的收购部门与村民委员会、农民个人书立的农业产品收购合同（财税字〔1988〕255 号）。

（4）无息、贴息贷款合同（财税字〔1988〕255 号）。例如，经财政贴息的项目贷款合同（财税字〔1995〕47 号）、农副产品收购贷款、储备贷款及农业综合开发和扶贫贷款等财政贴息贷款合同（财税字〔1996〕55 号）。

（5）外国政府或国际金融组织向我国政府及国家金融机构提供优惠贷款所书立的合同（财税字〔1988〕255 号）。

【例 13－14·多选题】（2015 年税务师）下列合同或凭证中，应缴纳印花税的有（　　）。

A. 企业出租门店合同

B. 专利证

C. 军事物资运输凭证

D. 已缴纳印花税的凭证副本

E. 房地产管理部门与个人签订的用于生产经营的租房合同

【答案】ABE

【解析】选项 C，军事物资运输凭证，免征印花税；选项 D，已缴纳印花税的凭证副本或抄本，免征印花税。

二、其他优惠

（1）房地产管理部门与个人订立的租房合同，凡房屋属于用于生活居住的，暂免贴花（国税地字〔1988〕25 号）。

（2）军事货物运输、抢险救灾物资运输，以及新建铁路临管线运输等的特殊货运凭证，免征印花税。

（3）证券（股票）交易印花税的税收优惠。

1）对经国务院和省级人民政府决定或批准进行的国有（含国有控股）企业改组改制而发生的上市公司国有股权无偿转让行为，暂不征收证券（股票）交易印花税。对不属于上述情况的上市公司国有股权无偿转让行为，仍应征收证券（股票）交易印花税（国税函〔2004〕941 号）。

2）对全国社会保障基金理事会委托社保基金投资管理人运用社保基金买卖证券应缴纳的印花税实行先征后返；对社保基金持有的证券，在社保基金证券账户之间的划拨过户，不属于印花税的征税范围，不征收印花税（财税〔2003〕134 号）。

3）自 2003 年 1 月 1 日起，继续对投资者（包括个人和机构）买卖封闭式证券投资基金免征印花税（财税〔2004〕173 号）。

4）国有股东按照《境内证券市场转持部分国有股充实全国社会保障基金实施办法》（财企〔2009〕94 号）向全国社会保障基金理事会转持国有股，免征证券（股票）交易印花税（财税〔2009〕103 号）。

（4）企业改制过程中有关印花税征免规定如表13－11所示（财税〔2003〕183号）。

表13－11

凭证项目	情况	贴花规定
资金账簿	公司制改造改制重办法人登记的新企业，新启用资金账簿记载的资金或建立资本纽带关系而增加的资金	原已贴花的部分不再贴花，未贴花的部分和以后新增加的资金按规定贴花
	以合并或分立方式成立的新企业，新启用的资金账簿	
	企业债权转股权新增的资金	增加的资金按规定贴花
	企业改制中经评估增加的资金	
	其他会计科目转为实收资本或资本公积的资金	按规定贴花
应税合同	改制前签订但未履行完的已贴花的各类应税合同，改制后仅改变执行主体但未改变内容条款的，例如中国铁路总公司（财税〔2015〕57号）	不再贴花
产权转移书据	因改制签订的产权转移书据，例如中国邮政集团公司（财税〔2010〕92号）和中国铁路总公司（财税〔2015〕57号）	免予贴花

（5）中国证券投资者保护基金有限责任公司发生的下列凭证和产权转移书据享受印花税的优惠政策（财税〔2006〕104号、财税〔2016〕10号）：

1）新设立的资金账簿免征印花税。

2）与中国人民银行签订的再贷款合同、与证券公司行政清算机构签订的借款合同，免征印花税。

3）接收被处置证券公司财产签订的产权转移书据，免征印花税。

4）以保护基金自有财产和接收的受偿资产与保险公司签订的财产保险合同，免征印花税。

值得注意的是：与中国证券投资者保护基金有限责任公司签订上述应税合同或产权转移书据，只是对中国证券投资者保护基金有限责任公司免征印花税，对应税合同或产权转移书据相关的其他当事人应照章征收印花税。

（6）廉租住房、经济适用住房和住房租赁的税收优惠如下（财税〔2008〕24号）：

1）开发商在经济适用住房、商品住房项目中配套建造廉租住房，在商品住房项目中配套建造经济适用住房，如能提供政府部门出具的相关材料，可按廉租住房、经济适用住房建筑面积占总建筑面积的比例免征开发商应缴纳的印花税。

2）对个人出租、承租住房签订的租赁合同，免征印花税。

3）对廉租住房、经济适用住房经营管理单位与廉租住房、经济适用住房相关的印花税以及廉租住房承租人、经济适用住房购买人涉及的印花税予以免征。

（7）自2016年1月1日至2018年12月31日，对与高校学生签订的高校学生公寓租赁合同，免征印花税。财税〔2016〕82号发布之前，已征的按照规定应予免征的印花税，分别从纳税人以后应缴纳的印花税中抵减或者予以退还（财税〔2016〕82号）。

（8）自2016年1月1日至2018年12月31日，执行对饮水工程运营管理单位为建设饮水工程取得土地使用权而签订的产权转移书据，以及与施工单位签订的建设工程承包合同免征印花税（财税〔2016〕19号）。

（9）自2016年12月5日起，香港市场投资者通过沪股通和深股通参与股票担保卖空涉及的股票借入、归还，暂免征收证券（股票）交易印花税（财税〔2016〕127号）。

【特别提示】

自2018年5月1日起，对按万分之五税率贴花的资金账簿减半征收印花税，对按件贴花5元的其他账簿免征印花税（财税〔2018〕50号）。

【例13-15·多选题】（2017年税务师）下列合同或凭证中，应缴纳印花税的有（　　）。

A. 商品房销售合同

B. 人寿保险合同

C. 军事物资运输凭证

D. 专利申请转让合同

E. 电网与电网之间签订的购售电合同

【答案】ADE

【解析】选项B，人寿保险合同不属于印花税的征税范围，不缴纳印花税。选项C，军事物资运输凭证，免征印花税。

第五节 申报和缴纳

一、印花税的缴纳方法

印花税的纳税方法有自行贴花、汇贴或汇缴和委托代征三种方法，如表13-12所示。

表13-12

方法	适用范围	具体规定
自行贴花（国务院令第11号）	应税凭证较少或贴花次数较少的纳税人	自行计算应纳税额，自行购买印花税票，自行一次贴足印花税票并加以注销或划销
		对于已贴花的凭证，修改后所载金额增加的，其增加部分应当补贴印花税票，但多贴印花税票者，不得申请退税或者抵用

续前表

方法	适用范围	具体规定
汇贴或汇缴（财税字〔1988〕255号）	应纳税额较大或者贴花次数频繁的纳税人	汇贴：当一份凭证应纳税额超过500元时，可采取将税收缴款书、完税证明其中一联粘贴在凭证上或者由地方税务机关在凭证上加注完税标记代替贴花（国家税务总局公告2016年第77号）
		汇缴：同一种类应税凭证需要频繁贴花的。汇总缴纳的期限，由当地税务机关确定，但最长不得超过1个月。采用按期汇总申报缴纳方式的，一年内不得改变（财税字〔1988〕255号、国家税务总局公告2016年第77号）
委托代征（财税字〔1988〕255号）		税务机关委托由发放或者办理应纳税凭证的单位代为征收印花税

【特别提示】

对国家政策性银行记载资金的账簿，一次贴花数额较大、难以承担的，经当地税务机关核准，可在3年内分次贴足印花（国税地字〔1988〕25号）。

【例13-16·单选题】（2015年税务师）同一类应纳税凭证需要频繁贴花的，纳税人可向当地税务机关申请按期汇总缴纳印花税，按照税务机关确定的期限计算纳税，最长不得超过（　　）个月。

A. 1

B. 5

C. 10

D. 3

【答案】 A

二、印花税票

印花税票可以委托单位或个人代售，并由税务机关付给5%的手续费，支付来源从实征印花税款中提取（财税字〔1988〕255号）。

三、违章处理

纳税人有下列行为之一的，由税务机关根据情节轻重，予以处罚（国务院令第11号、国税发〔1990〕201号）：

（1）在应纳税凭证上未贴或者少贴印花税票的，由基层税务征收单位处理。税务机关除责令其补贴印花税票，可处以应补贴印花税票金额20倍以下的罚款。

（2）虽已贴但未注销或画销的，由基层税务征收单位处理。税务机关可处以未注销或者画销印花税票金额10倍以下的罚款。

（3）将已贴用的印花税票据揭下重用的，由基层税务征收单位报经县（市）税务机关批准后处理。税务机关可处以重用印花税票金额30倍以下的罚款。

（4）伪造印花税票的，由税务机关提请司法机关依法追究刑事责任。

四、纳税环节和纳税地点

（一）纳税环节

印花税应当在书立或领受时缴纳，具体是指在合同签订时、账簿启用时和证照领受时贴花（国务院令第 11 号）。如果合同是在国外签订，并且不便在国外贴花，应在将合同带入境时办理贴花纳税手续（财税字〔1988〕255 号）。

（二）纳税地点（国税函〔1991〕1187 号）

具体内容如表 13-13 所示。

表 13-13

一般实行就地纳税	
对于全国性商品物资订货会（包括展销会、交易会等）上所签订合同应缴纳的印花税	由纳税人回其所在地后及时办理贴花完税手续
对地方主办，不涉及省际关系的订货会、展销会上所签合同应缴纳的印花税	纳税地点由各省、自治区、直辖市人民政府自行确定

第十四章

Chapter 14 耕地占用税

第一节 概 述

一、耕地占用税的概念

耕地占用税是对占用耕地建房或从事其他非农业建设的单位和个人，就其实际占用的耕地按面积征收的一种税，它属于对特定土地资源占用课税。现行《耕地占用税管理规程（试行）》公布并施行于2016年1月15日。

二、耕地占用税的特点

耕地占用税作为一个出于特定目的、对特定的土地资源课征的税种，与其他税种相比，具有比较鲜明的特点，主要表现在：

（1）兼具资源税与特定行为税的性质。

（2）采用地区差别税率。

（3）在占用耕地环节一次性课征。

【例14-1·单选题】（2010年注税）根据耕地占用税的相关规定，耕地是指种植农业作物的土地以及在占用之前（　　）年内属于规定范围的耕地或农用土地。

A. 1

B. 2

C. 3

D. 4

【答案】 C

【解析】 占用之前3年内属于规定范围的耕地或农用土地，也视为耕地。

第二节 纳税人和征税范围

一、纳税人（国家税务总局公告 2016 年第 2 号）

耕地占用税的纳税人，为占用应税土地建房或者从事非农业建设的单位或者个人（国务院令第 511 号）。所称单位，包括国有企业、集体企业、私营企业、股份制企业、外商投资企业、外国企业以及其他企业和事业单位、社会团体、国家机关、部队以及其他单位；所称个人，包括个体工商户以及其他个人。

二、征税范围

耕地占用税的征税范围为国家所有和集体所有的耕地（国务院令第 511 号）。此处耕地是指种植农业作物的土地，如种植粮食作物、经济作物的农田，还包括种植蔬菜和果树的菜地、园地（包括花圃、苗圃、菜园、果园、桑园和其他种植经济林木的土地）及其附属的土地（如田间道路等）。

【例 14-2·多选题】（2011 年注会）根据耕地占用税的有关规定，下列各项土地中，属于耕地的有（　　）。

A. 果园

B. 花圃

C. 茶园

D. 菜地

【答案】 ABCD

【解析】 耕地是指种植农业作物的土地，包括菜地、园地。其中，园地包括花圃、苗圃、茶园、果园、桑园和其他种植经济林木的土地。

此外，耕地占用税的征税范围还应该包括如下两种情况：

（1）占用园地建房或者从事非农业建设的，视同占用耕地征收耕地占用税（财政部、国家税务总局令第 49 号）。

（2）占用林地、牧草地、农田水利用地、养殖水面以及渔业水域滩涂等其他农用地建房或从事非农业建设，比照占用耕地征收耕地占用税（国务院令第 511 号）。

1）林地，包括有林地、灌木林地、疏林地、未成林地、迹地、苗圃等，不包括居民点内部的绿化林木用地，铁路、公路征地范围内的林木用地，以及河流、沟渠的护堤林用地（财政部、国家税务总局令第 49 号）。

2）牧草地，包括天然牧草地、人工牧草地（财政部、国家税务总局令第 49 号）。

3）农田水利用地，包括农田排灌沟渠及相应附属设施用地（财政部、国家税务总局令第49号）。

4）养殖水面，包括人工开挖或者天然形成的用于水产养殖的河流水面、湖泊水面、水库水面、坑塘水面及相应附属设施用地（财政部、国家税务总局令第49号）。

5）渔业水域滩涂，包括专门用于种植或者养殖水生动植物的海水潮浸地带和滩地（财政部、国家税务总局令第49号）。

6）直接为农业生产服务的生产设施是指直接为农业生产服务而建设的建筑物和构筑物，具体包括：储存农用机具和种子、苗木、木材等农业产品的仓储设施；培育、生产种子、种苗的设施；畜禽养殖设施；木材集材道、运材道；农业科研、试验、示范基地；野生动植物保护、护林、森林病虫害防治、森林防火、木材检疫的设施；专为农业生产服务的灌溉排水、供水、供电、供热、供气、通信基础设施；农业生产者从事农业生产必需的食宿和管理设施；其他直接为农业生产服务的生产设施（财政部、国家税务总局令第49号）。

7）草地、苇田（财税〔2014〕20号）。

需要注意的是，农田水利不论是否包含建筑物、构筑物占用耕地，均不属于耕地占用税征税范围，不征收耕地占用税。综合性水利工程占地不属于农田水利用地，应按照法定税率征收耕地占用税（国税函〔2010〕490号）。

占用林地、牧草地、农田水利用地、养殖水面以及渔业水域滩涂等其他农用地建房或者从事非农业建设的，适用税额可以适当低于当地占用耕地的适用税额，具体适用税额按照各省、自治区、直辖市人民政府的规定执行（财政部、国家税务总局令第49号）。

归纳

有关房地产的税收总结如表14-1所示。

表14-1

交易环节		持有环节
转让方	承受方	
增值税、城市维护建设税、教育费附加、土地增值税、印花税、所得税	契税、印花税、耕地占用税	城镇土地使用税、房产税

第三节 应纳税额的计算

一、计税依据

耕地占用税以纳税人实际占用的应税土地面积（包括经批准占用面积和未经

批准占用面积）为计税依据，以平方米为单位，按所占土地当地适用税额计税，实行一次性征收（国家税务总局公告 2016 年第 2 号）。

二、税率（国家税务总局公告 2016 年第 2 号）

各地适用税额，由省、自治区、直辖市人民政府在《耕地占用税暂行条例》规定的税额幅度内，根据本地区情况核定。各省、自治区、直辖市人民政府核定的适用税额的平均水平，不得低于国务院财政、税务主管部门确定的各省、自治区、直辖市平均税额。

《耕地占用税暂行条例》规定的税额幅度如下（国务院令第 511 号）：

（1）人均耕地不超过 1 亩的地区（以县级行政区域为单位，下同），每平方米为 10 元至 50 元。

（2）人均耕地超过 1 亩但不超过 2 亩的地区，每平方米为 8 元至 40 元。

（3）人均耕地超过 2 亩但不超过 3 亩的地区，每平方米为 6 元至 30 元。

（4）人均耕地超过 3 亩的地区，每平方米为 5 元至 25 元。

【特别提示】

每一地区单位最高税额是单位最低税额的 5 倍。

经济特区、经济技术开发区和经济发达且人均耕地特别少的地区，适用税额可以适当提高，但是提高的部分最高不得超过上述规定税额的 50%（国务院令第 511 号）。各地平均税额如表 14－2 所示。

表 14－2

地区	每平方米平均税额（元）
上海	45
北京	40
天津	35
江苏、浙江、福建、广东	30
辽宁、湖北、湖南	25
河北、安徽、江西、山东、河南、重庆、四川	22.5
广西、海南、贵州、云南、陕西	20
山西、吉林、黑龙江	17.5
内蒙古、西藏、甘肃、青海、宁夏、新疆	12.5

占用基本农田的，适用税额应当在规定的当地适用税额的基础上提高 50%。

纳税人未经批准占用应税土地，应税面积不能及时准确确定的，主管地税机关可根据实际占地情况核定征收耕地占用税，待应税面积准确确定后结清税款，结算补税不加收滞纳金（国家税务总局公告2016年第2号）。

【例14-3·多选题】（2015年税务师）下列关于耕地占用税的说法中，正确的是（　　）。

A. 占用园地从事非农业建设，视同占用耕地征收耕地占用税

B. 耕地占用税由地方税务局负责征收

C. 减免耕地占用税后纳税人改变原占地用途，不再属于减免税情形的，应当补缴耕地占用税

D. 耕地占用税采用地区差别比例税率

E. 医院内职工住房占用耕地的，应按照当地适用税额缴纳耕地占用税

【答案】ABCE

【解析】选项D，耕地占用税采用地区差别定额税率，而非比例税率。

三、税额计算（国家税务总局公告2016年第2号）

应纳税额的计算公式为：

应纳税额＝实际占用耕地面积(平方米)×适用定额税率

【例14-4·多选题】（2016年税务师）某县直属中心医院，2016年5月6日到土地管理部门办理农用地转用审批手续，占用耕地9万平方米，其中医院内职工住房占用果树园地1.5万平方米，占用养殖水面1万平方米，所占耕地适用的税额为20元/平方米。下列关于耕地占用税的说法正确的有（　　）。

A. 该医院耕地占用税的计税依据是2.5万平方米

B. 该医院应缴纳耕地占用税50万元

C. 耕地占用税在纳税人获准占用耕地环节一次性课征

D. 养殖水面属于其他农用地，不属于耕地占用税征税范围

E. 该医院占用耕地的纳税义务发生时间为2016年5月6日当天

【答案】ABCE

【解析】县级以上人民政府卫生行政部门批准设立的医院内专用于提供医护服务的场所及配套设施是免征耕地占用税的，医院内职工住房及养殖水面占用耕地要正常缴税。耕地占用税计税依据是2.5万平方米，耕地占用税＝2.5×20＝50（万元）。

第四节　税收优惠

一、免征耕地占用税

(1) 军事设施占用耕地（国务院令第511号，财政部、国家税务总局令第49号）。

1）地上、地下的军事指挥、作战工程。

2）军用机场、港口、码头。

3）营区、训练场、试验场。

4）军用洞库、仓库。

5）军用通信、侦察、导航、观测台站和测量、导航、助航标志。

6）军用公路、铁路专用线，军用通信、输电线路，军用输油、输水管道。

7）其他直接用于军事用途的设施。

（2）学校、幼儿园、养老院、医院占用耕地（国务院令第 511 号，财政部、国家税务总局令第 49 号）。

学校内经营性场所和教职工住房占用耕地的，按照当地适用税额缴纳耕地占用税。

医院内职工住房占用耕地的，按照当地适用税额缴纳耕地占用税。

（3）对灾区住房倒塌的农（牧）民重建住房占用耕地的，在规定标准内的部分免征耕地占用税（财税〔2010〕107 号、财税〔2013〕58 号、国发〔2014〕57 号）。

（4）以下占用土地行为不征收耕地占用税（国家税务总局公告 2016 年第 2 号）：

1）农田水利占用耕地的；

2）建设直接为农业生产服务的生产设施占用林地、牧草地、农田水利用地、养殖水面以及渔业水域滩涂等其他农用地的；

3）农村居民经批准搬迁，原宅基地恢复耕种，凡新建住宅占用耕地不超过原宅基地面积的。

【例 14-5·单选题】（2017 年注会）下列占用耕地的行为中，免征耕地占用税的是（ ）。

A. 公立医院占用耕地

B. 铁路线路占用耕地

C. 农村居民新建住宅占用耕地

D. 民用飞机场跑道占用耕地

【答案】 A

【解析】 免征耕地占用税：（1）军事设施占用耕地；（2）学校、幼儿园、养老院、医院占用耕地。减征耕地占用税：（1）铁路线路、公路线路、飞机场跑道、停机坪、港口、航道占用耕地，减按每平方米 2 元的税额征收耕地占用税；（2）农村居民占用耕地新建住宅，按照当地适用税额减半征收耕地占用税。

二、减征耕地占用税

（1）铁路线路、公路线路、飞机场跑道、停机坪、港口、航道占用耕地，减按每平方米 2 元的税额征收耕地占用税（国务院令第 511 号）。

专用铁路和铁路专用线占用耕地的，按照当地适用税额缴纳耕地占用税（财政部、国家税务总局令第 49 号）。

专用公路和城区内机动车道占用耕地的，按照当地适用税额缴纳耕地占用税

（财政部、国家税务总局令第49号）。

（2）农村居民占用耕地新建住宅，按照当地适用税额减半征收耕地占用税（国务院令第511号）。

农村居民经批准搬迁，原住宅基地恢复耕种，凡新建住宅占用耕地不超过原住宅基地面积的，不征收耕地占用税；超过原住宅基地面积的，对超过部分按照当地适用税额减半征收耕地占用税（财政部、国家税务总局令第49号）；新建农村居民住房社区中学校、道路等占用耕地符合减免条件的，可以依法减免耕地占用税（财综〔2014〕7号、国家税务总局公告2016年第2号）。

【特别提示】

免征或者减征耕地占用税后，纳税人改变原占地用途，不再属于免征或者减征耕地占用税情形的，应当按照当地适用税额补缴耕地占用税。

【例14-6·单选题】（2013年注会）甲有3 000平方米耕地，其中300平方米新建住宅，1 000平方米种植水稻，1 500平方米种植小麦，耕地占用税适用税额为25元/平方米，甲应该缴纳耕地占用税（　　）。

A. 3 750元

B. 7 000元

C. 37 500元

D. 70 000元

【答案】 A

【解析】 农村居民占用耕地新建住宅，按照当地适用税额减半征收耕地占用税。甲应该缴纳的耕地占用税＝300×25×50%＝3 750（元）。

归纳

上述内容总结如表14-3所示。

表14-3

<table>
<tr><td rowspan="3">免征耕地占用税</td><td>军事设施占用耕地</td></tr>
<tr><td>学校、幼儿园、养老院、医院占用耕地</td></tr>
<tr><td>灾区住房倒塌的农（牧）民重建住房</td></tr>
<tr><td rowspan="2">减征耕地占用税</td><td>铁路线路、公路线路、飞机场跑道、停机坪、港口、航道占用耕地，减按每平方米2元的税额征收耕地占用税</td></tr>
<tr><td>农村居民占用耕地新建住宅，按当地适用税额减半征收耕地占用税</td></tr>
<tr><td>经审核批准后，免征或减征</td><td>农村烈士家属、残疾军人、鳏寡孤独以及革命老根据地、少数民族聚居区和边远贫困山区生活困难的农村居民，在规定用地标准以内新建住宅缴纳耕地占用税有困难</td></tr>
<tr><td colspan="2">免征或减征耕地占用税后，纳税人改变原占地用途，不再属于免征或者减征耕地占用税情形的，应当按照当地适用税额补缴耕地占用税（国务院令第511号、财税〔2009〕19号）</td></tr>
</table>

第五节　申报和缴纳

一、纳税义务发生时间

经过批准占用耕地的，纳税义务发生时间为纳税人收到土地管理部门办理占用农用地手续通知的当天；未批准占用的，为实际占用的当天（财政部、国家税务总局令第 49 号）。

已享受减免税的应税土地改变用途，不再属于减免税范围的，耕地占用税纳税义务发生时间为纳税人改变土地用途的当天（国家税务总局公告 2016 年第 2 号）。

二、纳税期限

获准占用应税土地的单位或者个人应当在收到土地管理部门的通知之日起 30 日内向主管地税机关申报缴纳耕地占用税（国务院令第 511 号）；未经批准占用应税土地的纳税人，应在实际占地之日起 30 日内申报缴纳耕地占用税（国家税务总局公告 2016 年第 2 号）。

三、纳税地点

耕地占用税由地方税务机关负责征收（国务院令第 511 号）。

四、征收管理（国务院令第 511 号）

（1）纳税人临时占用耕地，应缴纳耕地占用税。纳税人在批准临时占用耕地的期限内恢复所占用耕地原状的，全额退还已经缴纳的耕地占用税。

（2）占用林地、牧草地、农田水利用地、养殖水面以及渔业水域滩涂等其他农用地建房或者从事非农业建设的，应征收耕地占用税。

（3）建设直接为农业生产服务的生产设施占用上述规定的农用地的，不征收耕地占用税。

归纳

与土地直接相关的主要税种简单比较如表 14－4 所示。

表 14－4

税种	开征区域	纳税人特点	纳税环节
耕地占用税	有耕地的地区	占用者	占用环节一次课征
土地增值税	有国有土地的地区	转让者	转让环节一次课征
城镇土地使用税	城市、县城、建制镇、工矿区	持（保）有者	持有期间按年计算、分期缴纳

第十五章 Chapter 15 车辆购置税

第一节 概　述

一、车辆购置税的概念

车辆购置税是以在中国境内购置规定的车辆为课税对象、在特定的环节向车辆购置者征收的一种税。现行《车辆购置税暂行条例》于 2001 年 1 月 1 日起施行。

二、车辆购置税的特点

车辆购置税的特点主要有以下几点：

（1）征税范围单一。

（2）征税环节单一。

（3）征税具有特定目的。

（4）价外征收，不转嫁税负。

第二节 纳税人

车辆购置税的纳税人是指在中华人民共和国境内购置应税车辆的单位和个人（国务院令第 294 号）。

一、车辆购置税应税行为

车辆购置税的应税行为是指在中华人民共和国境内购置应税车辆的行为。具体来讲，这种应税行为包括以下几种情况（国务院令第 294 号）：

（1）购买自用行为。包括购买使用国产应税车辆和购买自用进口应税车辆。

（2）进口自用行为。纳税人直接从境外进口或委托代理进口自用应税车辆，即非贸易方式进口自用应税车辆。

（3）受赠使用行为。

（4）自产自用行为。

（5）获奖自用行为。

（6）其他自用行为。如通过拍卖、抵债、走私、罚没等方式取得并自用应税车辆。

【特别提示】

取得（不论何种渠道）、自用。

【例 15-1·单选题】（2012 年注税）下列关于车辆购置税的说法中，正确的是（　　）。

A. 外国公民在境内购置汽车，免征车辆购置税

B. 纳税人购买四轮农用运输车，免征车辆购置税

C. 已税车辆更换变速箱，不需要重新办理车辆购置税纳税申报

D. 参加比赛获奖所得的汽车，不需要缴纳车辆购置税

【答案】C

【解析】选项 A，外国公民在境内购置汽车，没有免征车辆购置税的规定；选项 B，对三轮农用运输车免征车辆购置税；选项 D，以获奖方式取得并自用的汽车，也要缴纳车辆购置税。

二、车辆购置税征税区域

我国车辆购置税的适用区域在中华人民共和国境内，只要在中华人民共和国境内发生了车辆购置税的应税行为，都要征收车辆购置税（国务院令第 294 号）。

在中华人民共和国境内是指应税车辆的购置或使用地在中华人民共和国境内。应税车辆的购置地与应税行为的发生地是一致的。

三、车辆购置税纳税人的具体范围（国务院令第 294 号）

车辆购置税纳税人的范围包括单位和个人，具体为：

（1）单位是指国有企业、集体企业、私营企业、股份制企业、外商投资企业、外国企业和其他企业和事业单位、社会团体、国家机关、部队以及其他单位。

（2）个人是指个体工商户及其他个人。泛指具有民事权利能力，依法享有民事权利，承担民事义务的自然人，包括中华人民共和国公民和外国公民。

第三节　征税对象和征税范围

一、车辆购置税的征税对象

应税车辆是车辆购置税的征税对象。

二、车辆购置税的征税范围

车辆购置税的征税范围包括汽车、摩托车、电车、挂车、农用运输车（国务院令第294号）。具体范围按《车辆购置税征收范围表》（见表15-1）执行。

表15-1

（1）汽车：包括各类汽车。
（2）摩托车。 1）轻便摩托车：最高设计时速不大于50千米/小时，发动机汽缸总排量不大于50立方厘米的两个或三个车轮的机动车。 2）二轮摩托车：最高设计车速大于50千米/小时，或发动机汽缸总排量大于50立方厘米的两个车轮的机动车。 3）三轮摩托车：最高设计车速大于50千米/小时，或发动机汽缸总排量大于50立方厘米，空车重量不大于400千克的三个车轮的机动车。
（3）电车。 1）无轨电车：以电能为动力，由专用输电电缆线供电的轮式公共车辆。 2）有轨电车：以电能为动力，在轨道上行驶的公共车辆。
（4）挂车。 1）全挂车：无动力设备，独立承载，由牵引车辆牵引行驶的车辆。 2）半挂车：无动力设备，与牵引车辆共同承载，由牵引车辆牵引行驶的车辆。
（5）农用运输车。 1）三轮农用运输车：柴油发动机，功率不大于7.4千瓦，载重量不大于500千克，最高车速不大于40千米/小时的三个车轮的机动车（三轮农用运输车，自2004年10月1日起免征车辆购置税）。 2）四轮农用运输车：柴油发动机，功率不大于28千瓦，载重量不大于1 500千克，最高车速不大于50千米/小时的四个车轮的机动车。

车辆购置税征收范围的调整，由国务院决定，其他任何部门、单位和个人只能认真执行政策规定，无权擅自扩大或缩小车辆购置税的征税范围。

【特别提示】

车辆购置税的征税范围大于消费税征税车辆的范围。

【例15-2·多选题】（2011年注税）下列车辆中，属于车辆购置税征税范围，应缴纳车辆购置税的有（　　）。

A. 三轮摩托车

B. 无轨电车

C. 半挂车

D. 三轮农用运输车

E. 电动自行车

【答案】ABC

归纳

增值税、消费税与车辆购置税应税行为辨析如表 15－2 所示。

表 15－2

行为	增值税	消费税	车辆购置税
自产、进口小汽车（含中轻型商务车）用于销售、捐赠、投资、偿债	√	√	
自产、进口大卡车、大货车用于销售、捐赠、投资、偿债	√		
自产、进口小汽车（含中轻型商务车）自用	√	√	√
自产、进口卡车、货车、电车、挂车、农用运输车（农用三轮运输车除外）自用	√		√
购置、受赠、获奖、接受投资小汽车、卡车、货车、电车、挂车、农用运输车（农用三轮运输车除外）等车辆自用			√

第四节 税率和计税依据

一、车辆购置税的税率

我国车辆购置税实行统一比例税率（指一个税种只设计一个比例的税率），税率为 10%（国务院令第 294 号）。

自 2017 年 1 月 1 日至 12 月 31 日，对购置 1.6 升及以下排量的乘用车减按 7.5%的税率征收车辆购置税。自 2018 年 1 月 1 日起，恢复按 10%的法定税率征收车辆购置税（财税〔2016〕136 号）。

二、车辆购置税的计税依据

车辆购置税以应税车辆为征税对象，实行从价定率、价外征收的方法计算应纳税额，应税车辆的价格（不含税）即计税价格就成为车辆购置税的计税依据。但是，由于应税车辆购置的来源不同，应税行为的发生不同，计税价格的组成不同，因此，车辆购置税计税依据的构成也不同（国务院令第294号）。

（一）购买自用应税车辆计税依据的确定（国家税务总局令第33号）

纳税人购买自用的应税车辆，计税价格为纳税人购买应税车辆而支付给销售者的全部价款和价外费用，不包含增值税税款。

在确定车辆购置税计税依据时，应将未扣除增值税税款的或是价款与增值税税款合并收取的发票价格换算为不含增值税的销售价格。

其换算公式为：

计税价格=(含增值税的销售价格+价外费用)÷(1+增值税税率或征收率)

归纳

购买国产车和进口车需要和不需要并入计税价格的项目如表15-3所示。

表15-3

并入计税价格的项目	不并入计税价格的项目
(1) 购买者随购买车辆支付的工具件和零部件价款 (2) 支付的车辆装饰费 (3) 销售单位开展优质销售活动所开票收取的有关费用	(1) 支付的控购费 (2) 销售单位开给购买者的各种发票金额中包含的增值税税款

【例15-3·多选题】（2011年注会）某机关2011年4月购车一辆，随购车支付的下列款项中，应并入计税依据征收车辆购置税的有（　　）。

A. 控购费

B. 增值税税款

C. 零部件价款

D. 车辆装饰费

【答案】 CD

【解析】 车辆购置税的计税依据不含增值税税款和购买者支付的控购费。

（二）进口自用应税车辆计税依据的确定（国务院令第294号）

纳税人进口自用的应税车辆以组成计税价格为计税依据。计税价格的计算公式为：

计税价格=关税完税价格+关税+消费税

【特别提示1】

进口自用应税车辆计征车辆购置税的计税依据与进口方计算增值税的计税依据一致。也可以用以下公式计算：

计税价格=(关税完税价格+关税)÷(1-消费税税率)

【特别提示2】

如果进口车辆是不属于消费税征税范围的大卡车、大客车，则组成计税价格公式简化为：

计税价格＝关税完税价格＋关税

【例15-4·单选题】（2013年注税）某4S店2012年11月进口9辆商务车，海关核定的关税计税价格为40万元/辆，当月销售4辆，2辆作为样车放置在展厅待售，1辆公司自用。该4S店应缴纳车辆购置税（　　）。（商务车关税税率为25%，消费税税率为12%。）

A. 5.48万元

B. 5.6万元

C. 5.68万元

D. 17.04万元

【答案】 C

【解析】 进口销售、待售的不缴纳车辆购置税，进口自用的需要缴纳车辆购置税。该4S店应缴纳的车辆购置税＝40×(1＋25%)÷(1－12%)×10%＝5.68(万元)。

(三) 其他自用应税车辆计税依据的确定（国家税务总局令第33号）

(1) 纳税人自产、受赠、获奖或者以其他方式取得并自用的应税车辆的计税价格，主管税务机关参照国家税务总局规定的相同类型应税车辆的最低计税价格核定。

【特别提示】

自产自用不用同类销售价格，而用最低计税价格。

(2) 国家税务总局未核定最低计税价格的车辆，计税依据为纳税人提供的有效价格证明注明的价格。有效价格证明注明的价格明显偏低的，主管税务机关有权核定应税车辆的计税价格。

【特别提示】

最低计税价格是不含税价格。

(3) 下列车辆的计税价格为纳税人提供的有效价格证明注明的价格。纳税人无法提供有效价格证明的，主管税务机关有权核定应税车辆的计税价格：

1) 进口旧车。

2) 因不可抗力因素导致受损的车辆。

3) 库存超过3年的车辆。

4) 行驶8万千米以上的试验车辆。

5) 国家税务总局规定的其他车辆。

(4) 2015年2月1日起，免税条件消失的车辆，自初次办理纳税申报之日起，使用年限未满10年的，计税价格以最新核发的同类型车辆最低计税价格为基准，每满1年扣减10%；未满1年的，计税价格为免税车辆的原计税价格；使用年限10年（含）以上的，计税价格为0。

【例15-5·单选题】（2016年注会）某企业2016年3月进口载货汽车1辆；4月在国内市场购置载货汽车2辆，支付全部价款和价外费用75万元（不含增值税），另支付车辆购置税7.5万元，车辆牌照费0.1万元，代办保险费2万元；5月受赠小汽车1辆。上述车辆全部为企业自用。下列关于该企业计缴车辆购置税依据的表述中，正确的是（　　）。

A. 国内购置载货汽车的计税依据为84.5万元

B. 进口载货汽车的计税依据为关税完税价格加关税

C. 受赠小汽车的计税依据为同类小汽车的市场价格加增值税

D. 国内购置载货汽车的计税依据为77万元

【答案】B

【解析】选项A，车辆购置税的计税依据中不包括代收的保险费、车辆牌照费和车辆购置税，所以计税依据是75万元；选项C，受赠小汽车的计税依据是税务机关核定的最低计税价格；选项D，国内购置载货汽车的计税依据是75万元。

（四）以最低计税价格为计税依据的确定（国家税务总局令第33号）

纳税人购买自用或者进口自用应税车辆，申报的计税价格低于同类型应税车辆的最低计税价格，又无正当理由的，计税价格为国家税务总局核定的最低计税价格。

最低计税价格是指国家税务总局依据机动车生产企业或者经销商提供的车辆价格信息，参照市场平均交易价格核定的车辆购置税计税价格。

申报的计税价格低于同类型应税车辆的最低计税价格，又无正当理由的，是指纳税人申报的车辆计税价格低于出厂价格或进口自用车辆的计税价格。

应纳税额＝纳税申报的计税价格与最低计税价格中较高者×10%

几种特殊情形应税车辆的计税价格规定如表15-4所示。

表15-4

特殊情形的应税车辆	计税依据
底盘发生更换的车辆	计税依据为最新核发的同类型车辆最低计税价格的70%，此政策只适用于已经缴纳车辆购置税并办理了登记注册手续的车辆底盘发生更换的情况
非贸易渠道进口车辆	同类型新车最低计税价格

【特别提示】

同类型车辆是指同国别、同排量、同车长、同吨位、配置相近的车辆。

【例15-6·单选题】（2017年注会）下列关于车辆购置税最低计税价格核定的表述中，正确的是（　　）。

A. 最低计税价格是由省国家税务局核定的

B. 非贸易渠道进口车辆的最低计税价格为同类型车辆的平均计税价格

C. 最低计税价格是参照企业生产成本价格核定的

D. 最低计税价格是参照市场平均交易价格核定的

【答案】 D

【解析】 选项A，C，最低计税价格是指国家税务总局依据机动车生产企业或者经销商提供的车辆价格信息，参照市场平均交易价格核定的车辆购置税计税价格。选项B，非贸易渠道进口车辆的最低计税价格，为同类型新车的最低计税价格。

归纳

具体内容如表15-5所示。

表15-5

计税依据	其他自用车辆类型	具体计税依据
最低计税价格	纳税人自产、受赠、获奖或者以其他方式如拍卖、抵押、走私、罚没方式取得并自用的应税车辆	由主管税务机关参照国家税务总局规定的最低计税价格核定 【提示】自产自用不用同类销售价格，而用最低计税价格
	纳税人购买自用或者进口自用应税车辆，申报的计税价格低于同类型应税车辆的最低计税价格，又无正当理由的	计税价格为国家税务总局核定的最低计税价格
	非贸易渠道进口车辆	同类型新车最低计税价格
最低计税价格的70%	底盘发生更换的车辆	计税依据为最新核发的同类型车辆最低计税价格的70% 【提示】此政策只适用于已经缴纳车辆购置税并办理了登记注册手续的车辆底盘发生更换的情况
有效价格证明注明的价格或核定价格	国家税务总局未核定最低计税价格的车辆	计税依据为纳税人提供的有效价格证明注明的价格；有效价格证明注明的价格明显偏低的，主管税务机关有权核定应税车辆的计税价格
	进口旧车	凡纳税人出具有效价格证明的，计税依据为纳税人提供的有效价格证明注明的价格；有效价格证明注明的价格明显偏低的，主管税务机关有权核定应税车辆的计税价格
	因不可抗力因素导致受损的车辆	
	库存超过3年的车辆	
	行驶8万千米以上的试验车辆	
	国家税务总局规定的其他车辆	
最新核发的同类型车辆最低计税价格	免税条件消失的车辆	2015年2月1日起，免税条件消失的车辆，自初次办理纳税申报之日起，使用年限未满10年的，计税价格以最新核发的同类型车辆最低计税价格为基准，每满1年扣减10%；未满1年的，计税价格为免税车辆的原计税价格；使用年限10年（含）以上的，计税价格为0

（五）已使用未完税车辆计税依据的确定（国税发〔2006〕123号）

（1）对已使用未完税车辆，主管税务机关应按照《车辆购置税暂行条例》第六条确定计税价格。

（2）对于已使用未完税的免税车辆，免税条件消失后，纳税人依照规定，重新办理纳税申报时，其提供的《机动车行驶证》上标注的车辆登记日期视同初次办理纳税申报日期。主管税务机关据此确定车辆使用年限和计税依据。

（3）对于国家授权的执法部门没收的走私车辆、被司法机关和行政执法部门依法没收并拍卖的车辆，其库存（或使用）年限超过3年或行驶里程超过8万千米以上的，主管税务机关依据纳税人提供的统一发票或有效证明注明的价格确定计税依据。

（六）车辆购置税计税依据使用统一货币单位计算（国务院令第294号）

车辆购置税的计税依据和应纳税款应以人民币计算。纳税人以外汇结算应税车辆价款的，按照申报纳税之日中国人民银行公布的人民币基准汇价，折合成人民币计算应纳税额。

【例15-7·单选题】（2017年税务师）关于车辆购置税，下列说法中，正确的是（　　）。

A. 以外币结算应税车辆价款的，按照申报纳税当年1月1日中国人民银行公布的人民币基准汇价，折合成人民币计算应纳税额

B. 申报的计税价格低于同类型应税车辆的最低计税价格，又无正当理由的，按照最低计税价格征收车辆购置税

C. 购买自用应税小汽车的计税价格包括增值税税款

D. 进口自用应税小汽车的计税价格不包括消费税税款

【答案】B

【解析】选项A，纳税人以外汇结算应税车辆价款的，按照申报纳税之日中国人民银行公布的人民币基准汇价，折合成人民币计算应纳税额。选项C，纳税人购买自用的应税车辆，计税价格为纳税人购买应税车辆而支付给销售者的全部价款和价外费用，不包含增值税税款。选项D，进口自用应税小汽车的计税价格包括消费税税款。

第五节　税收优惠

一、车辆购置税减税免税的具体规定

我国车辆购置税实行法定减免税。具体规定是：

（1）外国驻华使馆、领事馆和国际组织驻华机构及其外交人员自用车辆免税（国务院令第294号）。

（2）中国人民解放军和中国人民武装警察部队列入军队武器装备订货计划的

车辆免税（国务院令第 294 号）。

（3）设有固定装置的非运输车辆免税（不含自卸式垃圾车）（国务院令第 294 号）。

（4）防汛部门和森林消防等部门购置的由指定厂家生产的指定型号的用于指挥、检查、调度、报汛（警）、联络的专用车辆免税（财税〔2014〕111 号、财税〔2014〕112 号）。

（5）回国服务的在外留学人员用现汇购买自用国产小汽车免税（国家税务总局公告 2016 年第 52 号）。

【特别提示】

留学回国人员还应当提供中华人民共和国驻留学人员学习所在国的大使馆或者领事馆（中央人民政府驻香港联络办公室、中央人民政府驻澳门联络办公室）出具的留学证明；本人护照；海关核发的海关回国人员购买国产汽车准购单。

（6）长期来华定居专家进口的 1 辆自用小汽车免税（国家税务总局公告 2015 年第 4 号）。

（7）自 2004 年 10 月 1 日起，对三轮农用运输车免征车辆购置税（财税〔2004〕66 号）。

（8）自 2016 年 1 月 1 日至 2020 年 12 月 31 日，对城市公交企业购置的公共汽电车辆免征车辆购置税。2016 年 1 月 1 日后城市公交企业购置的公共汽电车辆，已缴纳车辆购置税的，主管税务机关按规定退还已征税款（财税〔2016〕84 号、国务院令第 294 号）。

（9）自 2018 年 1 月 1 日至 2020 年 12 月 31 日，对购置的新能源汽车免征车辆购置税（财政部、国家税务总局、工业和信息化部、科技部公告 2017 年第 172 号）。

（10）对中国妇女发展基金会 2015 年申请的 159 辆用于“母亲健康快车”项目的流动医疗车免征车辆购置税（财税〔2015〕134 号、国务院令第 294 号）。

（11）对专项用于抗震救灾和灾后恢复重建、能够提供由县级以上（含县级）人民政府或其授权单位出具的抗震救灾证明的新购特种车辆，免征车辆购置税。符合免税条件但已经征税的特种车辆，退还已征税款（财税〔2015〕27 号）。

（12）自 2018 年 7 月 1 日至 2021 年 6 月 30 日，对购置挂车减半征收车辆购置税（财政部、国家税务总局、工业和信息化部公告 2018 年第 69 号）。

（13）国务院规定予以免税或者减税的其他情形，按照规定免税或者减税（国务院令第 294 号）。

【例 15－8・多选题】（2013 年注税）购买下列车辆，应计算缴纳车辆购置税的有（　　）。

A. 出租车

B. 救护车

C. 摩托车

D. 国际组织驻华机构自用车辆

E. 城市公交企业购置的公共汽电车辆

【答案】AC

【解析】选项B，D，E免征车辆购置税。

二、车辆购置税的退税（国家税务总局令第33号）

纳税人已经缴纳车辆购置税但在办理登记手续前，需要办理退还车辆购置税的，由纳税人申请，征收机构审核后办理退还车辆购置税手续。

第六节 应纳税额的计算

应纳税额的计算公式为：

应纳税额＝计税价格×税率

一、购买自用应税车辆应纳税额的计算

纳税人购买自用的应税车辆，其计税价格由纳税人支付给销售者的全部价款（不包括增值税税款）和价外费用组成（国务院令第294号）。

计税依据包括随购买车辆支付的工具件和零部件价款、支付的车辆装饰费、销售单位开展优质销售活动所开票收取的有关费用。

计税依据不包括支付的控购费、增值税税款。

代收款项应区别征税：(1) 凡使用代收单位（受托方）票据收取的款项，应视作代收单位价外收费，应并入计税价格中征税。(2) 凡使用委托方票据收取，受托方只履行代收义务和收取代收手续费的款项，应按其他税收政策规定征税。

（一）购买自用国产应税车辆应纳税额的计算（国务院令第294号）

【例15-9·单选题】（2013年注会改）20×3年6月王某从汽车4S店购置了一辆排气量为1.8升的乘用车，支付购车款（含增值税）234 000元并取得机动车销售统一发票，支付代收保险费5 000元并取得保险公司开具的票据，支付购买工具件价款（含增值税）1 000元并取得汽车4S店开具的普通发票。王某应缴纳车辆购置税（　　）。

A. 20 000元

B. 20 258.62元

C. 20 512.82元

D. 24 000元

【答案】B

【解析】王某应缴纳的车辆购置税＝(23 400＋1 000)÷1.16×10%＝20 258.62（元）。

（二）购买自用进口应税车辆应纳税额的计算（国务院令第 294 号）

【例 15－10·计算题】 某单位于 20×3 年 12 月 19 日从江南汽车贸易中心（增值税一般纳税人）购买日本本田公司生产的 5 座极品 ACVRA 轿车一辆，该车型号为 ACVRA2. 5TL，排量 为 2 451 毫升。该单位按江南汽车贸易中心开具的机动车销售统一发票金额支付价款 371 000 元，支付控购部门控购费 44 520 元，并取得收款收据。江南汽车贸易中心开展“一条龙”销售服务，代该单位办理车辆上牌等事宜，并向该单位开票收取新车登记费、上牌办证费、代办手续费、仓储保管费、送车费等共计 36 000 元。计算应缴纳的车辆购置税。

【答案及解析】 支付的控购费是政府部门的行政性收费，不属于销售者的价外费用范围，不应并入计税价格计税。销售单位开展优质销售活动所开票收取的有关费用，应属经营性收入，企业在代理过程中按规定支付给有关部门的费用，已作经营性支出列支核算。因此，按现行税法规定，应作价外收入计算征税。车辆购置税税额计算如下：应纳税额＝(371 000＋36 000)÷(1＋16%)×10%＝350 862. 07×10%＝35 086. 21（元）。

二、进口自用应税车辆应纳税额的计算

纳税人进口自用的应税车辆以组成计税价格为计税依据（国务院令第 294 号）。

【特别提示】

纳税人进口应税车辆自用的，由进口自用方纳税；如果进口车辆用于销售、抵债、以物易物等方面，不属于进口自用应税车辆的行为。

三、其他方式取得并自用应税车辆应纳税额的计算

纳税人自产自用、受赠使用、获奖使用和以其他方式取得并自用应税车辆，凡不能取得该型车辆的购置价格，或者低于最低计税价格的，以国家税务总局核定的最低计税价格为计税依据计算征收车辆购置税（国务院令第 294 号）。

（1）自产自用应税车辆应纳税额的计算——最低计税价格。

（2）受赠自用应税车辆应纳税额的计算——最低计税价格。

（3）获奖自用应税车辆应纳税额的计算——最低计税价格。

（4）其他方式取得并自用应税车辆应纳税额的计算——最低计税价格。

四、特殊情形自用应税车辆应纳税额的计算

（1）减税、免税条件消失车辆应纳税额的计算。对减税、免税条件消失的车辆，纳税人应按现行规定，在办理车辆过户手续前或者办理变更车辆登记注册手续前向主管税务机关缴纳车辆购置税。

应纳税额＝同类型新车计税价格×(1－已使用年限÷规定使用年限)×税率

【例15-11·单选题】（2012年注会）某公司购置一辆市场价格25万元的国产车自用，购置时因符合免税条件而未缴纳车辆购置税。购置使用4年后，免税条件消失。若同类型新车最低计税价格是16万元，国产车辆使用年限按10年计算，则该公司就该车应缴纳车辆购置税（　　）。

A. 0.96万元

B. 1.5万元

C. 1.6万元

D. 2.5万元

【答案】 A

【解析】 应纳税额＝同类型新车最低计税价格×(1－已使用年限÷规定使用年限)×税率＝16×(1－4÷10)×10%＝0.96（万元）。

（2）未按规定缴税车辆应补税额的计算——最低计税价格。

第七节　申报和缴纳

根据自2015年2月1日起施行的《车辆购置税征收管理办法》（国家税务总局令第33号），车辆购置税的征收管理如下。

一、纳税申报

车辆购置税实行一车一申报制度，具体可参见国家税务总局令第33号。

二、纳税环节

车辆购置税是对应税车辆的购置行为课征，征税环节选择在使用环节（即最终消费环节）。具体而言，纳税人应当在向公安机关等车辆管理机构办理车辆登记注册手续前，缴纳车辆购置税。车辆购置税选择单一环节，实行一次课征制度，购置已征车辆购置税的车辆不再征收车辆购置税。但免税条件消失的车辆，即免税车辆因转让、改制后改变了原免税前提条件的，就不再属于免税范围，应按规定缴纳车辆购置税。

三、纳税地点

（1）需要办理车辆登记注册手续的纳税人，向车辆登记注册地的主管税务机关办理纳税申报。车辆登记注册地是指车辆的上牌落籍地或落户地。

（2）不需要办理车辆登记注册手续的纳税人，向纳税人所在地的主管税务机关办理纳税申报。

四、纳税期限

具体内容如表 15－6 所示。

表 15－6

购买自用的应税车辆	自购买之日（即购车发票上注明的销售日期）起 60 日内申报纳税
进口自用的应税车辆	自进口之日（报关进口的当天）起 60 日内申报纳税
自产、受赠、获奖和以其他方式取得并自用的应税车辆	自取得之日起 60 日内申报纳税
免税车辆因转让、改变用途等原因，其免税条件消失的	自免税条件消失之日起 60 日内重新申报纳税
免税车辆发生转让，但仍属于免税范围的	受让方应当自购买或取得车辆之日起 60 日内重新申报免税

车辆购置税税款于纳税人办理纳税申报时一次缴清（国务院令第 294 号）。

五、缴税管理

车辆购置税缴款方法的选择如下：

（1）自报核缴。

（2）集中征收缴纳。

（3）代征、代扣、代收。

【例 15－12·多选题】（2016 年税务师）下列属于车辆购置税税收缴纳方法的有（　　）。

A. 自报核缴

B. 查账征收

C. 查定征收

D. 集中征收缴纳

E. 代征、代扣、代收

【答案】ADE

六、退税制度（国家税务总局令第 33 号）

（1）已缴纳车辆购置税的车辆，发生下列情形之一的，准予纳税人申请退税：

1）车辆退回生产企业或者经销商的。

2）符合免税条件的设有固定装置的非运输车辆但已征税的。

3）其他依据法律法规规定应予退税的情形。

（2）退税款的计算。

1）车辆退回生产企业或者经销商的，纳税人申请退税时，主管税务机关自纳税人办理纳税申报之日起，按已缴纳税款每满1年扣减10%计算退税额；未满1年的，按已缴纳税款全额退税。

2）其他退税情形，纳税人申请退税时，主管税务机关依据有关规定计算退税额。

归纳

具体内容如表15-7所示。

表15-7

主要知识点	核心规定
车辆购置税纳税申报	车辆购置税实行一车一申报制
车辆购置税纳税环节	车辆购置税征税环节选择在使用环节（即最终消费环节），具体而言，车辆购置税是在应税车辆上牌登记注册前的使用环节征收
车辆购置税纳税地点	纳税人购置应税车辆，应当向车辆登记注册地的主管税务机关申报纳税；购置无须办理车辆登记注册手续的应税车辆，应当向纳税人所在地的主管税务机关申报纳税。车辆登记注册地是指车辆的上牌落籍地或落户地
车辆购置税纳税期限	纳税人购买自用的应税车辆，自购买之日起60日内申报纳税；进口自用的应税车辆，应当自进口之日起60日内申报纳税；自产、受赠、获奖和以其他方式取得并自用的应税车辆，应当自取得之日起60日内申报纳税
车辆购置税的缴税管理	车辆购置税缴纳税款的方法主要有以下几种：自报核缴；集中征收缴纳；代征、代扣、代收
车辆购置税的退税制度	已缴纳车辆购置税的车辆，发生下列情形之一的，准予纳税人申请退税：车辆退回生产企业或者经销商的；符合免税条件的设有固定装置的非运输车辆但已征税的；其他依据法律法规规定应予退税的情形

第十六章 船舶吨税

Chapter 16

第一节 概 述

船舶吨税是海关根据国家制定的有关法律，对自中华人民共和国境外港口进入境内港口的船舶征收的一种税。现行船舶吨税的规范是 2017 年 12 月 27 日第十二届全国人民代表大会常务委员会第三十一次会议通过的《中华人民共和国船舶吨税法》，该法自 2018 年 7 月 1 日起施行。

第二节 税目、税率和应纳税额

一、税目和税率

吨税设置优惠税率和普通税率。中华人民共和国籍的应税船舶，船籍国（地区）与中华人民共和国签订含有相互给予船舶税费最惠国待遇条款的条约或者协定的应税船舶，适用优惠税率。其他应税船舶，适用普通税率。吨税的税目、税率依照《吨税税目税率表》（见表 16－1）执行。

表 16－1

税目（按船舶净吨位划分）	税率（元/净吨）						备注
	普通税率（按执照期限划分）			优惠税率（按执照期限划分）			
	1 年	90 日	30 日	1 年	90 日	30 日	
不超过 2 000 净吨	12.6	4.2	2.1	9.0	3.0	1.5	（1）拖船按照发动机功率每千瓦折合净吨位 0.67 吨 （2）无法提供净吨位证明文件的游艇按照发动机功率每千瓦折合净吨位 0.05 吨 （3）拖船和非机动驳船分别按相同净吨位船舶税率的 50%计征税款
超过 2 000 净吨但不超过 10 000 净吨	24.0	8.0	4.0	17.4	5.8	2.9	
超过 10 000 净吨但不超过 50 000 净吨	27.6	9.2	4.6	19.8	6.6	3.3	
超过 50 000 净吨	31.8	10.6	5.3	22.8	7.6	3.8	

【特别提示】

净吨位是指由船籍国（地区）政府签发或者授权签发的船舶吨位证明书上标明的净吨位。非机动驳船是指自身没有动力装置，依靠外力驱动且在船舶登记机关登记为驳船的船舶。拖船是指专门用于拖（推）动运输船舶的专业作业船舶。

二、应纳税额的计算

吨税按照船舶净吨位和吨税执照期限征收，应税船舶负责人在每次申报纳税时，可以按照《吨税税目税率表》选择申领一种期限的吨税执照。

吨税的应纳税额按照船舶净吨位乘以适用税率计算，即

应纳税额＝船舶净吨位×定额税率

下列情况导致应税船舶在吨税执照期限内船舶净吨位或适用税率发生改变，吨税执照继续有效：

（1）因修理、改造导致净吨位变化的。应税船舶办理出入境手续时，应当提供船舶经过修理、改造的证明文件。

（2）因税目税率调整或者船籍改变而导致适用税率变化的。其中，因船籍改变的，应税船舶在办理出入境手续时，应当提供船籍改变的证明文件。

【例16-1·计算题】 B国某运输公司一艘货轮驶入中国某港口，该货轮净吨位为30 000吨，货轮负责人已向中国海关领取了吨税执照，在港口停留期限为30天，B国与中国签订有相互给予船舶税费最惠国待遇条款。请计算该货轮负责人应向中国海关缴纳的船舶吨税。

【答案及解析】 根据船舶吨税的相关规定，该货轮应享受优惠税率，每净吨为3.3元。应缴纳的船舶吨税＝30 000×3.3＝99 000（元）。

第三节 减免税优惠

一、直接优惠

下列船舶免征吨税：

（1）应纳税额在人民币50元以下的船舶。

（2）自境外以购买、受赠、继承等方式取得船舶所有权的初次进口到港的空载船舶。

（3）吨税执照期满后24小时内不上下客货的船舶。

（4）非机动船舶（不包括非机动驳船）。

（5）捕捞、养殖渔船。

（6）避难、防疫隔离、修理、改造、终止运营或者拆解，并不上下客货的

船舶。

（7）军队、武装警察部队专用或者征用的船舶。

（8）警用船舶。

（9）依照法律规定应当予以免税的外国驻华使领馆、国际组织驻华代表机构及其有关人员的船舶。

（10）国务院规定的其他船舶（由国务院报全国人民代表大会常务委员会备案）。

其中，符合第（5）～（9）项规定的船舶，应当提供海事部门、渔业船舶管理部门或者出入境检验检疫部门等部门、机构出具的具有法律效力的证明文件或者使用关系证明文件，申明免税的依据和理由。

二、延期优惠

在吨税执照期限内，应税船舶发生下列情形之一的，海关按照实际发生的天数批注延长吨税执照期限：

（1）避难、防疫隔离、修理、改造，并不上下客货。

（2）军队、武装警察部队征用。

上述船舶应当提供海事部门、渔业船舶管理部门或者出入境检验检疫部门等部门、机构出具的具有法律效力的证明文件或者使用关系证明文件，申明延长吨税执照期限的依据和理由。

第四节　申报和缴纳

一、纳税义务发生时间

吨税纳税义务发生时间为应税船舶进入港口的当日。应税船舶在吨税执照期满后尚未离开港口的，应当申领新的吨税执照，自上一次执照期满的次日起续缴吨税。

二、纳税期限

海关征收吨税后应当制发缴款凭证，应税船舶负责人应当自海关填发吨税缴款凭证之日起 15 日内缴清税款。未按期缴清税款的，自滞纳税款之日起至缴清税款之日止，按日加收滞纳税款万分之五的税款滞纳金。

三、纳税申报

应税船舶到达港口前，经海关核准先行申报并办结出入境手续的，应税船舶负责人应当向海关提供与其依法履行吨税缴纳义务相适应的担保；应税船舶到达港口后，向海关申报纳税。

可以用于担保的财产、权利有：

（1）人民币、可自由兑换货币。

（2）汇票、本票、支票、债券、存单。

（3）银行、非银行金融机构的保函。

（4）海关依法认可的其他财产、权利。

应税船舶在进入港口办理入境手续时，应当向海关申报纳税领取吨税执照，或者交验吨税执照。应税船舶在离开港口办理出境手续时，应当交验吨税执照。

应税船舶负责人申领吨税执照时，应当向海关提供下列文件：

（1）船舶国籍证书或者海事部门签发的船舶国籍证书收存证明；

（2）船舶吨位证明。

应税船舶因不可抗力在未设立海关地点停泊的，船舶负责人应当立即向附近海关报告，并在不可抗力原因消除后，向海关申报纳税。

四、征收管理

（1）吨税执照在期满前毁损或者遗失的，应当向原发照海关书面申请核发吨税执照副本，不再补税。

（2）多征或少征漏征税款的情况：

1）海关发现少征或者漏征税款。应当自应税船舶应当缴纳税款之日起1年内补征税款。但因应税船舶违反规定造成少征或者漏征税款的，海关可以自应当缴纳税款之日起3年内追征税款，并自应当缴纳税款之日起按日加征少征或者漏征税款万分之五的税款滞纳金。

2）海关发现多征税款。应当在24小时内通知应税船舶办理退还手续，并加算银行同期活期存款利息。

3）应税船舶发现多缴税款的，可以自缴纳税款之日起3年内以书面形式要求海关退还多缴的税款并加算银行同期活期存款利息；海关应当自受理退税申请之日起30日内查实并通知应税船舶办理退还手续。

其中，符合第2）、3）条的应税船舶应当自收到退税通知之日起3个月内办理有关退还手续。

（3）应税船舶有下列行为之一的，由海关责令限期改正，处2 000元以上30 000元以下的罚款：

1）未按照规定申报纳税、领取吨税执照。

2）未按照规定交验吨税执照（或者申请核验吨税执照电子信息）以及提供其他证明文件。

不缴或者少缴应纳税款的，处不缴或者少缴应纳税款50%以上5倍以下的罚款，但罚款不得低于2 000元。

（4）吨税税款、税款滞纳金、罚款以人民币计算。

第十七章

Chapter 17 环境保护税

环境保护税法是指国家制定的调整环境保护税征收与缴纳相关权利及义务关系的法律规范。现行环境保护税法的基本规范包括 2016 年 12 月 25 日第十二届全国人民代表大会常务委员会第二十五次会议通过的《环境保护税法》、2017 年 12 月 30 日国务院发布的《环境保护法实施条例》。《环境保护税法》自 2018 年 1 月 1 日起施行，同时停征排污费。

第一节 概 述

一、环境保护税的概念

环境保护税是对在中国领域以及管辖的其他海域直接向环境排放应税污染物的企事业单位和其他生产经营者征收的一种税。

《环境保护税法》所称应税污染物，是指《环境保护税法》所附《环境保护税税目税额表》《应税污染物和当量值表》规定的大气污染物、水污染物、固体废物和噪声。

二、立法目的

为了保护和改善环境，减少污染物排放，推进生态文明建设而制定《环境保护税法》。

三、环境保护税的征收情形

（1）依法设立的城乡污水集中处理、生活垃圾集中处理场所超过国家和地方规定的排放标准向环境排放应税污染物的，应当缴纳环境保护税。

(2) 企事业单位和其他生产经营者贮存或者处置固体废物不符合国家和地方环境保护标准的，应当缴纳环境保护税。

【特别提示1】

城乡污水集中处理场所是指为社会公众提供生活污水处理服务的场所，不包括为工业园区、开发区等工业聚集区域内的企事业单位和其他生产经营者提供污水处理服务的场所，以及企事业单位和其他生产经营者自建自用的污水处理场所。

【特别提示2】

有下列情形之一的，不属于直接向环境排放污染物，不缴纳相应污染物的环境保护税：

(1) 企事业单位和其他生产经营者向依法设立的污水集中处理、生活垃圾集中处理场所排放应税污染物的。

(2) 企事业单位和其他生产经营者在符合国家和地方环境保护标准的设施、场所贮存或者处置固体废物的。

(3) 达到省级人民政府确定的规模标准并且有污染物排放口的畜禽养殖场，依法对畜禽养殖废弃物进行综合利用和无害化处理的。

上述内容归纳如表17-1所示。

表17-1

征收情形		具体政策
依法设立的城乡污水集中处理、生活垃圾集中处理场排放应税污染物	符合国家和地方规定的排放标准	不征
	超过国家和地方规定的排放标准	征收
贮存或者处置固体废物	符合国家和地方环境保护标准	不征
	不符合国家和地方环境保护标准	征收
达到省级人民政府确定的规模标准的畜禽养殖场	没有污染物排放口的	征收
	依法对畜禽养殖废弃物进行综合利用和无害化处理的	不征

四、环境保护税的税目、税额

环境保护税的税目、税额依照《环境保护税法》所附《环境保护税税目税额表》执行。

应税大气污染物和水污染物的具体适用税额的确定和调整，由省、自治区、直辖市人民政府统筹考虑本地区环境承载能力、污染物排放现状和经济社会生态发展目标要求，在《环境保护税法》所附《环境保护税税目税额表》规定的税额幅度内提出，报同级人民代表大会常务委员会决定，并报全国人民代表大会常务委员会和国务院备案。

环境保护税具体税目、税额归纳如表17-2所示。

表 17-2

税目		计税单位	税额	备注
大气污染物		每污染当量	1.2～12 元	
水污染物		每污染当量	1.4～14 元	
固态废物	煤矸石	每吨	5 元	
	尾矿	每吨	15 元	
	危险废物	每吨	1 000 元	
	冶炼渣、粉煤灰、炉渣、其他固体废物（含半固态、液态废物）	每吨	25 元	
噪声	工业噪声	超标 1～3 分贝	每月 350 元	（1）一个单位边界上有多处噪声标准，根据最高一处超标声级计算应纳税额；沿边界长度超过 100 米有两处以上噪声超标的，按照两个单位计算应纳税额 （2）一个单位有不同地点作业场所的，应当分别计算应纳税额，合并征税 （3）昼、夜均超标的环境噪声，昼、夜分别计算应纳税额，累计计征 （4）声源一个月内超标不足 15 天的，减半计算应纳税额 （5）夜间频繁突发和夜间偶然突发厂界超标噪声，按等效声级和峰值噪声两种指标中超标分贝值高的一项计算应纳税额
		超标 4～6 分贝	每月 700 元	
		超标 7～9 分贝	每月 1 400 元	
		超标 10～12 分贝	每月 2 800 元	
		超标 13～15 分贝	每月 5 600 元	
		超标 16 分贝以上	每月 11 200 元	

第二节　计税依据和应纳税额

一、计税依据

（一）一般规定

应税污染物的计税依据按照下列方法确定：

（1）应税大气污染物按照污染物排放量折合的污染当量数确定。

（2）应税水污染物按照污染物排放量折合的污染当量数确定。

（3）应税固体废物按照固体废物的排放量确定。

（4）应税噪声按照超过国家规定标准的分贝数确定。

（二）以污染当量数为计税依据的具体规定

（1）应税大气污染物、水污染物的污染当量数，以该污染物的排放量除以该污染物的污染当量值计算。每种应税大气污染物、水污染物的具体污染当量值，依照《环境保护税法》所附《应税污染物和当量值表》执行。

（2）每一排放口或者没有排放口的应税大气污染物，按照污染当量数从大到小排序，对前三项污染物征收环境保护税。

（3）每一排放口的应税水污染物，按照《环境保护税法》所附《应税污染物和当量值表》，区分第一类水污染物和其他类水污染物，按照污染当量数从大到小排序，对第一类水污染物按照前五项征收环境保护税，对其他类水污染物按照前三项征收环境保护税。

（4）从两个以上排放口排放应税污染物的，对每一排放口排放的应税污染物分别计算征收环境保护税；纳税人持有排污许可证的，其污染物排放口按照排污许可证载明的污染物排放口确定。

（5）省、自治区、直辖市人民政府根据本地区污染物减排的特殊需要，可以增加同一排放口征收环境保护税的应税污染物项目数，报同级人民代表大会常务委员会决定，并报全国人民代表大会常务委员会和国务院备案。

上述内容归纳如表17-3所示。

表17-3

分类		征税政策
应税大气污染物		前三项征税（污染当量从大到小排序）
应税水污染物	第一类	前五项征税（污染当量从大到小排序）
	其他类	前三项征税（污染当量从大到小排序）

【特别提示1】

污染当量是指根据污染物或者污染排放活动对环境的有害程度以及处理的技术经济性，衡量不同污染物对环境污染的综合性指标或者计量单位。同一介质相同污染当量的不同污染物，其污染程度基本相当。

【特别提示2】

纳税人有下列情形之一的，以其当期应税大气污染物、水污染物的产生量作为污染物的排放量：

（1）未依法安装使用污染物自动监测设备或者未将污染物自动监测设备与环境保护主管部门的监控设备联网。

（2）损毁或者擅自移动、改变污染物自动监测设备。

（3）篡改、伪造污染物监测数据。

（4）通过暗管、渗井、渗坑、灌注或者稀释排放以及不正常运行防治污染设施等方式违法排放应税污染物。

（5）进行虚假纳税申报。

（三）以排放量和分贝数为计税依据的具体规定

（1）应税固体废物的计税依据按照固体废物的排放量确定。固体废物的排放量为当期应税固体废物的产生量减去当期应税固体废物的贮存量、处置量、综合利用量的余额。

固体废物的贮存量处置量是指在符合国家和地方环境保护标准的设施、场所贮存或者处置的固体废物数量；固体废物的综合利用量是指按照国务院发展改革、工业和信息化主管部门关于资源综合利用要求以及国家和地方环境保护标准进行综合利用的固体废物数量。

（2）应税噪声按照超过国家规定标准的分贝数确定每月税额，超过国家规定标准的分贝数是指实际产生的工业噪声与国家规定的工业噪声排放标准限值之间的差值。

（3）应税大气污染物、水污染物、固体废物的排放量和噪声的分贝数，按照下列方法和顺序计算：

1）纳税人安装使用符合国家规定和监测规范的污染物自动监测设备的，按照污染物自动监测数据计算。

2）纳税人未安装使用污染物自动监测设备的，按照监测机构出具的符合国家有关规定和监测规范的监测数据计算。

3）自行对污染物进行监测所获取的监测数据，符合国家有关规定和监测规范的，按照监测机构出具的符合国家有关规定和监测规范的监测数据计算。

4）因排放污染物种类多等原因不具备监测条件的，按照国务院环境保护主管部门规定的排污系数、物料衡算方法计算。

5）不能按照第1）项至第3）项规定的方法计算的，按照省、自治区、直辖市人民政府环境保护主管部门规定的抽样测算的方法核定计算。

【特别提示1】

规定核定计算污染物排放量的，由税务机关会同环境保护主管部门核定污染物排放种类、数量和应纳税额。

【特别提示2】

排污系数是指在正常技术经济和管理条件下，生产单位产品所应排放的污染物量的统计平均值。

物料衡算是指根据物质质量守恒原理对生产过程中使用的原料、生产的产品和产生的废物等进行测算的一种方法。

【特别提示3】

纳税人有下列情形之一的，以其当期应税固体废物的产生量作为固体废物的排放量：

（1）非法倾倒应税固体废物。

（2）进行虚假纳税申报。

二、应纳税额

环境保护税应纳税额按照下列方法计算：

（1）应税大气污染物的应纳税额为污染当量数乘以具体适用税额。

【例17-1·计算题】 某企业2018年3月向大气直接排放二氧化硫、氟化物各100千克，一氧化碳200千克，氯化氢80千克，假设当地大气污染每污染当量税额1.2元，该企业只有一个排放口。请计算其应缴纳的环境保护税。

【答案及解析】 首先，计算各污染物的污染当量数。污染当量数＝该污染物的排放量÷该污染物的污染当量值；二氧化碳污染当量数＝100÷0.95＝105.26；氟化物污染当量数＝100÷0.87＝114.94；一氧化碳污染当量数＝200÷16.7＝11.98；氯化氢污染当量数＝80÷10.75＝7.44。

其次，按污染当量数排序。氟化物污染当量数（114.94）＞二氧化碳污染当量数（105.26）＞一氧化碳污染当量数（11.98）＞氯化氢污染当量数（7.44）。

最后，计算应纳税额。应缴纳的环境保护税＝(114.94＋105.26＋11.98)×1.2＝278.62（元）。

（2）应税水污染物的应纳税额为污染当量数乘以具体适用税额。

1）一般水污染物的应纳税额为污染当量数乘以具体适用税额。

【例17-2·计算题】 甲化工厂是环境保护税纳税人，该厂仅有一个污水排放口且直接向河流排放污水，已安装使用符合国家规定和监测规范的污染物自动监测设备。检测数据显示，该排放口2018年2月共排放6万立方米，应税污染物为六价铬，浓度为0.5mg/L。请计算该化工厂2月应缴纳的环境保护税（该厂所在省的水污染物税率为2.8元/污染当量，六价铬的污染当量值为0.02）。

【答案及解析】 六价铬的污染当量数＝60 000 000×0.5÷1 000 000÷0.02＝1 500；应缴纳的环境保护税＝1 500×2.8＝4 200（元）。

2）禽畜养殖业的水污染物的应纳税额为污染当量数乘以具体适用税额。其污染当量数以禽畜养殖数量除以污染当量值计算。

【例17-3·计算题】 某养殖场2018年2月养牛存栏量为100头，污染当量值为0.1，假设当地的水污染物使用税额为2.8元/污染当量。请计算该养殖场2月应缴纳的环境保护税。

【答案及解析】 污染当量数＝100÷0.1＝1 000；应缴纳的环境保护税＝1 000×2.8＝2 800（元）。

3）医院排放的水污染物的应纳税额为污染当量数乘以具体适用税额。其污染当量数以病床数或污水排放量除以污染当量值计算。

【例17-4·计算题】 某县医院有床位56张，每月按时消毒，无法计量月污水排放量，污染当量值为0.14，假设当地的水污染物适用税额为每污染当量2.8元，请计算其当月应缴纳的环境保护税。

【答案及解析】 污染当量数＝56÷0.14＝400；应缴纳的环境保护税＝400×2.8＝1 120（元）。

（3）应税固体废物的应纳税额为固体废物排放量乘以具体适用税额。

（4）应税噪声的应纳税额为超过国家规定标准的分贝数对应的具体适用税额。

第三节 税收减免

一、暂予免征环境保护税的规定

(1) 农业生产（不包括规模化养殖）排放应税污染物的。

(2) 机动车、铁路机车、非道路移动机械、船舶和航空器等流动污染源排放应税污染物的。

(3) 依法设立的城乡污水集中处理、生活垃圾集中处理场所排放相应应税污染物，不超过国家和地方规定的排放标准的。

(4) 纳税人综合利用的固体废物，符合国家和地方环境保护标准的。

(5) 国务院批准免税的其他情形，由国务院报全国人民代表大会常务委员会备案。

二、减税规定

纳税人排放应税大气污染物或者水污染物的浓度值低于国家和地方规定的污染物排放标准30%的，减按75%征收环境保护税。纳税人排放应税大气污染物或者水污染物的浓度值低于国家和地方规定的污染物排放标准50%的，减按50%征收环境保护税。

依照上述规定减征环境保护税的，应当对每一排放口排放的不同应税污染物分别计算，且应税大气污染物浓度值的小时平均值或者应税水污染物浓度值的日平均值，以及监测机构当月每次监测的应税大气污染物、水污染物的浓度值，均不得超过国家和地方规定的污染物排放标准。

第四节 申报和缴纳

一、纳税义务发生时间

纳税义务发生时间为纳税人排放应税污染物的当日。

二、纳税期限

(1) 环境保护税按月计算，按季申报缴纳。不能按固定期限计算缴纳的，可以按次申报缴纳。

纳税人申报缴纳时，应当向税务机关报送所排放应税污染物的种类、数量，大气污染物、水污染物的浓度值，以及税务机关根据实际需要要求纳税人报送的其他纳税资料。

(2) 纳税人按季申报缴纳的，应当自季度终了之日起15日内，向税务机关办理纳税申报并缴纳税款。纳税人按次申报缴纳的，应当自纳税义务发生之日起15日内，向税务机关办理纳税申报并缴纳税款。

纳税人应当依法如实办理纳税申报，对申报的真实性和完整性承担责任。

三、纳税地点

纳税人应当向应税污染物排放地的税务机关申报缴纳环境保护税。应税污染物排放地是指应税大气污染物、水污染物排放口所在地，应税固体废物产生地，应税噪声产生地。

纳税人跨区域排放应税污染物，税务机关对税收征收管辖有争议的，由争议各方按照有利于征收管理的原则协商解决；不能协商一致的，报请共同的上级税务机关决定。

第十八章

Chapter 18 城市维护建设税与教育费附加

第一节　城市维护建设税

一、城市维护建设税的概念、特点和作用

（一）城市维护建设税的概念

城市维护建设税是对从事工商经营，缴纳增值税、消费税的单位和个人征收的一种税。现行《城市维护建设税暂行条例》（国发〔1985〕19 号）于 1985 年 1 月 1 日起在全国范围内施行。

（二）城市维护建设税的特点

城市维护建设税与其他税种相比，具有以下特点：

（1）税款专款专用，具有受益税性质。

（2）属于一种附加税。

（3）根据城建规模设计税率。

（4）征税范围较广。

二、城市维护建设税的基本规定（国发〔1985〕19 号）

（一）征税范围

城市维护建设税的征税范围比较广。具体包括城市市区、县城、建制镇，以及税法规定征收增值税、消费税的其他地区。城市市区、县城、建制镇的范围应以行政区划为标准，不能随意扩大或缩小各自行政区域的管辖范围。

（二）纳税人

城市维护建设税的纳税人是指在征税范围内从事工商经营，并缴纳增值税、消费税的单位和个人。

个体商贩及个人在集市上出售商品，对其征收临时经营的增值税，是否同时按其实缴税额征收城市维护建设税，由各省、自治区、直辖市人民政府根据实际情况确定（财税字〔1985〕69号）。

自2010年12月1日起，对外商投资企业和外国企业及外籍个人开始征收城市维护建设税（财税〔2010〕103号）。对外商投资企业2010年12月1日（含）之后发生纳税义务的增值税、消费税征收城市维护建设税和教育费附加。

【例18-1·单选题】（2012年注税）根据城市维护建设税的规定，下列企业属于城市维护建设税纳税人的是（　　）。

A. 缴纳资源税的国有企业

B. 缴纳城镇土地使用税的私营企业

C. 缴纳增值税的外商投资企业

D. 缴纳房产税的外国企业

【答案】C

（三）税率

（1）城市维护建设税税率的基本规定。城市维护建设税实行地区差别比例税率。按照纳税人所在地的不同，税率分别规定为7%，5%，1%三个档次。具体适用范围是：纳税人所在地在城市市区的税率为7%；纳税人所在地在县城、建制镇的税率为5%；纳税人所在地不在城市市区、县城、建制镇的税率为1%。具体如表18-1所示。

表18-1

纳税人所在地	税率
城市市区	7%
县城、建制镇	5%
不在城市市区、县城、建制镇	1%
开采海洋石油资源的中外合作油（气）田所在地在海上	1%

（2）城市维护建设税税率的特殊规定。纳税单位和个人缴纳城市维护建设税的适用税率一律按其纳税所在地的规定税率执行。县政府设在城市市区，其在市区办的企业按照城市市区的规定税率计算纳税（财税字〔1985〕69号）。纳税人所在地为工矿区的，应根据行政区划分别按照7%，5%，1%的税率缴纳城市维护建设税（财税字〔1985〕69号）。

城市维护建设税的适用税率，一般规定按纳税人所在地的适用税率执行。但对下列两种情况可按纳税人缴纳增值税、消费税所在地的规定税率就地缴纳城市维护建设税（财税字〔1985〕143号）：

1）由受托方代收、代扣增值税、消费税的单位和个人。

2）流动经营等无固定纳税地点的单位和个人。

撤县建市后，纳税人所在地在城市市区的，城市维护建设税的适用税率为

7%；纳税人所在地在城市市区以外其他镇的，城市维护建设税的适用税率仍为5%（税总函〔2016〕280号）。

归纳

各种特殊情况下城市维护建设税的适用税率如表18-2所示。

表18-2

特殊情况	适用税率及规定
代收代扣城市维护建设税	缴纳增值税、消费税所在地的规定税率（代收代扣方所在地适用税率）
流动经营等无固定纳税地点	缴纳增值税、消费税所在地的规定税率

【例18-2·多选题】（2017年注会）下列关于城市维护建设税纳税地点的表述中，正确的有（　　）。

A. 纳税人应在增值税和消费税的纳税地缴纳

B. 纳税人跨地区提供建筑服务的，在建筑服务发生地预缴

C. 跨省开采的油田，下属单位与核算单位不在一个省内的，在核算单位所在地纳税

D. 无固定纳税地点的流动经营者应随同增值税和消费税在经营地缴纳

【答案】ABD

【解析】选项C，跨省开采的油田，下属单位与核算单位不在一个省内的，在油井所在地预缴增值税、城市维护建设税。

（四）计税依据

城市维护建设税的计税依据是纳税人实际缴纳的增值税、消费税税额。《城市维护建设税暂行条例》规定："城市维护建设税，以纳税人实际缴纳的消费税、增值税税额为计税依据。"

城市维护建设税以增值税、消费税为计税依据，指的是增值税、消费税实际缴纳税额，包括被查补的上述税额，但不包括加收的滞纳金和罚款。以此为基础针对以下特殊情况，也存在相关调整：

（1）海关对进口产品代征增值税、消费税的，不征收城市维护建设税（财税字〔1985〕69号）。

（2）对由于减免增值税、消费税而发生的退税，同时退还已缴纳的城市维护建设税，但对出口产品退还增值税、消费税的，不退还已缴纳的城市维护建设税（财税字〔1985〕143号）。生产企业出口货物实行免抵退税办法后，经国家税务局正式审核批准的当期免抵的增值税税额应纳入城市维护建设税和教育费附加的计征范围，分别按规定的税（费）率征收城市维护建设税和教育费附加（财税〔2005〕25号）。

（3）对实行增值税期末留抵退税的纳税人，允许其从城市维护建设税、教育费

附加和地方教育附加的计税依据中扣除退还的增值税税额（财税〔2018〕80号）。

归纳

城市维护建设税的计税依据如表18-3所示。

表18-3

城市维护建设税计税依据包括的内容	城市维护建设税计税依据不包括的内容
(1) 纳税人实际向税务机关缴纳的增值税、消费税税额 (2) 纳税人被税务机关查补的消费税、增值税税额 (3) 纳税人出口货物经批准免抵的增值税税额（出口不退，免抵要交）	(1) 纳税人进口环节被海关代征的增值税、消费税税额（进口不征） (2) 非税款项（被加收的滞纳金和罚款等） (3) 增值税期末留抵退税

(4) 中外合作油气田开采的原油、天然气，按规定缴纳增值税后，以合作油气田缴纳的增值税税额为依据缴纳城市维护建设税和教育费附加（国家税务总局公告2010年第31号）。

【例18-3·多选题】（2017年注会）下列关于城市维护建设税计税依据的表述中，正确的有（　　）。

A. 对出口产品退还增值税的，同时退还已缴纳的城市维护建设税

B. 纳税人违反增值税税法规定被加收的滞纳金应计入城市维护建设税的计税依据

C. 纳税人被查补消费税时应同时对查补的消费税补缴城市维护建设税

D. 经国家税务局正式审批的当期免抵增值税税额应计入城市维护建设税的计税依据

【答案】 CD

【解析】 选项A，城市维护建设税进口不征出口不退。选项B，滞纳金不作为城市维护建设税的计税依据。

（五）减税、免税

城市维护建设税以增值税、消费税为计税依据，并与增值税、消费税同时征收。这样税法规定对纳税人减免增值税、消费税时，相应也减免了城市维护建设税。因此城市维护建设税原则上不单独规定减免税。

此外，对增值税、消费税实行先征后返、先征后退、即征即退办法的除另有规定，对随增值税、消费税附征的城市维护建设税和教育费附加，一律不予退（返）还（财税〔2005〕72号）。

【特别提示】

城市维护建设税与教育费附加的税收优惠政策可以合并记忆，因为二者的征免一般情况下是一致的。

归纳

城市维护建设税与增值税、消费税的退免税关系如表 18-4 所示。

表 18-4

退免增值税、消费税的原因	城市维护建设税、教育费附加的退免处理
错征税款导致退还增值税、消费税	退还附征的城市维护建设税和教育费附加
法定免税的实施导致退还增值税、消费税	退还附征的城市维护建设税和教育费附加
对增值税、消费税采用先征后返、先征后退、即征即退办法的	除另有规定，对随增值税、消费税附征的城市维护建设税和教育费附加，一律不予退（返）还
出口退还增值税、消费税的	不退还附征的城市维护建设税和教育费附加
出口企业经国家税务局批准的当期免抵的增值税	应计征城市维护建设税和教育费附加

（六）应纳税额的计算

城市维护建设税的应纳税额按以下公式计算：

应纳税额=(实际缴纳的增值税税额+实际缴纳的消费税税额)×适用税率

【例 18-4·单选题】（2009 年注会）位于市区的某企业 2009 年 3 月共缴纳增值税、消费税和关税 562 万元，其中关税 102 万元、进口环节缴纳的增值税和消费税 260 万元。该企业 3 月应缴纳城市维护建设税（ ）。

A. 14 万元

B. 18.2 万元

C. 32.2 万元

D. 39.34 万元

【答案】 A

【解析】 城市维护建设税的税额计算，要与计税依据、税收优惠结合起来掌握。该企业应缴纳的城市维护建设税=(562-102-260)×7%=14（万元）。

（七）征收管理（国税函〔2004〕420 号）

城市维护建设税的征收管理、纳税环节等事项，比照增值税、消费税的有关规定办理。根据税法规定的原则，针对一些比较复杂并有特殊性的纳税地点，财政部和国家税务总局作了如下规定：

（1）纳税人直接缴纳增值税、消费税的，在缴纳增值税、消费税地缴纳城市维护建设税。

（2）代扣代缴的纳税地点。代征、代扣、代缴增值税、消费税的企业单位，同时也要代征、代扣、代缴城市维护建设税。没有代扣城市维护建设税的，应由纳税单位或个人回到其所在地申报纳税。

由于城市维护建设税是与增值税、消费税同时征收的，因此一般情况下城市维护建设税不单独加收滞纳金或罚款。但是，如果纳税人缴纳了增值税、消费税之后，却不按规定缴纳城市维护建设税，则可以对其单独加收滞纳金，也可以单独罚款。

【例18-5·单选题】（2016年税务师）下列关于城市维护建设税的说法中，正确的有（　　）。

A. 城市维护建设税不单独加收滞纳金和罚款

B. 增值税实行即征即退的，一律退还城市维护建设税

C. 城市维护建设税原则上不单独规定减免税

D. 计税依据包括增值税、消费税的滞纳金和罚款

【答案】C

第二节　教育费附加

一、教育费附加的概念

教育费附加是以单位和个人缴纳的增值税和消费税税额为计算依据征收的一种附加费。

二、教育费附加的征税范围及计税依据

教育费附加对缴纳增值税、消费税的单位和个人征收，以其实际缴纳的增值税、消费税税额为计税依据，分别与增值税、消费税同时缴纳。自2010年12月1日起对外商投资企业、外国企业及外籍个人开始征收教育费附加（财税〔2010〕103号）。

三、教育费附加的征收比率和计算

现行教育费附加的征收比率为3%（国务院令第448号）。

$$\text{应缴纳教育费附加}=\left(\text{实际缴纳的增值税税额}+\text{实际缴纳的消费税税额}\right)\times\text{征收比率}$$

归纳

教育费附加知识点归纳如表18-5所示。

表18-5

要素	教育费附加	地方教育附加
征收比率	3%	2%
开征范围	实际缴纳增值税、消费税的单位和个人	
计算依据	实际缴纳增值税、消费税税额	
缴纳期限	与增值税、消费税同时缴纳	
计算公式	应缴纳教育费附加=实际缴纳的增值税、消费税税额×3%	应缴纳地方教育附加=实际缴纳的增值税、消费税税额×2%

【例 18－6·单选题】（2009 年注税）某企业地处城市市区，2008 年 5 月被税务机关查补增值税 45 000 元、消费税 25 000 元、企业所得税 30 000 元；还被加收滞纳金 2 000 元、被处罚款 50 000 元。该企业应补缴城市维护建设税和教育费附加（　　）。

A. 5 000 元

B. 7 000 元

C. 8 000 元

D. 1 000 元

【答案】B

【解析】应补缴的城市维护建设税和教育费附加＝(45 000＋25 000)×(7%＋3%)＝7 000（元）。

四、教育费附加的减免规定

自 2016 年 2 月 1 日起，将免征教育费附加、地方教育附加的范围，由现行按月纳税的月销售额或营业额不超过 3 万元（按季度纳税的季度销售额或营业额不超过 9 万元）的缴纳义务人，扩大到按月纳税的月销售额或营业额不超过 10 万元（按季度纳税的季度销售额或营业额不超过 30 万元）的缴纳义务人（财税〔2016〕12 号）。

一般来说，城市维护建设税减免，教育费附加也会同时减免。

【例 18－7·单选题】（2011 年注税）下列关于教育费附加减免的说法，正确的是（　　）。

A. 对进口产品征收增值税的同时征收教育费附加

B. 对出口产品退还增值税的同时退还教育费附加

C. 下岗职工从事个体餐饮，自领取税务登记证之日起 3 年内免征教育费附加

D. 企业减免增值税 1 年后才能减免教育费附加

【答案】C

图书在版编目（CIP）数据

税法/曹越，谭光荣，曹燕萍编著. —3 版. —北京：中国人民大学出版社，2018.9
（全国会计领军人才丛书. 会计系列）
ISBN 978-7-300-26123-2

Ⅰ.①税… Ⅱ.①曹… ②谭… ③曹… Ⅲ.①税法-中国 Ⅳ.①D922.22

中国版本图书馆 CIP 数据核字（2018）第 191079 号

全国会计领军人才丛书 · 会计系列
税法（第 3 版）
曹　越　谭光荣　曹燕萍　编著
Shuifa

出版发行	中国人民大学出版社		
社　　址	北京中关村大街 31 号	**邮政编码**	100080
电　　话	010－62511242（总编室）		010－62511770（质管部）
	010－82501766（邮购部）		010－62514148（门市部）
	010－62515195（发行公司）		010－62515275（盗版举报）
网　　址	http://www.crup.com.cn		
	http://www.ttrnet.com（人大教研网）		
经　　销	新华书店		
印　　刷	北京七色印务有限公司	**版　　次**	2015 年 9 月第 1 版
规　　格	185 mm×260 mm　16 开本		2018 年 9 月第 3 版
印　　张	29.75 插页 1	**印　　次**	2018 年 9 月第 1 次印刷
字　　数	630 000	**定　　价**	59.00 元

教师教学服务说明

中国人民大学出版社工商管理分社以出版经典、高品质的工商管理、财务会计、统计、市场营销、人力资源管理、运营管理、物流管理、旅游管理等领域的各层次教材为宗旨。

为了更好地为一线教师服务，近年来工商管理分社着力建设了一批数字化、立体化的网络教学资源。教师可以通过以下方式获得免费下载教学资源的权限：

在中国人民大学出版社网站 www.crup.com.cn 进行注册，注册后进入“会员中心”，在左侧点击“我的教师认证”，填写相关信息，提交后等待审核。我们将在一个工作日内为您开通相关资源的下载权限。

如您急需教学资源或需要其他帮助，请在工作时间与我们联络：

中国人民大学出版社　工商管理分社

联系电话：010-62515735，82501048，62515782，62515987

电子邮箱：rdcbsjg@crup.com.cn

通讯地址：北京市海淀区中关村大街甲 59 号文化大厦 1501 室（100872）